读客®

轻学术文库

既严肃严谨又轻松好看的学术书

附图1　红山文化　女神塑像

附图2　马家窑文化　变形蛙纹彩陶壶

附图3　仰韶文化　鱼蛙纹盆

附图4　马家窑文化　漩涡纹双耳彩陶罐　附图5　马家窑文化　神人纹彩陶壶

附图6　东汉　伏羲女娲画像石拓片

附图7　魏晋　伏羲女娲画像砖

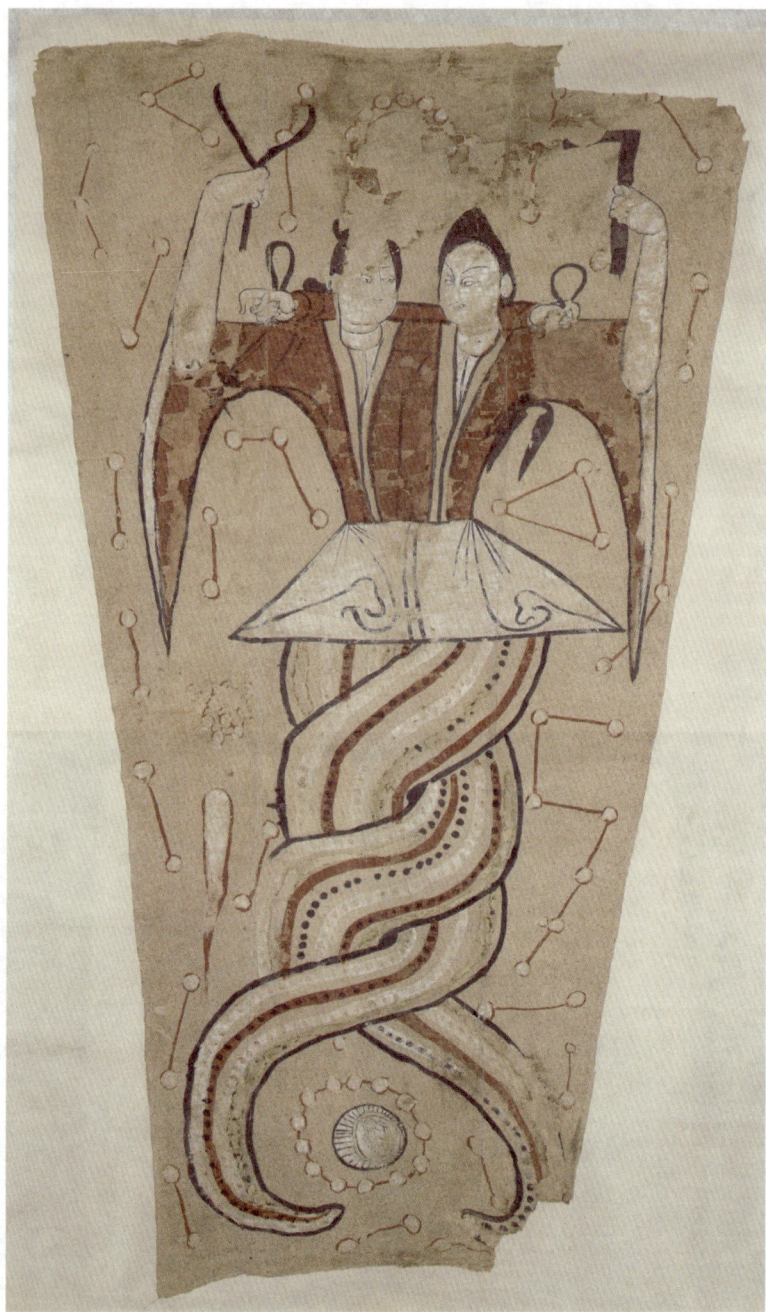

附图8 唐 伏羲女娲像页（绢本，设色）

附图9　红山文化　双龙首玉璜

附图10　西周　玉龙凤纹饰件

附图11 汉 四神瓦当
从左到右依次为青龙纹瓦当、白虎纹瓦当、朱雀纹瓦当、玄武纹瓦当

附图12 汉 嫦娥奔月画像石刻

附图13　西汉　马王堆一号汉墓T型帛画

附图14　东汉　西王母画像砖拓片

附图15　魏晋　西王母彩绘图

神话里的真实历史

田兆元　著

海南出版社

·海口·

图书在版编目（CIP）数据

神话里的真实历史 / 田兆元著. —— 海口 : 海南出

版社, 2023. 9 （2024. 9 重印）.

ISBN 978-7-5730-1282-1

Ⅰ.①神… Ⅱ.①田… Ⅲ.①神话 – 研究 – 中国

Ⅳ.①B932.2

中国国家版本馆CIP数据核字(2023)第161464号

神话里的真实历史

SHENHUA LI DE ZHENSHI LISHI

作　　者	田兆元
责任编辑	徐雁晖　　陈淑芸　　桂书方　　吴　琼
执行编辑	戴慧汝
特约编辑	徐　成
封面设计	王　晓
印刷装订	天津盛辉印刷有限公司
策　　划	读客文化
版　　权	读客文化
出版发行	海南出版社
地　　址	海口市金盘开发区建设三横路2号
邮　　编	570216
编辑电话	0898-66822026
网　　址	http://www.hncbs.cn
开　　本	880 毫米×1230 毫米 1/32
印　　张	17.5
字　　数	404千
版　　次	2023年9月第1版
印　　次	2024年9月第2次印刷
书　　号	ISBN 978-7-5730-1282-1
定　　价	79.90元

如有印刷、装订质量问题，请致电010-87681002（免费更换，邮寄到付）

序 一

吴 泽

　　1991年，我在招考先秦史博士研究生时，考生中有一位来自中国文学系，他就是本书的作者田兆元。当时，我想他是学中文的，为什么要攻读古代史学呢？跟他面谈后，方知他原来对中国古代神话研究兴趣很大，而且已有研究成果发表。谈话时，他提起我在20世纪40年代写作的《中国原始社会史》和《中国历史大系·古代史》，说我在书中曾多处以地下出土文物与古籍文献中有关神话比较立论，还引用了《山海经》等古籍中有关"大人国""小人国""女子国"和古之人"感天而生""知母不知父"之类记载，作了原始人群、母系氏族等原始神话的阐释。他还提到我在新中国成立后所发表的一些有关土地、城隍等社神与社祀制度的论文，他从中认识到，研究中国社会历史，不能忽视神话这一宝贵的题材。研究历史要研究神话史，研究好神话史，有助于深入揭示社会历史的总体发展规律。因此，他希望跟我攻读中国古代史学。

　　田君入学以来，勤奋学习，刻苦钻研，三年完成了博士论文《中国上古神话史》，又经过三年修改补充，扩展成这本《神话与中国社会》（本书的初版书名）。他在写作这本书时，确是体现了他一己的理论素养。首先，作者认为神话是社会生活的反映，是社会的一面镜子；但神话不是消极地反映社会生活，而是积极地参与社会生活，是社会生活的重要组成部分。他还认为，神话本身就是历史，一部神话史就融含着一部民族关系史、国家政治史和民众的精神发展史。基于这种认识，通过神话考察中国社会与民族文化的变迁就成为可能。其次，作者在分析神话与神话史的特性的基础上，探讨从哪些方面着手研究神话史。他围绕神与二元对立、神话的矛盾法则、主流神话、神话史的凝固性与开放性、神话冲突的内涵等范畴予以讨论，因而对纷繁的神话史实能做到纲举目张，分析能鞭辟入里，这些都足见作者理论功底之深厚。

这是一本论述原始社会到近代社会前的中国神话与社会矛盾发展的专著。在广泛的神话与社会生活关系中，作者重点论述了神话与民族关系、神话与政治矛盾、神话与宗教冲突，以及神话与社会经济政治制度变迁等许多重大历史问题。如神话在北方民族融合中的作用，向来就是一个被人忽视的问题。作者指出：匈奴、鲜卑等北方民族最后融入中华民族大家庭，其标志为认同儒典中的祭礼系列及《史记》中的古史谱系。中华民族是一个文化统一体，不是血缘种族集团。作者的这一论证，为我国古代民族关系的研究开拓了新的领域。又如汉儒与皇权的关系，虽论者纷纭，然多一言以蔽之，把儒生说成是皇家的帮闲。作者分析两汉谶纬后指出：西汉的儒生炮制谶纬是要搞垮汉王室，东汉的儒生炮制谶纬是在护卫汉王室，两者价值取向根本不同。这就告诉我们，西汉的谶纬是在神秘学说支持下的一场政治斗争。西汉王权的倒台，固然由于社会矛盾尖锐所致，但也与儒生的神话打击密切相关。这些阐论都有所创新，且很有说服力。至于上古神话的一些假说，如各类S纹与神的关系，神话中所见的上古氏族联盟等问题，可能还有待进一步讨论，但作为一家之言，也是有其历史意义和学术价值的。

当前的神话、神话史研究中，还有许多新天地需要我们去开拓，希望田君在理论上能进一步立足于我们中华文化的实际，建立具有中华文化特色的神话学理论体系，在研究过程中参考西方神话学理论时，不随从附和，要明辨是非，汲取精华，走自己的路。还有，神话研究既要能苦坐书斋，又要能走到民间去，多多考察，采撷更多鲜活的神话和神话史的材料。如宗教神话至今在现实社会生活中很有影响，我们应该用历史唯物主义观点，尊重事实，尊重史实，对其作出科学的解释。

过去我在从事中国古代史研究期间，在引用文献史料时，经常涉及有关神话和神话史的资料，引起我对神话和神话史研究的莫大兴趣。因此，今天当我看到田君在神话学方面取得的研究成就时，感到分外欣慰。在此我殷切地希望田君今后继续努力，在神话学研究领域里取得更加丰硕的成果，为社会主义文化建设作出更大贡献。是为序。

1997年10月27日

于沪西丽娃河畔怡然斋

序 二

徐中玉

　　跟世界上别的一些历史悠久、文化发展和社会进步较快的国家一样，我国也是神话丰富，影响很大。虽经历代相关学者注意搜集研究，但还远未详备，而且对其复杂多样的影响，与我国社会发展的各种关系之探讨仍有待充分、深刻的研究。田兆元同志这部专著，相信对中国文化研究方面这一相当薄弱的环节能够有所加强。

　　特别对古代神话，我们一般都是所知极少的。往往只是寥寥数语，由于年代久远，文字隔阂，表面意思大致可懂，但由于历史社会背景不明，真实含义难于厘清。无神论者或以为荒诞无稽，不过可供谈资；信神者各有所宗，也还是各信所信，各异其说，几乎谈不上研究。把本国的神话同本国社会的发展联系起来研究，同别的国家某些同类研究加以比较，作为国际间一门颇有普遍性的学问，不断地拓宽了学者们的视野，逐渐吸引来一些有志专攻这门学问的青年同行，显然是现当代学术界的一种可喜现象。它给历史、文化、美学等学科的研究工作者提供了一个新的视角，一个少被注意的领域，至少它将起到必要的、有益的补充作用。他认为从神话中透视社会是完全可能的：它参与社会运转，本身就是历史的一部分。它又记载着一个民族的行为历程和心路历程，一部神话史就是一部民族关系史、国家政治史和民众的精神发展史，是研究这些历史所不可忽视、不可不注意的组成部分。我很赞赏作者这一立意高远的观点，这是他在多年辛勤钻研这门学问的过程中所取得的认识、领悟。

神话其实全是人话。各色各样的神话产生于各色各样抱着不同功利目的、起着不同作用的人之手和口。不管有意或无意，制作者或传播者，始创者或改头换面者，都越不出这个圈子。虽然科学日新月异地发展，不信神的人越来越多，但古老的神话还有影响，只要它仍有利用价值，就有人会想出各种法子加以利用。新的神话也仍有产生，仍可能迷惑或吸引一些尚难认清真相的人。一旦还能筑起一座神坛，政治人物就会特别热衷于它，而恋恋不肯离开。本书里就举出历史上不少荒唐的政治神话，这些荒唐的政治神话当然不应在现代社会中重演。对一切神话进行历史的、科学的深刻研究，本身就是预防其可能重演的一种重要手段。何况，要充分看清历史、吸取教训，这种研究已不可少。现在我们重视"科教兴国"，惩前毖后，研究神话史同样可以起到很大作用。

兆元同志曾与我一同研究中国文学批评史三年，那时他已对神话有极大的钻研的兴趣。取得硕士学位后，他又与吴泽教授一同研究中国古代史，进一步探究神话与中国社会发展的关系，这部神话史专著就是他在博士学位毕业论文的基础上经修订补充后认真完成的。他在大学毕业后教过高中语文课程，由文学研究发端，进而深耕古代史领域，以神话作为这些年的钻研课题。书中不少篇幅曾以论文形式发表在上海、台湾的学术刊物上，得到好评。对他的艰苦探索，分析综合俱长的研究潜力不断得以发挥，我深感欣慰。在这个研究领域里，还有许多工作要做，希望他继续努力，谦虚审慎，务实精进；相信他能作出更多更大的贡献。

1997年10月19日

再版自序

这是出版于20世纪末的一部书稿。带着那个时代的气息，又有着个人的青春怀想夹杂其间。今天看，一切不足和收获，不仅是个人的问题，也是那个时代的问题。要是按照今天的想法过多修改，那就失去其应有的意义了。

20世纪这一百年，是中国社会激烈变迁的时代，也是现代中国神话学从诞生发展到不断觉醒的一段历程。我是历史学博士，该书又是在以神话研究为主体的博士论文基础上发展起来的，所以，就像书的初版题名《神话与中国社会》，我的研究是从历史的、社会的视角，重视文献史实与田野事实，这是一个基本前提。同时，我又出自文艺理论、文学批评史之门，研究有强调理论前提的习惯，但又不太喜欢过多的重复，所以确立理论的基础也是我要思考的问题。

20世纪末，中国社会的各类思潮风起云涌，神话学参与其中，情绪亢奋。对20世纪前期神话学的参与者鲁迅、顾颉刚、郭沫若、茅盾、闻一多这些文化大师来说，神话学仿佛是一个副业，随便弄弄就很有影响力，但是这也正是他们成长的前提之一。那时他们都是青年，神话研究为他们铸就了强大的基石，帮助他们在不同的领域取得了杰出的成就。20世纪后期的神话学家大都更加专业，神话学多是自己安身立命的饭碗。当时我们有些担心，弄不好就成了庸庸碌碌的人，把本就有些边缘化的神话学弄得更加不堪。

吴泽先生经常有句话挂在嘴边：书生气的书呆子是理解不了秦皇汉武的。我想，假如连秦皇汉武都没有很好了解过，那就连书生气的解读也做不出来，因此我对于秦皇汉武的本纪比较用心。后来我觉得秦皇汉武他们才是像样的神话学家！这也就有了自己对于神话的基本定义基础：神话是建立或摧毁某种秩序的神秘舆论。神话对中国社会很重要，对整个中国历史也很重要。神话的核心是文化认同问题。因此，本书关注的是主流的神话、主流的社会冲突，到最后形成了一以贯之的中华神话的构建与认同问题。国家与地域、国家与族群、国家与阶级，这些大的文化冲突与交融的神话呈现，可谓波澜壮阔，所以在我的心中根本不存在中国神话是零星碎片的问题，真正的问题在于该如何理解博大的神话系统。

中国20世纪文史两派的神话研究各有特点。历史派的研究一开始喜欢把历史神话化，说这个历史人物是个神，那个历史人物是个仙，否定三皇五帝。抗战爆发后，他们基本就不怎么说了。他们像建筑师一样，将神话的碎片收集起来，构建原始社会的历史，构建传说时代的历史。神话是他们的砖头木材，是他们构建历史大厦的材料。这些材料的真实性被描述为反映了历史的真实结构，跟事实真假无关。无论社神灵还是不灵，至少社神祭祀反映土地占有关系是真实的。

文学派的研究则不管这些，他们就是觉得中国神话太零散了，不够气势磅礴。但是中国神话有英雄主义精神、浪漫主义情怀，反映了人们的情感愿望，而那些夸张想象的修辞挺好。神话在文学派那里仿佛是一面镜子，反映了古代人们的生活，与自然斗争，与统治者斗争，还有美好爱情什么的。他们注重文献，从中发掘出很多具有认同感的神话叙事案例。

后来人类学、民俗学派的神话研究者搜集很多的口头神话，这是其最大的贡献。他们同时引进来的图腾、氏族、仪式、性禁忌等概念，丰富了研究话题。

但是，在历史学那里，神话似乎就是为原始和野蛮社会形态构造而生；在文学那里，神话就是为浪漫主义和想象而生；在人类学、民俗学那里，神话就是为了某种理论和话题而生。神话感觉就像小小的木楔，是垫桌子脚的。这是我们一直困惑的问题。那么多学科都会关注神话学，除了前面列出来的历史学、文学、人类学、民俗学，还有宗教学、民族学、心理学、艺术学，甚至还有哲学，这些学科都来神话学圈地，但是神话学却有点不知道自己是谁了，似乎中外皆如此。这太令人无语了。

当时我们觉得可能也解决不了太多的问题，只是认为：神话并不主要是反映社会的一个记录系统，它应该是社会本身的构成系统。社会的构架需要一个支持系统，神话是这个支持系统的核心。当然，支持系统也可以理解为社会的构架本身。这个观念是我写作该书的核心问题。所以我们便不可能涉及社会的方方面面的问题，但是真的就努力涉及了社会的核心问题。这就是一个社会的核心价值及其神圣叙事。神话内在于社会的结构中，神话编制在社会与文化的谱系中。这是我们对神话学主体地位的一次册封，一次主体弘扬尝试。

　　神话与历史真实的问题，是神话研究与历史研究都要面对的重要问题，也是公众关心的重要问题。通过神话研究历史，前辈学者都曾经付出过努力。无论是茅盾等早期神话学研究者对于"神话历史化"观点的介绍和解释，还是徐旭生对于传说时代的历史建构，郭沫若、吕振羽、吴泽诸位先生通过神话建构古代社会形态演变，这都是在通过神话研究历史。而马克思、恩格斯通过神话洞察原始社会变迁的经典案例，也给我们多方面的启示。国外也有神话历史的研究派系，这些研究也在中国引发反响。这些研究，各有取向，但基本上是认为神话具有历史价值，不是历史的本质呈现就是历史的符号，基本上是一种反映型的研究，把神话视为特定历史的记录体系的研究。

　　我们怎么看待神话与历史的真实关系呢？

　　我们认为神话的真实首先表现为情感的真实。神话是情感与信仰的产物，其间表现了神圣感情，是神话的基本真实底色。比如对于祖先神，对于图腾神。这种崇敬之情，在神话的字里行间，在神的塑像画像中，在神话的叙事与仪式中，都得到了非常直观的呈现。所以我们说神话体现的是特定时代开始的并长期传承的情感。这些情感在仪式的传承中不断强化，融入民众的文化血液之中。

　　神话的真实还表现为真实的愿望，真实的理想。神话表达的是伟大梦想，体现出人的创造性与想象力。飞向月球是我们的愿望，长生不老是我们的愿望，神话以大量的叙事向我们展示了古人的内心渴望，这都是非常真实的。这是人类克服时空障碍的美丽想象，是对于生命执着的爱的想象，所以这种愿望是真实的。神话同时还表达人们的社会理想，希望拥有强大的能力与能量，希望人能够战胜自然，包括畏惧自然，这都很真实。神话希望有美好的社会，希望人们有战胜邪恶的能力。所以，英雄的神话，圣人的神话，都是人们内心的真实理想，期待想象理想的伊甸园。马克思将希腊神话称为人类童年的产物，具有永久的魅力，就是因为其童年的纯真。当然神话作为人类历史的记录系统，有些也是真实历史的记录，如灾难，如战争。正是这些实录，彰显出对理想的渴望。

神话的最大真实，还是如我们前述的，神话是一种真实的社会结构，它是历朝历代社会的意识形态和支持系统，也是民众的精神世界的真实呈现。所以，一个时代的神话，展示了一个时代的社会图景与精神图景。历史的长河中，这些神话持续传承，这样就构成一个国家，一个民族，一个地区的共同叙事，形成共同的文化理想与共同情感。从这个层面看，神话是完全真实的民族与国家的精神历史。所以，我们不能因为神话叙事中的神奇甚至是怪诞的场景便否定神话的真实历史的面貌。

本书的核心问题是神话作为社会结构的谱系构成，是社会的支持系统。所以我们说，神话是社会的记录系统，更是社会的运作系统，是社会的支持体系，与社会是浑然一体的。神话的独立性表现在特定社会背景消失了，神话还在呈现其功能，依然富有活力。这就是神话超越社会，超越历史的地方。

神话因为在时间表述上将未来压缩在过去的叙事中，因此具有未来性，理想性，对于各个时代都有其适应性与应变性。这可能就是几千年来神话看起来没有大的变化的秘密所在。神话对于社会文化的支持，将长期持续，走向永远。

为何最终选择了神话的对立与矛盾作为考察神话的立足点呢？这不只是受到法国结构主义神话学家列维－斯特劳斯（Levi-Strauss）的

影响，也受美国人类学家弗朗兹·博厄斯（Franz Baos）的神话文本分析方法的影响，但更重要的还是接受《淮南子》《春秋繁露》这些古籍的神话价值观，以及上古时期相关的信仰与叙事影响，觉得阴阳二神说不是空穴来风。神的对立统一与神话的对立统一是相关联的。统一来自对立，来自矛盾。神话是人与社会、人与自然矛盾的产物，也是人与社会、人与自然矛盾的解决方案。神话的认同性促进了民族与国家的文化力量的增长。

显然，我们对于神话的功能有很高的期待，期待其在中华民族崛起的过程中有较大的作为，这就有后来的上海"中华创世神话过程"中的多项努力与成果。我们也有神话理论的进一步拓展，如神话叙事、神话谱系问题的讨论，将这些话语扩展开去，并有国际化的努力。

神话是中国梦的最初形态，也是最高形态。我国"嫦娥"系列月球车、"祝融号"火星车，以及"羲和号"太阳探测卫星，都是神话的符号加持，而"火神山""雷神山"参与抗疫伟大斗争，也是人类历史上中国神话学的壮举。

我们更大的期待是，神话学可以获得与它的实际地位相称的学科待遇。这有待神话研究者群体的努力，神话学不是任何学科的附庸。神话学是社会的主体、人的精神的主体，也是学科的主体。所以，我们应该将神话学从其他学科中解放出来，但首先要将其在社会中的主体地位重建起来。

2022年10月11日

于海上南园

目　录

第一章
释"神"——S 纹与二元对立

神话的主体是神，要研究神话先得研究神。探讨中国人关于神的观念及其神的性质，必须从一个基本的符号着手，这就是 S 纹。

甲骨文无"神"字，凡称"神"均写作"申"。《说文解字》："申，神也。"知上古"申"即"神"字。甲骨文的"申"字写法有[1]：

一期	一期	二期	二期
前四.四.二	前七.三五.一	粹三〇六	甲二六四七

---

[1] 上排四字及下排前两字摘自高明编：《古文字类编》，中华书局，1980年，第428页；下排后两字摘自徐中舒主编：《甲骨文字典》，四川辞书出版社，1989年，第1599页。

四期　　　　　　　　五期　　　　　　　　一期　　　　　　　　五期
粹一七四　　　　粹一四七四　　　　佚二五六　　　　后上一八.六

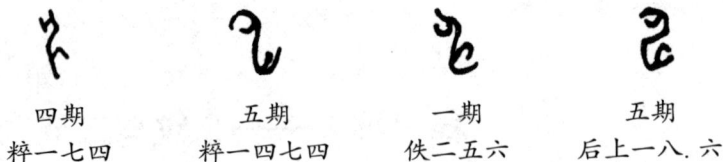

这些字的基本结构是以中间一道弯曲的线条为核心，于弯曲的两边各有一道很短的直线或带弯的线条黏附。中间的曲笔或方整或圆润，成为Z字形或S形两种基本形式。无论是方笔或圆笔，都可自由地向两个不同的方向弯曲。这就是"神"字结构中的S形及其变种的形态。

金文时期，中间的这道符号悉成圆笔，依然可向两个方向弯曲，弯曲处的短线也趋向圆润，试看以下的字形[1]：

商　　　　　周中期　　　　　周晚期　　　　　周晚期　　　　　春秋

可见，S纹是"神"的核心符号。该怎样去理解S纹与"神"的关系呢？我们试作如下探讨。

---

[1] 高明编：《古文字类编》，第428页。

1.1 蛙鸟神话与S纹

文字学家一致认为，甲骨文是一种成熟的文字，它绝不是最早的文字形态。近年发现有早于甲骨文的陶文，但要认识这种文字，材料还不充分。考古学家在西安半坡、陕西姜寨等地发现的原始社会的记事符号，应是成熟文字的先驱，但要找出它们与甲骨文的内在联系，困难尚有很多。

从现有的考古材料看，绘画是早于文字的。神灵崇拜早在文字产生以前就发生了。神这一在人们心目中占据重要地位的精神主宰，必定在美术中留下烙印。"神"字的这种独特结构，我们当从陶器的纹饰里去找出相对的原型来。

"神"字中间那道方笔或圆笔的弯曲，我们可以在新石器时代的陶器上找到相应的抽象图案。（图一、图二）[1]

将这些连续的纹样分解开来，便可看出它们就是由一个个"神"字组成的，在马厂型与半坡型的陶器纹饰中表现尤为明显。大汶口的纹样则是标准的S纹的连续，它们跟神都是有关系的。

陶纹被认为与神有直接联系，首先是因为陶器本身被用于祭神。《礼记·郊特牲》："器用陶匏，以象天地之性也。"在新石器时代，没有青铜器，陶器是祭神的首选礼器。1979年，辽宁喀左县东山嘴红山文化遗址的发掘，向人们展示了中国新石器时代一座规模宏大的祭祀天地的祭坛。那里的方形基址和圆形台址是祭祀社神和天神的场所，是源远流长的天圆地方观念的体现。遗址中还有女神像及祭神

---

[1] 吴山编著：《中国新石器时代陶器装饰艺术》，文物出版社，1982年。

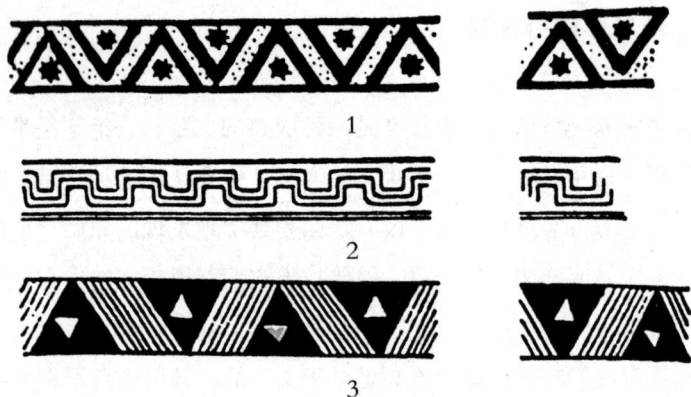

图一

1. 马厂型彩陶罐上的二方连续纹样（《仰韶文化的彩陶》图96）
2. 马厂型彩陶罐上的二方连续纹样（甘肃临洮马家窑出土，《彩陶》
第5页）
3. 半坡型彩陶罐上的二方连续纹样（《西安半坡》彩色图版贰：1）

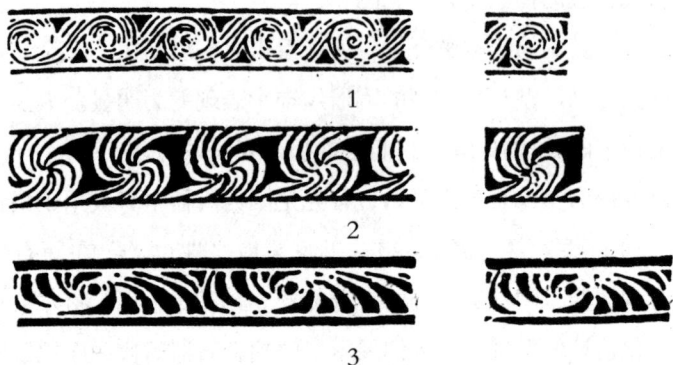

图二

1. 大汶口文化彩陶壶上的二方连续纹样（《大汶口》图版40:3）
2. 屈家岭文化彩陶壶上的二方连续纹样（1965年河南淅川黄楝树遗址
出土，《文物》1973年1月封底）
3. 大汶口文化彩陶壶上的二方连续纹样（《大汶口》图版41）

法器双龙首璜形玉饰（附图9）及鸮形绿松石饰。专家们确信这一遗址的主要依据是女陶塑像及方形基址和圆形台址。然而，人们忽略了遗址中的遗物主体陶器。全部遗物的90%是陶器，若不是用于祭祀，在一个祭神遗址里放上这么多陶器是不可思议的。值得注意的是，那些陶器上的纹饰是"以直线条组成的几何图案为主，如三角形纹，菱形纹，平行宽带纹等；其次为一种多道同心圆条纹和三角勾连纹的组合"[1]。就那些碎陶片图纹观察，所谓的三角纹实际上是连续的 ∾ 和 ⋁ 的局部图案，跟马厂型和半坡型的连续纹样大致相同。这个祭神场面的大量陶器及陶纹上类S的纹饰出现，进一步说明了陶纹同神的联系。

这种纹饰究竟跟哪路神灵有联系呢？大多数的彩陶纹饰都是动植物等具象物的抽象或实录，这种纹饰不是为了真正的美术欣赏的目的，而是具有很强的功利性。"彩陶纹饰是一定的人们共同体的标志，它在绝大多数场合下是作为氏族图腾或其他崇拜的标志而存在的。"[2]在区分不同文化类型时，纹饰是居于核心地位的标志，不同的陶纹就是不同文化的代表。文物专家这样指出：

> 如果认为陶工在画彩陶图案时是没有制约的，则是一种错误的看法，相反，彩陶的花纹的题材和样式不是陶工任意选择和创作的。彩陶上主要花纹的母题含有一定的意义，并且提炼成简明的纹样，而在一个时期内具有共同遵守的规

[1] 郭大顺、张克举：《辽宁省喀左县东山嘴红山文化建筑群址发掘简报》，载《文物》1984年第11期。
[2] 石兴邦：《有关马家窑文化的一些问题》，载《考古》1962年第6期。

范、格式，成为同一部族推崇的纹样。因此，彩陶上的花纹是区别不同的类型文化的重要标志。[1]

所谓部族推崇的纹样主要为图腾纹饰。新石器时代，文化类型的区别主要体现在各集团崇拜不同的神灵与图腾上，因而陶纹主要跟图腾神发生联系。

图腾崇拜是生殖崇拜的延续和发展。图腾解释氏族的由来，即祖先是从哪里来的。图腾把两性的生殖活动转化为一个神，实际上是生殖活动的象征。图腾的一端接在性崇拜之上，图腾崇拜其实是在崇拜男女两性的人类自己，只是男女两性都蒙上了一层"神"的外衣。

彩陶是母系氏族社会的产物。郑为曾这样说过："在新石器时代中期盛行彩陶制作，氏族社会是处在母系阶段，只是在彩陶艺术衰微的后阶段，氏族社会开始向父系过渡。"[2]彩陶的兴盛是母权制强大的一个标记，它记载着那一个时代女性的辉煌。母权制把彩陶艺术推向了一个高峰，衰败便接踵而来了。试以邹县野店大汶口文化为例，那里的文化延续了大约1500年，据测定，约存留于距今6170±140年至4640±185年间。野店大汶口文化可分为五期，第一期为母系氏族制的尾声，第二期和第三期遗留有许多母系氏族制因素，第四期和第五期则明显进入了父系氏族社会。与此相应，陶器表面纹饰逐渐减

[1] 张朋川：《中国彩陶图谱》，文物出版社，1990年，第149页。
[2] 郑为：《中国彩陶艺术》，上海人民出版社，1985年，第68页。

少，由偏早阶段的70%降为后来的50%左右。[1]青海柳湾的原始社会墓地的发掘情况也是如此。柳湾共发掘1500座墓葬，其中包括马家窑文化的半山类型、马厂类型以及齐家文化与辛店文化类型。从葬式考察，半山类型是以母系为中心的氏族社会，马厂类型似乎处于母系氏族社会向父系氏族社会的过渡时期，齐家文化则已进入父权制时代。马厂型是过渡期，那正是母权制的鼎盛期，那时的彩陶艺术体现了母系氏族文化的繁荣及父系文化的生长，是柳湾彩陶文化的高峰。但到了柳湾齐家文化时期，彩绘花纹趋于简化，笔调显得疏朗，彩陶已明显出现衰弱症候。到了柳湾的辛店文化时期，那已是一个父系氏族社会的王国，彩陶便近乎消亡了。[2]在中原仰韶文化繁荣时期，半坡类型和庙底沟类型的彩陶大放异彩，后来出现了后冈类型的彩陶，纹饰则极为简单，主要用四至六条垂直平行短线，顺口沿而下成组间隔排列，或者以斜线画上一些粗糙的网状，这正是中原仰韶文化衰落，龙山文化形成时的一种过渡纹样。此时陶器的制作技术愈趋精工，而纹饰则愈趋简化草率。[3]这一趋势也是跟父权制取代母权制相联系的。这一普遍现象有力地说明，彩陶纹是跟母权制相联系的符号，它是我们研究母系氏族社会文化的重要材料。

这样，我们便可从彩陶纹中首先找出女性崇拜与图腾崇拜的神的原型。

---

[1] 山东省博物馆、山东省文物考古研究所：《邹县野店》，文物出版社，1985年，第40页。

[2] 青海省文物管理处考古队、中国社会科学院考古研究所：《青海柳湾》（上），文物出版社，1984年，第247页。

[3] 郑为：《中国彩陶艺术》，第22页。

　　生与死是原始人关注的两大主题，因而灵魂崇拜与生殖崇拜是早期宗教信仰并行的两个轮子。生是一种永恒的渴望，即便是死了，人们也希望再生。灵魂崇拜是为再生祈祷。无疑，是女人生育了人类，因而生殖崇拜首先是对女性的崇拜。

　　在我国古代新石器时代，曾有过具有浓厚母权制特点的社会组织占统治地位的时期，女性备受尊崇。1983年至1985年间，辽宁牛河梁红山文化遗址中发现了一座"女神庙"，那是中国人在五千多年前的一项文化杰作。那里发现的女性头部泥塑（附图1），大小有如真人，眼内嵌有圆形玉片为睛，炯炯有神，女人率先庄严地登上了神坛。[1]把女人推向神坛的首先是女人自己，当然也包括男人，但首先是女人，因为她们是彩陶生产的主人。

　　美国人类学家弗朗兹·博厄斯在《原始艺术》一书中指出，艺术的创造跟制造者有直接的联系。如加利福尼亚印第安人原始工艺品的制作，编筐工艺的工匠都是妇女，故编织艺术的创造者主要是女人，男人制造的艺术品就显得微不足道。但在加利福尼亚北部的印第安人的主要生活用品是木制的，这里的男人从事木工行业，其木制品造型优美而又品种多样，装饰图案也华丽精致，所以木制品的艺术创造者都是男性，其中女人的艺术才能及创造性几乎看不到。在美国南部的普韦布洛印第安人那里，许多村庄的主要工艺是制陶业，最高超的艺术表现形式也体现在陶制品上。这里的陶制品是妇女艺术的体现，因为制陶的匠人多为女性。博厄斯因而得出结论："无论是哪一种工

---

[1] 辽宁省文物考古研究所：《辽宁牛河梁红山文化"女神庙"与积石冢群发掘简报》，载《文物》1986年第8期。

艺，其技术和艺术的发展均存在着密切的联系，技术达到一定的程度后，装饰艺术就随之而发展。……从事生产的是男性，艺术家则多为男性，若从事工艺制作的是女子，那么女性艺术家就较多。"[1]我国新石器时代的彩陶制作处于母系氏族社会阶段的，大多数是手制的。仰韶文化中的陶器制法以手制为主，有的是在制成后再放到慢轮上去修整口沿[2]。在柳湾马厂型墓葬里，有陶器一万三千余件，这些陶器绝大多数也是手制的。[3]就像美国南部的印第安人手工制陶者多是女人一样，我国母系氏族社会的彩陶生产者即使不全是女人，女人也是重要的参与者。陶轮制陶是父系氏族社会的事，可那时彩陶已近消亡。是女人创造了灿烂的彩陶文化，她们在宗教与艺术中将自己列为主角进行崇拜和颂扬，成为那一个时期的文化主潮。

我们取一母系氏族社会的繁荣时期的彩陶标本进行分析（图三），图三为柳湾墓564中殉葬品中彩陶的一部分。这里分为两排，上排六只陶器上可明显看出青蛙纹的痕迹。蛙纹是乐都柳湾陶器上的重要纹饰，由于蛙肢呈三角形，便形成了以三角形连续而成的 $\wedge$ 为主要特征的蛙纹图案，下排六只陶器上的纹饰就是第一排的简化抽象的式样。这种演变的过程十分清楚。

---

[1]　［美］弗朗兹·博厄斯：《原始艺术》，金辉译，上海文艺出版社，1989年，第10页。

[2]　安志敏：《我国新石器时代的仰韶文化和龙山文化》，载《历史教学》1960年第8期。

[3]　青海省文物管理处考古队、中国社会科学院考古研究所：《青海柳湾》（上），第97页。

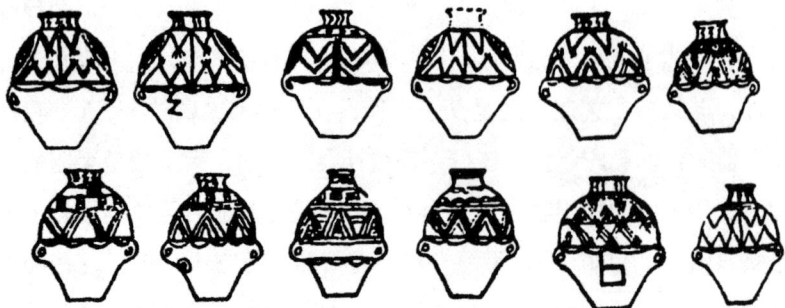

图三　柳湾墓564中陶纹图（据《考古》1976年第6期）

　　在动物世界里蛙最富有生殖能力，蛙便成为女神的象征。在姜寨与庙底沟的陶纹里，蛙腹被夸张得十分厉害，这是对青蛙生育能力的崇拜。蛙与女人产生关联，在柳湾的一个人像彩陶壶上可以得到证实（图四）。这件彩陶，"彩绘一组对称两圈网纹。另一组为蛙身纹加塑绘裸体人像。塑绘人像是先捏出裸体人像，然后在人像各突出部位之周围以黑彩勾勒。头面在壶之颈部。目、口、耳、鼻俱全，披发，眉作'八'字形，小眼，高鼻、硕耳、张口。器腹部即为身躯部位，乳房、脐、下部及四肢袒露。乳房丰满，用黑彩绘成乳头，上肢双手作捧腹状，下肢直立，双足外撇"[1]。根据这种描述，再仔细观察图像，可确认该人像为女性无疑。人像的背后是一幅典型的蛙纹，就在人像的下两侧，也各有一道蛙肢伴随。实际上，女人像是人形化了的蛙神，蛙纹则是女神的象征实体。

---

[1] 青海省文物管理处考古队、中国社会科学院考古研究所：《青海柳湾》（上），第116页。

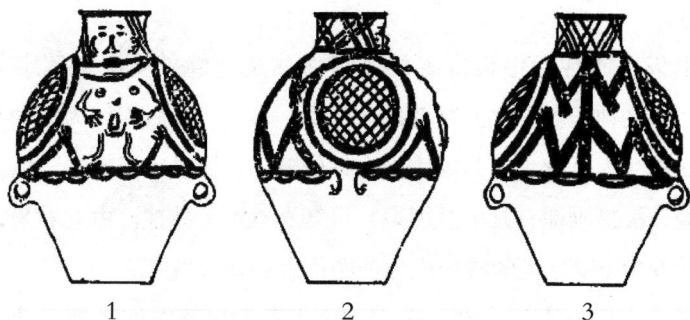

图四 柳湾人像彩陶壶正、侧、背三种形式图（据《青海柳湾》）

女性崇拜在经过了赤裸裸的对生殖器本身的崇拜阶段以后，开始走向女性象征物的崇拜阶段。生殖文化研究的专家指出：鱼、蛙等生物，莲花、柳叶等植物，是女性生殖器的象征。继象征物后便是象征符号，一般来说，这些象征符号是女性生殖器的直接抽象物，其符号状如三角形、椭圆形、圆形、棱形、圆中加点等。但另一种符号则是从女性象征物抽象而来，如来自鱼、蛙等，这种与实物的日趋分离强化了符号的神性，在摒弃了具象后使神开始抽象出来，在中国古代神的形成过程中具有十分重要的意义。具象是神物，而符号又是神物具象的抽象，则抽象符号本身成为神，这就是一个抽象的S纹就成为"神"字核心结构的原因所在。

蛙成为女神的象征，并产生了相关的神话，更重要的是，蛙纹的抽象化成了神的符号的重要来源。

在我国的新石器时代，从中原仰韶文化到西北马家窑文化辽阔的区域里，蛙崇拜都十分流行，证据就是这一地区绵绵不断的彩陶蛙纹及后代流行神话，说明那时确实有一个幅员辽阔且时间延续持久的蛙文化区。

中华民族神话中最古老的先祖之一是女娲。《说文解字》："娲，古之神圣女，化万物者也。从女，呙声。"后人认为，女娲即蛙。女娲实为月神，因为嫦娥为女娲的变体，而月中有蟾蜍，蟾蜍也属蛙类，汉帛画即有月中蛙图案，可知女娲本为蛙神。由此看来，由蛙纹转变为 ∧∧∨ 之类的符号成为神的代表是理所当然的。

过去人们一直认为女娲是中国南部苗蛮民族的创世神。此说由芮逸夫提出，经闻一多先生进一步阐发而影响极大。近年来，民间文学工作者通过考察发现，陕西骊山一带至今还保留着有关女娲的民俗及蛙图腾崇拜的遗习，如农历正月二十日要过"补天补地节"，也称"女王节""女皇节"，节日的主要内容是吃"补天饼"。《路史·后记二》罗注："蓝田谷次北有女娲氏谷，三皇旧居之所，即骊山也。""骊山有女娲治处。"有的同志因而认为，临潼姜寨彩陶盆壁的蛙纹就是骊山女娲氏的蛙图腾的造像。[1]女娲的纪念性建筑，如女娲陵、女娲阁、女娲墓、女娲庙在中原一带比比皆是。[2]女娲实为古中原一部落的首领，后被神化为创世神，她的部落以蛙为图腾，故号为"女娲"。性崇拜转为图腾物是件轻而易举的事，因为性象征物本身就因为性崇拜而具神性，氏族组织在推究先祖的来源时，很自然就跟生殖神挂上钩，这样便造就了蛙这一集女性崇拜与图腾崇拜为一体的神物，女娲又从图腾物中诞生出来。所以，蛙的符号成为神的符号的重要来源。

---

[1] 张自修：《骊山女娲风俗及其渊源》，中国民间文艺研究会陕西分会编印：《陕西民俗学研究资料》第一集，1982年。

[2] 张振犁：《中原古典神话流变论考》，上海文艺出版社，1991年，第45页。

蛙纹的一般简化形式为蛙肢，其形为 **ΛΛ**，后在装饰图案里作连续状，成为蛙神，也是一般神的代表，后来的上帝符号也由此简化而来。卫聚贤先生于《古史研究》中有这样的论述："在新石器时代的彩陶上多有三角形如'▽'，即女子生殖器之象征。此三角形后演变为上帝的'帝'字。铜器的'▽己且丁父癸'鼎，及'▽己且丁父癸'卣，上一字'▽'为帝。"[1]卫先生仅把▽形视为女性生殖器的象征是不全面的，因为仅为性器象征不足以成为大神，唯有图腾才能获得崇高的地位，它才无所不在地统治或影响着氏族群体的生活。

陶器纹饰之蛙纹由于上下各有一道边线，故常作 **ΖΖ** 状。这种纹饰看上去就像一个个倒三角形的并立，▽取其一也。帝也是神，所以可以从抽象化了的神的符号里选取其作为代表，这时的抽象蛙纹也不再仅代表青蛙或者女性或者蛙图腾、女娲神，而是神的类代表。▽形是蛙符号的部分截取，它的恒定式样为 **Λ**，既可增加为▽，又可删为V。汉画像石女娲手持之矩即如此，其形为 **ㄱ**，像地，像月，也是神性的体现。

以上我们由蛙纹看到女性崇拜、图腾崇拜所产生的神，初步分析了第一类神的抽象符号的来源。

神不是孤立一元地生长出来的，我们至少可以看到，鸟崇拜也是神的生长之道之一，它跟S纹的形成也密切相关。还在母系氏族社会的繁荣时期，男性崇拜就开始出现了。考古学的材料证明，男性崇拜

---

[1] 卫聚贤：《古史研究》，上海文艺出版社，1990年影印本，第168—169页。

略后于女性崇拜，它们之间存在着一个并行发展期，只是在进入父系氏族社会后，男性崇拜居于统治地位。

对男性的崇拜，既表现为对男性实物之仿制品如石祖、陶祖的崇拜，也表现为对男性的象征物的崇拜。鸟是原始男性崇拜的重要象征物之一。如同蛙崇拜一样，鸟崇拜也是性崇拜与图腾崇拜相结合的宗教产物。鸟崇拜最早发生于东方，河姆渡文化中的鸟图案是迄今所见最早的鸟崇拜的遗迹。鸟集团由东方向四处扩散，或沿海岸向东北方与红山文化交流，或沿长江流域向西挺进，其中有一支朝西北与中原仰韶文化接触而与蛙部落结缘，在中国文明史上产生了极为深远的影响。

仰韶文化中的庙底沟型的彩陶纹饰是以鸟纹为主体的，这里的鸟纹由具象转为抽象的过程，苏秉琦先生作过分析排比（图五），这种同一原型的鸟纹在马家窑文化里的变化有所不同，然而它们都是同一文化类型。

Ⅰ—Ⅴ分别为泉护村H165、H245、H14、H1060、H1052

图五　仰韶文化庙底沟型鸟纹衍化序列

（据苏秉琦：《苏秉琦考古学论述选集》，文物出版社，1984年，第166页）

对此，考古学家石兴邦有这样一段阐述："马家窑文化的彩陶纹饰有两类，即动物图像和几何图案花纹。这些纹饰均在不同程度上受到仰韶文化中的庙底沟类型的影响。"[1]那里的动物图像主要是鸟与蛙两类，其抽象图案均由鸟与蛙发展而来。关于马家窑文化中的鸟纹，石兴邦先生也作过推演（图六），这种西北陶纹式样，也同样出现在东南方的大汶口文化和屈家岭文化之中（图二）。石兴邦还饶有兴趣地将庙底沟类型的鸟纹与马家窑文化的鸟纹进行了对比，发现其抽象图式虽略有差异，所据原型却完全一样。可见，鸟崇拜与蛙崇拜一样，都是上古的一种广泛的文化现象。

我们怎样确知鸟崇拜为男性崇拜呢？人们把鸟比作男性的真正动机如今已难以考求，但人们以鸟为男性象征的事实却在文化遗存中得以保留，这是一种既存的历史事实。郭沫若曾经说过："无论是凤或燕子，我相信这传说是生殖器的象征，鸟直到现在都是（男性）生殖器的别名，卵是睾丸的别名。"[2]古往今来，关于男性的性器官无不与鸟类有关。古书用语与当今方言所称有"鸟""雀雀""鸡巴"等，到现在还可以从人们的语言中见到男性与鸟的极为自然的联系。

[1] 石兴邦：《有关马家窑文化的一些问题》，载《考古》1962年第6期。

[2] 郭沫若：《先秦天道观之进展》，郭沫若著作编辑出版委员会编：《郭沫若全集·历史编》第一卷，人民出版社，1982年，第329页。

图六　马家窑类型彩陶中鸟形纹饰的演变

（1、5—9. 据Bo Sommarstrom, The Site of Ma-kia-yao；2、3. 据马承源：《仰韶文化的彩陶》，上海人民出版社，1957年；4. 据甘肃省博物馆：《甘肃古文化遗存》，载《考古学报》1960年第2期）

古代诗人常以鸟喻男子，《诗经》中的这种现象尤多。《关雎》很典型，是以鸟鸣喻男子求偶。《郑风·风雨》则以鸟鸣生动地描写了一对男女的欢爱。《风雨》一诗全文如下：

> 风雨凄凄，鸡鸣喈喈。既见君子，云胡不夷？
> 风雨潇潇，鸡鸣胶胶。既见君子，云胡不瘳？
> 风雨如晦，鸡鸣不已。既见君子，云胡不喜？

过去人们认为这首诗写的是一个风雨交加、天色昏暗、群鸡乱叫的时刻，一个女子正思念着她的恋人，而这时她的恋人来了，描写的是风雨天的幽会。[1]这是把象征当作了写实，于逻辑上也是讲不通的，如是夜晚怎么会讲"风雨如晦"？其实这"风雨"喻男女交合，即所谓云雨之事，鸡鸣则暗指男子对她的爱抚，"鸡鸣不已"是在歌唱这场欢爱的痛快淋漓。鸟与男性的联系似乎已成一种心理定势。

新石器时代的图案本身也表现出鸟的阳性特征。庙底沟类型的鸟纹（图七）都是三只腿，证明了后世神话中的三足鸟传说在遥远的史前就开始流传了。《论衡》："日中有三足鸟。"汉画像中也有这种三足鸟的图案（图八）。鸟之三足，历来被视为怪异。惠施提出"鸡三足"之论，人视为诡辩，其实是一个渊源有自的神话命题。鸟三足是怎样产生的呢？今人赵国华这样认为：

---

[1] 余冠英注释：《诗经选》，人民文学出版社，1982年，第90页。

图七　庙底沟三足鸟纹

远古先民以鸟象征男根，男性两腿夹一男根，其数有三，所以，他们在彩陶上绘制象征男根的鸟纹时，为了强调其产卵的尾部，以局部对应突出象征男根的意义，遂将鸟纹画成了"三足"。[1]

这是一种有价值的见解，证以民间俗语，"脚"是雄性阳物的称谓，在很大的区域空间中，配种的公猪被称为"脚猪"，日常用语里，也有把男性性器称为"脚"的。三足鸟为阳物，鸟同样也是阳物。

---

[1] 赵国华：《生殖崇拜文化论》，中国社会科学出版社，1990年，第265页。

神话中把鸟跟太阳联系在一起。《山海经》称"日载于乌"，庙底沟的鸟图案与日相关联，河姆渡的双鸟图案面对太阳，人们称为"双凤朝阳"。太阳是典型的阳物，鸟也为阳物无疑。

鸟为男性崇拜的产物，但鸟文化却不是性崇拜所能涵盖的。鸟崇拜的发展固然以性崇拜为基石，但它却把宗教信仰崇拜推向了更广阔

图八　汉代壁画中的三足乌

的空间，成为抽象神灵符号产生的又一源泉。

当我们把图六这些螺旋状的 S 纹视作鸟纹，就会发现这些鸟纹的圆笔的弯曲状正与甲骨文"§"字形惊人的相似。图六之4、5、6、7、8这些连续的鸟纹就构成了一个个卧倒的"神"字。S 纹如同 Z 字纹一样，都是神的符号。无论是中原仰韶文化还是西部马家窑文化，S 纹与 Z 纹都是不可或缺的。一些陶器图案甚少，便干脆只画上一个 S，或者两个 S 的连续纹，以显示其神性。秦王寨类型已处仰韶文化尾声。∽纹大量出现，神的象征物被抛弃了，只留下了符号。

关于秦王寨这种纯粹的 S 纹的来源，张朋川先生认为："这种∽形纹也是象征正面飞鸟的圆点弧形三角纹的发展演变，是鸟的双翼作反向旋转。"[1]这种∽纹出自鸟纹，从抽象符号上已很难再把它与鸟纹发生联系，只觉得它就是赤裸裸的"神"字。

---

[1] 张朋川：《中国彩陶图谱》，第98页。

　　如同人们把W蛙纹简化为▽形，人们同样把〰形简化成单一的钩形如亅状，或变形为M形与山，这些在辛店文化与河南仰韶文化之大司空类型中多有表现，无论是直线的V或曲线的S，它们都是同一性质的符号，即神。

　　既然鸟成为神的主要依据是性崇拜，鸟崇拜同样具有图腾崇拜性质。它跟一个大神太昊发生紧密的关系，那么鸟便更有资格成为神的代表了。《淮南子·天文训》："东方木也，其帝太昊，其佐句芒，执规而治春。"这执规的也就是伏羲氏。伏羲氏风姓，风即凤，本是鸟部落的首领，太昊部为拜日集团，与鸟同一族属。太昊之佐为句芒，《山海经》说他是"鸟身人面"，这位远古的东方大帝是鸟部落集团的首领，他的足迹踏遍了四方。太昊集团的一支少皞也是鸟集团，《左传·昭公十七年》郯子称"少皞挚之立也，凤鸟适至，故纪于鸟，为鸟师而鸟名"，是少皞氏为鸟族的重要证据。古挚鸷相通，袁珂在《古神话选释》中指出："古挚鸷通，《史记·货殖列传》：'趋时，若猛兽挚鸟之发。'挚鸟就是鸷鸟。"另外一些上古的重要神灵多与鸟有缘，如祝融为鸢，帝俊为鸟，殷契和秦伯益为燕子。鸟为大神是中国上古文化史上的既存事实，它是在辽阔的区域里，漫长的历史跨度间，为广大民众所敬奉的神灵。作为自然物，它是图腾；作为化身，它衍化为不同的鸟集团的氏族神；作为符号，它变为S纹，成为抽象的神的代表。

　　蛙部落与鸟部落在中原仰韶文化接触通婚而成为联盟，其中势力强劲的一支向甘、青方向扩散，形成了蛙鸟一体的马家窑文化。蛙部落的首领女娲与鸟部落的首领伏羲就是在这种部落联盟中留下了他们的后人，也留下了他们的神话。

　　蛙、鸟的神话及其形态的演变，成为神的符号最初的主要来源。

我们把蛙、鸟纹饰由具象转为抽象的S纹及"神"字的线索演示如下（图九、图十），它是在庙底沟型到马家窑文化这一时期里迅速发展而最终将其遗产留给甲骨文的作者的，神的发展的第一层面的过程可由此得到直观呈现。

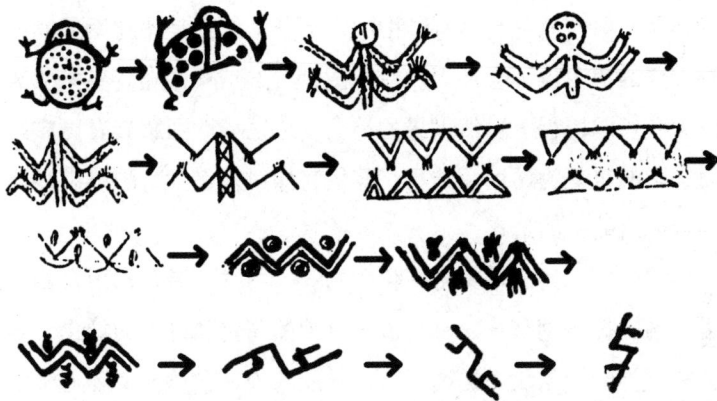

图九 由蛙纹演变为神的过程

图十 从鸟纹到神的演进

1为半坡鸟纹；2—7为马家窑鸟纹；8、9为半山鸟纹；10为大汶口S形鸟纹；11为唐汪文化陶纹，是甲骨文的同龄纹；12为甲骨文"申"字

1.2　日月神话与S纹

　　S纹并非仅仅是蛙鸟神话的附丽而具神性的，只是因为蛙鸟神话的进一步拓展，S纹的神的地位才进一步强化。

　　自然崇拜是原始宗教的基本内容。虽然图腾崇拜在总体上也属于自然崇拜，但它只是自然崇拜中的一部分，即便是图腾崇拜消失了，自然崇拜的活力也不会衰竭。在中国，自然崇拜伴随着皇家宗教走过了极为漫长的历程。自然世界的神灵较之区域性图腾具有更广泛的辐射力，影响也更为深远。这里，我们将探讨性崇拜、图腾崇拜与自然崇拜合流后的神的形态。

　　半坡、庙底沟及马家窑文化中的蛙、鸟纹，最后都跟自然崇拜合流了。鸟、蛙分别与日、月合流，日神的鸟化和月神的蛙化，导致了日神和月神的抽象化，提高了鸟、蛙纹的神话含量。实际上，S纹也可称为日纹、月纹了。考古学家严文明先生指出：

　　　　从半坡期、庙底沟期到马家窑期的鸟纹和蛙纹，以及从半山期、马厂期到齐家文化和四坝文化的拟蛙纹，半山期和马厂期的拟鸟纹，可能都是太阳神和月亮神的崇拜在彩陶花纹上的体现。这一对彩陶纹饰的母题之所以能够延续如此之久，本身说明它不是偶然的现象，而是与一个民族的信仰和传统观念相联系的。[1]

---

[1] 严文明：《仰韶文化研究》，文物出版社，1989年，第322页。

当鸟蛙与日月合流的神话流行后，中国文化认同的统一之路也就展开，天无二日，日月之光世上独有，日月崇拜便成为覆盖各类宗教的最高宗教活动，蛙鸟便由不同部落的神转为共同的神了。由中原仰韶文化发展到甘青的马家窑文化后，蛙鸟纹由性崇拜、图腾崇拜升华为日月崇拜及高级神灵的档次，揭开了中国神的发展史上的重要一页。

柳湾马厂型文化墓564的彩陶葬品向我们展露了这一重大信息（图十一）。这是整个柳湾原始社会墓葬群的随葬品规模最大、数量最多的一座。据推测，墓主人应是这一地区的部落首领。墓葬彩陶数量与纹饰的选择，生动地体现了马厂型文化的宗教观念。

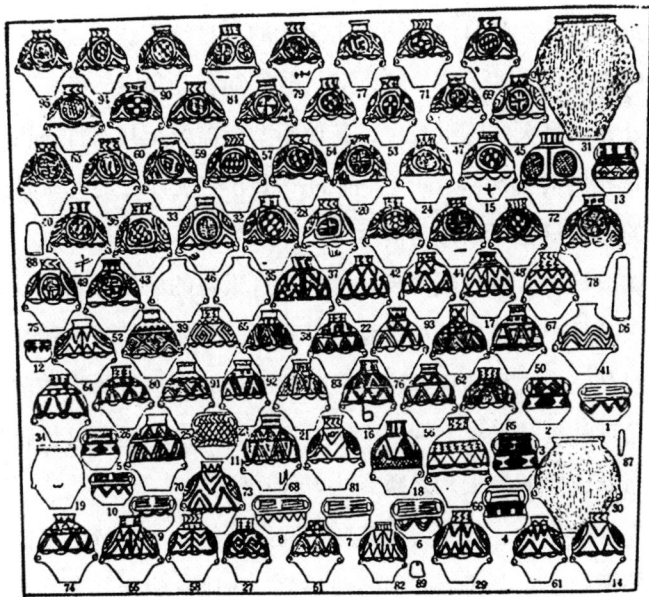

图十一 柳湾马厂型墓564器物组合图［据《青海柳湾》（上），第57页］

整个墓葬的陶器计九十五件，分有纹彩陶、无纹陶及工具三类。其中有纹饰的彩陶主要是三类：鸟纹、蛙纹、鸟蛙纹交织纹。下面重点分析这三类纹饰的数量及其含义。

三角连续状的蛙月纹计三十六件，它们的序号分别是：1、2、3、5、6、8、10、12、13、16、17、18、21、22、23、25、26、34、38、41、50、51、56、62、66、67、68、70、74、76、80、83、85、91、92、93。

圆圈十字状的鸟日纹也有三十六件，它们的序号分别是：15、20、24、28、32、33、35、36、37、40、42、43、44、45、46、47、48、49、52、53、54、57、59、60、63、69、71、72、75、77、78、79、84、90、94、95。

三角连续状的蛙月纹与圆圈十字状的鸟日纹交织的十件，它们的序号分别是：14、27、29、55、58、61、64、73、81、82。

另外，大型无纹陶缸五件，其他类型陶器及工具八件。

这是我们对柳湾墓564随葬品的一个分类统计。经此统计后，这座墓葬的一些秘密可以得到揭示。

鸟纹成日纹，蛙纹成月纹，这是日月崇拜的象征性转换，大量的日中有鸟及月中有蟾蜍的神话是这一命题的坚实支持者。严文明等一批专家对马家窑文化的鸟蛙纹即日月纹的论题作过较为深入的探讨，关于三角形蛙纹是月纹、圆圈十字纹鸟纹是日纹的问题已毋庸赘论。

那么这成对的三十六之数意味着什么呢？

首先，这是蛙、鸟两大部落结盟联姻的标志。氏族不可能孤立存在，族外婚制决定着氏族必须两两对存，否则它将因得不到婚配支持而导致氏族的毁灭。人类早期氏族间的这种婚制称为"两合婚制"。

两合婚制是蛙、鸟两大部落联盟的社会基础。经过了从庙底沟类型到马家窑文化间的漫长岁月，两部落已开始认同了共同的文化，这就使得单方面的图腾崇拜有所减弱，而共同的信仰日益趋近，因而这种联盟的标志逐渐成为共同神灵的标志。

当鸟、蛙演变为日、月之神，它就突破了氏族图腾的旧范，获得更加广泛的信仰，所以柳湾墓564中的蛙鸟纹组合，是柳湾这一地区两个部落共同信仰的标志。

日鸟纹三十六与月蛙纹三十六之数意味着什么呢？无论是三十六还是七十二，它们都是中国文化中的神秘之数。闻一多先生曾著《"七十二"》一文，列举古籍中出现的"七十二"数十五例，并约数七十若干，注文"七十二"十余条，论述这一中国文化中的神秘之数。而解释剖析这一谜底的主要标本则是《史记·高祖本纪》。

《史记·高祖本纪》载："高祖为人，隆准而龙颜，美须髯，左股有七十二黑子。"对于"七十二黑子"，《史记正义》这样解释："七十二黑子者，赤帝七十二之数也。木火土金水各居一方，一岁三百六十日，四方分之，各得九十日。土居中央，并系四季各十八日，故高祖七十二黑子者，应火德七十二日之证也。"闻一多先生据此认为《史记正义》已经给我们解答了此谜，并由此推断说，这"七十二""大概本与五行系统无关，或关系疏远，因受五行思想的影响，或有意的与五行思想拉拢，或无意的被五行思想吸收，才采用了这个数字"[1]。至于这"七十二"流行的年代，闻一多先生定

---

[1] 闻一多：《"七十二"》，《闻一多全集》第一卷，开明书店，1948年，第216页。

为"发轫于六国时，至西汉而大盛"，"'七十二'这数字流行的年代，便是五行思想发展的年历"。

这些论断，对于西汉时期的解说可能能够成立，但不能解说新石器时代的马家窑文化中的"三十六"与"七十二"之数，因为这与战国秦汉的时间相差有近三千年，那时的五行学说尚未露头。

近年彝族文化研究的成就，为我们破解柳湾墓564的"三十六"与"七十二"之数提供了很大帮助。刘尧汉先生研究出的彝族十月历的奥秘给人良多启示，即研究"七十二"必须立足"三十六"，而"三十六"又须跟远古十月历相结合。

彝族是中华最古老的民族之一，它的文化保存了许多远古文化的元素。它崇拜伏羲，认其为远祖。西南地区、东南地区和西北地区虽皆有奉伏羲、女娲为远祖者，其图腾却不同，西南地区为虎，东南地区为龙，而西北地区为鸟。伏羲作为大神与祖神已超越了区域性的图腾的地位，伏羲崇拜扩散到每一个地区，即同当地固有的信仰结合，这就是为什么上古伏羲崇拜所带来的中华民族集体形象既有统一性，又有鲜明的个性色彩。彝族伏羲文化的遗韵与马家窑伏羲文化的遗存对比起来研究，才能揭开中国文化的许多谜底。

据刘尧汉先生的潜心探索，得出了彝族文化的三要素：宇宙万物雌雄观、葫芦崇拜和十月历法。[1]其中十月历法和宇宙万物雌雄观尤其具有特殊价值。

据刘尧汉先生调查，十月历的内容大致如此：一年十个月，一月三十六天，一年十个"时段"分为大年和小年两个岁首，过大年和

---

[1] 刘尧汉：《〈彝族文化研究丛书〉总序》，刘尧汉主编：《彝族文化研究丛书》各本之前，云南人民出版社，1986年。

小年共花去五到六天，不计在十月内，这样正好是三百六十五天。三十六天为一月，七十二天则为一季，五季为一年，这就是彝族十月历的基本内容。

彝族十月历以雌雄将十月划分开，一雌一雄为一季，每年五季均以雌为首，合伏羲先天八卦特征，故称为"伏羲先天太阳历"。这些就是彝族万物雌雄观在十月太阳历中的反映。[1]

现在我们对柳湾墓564的陶器组合就可以作出这样的解释了：日鸟纹与月蛙纹的组合除直接表现一种部落联盟的象征外，它还代表了一种阴阳和谐、日月长存，以表示这种联盟天经地义、万古永恒。三十六日鸟纹代表雄月，三十六月蛙纹代表雌月，这七十二数代表一季。那十个圆圈十字纹与三角纹交织的陶器代表十月，五个无纹陶器代表五个过年日。柳湾墓564的陶器组合实际上是一幅古代的天文历法图，是为了强调墓主人天道永远、权柄长存的一种精心安排。

公元前3000年前后的这套历法绵延数千年仍存于民间或藏于地下，可谓奇迹，但这并非前后唯一的孤证，据考察，夏历《夏小正》也是十月历。《夏小正》称"初昏参中，斗柄县在下"，六月"初昏斗柄正在上"，其间半年相隔为五月。又记五月"时有养日"，十月"时有养夜"。养，长也。长日长夜即今夏至、冬至，二者间也为五月。这充分说明原夏历是十月历，殷历出现后虽将其改为十二月历，但《夏小正》中的十月历痕迹还是没法抹去。夏人继承了伏羲部的传统，采用了十月历，因为"姒与风本是一姓，禹与伏羲原是一家

---

[1] 刘尧汉：《中国文明源头新探——道家与彝族虎宇宙观》，云南人民出版社，1985年，第76页。

人"[1]。华夏诸族多可谓伏羲传人。他们继承了华夏的天文历法，也继承了伏羲族的神话。反映在这历法中的神话结构是这样的：

> 蛙神—女娲—女神—月神—阴
> 鸟神—伏羲—男神—日神—阳

这是由部落图腾之神转为部落先祖之神，抽象为女神与男神，扩展到日月神，最后成为普遍阴阳学说的基础，并绵延不断，成为中国神话的一个最基本的母题。

从蛙鸟到女娲伏羲再到日月神，这组神话都以一个对立的命题而存在，它相反而相存，两两而居。中国神的成长遂奠定了一种基本格局：由二元对立而存在，静态观察，神由对立面和谐并存；动态考察，则发现这种存在始终处于矛盾运动之中，就像 S 纹一样连绵不断。

S 纹已经从具象中抽象出来获得了独立的神性，它的弯曲符号向两头伸展但又相互顾盼，正是这种对立而统一的神的存在方式所决定的。人们最终选择 S 纹作为神的符号，正是因为它典型地代表了人们心中的神灵形象。

S 纹从神物中抽象出来后，又作为一种标志赋予其他具体神物，成为神的统一标志。黑格尔指出："只有认识到神在本质上纯粹是精神性的、无形的和自然界对立的情况下，精神才能完全从感性事物和

---

[1] 闻一多：《伏羲考》，《闻一多全集》第一卷，开明书店，1948年，第36页。

自然状态中解脱出来。但是，另一方面，这种绝对实体对现象世界仍保持一种关系：它从现象世界看到它自己的反映。"[1]这段论述能够帮助我们认识S纹从具象到抽象，然后又被赋予具体神像的发展历程。

龙与凤，蛙月与鸟日，前者是中华民族共同的文化符号，后者是中国神话的核心符号，当然也是共同的文化符号。图像时代留下来的遗产，实际上是中国神话的基础，也是民族认同与发展的基础。

1.3　龙凤神话与S纹

考察中国新石器时代的纹饰，有一件事会令人困惑不已：在中国历史上影响深远的龙凤文化很难在陶纹上找到现存的答案。鸟在彩陶上出尽风头，可作为凤的前身，而龙在彩陶上却表现不充分。

该现象说明一个问题：后代意义上的龙是较晚出现的，在远古时代，龙凤联盟出现也是较晚的，但是其联盟前身曾经风光，可为源头。它们曾经影响一时，但势力远不如蛙鸟联盟强大。对于神的认识，这一联盟接受了蛙鸟部的观念后而趋向统一，联盟的成员采用了S纹的符号，诞生了中国历史上又一支盛大的神灵队伍。

学者们趋向于分区域探讨龙的形成，如王从仁先生等认为原龙纹大体有渭河流域的鱼纹，漳河流域的鳄纹，辽河流域的猪纹，太湖流域的虎纹，以及汶水流域的蛇纹等。[2]

---

[1]　［德］黑格尔：《美学》第二卷，朱光潜译，商务印书馆，1979年，第90页。
[2]　王从仁：《龙崇拜渊源论析》，陈秋祥，姚申，董淮平主编：《中国文化源》，百家出版社，1991年。

　　这些原龙纹虽然都可能对龙的形成有一定的影响，但其影响的程度是有限的，单凭一件单一图像难以考索龙作为神灵的真实地位。真正具有影响的是渭河流域的鱼鸟联盟，它才是真正的龙凤集团的前身。

　　在河南、陕西一带的仰韶文化里，至少有蛙鸟联盟与鱼鸟联盟两大部落群体。蛙鸟集团向西扩散到甘青马家窑文化，而留在陕、豫故土的则是鱼鸟联盟，其证据是此一带出土的鱼鸟相衔图纹（图十二）。陕西宝鸡出土的那件半坡型鱼鸟相衔纹是迄今为止所见最早的鱼鸟同现的图纹，由于时代尚早，S 纹的定势尚未出现。即便是庙底沟型的两件鱼鸟相衔图，依然为具象。陕西武功的那件鱼衔鸟头图虽有些抽象痕迹，但原质未褪。这些都实实在在地表现出氏族间的联盟关系。

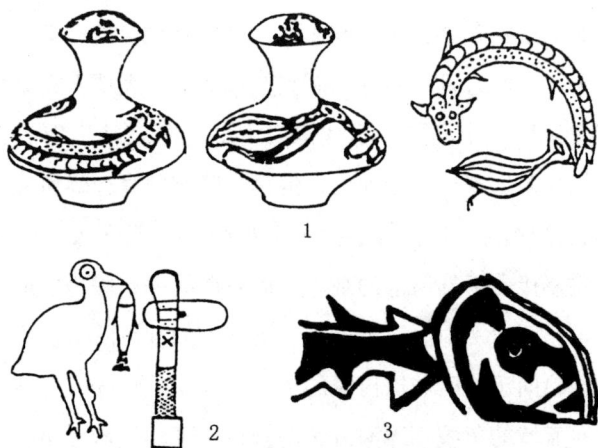

1. 陕西宝鸡出土鸟衔鱼尾纹
2. 河南临汝出土鸟衔鱼头纹
3. 陕西武功出土鱼衔鸟头纹

图十二　鸟鱼相衔图

关于河南临汝的那件鹳、鱼与石斧组合的画面，有着种种不同的解释。赵国华认为那是两性交媾的象征，鱼代表女性，鸟代表男性，鱼鸟相衔象征男女交媾，具有生殖崇拜意义[1]。严文明先生则认为是氏族冲突的反映，表现的是白鹳氏族与鲢鱼氏族的殊死战斗，最后白鹳氏族取得了胜利[2]。在这里，与其说是氏族搏斗，不如说是氏族联姻，它有生殖崇拜的成分，但统摄于图腾崇拜之下。因为从画面看，鱼与鸟之间并不像是在作生死搏杀。陕西武功出土的陶纹则是鸟头伸向鱼嘴，有如主动就范，似不能解释为鱼族大胜鸟族。鸟头轻触鱼嘴，其状似在亲吻，当释为两族的姻亲联盟。陶思炎先生也认为该图腾是外婚说的标记。[3]

这条鱼就是龙的前身之一，后代的鱼龙互化的神话就是从这最早形象中衍化出来的。《山海经·海内经》有"虫为蛇，蛇号为鱼"之说，后世人们将龙蛇互混，则龙、蛇、鱼三者通约。陕西宝鸡出土的半坡型的鸟所衔鱼，扁长之躯，颇与蛇近。鲧（gǔn）生禹是一著名神话，鲧为鱼类，而禹则为龙。《山海经·海内经》注引《开筮》："鲧死三岁不腐，剖之以吴刀，化为黄龙。"鲧由鱼类转为龙蛇，说明了二者实际存在的渊源关系。《左传·昭公二十九年》蔡墨语云："共工氏有子曰句龙，为后土。"后土即社神禹，名句龙，而共工则是鲧，它是鲧读长后的变异，所以鱼类的鲧是变为龙类的禹了。这是神话里的一种说法，它反映出真实的部落图腾的衍化及联盟关系，鲧禹实为联盟。本书后有详论。

---

[1] 赵国华：《生殖崇拜文化论》，第265页。

[2] 严文明：《仰韶文化研究》，第303—307页。

[3] 陶思炎：《鱼考》，载《民间文学论坛》1985年第6期。

夏商周时期，龙凤族间的联盟关系尚继续着。夏与商皆在东方，且两族相错杂处。王国维于《殷周制度论》指出："禹时都邑虽无可考，然夏自太康以后以迄后桀，其都邑及他地名之见于经典者，率在东土，与商人错处河济间盖数百岁。"[1]相处如此邻近的两族间发生婚姻上的联盟是完全可能的。商人认大禹为社神，崇拜大禹。以夏后人自居的周人确实跟商人有婚姻关系，且文化联系非常密切。周原卜辞载周人祀商人祖神，文王之母乃商人之女，这样一些史料足以说明两族有着较为密切的交往。商人为鸟图腾的后裔，周人则为龙图腾的后裔，商周的婚姻关系可视为龙凤联盟的遗迹，证实远古确实存在龙凤婚姻联盟。

在龙凤集团里，龙凤当是最高之神，由于受到蛙鸟集团神灵形象的影响，龙凤也竞相亮出自己的S形形象，以表示它们跟共有的神灵形象接轨，成为神灵正宗。对后世影响最大的龙凤，继承了蛙鸟图案的S形或Z形形象后，竟奇迹般地难以伸展身子，以弯曲的S形定势出现。当它们作为图腾的功能减退而成为普遍吉祥物时，它们却愈来愈呈现出S状。从新石器时代的仰韶文化、马家窑文化以来形成的神的形象在殷商时代依然保存，并成为文字神的代表符号。可见，新石器文化与青铜甲骨文化是一脉相承的。

---

[1] 王国维：《殷周制度论》，《观堂集林》第二册，中华书局，1984年，第451—452页。

图十三　甲骨金文中的若干"龙"字

（1—2. 见孙海波：《甲骨文编》；3—5. 见罗振玉：《三代吉金文存》；6—8. 见于省吾：《商周金文录遗》；据邢捷、张秉午：《古文物纹饰中龙的演变与断代初探》图一，载《文物》1984年第1期）

图十四　妇好墓龙形玉器

（据中国社会科学院考古研究所编：《殷墟妇好墓》，文物出版社，1980）

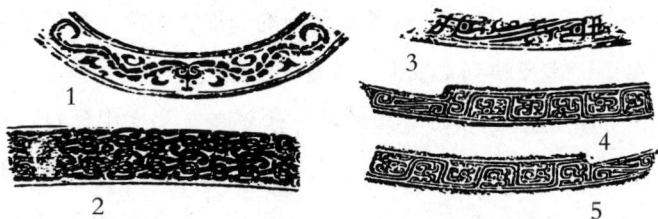

图十五　商周青铜器上的龙纹

（1—3. 据马承源：《中国青铜器》，上海古籍出版社，1988；4—5. 据《考古》1964年第10期）

殷墟妇好墓中的玉龙与甲金文的"龙"形中，S纹的核心主干地位是不变的（图十三、十四）。甲金文的"龙"字，实际上是在S纹上加了一个王冠，金文则特别在S纹下加了一双手，以示膜拜。以甲金文的"神"字形象对比，"龙"字不过是在"神"的基础上加工而已，或者说，"龙"字就是比照"神"字而造出来的。"神"字是首先被创造出来的，它不仅是后来创造其他具有神性物的文字的基础，还为神灵形象的创造立下规范。商周青铜器为祭祖祀神的神器，上镌龙纹，也照例以S状呈现（图十五），龙的这种刻意追求S形的图形创作正是神的形象规范驱使下的结果。由于这种具象的龙颇有些真实的蛇及其他爬行类动物的特征，图十五中的第4图、第5图特意在龙纹的旁边刻出一个 ∽ 纹，即神字，以明示此龙就是神。为了增强图案的装饰性并力求摆脱具象，青铜器龙纹还创造出两头龙形象，一头二身形象，都是淡化具象而突出S形特征的举措。

中国自夏商时期已建立起国家制度，图腾制不再整体支配国家生活，当年的图腾外婚已简化为同姓不婚，看上去跟图腾无涉。于是，图腾物杂处的形象反倒减少，尤其是像鱼鸟相衔，蛙鸟相并，龙凤相交的画面则更不多见，反倒是龙自己相交相并，出现所谓的交龙，如图十五中的第2图。这种S状的龙之间的勾连，实际上描绘了龙的交配。这种画面也反映到文献中，遂有《山海经》里的"左右有首，前后有首"的记载。闻一多先生曾在《伏羲考》一文中作过这样的分析："《山海经》等书里凡讲到左右有首，或前后有首，或一身二首的生物时，实有雌雄交配状态之误解或曲解。"如果说商周青铜器纹饰对交龙的实质有所掩盖的话，东周侯马遗址的二龙相蟠便具直观性（图十六），此二龙弯曲呈S状相交，两嘴张开，这正是金文"神"

字作S之所本，神的符号在新的时代又代表了新的内容，S纹上的内涵有明显的新陈代谢倾向。

图十六　东周侯马遗址二龙相蟠陶范
（据《考古》1962年第2期）

不仅龙作S状，凤也逐渐弯曲了身子。凤的前身鸟是S纹的源泉，凤是鸟图腾中最动人的儿女，成熟的凤的形象，毫不犹豫将身子弯成S状以示神性。甲骨文就是按照这一原则创造出"凤"字来的，S纹是"凤"字的主干，不管其头部尾部有怎样的变化，但总有一个S形的主笔，如：

可见，头部尾部都是可以变化省略的，S纹主干不能变，省去了S纹，不仅字体会崩溃，还将使"凤"字丧失神性，所以，"凤"字是S纹先行，在神主体精神原则下，参以客观具象而成。

鸟转为S纹，在新石器时代的马家窑文化里就已完成。鸟类中脱颖而出的凤在商、周、秦、汉都遵循着以S形为核心再加些许具象的造型原则。这是一种巨大的传统惯性，挟带着新石器时代以来奔涌的宗教洪流，不由自主地在传统的推进下保持旧有的作风。商周时期对S纹的采用是十分自觉的，秦汉时是对这种传统的继承。凤鸟也要弯成S形，这实在不是偶然。就商、周、秦、汉的一些纹饰看，凤的具象是在尽量S形化，如图十七中的第1图、第2图、第3图，尽管已有些刻意追求S化造成了变形，但凤形的具象性保存着；第4图是龙凤荐享图，画面已经抽象化，其中象征文字被提炼后的装饰图案恰如其分地表现了画面主题。

和以及都是牺牲之物，即羊，是甲骨文的描摹修饰。双龙与双凤正在痛快享受供奉。龙凤皆为神，龙以S形描画自不待言，凤或以S上施一凤头，或从头至尾纯以S形稍加装饰而成。这种构图绝非无意识的纯审美性行为，而是对达成共识的神的符号的一种稍带创造性的描画。秦汉漆器的凤形一定要弯成那种连环式的S形状，便是这种传统的一种自然延续。

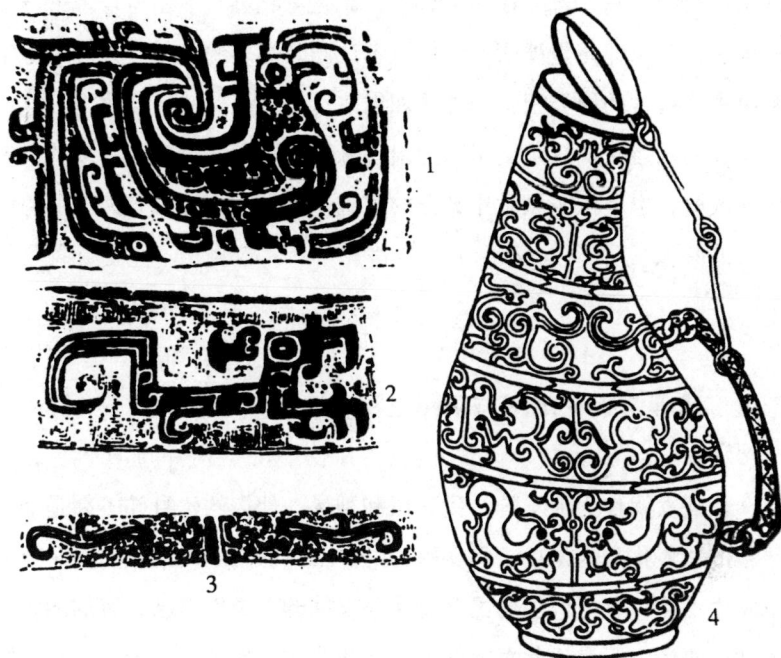

图十七　商、周、秦、汉Ｓ形凤纹
（1—3.据《中国青铜器》；4.据《西清古鉴》）

　　商周以后，龙凤作为一种一般的男女婚姻的吉祥物日趋普遍，但作为氏族间的婚姻结盟象征的历史已经结束了。商代所有的龙凤相交玉佩，周人所有的龙凤同体玉器造型，逐渐丧失了氏族联盟的意义。一定程度的理性主义的崛起，则视龙凤相交、人龙相交为荒诞。王充《论衡·奇怪》指出："万物生于土，各类本种；不类土者，生不出于土……夫含血之类，相与为牝牡；牝牡之会，皆见同类之物。精感欲动，乃能授施。若夫牡马见雌牛，雄雀见牝鸡，不相与合者，异类故也。"所以即便是神话，人们也不认同非类属的交配。人们对祖宗神灵中曾有过的异类相交的神话加以改造，以统一的属类改之，这便是汉代的伏羲女娲双龙交尾图的出现缘由。它是 S 纹神性延续的最辉煌的成就，也是在龙凤竞作 S 形的基础上人们对两种伟大神灵形象所得出的共识。

1.4　伏羲女娲交尾图与阴阳二神

伏羲女娲作为最早的一代先祖和神灵，他们的化身并不都是龙，最早的伏羲化身当是鸟，而女娲为蛙。二神在向不同区域辐射时自身也发生变化，各区域里的民众将伏羲女娲的形象以自己固有的图腾形象加以改造，于是伏羲女娲的形象便化为龙、虎等。至于伏羲与女娲以龙的形象交尾，则是汉代出现的独特式样，也是在神的观念成熟后，伏羲与女娲神话发展的定型式样。汉代之所以将伏羲女娲定型为龙，一是将他们变成同类，避免异类不得行牝牡之会的诟病；二是已经达成共识的神为 S 形符号的观念作用于伏羲女娲身上，于是有二神作 S 状的交织；三是此前的交蛇交龙形象发展的一个总结，商周所固有的交龙神像此时加工附丽到先祖身上，中华民族真正成为龙的传人（图十八）。

至此，中国神话中"神"的 S 形形态的象征符号已进入了终结期，它要渗透到哲学与宗教中去，在更加广阔的舞台上展示"神"的威力。汉代的伏羲女娲交尾图可视为传统的神的观念的终结。

图十八　伏羲女娲交尾图
（据武氏祠汉画像石）

　　神是什么？秦汉人已不能再满足于在 S 纹上直观，他们需要某种超验性的回答。《大戴礼记》曰："阳之精气曰神，阴之精气曰灵。"这种解说是对流行久远的带有强烈生殖崇拜色彩的神灵形象的一种概括，神的解说不脱阴阳二性。《周易》经传就是这样一种世界观。《易传》称："阴阳不测之谓神。"又云："一阴一阳之谓道。"世界之根本便由阴阳二物所构成了。《易传》说"易有太极，是生两仪"，这两仪便是天地阴阳男女，太极只是一个虚衔，而两仪才是实体。这种形而上的对世界生存的认识实际上脱胎于神话，并与神话并行发展。

　　阴阳不测的特性使得中国哲学不能真正跟神话脱节，所以中国哲学选择了与神话携手的发展途径。阴与阳本已从蛙与鸟、日与月等神话类属中抽象出来，最后还是倒向神话的怀抱去解说世界，形成了一种哲学与神话交织的认识世界的模式。《淮南子·精神训》：

"古未有天地之时，惟像无形，窈窈冥冥，芒芠漠闵；澒濛鸿洞，莫知其门。有二神混生，经天营地，孔乎莫知其所终极，滔乎莫知其所止息，于是乃别为阴阳，离为八极，刚柔相成，万物乃形。"高诱注"二神"为"阴阳之神也"，这正是哲学与神话联手的见证。中国人的"神"观念就是这样一种二元并立，神不孤生，它以一种对立而又统一的面目出现。中国神话中的矛盾就是从这种神本身存在的对立状态中引申出来的。神的二元状态是我们理解中国神话的基础。

在形而上色彩厚重的《周易》中既难摆脱神话中的二元元素，也不能完全舍S纹而求得纯粹抽象，即抛弃符号的抽象物而纯以语言描绘。《周易》建立了一种泛神的哲学体系，世界的创制当然就是神，也就是阴阳二神。《周易·系辞》："天生神物，圣人则之；天地变化，圣人效之；天垂象，见吉凶，圣人象之；河出图，洛出书，圣人则之。"这神物是什么？周、秦、汉时代的人们能见到什么样的神物呢？不就是那些弯成S状的出现在青铜器上和其他器物上的龙凤之物吗？不就是太阳里的鸟与月亮中的蛙吗？不就是伏羲女娲交尾图吗？

图十九　宋传古太极图

圣人"则"的就是它们。所谓河图、洛书，不外是充满了神话色彩的刻着S纹之类的神符神图。后世所传河图、洛书绝非原始的图像，因为我们找不到任何可以佐证那种算子式排列的图式的类似物来，但对于那个中间以一道S纹一分为二的太极图，我们完全有理由相信，它确实是一种以具象形式出现的，代表中国人的神的根本观念的远古图式。太极图之S形及两弯曲间的两点正好构成了一幅犹如甲骨文"神"字的直观图画,实际上是伏羲女娲交尾图的一种抽象,它跟新石器时代的陶纹,青铜器神物纹饰,甲骨文之神、电、龙、凤等与神物相关的字形结构高度一致。它是"圣人"所则神物、则图书后所留下的远古神灵观念的精华。这是以图像示人的哲学神品。这显然不是宋人可以凭空想出来的,宋人或者真发现了古图,或者根据古代大量图像加以创造,太极图就这样以S神符成为中国的代表性图像符号之一。

既不能舍二元模式,又不能舍S纹,中国古代的"神"就这样不可更改地留下了它的典型图式。

第二章
神话成因：矛盾法则与超然-禁忌公式

2.1 神话中的对立因素

在神话研究中，有一个耐人寻味的现象：不同的神话学派往往可以以对立的观点立论，但在一定程度上都能自圆其说。比较神话学的祖师麦克斯·缪勒（Friedrich Max Müller，1823—1900）是太阳神话的创始者，他认为神话虽然不过是语言犯的一场疾病，但其源头还是来自太阳。"日出是自然的启示，它在人类精神中唤起依赖、无助、希望与欢乐的情感，唤起对更高力量的信仰。这是一切智慧的源泉，也是所有宗教的发源地。"[1]缪勒本人在提出这个结论时是经过了细心的论证的，但在一些太阳神话的追随者手中，太阳神话被推向了极端，即一切神灵均源于对太阳的崇拜。这种简单化、绝对化的做法把

---

[1] ［英］麦克斯·缪勒：《比较神话学》，金泽译，上海文艺出版社，1989年，第100页。

太阳神话的理论弄得声名狼藉，但坚持者仍不乏其人。

近年来我国神话学界持太阳神话论者不少，他们借鉴"语言疾病说"的理论进行了一些训诂考证，认为自黄帝、伏羲以至帝尧、帝舜、后羿，无一不是太阳神大家族的成员。虽然从总体上看，这种理论与方法颇为陈旧落后，结论也不甚可靠，但这种阐发研究还是给人颇多的启示。

与"太阳神话中心说"不同，继自然神话学派后的星辰神话学又抛出"泛月神话论"，认为月亮是一切神话的源泉。[1]M. 艾瑟·哈婷女士主张"月亮神话说"，她给她的专著《月亮神话》取了个副标题，叫"女性的神话"。如同中国神话一样，其他国家也将月亮比作女人，除极少数外，月亮在这个世界上几乎是女性的象征，在论述作为生育与丰产的象征时，哈婷女士指出："首先被当作丰产的感应物，后来则成为神的月亮，从古至今都被认为与女人有特殊的联系。它是她们怀胎的力量渊源，是保护她们和与她们极为相关的一切的女神。这种信仰非常广泛，几乎遍及全世界，并从遥远的时代一直存在到今天。""月亮是具有非常广泛效能的丰产能源，它使种子萌芽、植物成长，而其能量绝非仅限于此。没有它的惠助，动物不可能生产，女人们则不可能有子。在气候温和的地区，太阳被认为是促使生长的动力；但在热带国家，太阳似乎专与生命作对，它曝晒幼苗使其枯死。对于居住在南部气候带的原始人来说，太阳似乎是与植被和再

---

[1] ［德］W. 施密特：《原始宗教与神话》，萧师毅、陈祥春译，上海文艺出版社，1987年。

生产相敌对的力量。"[1]作者还举例说明这种月亮信仰并不仅限于热带地区，格陵兰的居民也有同样的信仰。月亮神话跟太阳神话唱起了反调，似乎原始人根本不能体会到太阳在万物生长中的地位，月亮才是神话的源泉。月亮神话之响应者不少，同是研究中国神话，用月亮神话的观点来看中国神话，跟按太阳神话得出的结论完全两样。中国台湾学者杜而未先生研究《山海经》时把《山海经》看作月亮神话的演绎，帝俊、后羿这些太阳神话学派中的主将都归入了月亮神话的系统，而《山海经》在不少的神话学研究者看来，完全是以太阳神话为主宰的。

也许，我们可以指责这些神话学派研究方法的片面性，但仔细阅读他们的著作，便发现他们的结论在一定的程度上是能成立的。这说明：相互对立的因素本身就存在于神话之中，神话是一个充满着矛盾对立的统一体。

结构主义神话学家列维-斯特劳斯对神话矛盾有过深刻阐述。他说："神话学使大学生们面临这样一个情况，即人们第一瞥就能把这种情况看成矛盾的。"[2]就一个神话而言，似乎任何事情都可能发生，没有逻辑，没有连续性，充满着偶然。但是，这种偶然呈现出的武断可以在广大的不同地区采集到惊人相似的材料，这是不是说明神话中表现的偶然因素就是必然的呢？这是在表现形式及表达本质间呈现的一种矛盾。在列维-斯特劳斯看来，神话跟艺术不一样，艺术

---

[1] ［美］M.艾瑟·哈婷：《月亮神话——女性的神话》，蒙子、龙天、芝子译，上海文艺出版社，1992年，第18、20页。

[2] ［法］列维-斯特劳斯：《对神话的结构研究》，见蒋孔阳主编：《二十世纪西方美学名著选》（下），复旦大学出版社，1988年，第373页。

通过对一个或数个对象和事件的组合，提示出共同的结构以表现整体性，而神话则是运用一个结构产生由一组事件组成的一个绝对对象[1]。这也就是说，神话是将必然（本质结构）以偶然（事件）来体现的。正是因为神话是从必然出发，所以在不同的地域里会出现类似的神话。

斯特劳斯通过对具体材料的结构分析，得出神话是矛盾对立的统一的结论。就希腊俄狄浦斯神话看，其中有两种明显的对立成分，即过高地估计血缘关系与过低地估计血缘关系，神话的实质则是调和二者以获得统一。他还分析了楚涅人（Zuni）的起源神话，发现其"基本问题就在于发现生与死之间的和解"。这种矛盾在神话里表现为："农业提供食物，所以生；但是，打猎也提供食物，也同时意味着与死的交战。"[2]在神话里，就是这样一些成对的东西的组合，如生与死、雄与雌、妻住夫家与夫住妻家、生食与熟食等。"神话的目的就是提供一个克服某种矛盾（一种不可能的成就）的逻辑模型。"[3]神话思想"总是由对立的知识朝向溶解的一种累进过程"[4]。

尽管列维–斯特劳斯的分析——如将历时性的神话放在共时性的场合下进行分析——颇使人有些不以为然，但他从这一角度得出的结

---

[1]　［法］列维–斯特劳斯：《野性的思维》，李幼蒸译，商务印书馆，1987年，第34页。

[2]　［法］列维–斯特劳斯：《对神话的结构研究》，第388页。

[3]　［法］列维–斯特劳斯：《对神话的结构研究》，第396页。

[4]　转引自朱狄：《原始文化研究——对审美发生问题的思考》，生活·读书·新知三联书店，1988年，第709页。

论抓住了神话的本质特征。至少，他让人们对绝对的太阳神话说和月亮神话说的观点产生了怀疑，他超越了二者，找到了一条克服神话内在矛盾的途径。

列维-斯特劳斯的二元对立学说不全是一个抽象法则，在运用于对神话的分析中，它总是根植于现实矛盾的土壤，因而具有很强的生命力。他曾详细分析过印第安人阿斯第瓦尔的故事结构。该故事由著名人类学家博厄斯所记录，其大意为：

一对各自丈夫都已去世的饥饿的母女想着团聚。母亲住在河的上游，女儿住在下游。于是母亲朝东走，女儿朝西走，两人于半路相逢，便搭下了帐篷。一个陌生男人夜里来找那女儿，并给她们母女食物，后来做了那女儿的丈夫。女儿生下一个孩子，取名阿斯第瓦尔。他在其父的神力下成长，并得到其父百发百中的弓箭及其他宝物。其父后不知去向，女儿的母亲最后也死了。一天，阿斯第瓦尔猎熊上了天，与太阳之女晚星结婚。阿斯第瓦尔思念母亲，得太阳神同意而携妻子回到大地。由于阿斯第瓦尔与村里一女子来往，晚星愤然离去。阿斯第瓦尔追回天空，然而在天空过了一段日子，他又乡愁满怀，与妻子诀别只身回到大地。其母已死。后来，阿斯第瓦尔爱上了一个酋长的女儿，与姻兄弟就捕鱼好还是打猎好而争斗。由于阿斯第瓦尔打猎获胜，姻兄弟带了妹妹一走了之。阿斯第瓦尔又碰到了四位兄弟和一位妹妹，阿斯第瓦尔娶了那女子为妻，并生一子。姻兄弟也曾害他，因父亲显灵帮助而得以脱险。其妻甚爱阿斯第瓦尔，设法淹死了邪恶的兄弟。阿斯第瓦尔怀念多年的故土，又离开妻子回到故乡。不久，儿子也来了，他把弓箭送给了儿子，儿子送他一只狗。后来，他和狗一起化为石头。

对于这样一个故事，列维–斯特劳斯从地理、经济生活、社会和家庭组织与宇宙论四个方面进行了结构分析，处处可见难以克服的对立面，进行总括后得出下列图式：

（最初状态）		（最终状态）
女　性		男　性
东—西	⎱　⎰	高—低
饥　荒		吃　饭
运　动		静　止

从最初的母女相会到最终的父子相会，可以见出父系居住对母系居住的胜利。其中男女间总是处于对立状态，阿斯第瓦尔总要从女方那里离开，姻兄弟（舅权——象征女权）总是想谋害阿斯第瓦尔，其间矛盾总是尖锐得难以调和。主人公生活的每个变化总是带来新的矛盾，直到最后他化为石头。[1]矛盾是神话存在的方式，而这种矛盾是现实矛盾的缩影，既是生活的发展规律，也是世界的发展逻辑。结构主义对神话的矛盾的分析，对于神话研究具有重要意义，但切忌绝对化简单化。

在泰勒的巨著《原始文化》里有三章专论神话。泰勒不同意麦克斯·缪勒的一些结论，认为物质性神话是第一期形成的，而语言性神话是在第二期形成的，神话产生于语言之先。泰勒并没有否认语言

---

[1]　［法］列维–斯特劳斯：《阿斯第瓦尔的故事》，［美］阿兰·邓迪斯编：《西方神话学论文选》，朝戈金、尹伊、金泽等译，上海文艺出版社，1994年。

在神话形成中的重要性。在语言的发展过程中，"区分语法上的性，这是跟神话形成有密切联系的一个过程"[1]。在拉丁语中，不仅home（男）和femina（女）自然地属于阳性和阴性，而且像pes（足）和gladius（剑）这样一些词属于阳性，而像honour（荣誉）和fides（信仰）这类抽象概念之间也有同样的区别。因此，无性别的物品和观念也分成阳性和阴性。"语言在强和弱、刚和柔、粗和细之间总是有明显精确的区别，于是就把它们对立起来分为阳性和阴性。"在波斯人那里，"甚至在像食物和衣服、空气和水这些东西中都分出了男性和女性，亦即刚强和柔弱性，并给这些东西规定了某种相应的性别"。[2]泰勒对语言中性探索的目的很明显，他是要将语法中应用广泛的性别论跟"万物有灵论"结合起来。泰勒举了北美印第安人中阿尔衮琴语族中的例子，在那里，不只一切动物都属于生灵性，甚至连太阳、月亮、星星、雷电等被生命化的物体也属于生灵性。此外，不只是树木和果实被列入生灵性，一些明显地完全缺乏生命现象的物体也列入生灵性。当然，这些物体必须具有神圣性或力量，如祭神用的祭坛的石头、弓、鹰的羽毛、锅、烟斗、鼓和珠串，还有如老鹰和狗熊的爪、人的指甲、海狸的皮，以及其他被认为具有一种特殊的或神秘的力量的物体。

　　语言中的这些性别区分正是神话的遗留，它告诉人们在过去的年代里，诸多无生命的自然物曾被当作有生命灵性的生物看待，简单地说就是万物有灵。当语言体现出这种特征时，神话便获得了巨

---

[1]　［英］爱德华·泰勒：《原始文化》，连声树译，上海文艺出版社，1992年，第302页。

[2]　［英］爱德华·泰勒：《原始文化》，第303页。

大发展。"把个体生命一般地妄加到全部自然身上的这种幼稚、原始的哲学的观点和语言对人类智力的早期统治，也许是神话发展的最伟大的两个推动者。"[1]语言的性别区分是一种对万物有灵观的强化，它把神话意识渗透到人们的意识深处，说它是神话的动力是不过分的。

语言中的性别区分一般表现为阴性和阳性，于是万物自然划分为阴阳二类，这是男女两性向世界延伸，人化自然的一种结果。所谓的对立与矛盾，最初就是由男女两性的泛化造成的。男女两性的泛化造成了神话，也把矛盾对立留在神话之中了。这是一种对立，也是一种和谐，神话世界将二者天然地融合在一处。神话是人们对世界矛盾的一种融解，又是矛盾的寄寓，成了一条解决现实困难的途径。

自然世界日夜交替与四季更替是一种自然流程，表现出征服与团圆。泰勒指出："日每天都被夜吞噬掉，后来又在黎明时获得解放；有时还被'蚀'口和雷雨之云吞没，虽然是较为短暂的。'夏'被惨淡的'冬'战胜而且幽禁，要重新再得解放。伟大自然戏剧中的这些场面——光明和黑暗之间的冲突，一般地说，提供了一些简单的事实。在许多国家，多少世代以来，这些事实采取神话的方式而成为'英雄'或'少女'的传奇：他们被恶魔吞掉，后来又被它吐出，或从它的腹中被解救出来。"[2]从这里能明显看出泰勒所受自然神话学派的影响，却明白无误地揭示了神话里的冲突。冲突与矛盾是神话的

---

[1] ［英］爱德华·泰勒：《原始文化》，第305页。
[2] ［英］爱德华·泰勒：《原始文化》，第322页。

灵魂，但冲突会随着矛盾的展开而又逐渐消解，犹如少女被恶魔吞噬，这一紧张随着少女被吐出而又松弛下来，故神话之冲突功能还在于融化对立。

就自然学派的神话理论看，"神话和宗教中的神，都是自然物的人格化"[1]，尤其是太阳的出没这一自然现象，几乎是神话的唯一源泉，任何神话都源于太阳神话。太阳又集中体现为光明与黑暗的冲突，它的拟人化便表现为善良者与恶徒的冲突。太阳日复一日地出没，世界便由光明而趋黑暗，又由黑暗走向光明，周而复始。尽管冲突无时不在，但却始终不能形成压倒一边的优势，所以，神话中又总是存在着妥协因素。我们从自然神话学派的理论中可以得出神话中的矛盾对立统一现象是来源于宇宙法则的结论。

究竟是少女与恶魔的冲突投射为太阳神话中光明与黑暗的战斗，还是因为先有光明与黑暗的冲突再拟人化为少女与恶魔的争斗？自然神话的理论显然值得商榷，因为神话间的冲突总是人间冲突的反映，并非先是自然界冲突，然后再拿来同人间的冲突去比附。固然，自然世界的矛盾对立是客观存在的，如天地如日月。然而，它需要人们认识，人们最先认识的是男女两性，然后才推及自然万物，这些从人类文化史的演进中，尤其是存留于语言与美术中的材料都能找到大量证据。有学者指出，象征对立与性别区分相关，"性别象征很可能是发现抽象的和普遍的象征主题的基础"[2]。世界的普遍对立统一规律是从人类两性的对立统一的认识中产生的。无论是自然界的冲突还

---

[1] ［德］W.施密特：《原始宗教与神话》，第49页。

[2] ［英］布林·莫利斯：《宗教人类学》，周国黎译，今日中国出版社，1992年，第314页。

是人间的冲突，它们都在神话中得到了反映，于是形成了神话中的矛盾。

矛盾是神话的存在方式，也是我们探讨神话的基本立足点。

2.2　神话的双重功能：超然−禁忌公式

我们从神话的构成探讨中，得出它的本质特征是世界的矛盾的对立统一。同样，我们从神话的功能看，这种对立也是它存在的基础。

神话的功能呈现的对立表现为神话同时以一种肯定的力量和一种否定的力量存在，它在承认一种强大力量的同时又标志着对另外一种力量的否定。

神话之所以成为神话，有一个基本的前提，即神与现实人相比有着超然的力量，他们施加于自然和人类的影响强大无比，他们从出生到死亡都与常人有异。正是这一特征，神才登上庄严的殿堂。神的这种力量即为"超然力量"，它是与日常生活相对立的存在。

在这种强大力量的背后，是一种禁忌，即一种与正面力量相当的否定力量。著名神话学家恩斯特·卡西尔（Ernst Cassirer）曾指出："超然力量和紧密相关的、否定的'禁忌'（taboo）概念相连接；由于这两个对立的概念，神话−宗教意识的最初层面似乎已经暴露无遗。超然−禁忌公式被视为一个'宗教的最低限度的定义'（minimum definition of religion），视为其最初构成条件的条件之一。"[1]超然-禁忌即一种正面与负面的力量。这一公式既能从功能的角度表述神话与宗教的最低限度的定义，也是我们分析神话对立统一因素的本质构成的基础。卡西尔在另一处分析神话本质时说：

> 假如我们按希腊人对神话命名那样把它看作纯粹"叙述性"的东西——看作英雄或神祇行为中难以忘怀的业绩加以回顾或追述，我们就并没有理解神话的真正价值和全部意义。神话的这个史诗方面并非其唯一方面或决定性方面，神话总是具有一种戏剧性特点。它把世界描绘为一部伟大的戏剧——看作神圣与恶魔力量、光明与黑暗、善良与邪恶之间的斗争。在神话思维和想象中，总是存在着一种肯定的作用和否定的作用。[2]

在神话内部，存在着对立与冲突，而神话的存在，又具有肯定与否定的力量。无论是内部结构还是外部功能，神话都是一个矛盾的统一体，这就是我们理解神话的基本立足点。

我们试看一则《史记》中的神话，便会对神话的这种内在冲突与外在的双重功能有十分清楚的了解。《高祖本纪》有这样一段记载：

---

[1] ［德］恩斯特·卡西尔：《神话思维》，黄龙保、周振选译，中国社会科学出版社，1992年，第89页。

[2] ［德］恩斯特·卡西尔：《符号·神话·文化》，李小兵译，东方出版社，1988年，第186页。

　　高祖以亭长为县送徒骊山，徒多道亡。自度比至皆亡之，到丰西泽中亭，止饮，夜乃解纵所送徒。曰："公等皆去，吾亦从此逝矣！"徒中壮士愿从者十馀人。高祖被酒，夜径泽中，令一人行前。行前者还报曰："前有大蛇当径，愿还。"高祖醉，曰："壮士行，何畏！"乃前，拔剑斩蛇。蛇分为两，道开。行数里，醉困卧。后人来至蛇所，有一老妪夜哭。人问妪何哭，妪曰："人杀吾子。"人曰："妪子何为见杀？"妪曰："吾子，白帝子也，化为蛇，当道，今者赤帝子斩之，故哭。"人乃以妪为不诚，欲苦之，妪因忽不见。后人至，高祖觉。告高祖，高祖乃心独喜，自负。诸从者日益畏之。

　　这就是著名的高祖斩蛇起义的神话。从这个故事的表面看，它是一场人蛇之斗。蛇欲挡道，高祖击杀之。神话的后半部分是对这一行为的意义的诠释。这一故事本身已将意义展露得十分充分，而这一切都是在冲突中进行的。斩蛇在神话里的意义即杀白帝子，本质是刘邦于秦末企图夺取江山而发出"大丈夫当如此"的慨叹后抛出的取而代之的舆论。

　　神话的功能实现了，它从正面树立起刘邦做帝王的神学依据。刘邦的神话是一个系列，从出生、奇象、望气、观象到斩蛇，刘邦浑身闪耀着龙的灵光。神话的一切描述都围绕一个主题：他是一个真龙天子。

　　但在神话描述的时间范围里，天下还不姓刘，而是由嬴姓的秦王朝在统治着。如果刘邦要做皇帝，则势必要推倒秦的统治，神话便实实在在地产生了这种否定的功能。所谓斩白蛇就是灭秦的象征。《史记集解》引应劭曰："秦襄公自以居西戎，主少昊之神，作西畤，祠白帝。少昊，金德也。赤帝，尧后，谓汉也。杀之者，明汉当灭秦也。"白帝是秦人所祠之神，这在《史记·封禅书》里多次提到，所斩之蛇为白帝之子，这就意味着秦的灭亡。老妪又明明白白地说杀白帝之子的是赤帝之子，则是说刘邦是赤帝之子。白蛇之断与老妪哭泣宣告了秦的悲剧性命运的到来。故而，神话在为刘邦称帝作神学论证是以对秦王朝的否定为前提的。作为神话的功能性，它的肯定性与否定性是统一的。

中国神话的根本问题其实不在于天地日月神本身，而在于人与神的关系。在人神关系中，占据主导地位的是国王与最高天神及诸位有影响的大神间的关系。若说天是神界的最高主宰，国王则是天子；若说龙是尊神，国王就是龙的化身。五帝是轮流执政的，新王朝的国王必须攀结新帝以取代前朝旧帝，中国社会几千年的政治神话循的就是这样的基本线索。

如果说一代之神话主要是表现对往昔神话的抗击，那还是不完备的。刘邦的神话以赤帝取代白帝为中心内容，但它还有巩固自己的地位、防范新的敌对力量袭击的功能。"非刘氏而王，天下共击之。"当秦王朝倒台，神话的功能主要转入自身政权的巩固方面。在汉朝，凤同龙一样是具有王权象征意义的神鸟，汉代不断出现有龙凤临世的神话。西汉时期，见于《汉书》的凤凰下世计十二次，见于其他史书记载的东汉时期的凤凰出现的事件也达七次之多。[1]这些故事，不外

---

[1] 何新：《诸神的起源——中国远古神话与历史》，生活·读书·新知三联书店，1986年，第78页。

是说汉王朝得天正统，不可侵犯。这就是神不得侵犯、天子不得侵犯的禁忌。

2.3 禁忌的两重性

这种神化帝王所导致的直接结果就是一种帝王的禁忌。从原始民族、奴隶社会到封建社会的漫长历史时期里，这种禁忌是一直存在的。一方面，这种禁忌的第一功用是对统治者安全的保护，以捍卫他的自由；另一方面，人们也为国王制定禁忌，以限制其过分自由。对此，弗洛伊德在其名作《图腾与禁忌》中指出："原始民族对领袖、国王和僧侣所保有的态度常常是由二种互补而非冲突的观念来加以控制。一位统治者，'不仅要受保护，同时，也必须受监视'。这种保护和监视都是由一连串的禁忌来执行。"[1]禁忌是对一种神秘力量的恐惧造成的，一般说来，它都跟宗教崇拜有关。既然承认了事物与对象中的神秘力量，必然有神话对这一对象进行过渲染，否则就无从产生神秘力量。由神秘力量产生禁忌，这就是恩斯特·卡西尔所说的超然-禁忌公式。国王因其神圣性而产生常人不得接触的禁忌。弗洛伊德举过许多例证，其中之一为：在新西兰，有一次，一位僧王在吃完饭后将残肴留置在路旁。他刚走不久，一个饥饿的奴隶发现了这些剩菜，于是，他没问清楚就囫囵吞下，在这瞬间，一个惊恐的旁观者告

---

[1] ［德］弗洛伊德：《图腾与禁忌》，杨庸一译，中国民间文艺出版社，
　　 1986年，第59页。

诉他那些食物乃系一位僧王的。本来，他是一位强壮且勇敢的青年，可是当他听完这致命的消息后，全身开始抽筋且胃部发生激烈的绞痛，这种症状一直延续到当天傍晚，他终于不治死亡了。这个奴隶的死看起来并不是僧王本身的神秘力量，而是因为无法克制内心的恐惧而自我折磨致死，他死于心理因素。试想，要是没有"僧王之物动不得，动必有灾"的神话，他的内心不至于产生如此强大的压力。这种神话无疑是统治者的护身符。在这种禁忌的实施中，族民的配合起了很大的作用。"为了保护统治者对族民所具有的特殊重要性，他的族民，严格地说，着实扮演了一个重要的角色。'人们必须感谢他（统治者赐给他们雨水和阳光以使地上的水果生长，赐给他们风使帆船驶抵海岸，甚至赐给他们能安置双脚的大地）。'"[1] "非刘氏而王，天下共击之"，这是刘邦与群臣共立的禁忌，刘氏是真龙天子，别人是取代不得的。后吕氏篡权，而最后维护这一禁忌的还是陈平等一班臣子，君臣一体维护着保护国王的禁忌。

国王被认为是族民的神和守护者，他的无上权力使他变得不可侵犯，然而民众对国王的自由也作了种种限制性禁忌，以遏制其对自由的滥用。这种力量首先来自神，只有神的力量才能阻止国王的越轨行为。有的民族，国王受着僧侣的控制，必须接受神权的制约。"在几内亚的沿海地区，国王在登位前必须经受规定的圣礼，否则臣民就不承认他的政权。其礼如下：国王就地躺下，祭司一只脚踩在他腹上，一只脚压他的喉咙，迫使他永远听从僧侣。"[2]在中世纪的欧洲，神

---

[1] ［德］弗洛伊德：《图腾与禁忌》，第61页。

[2] ［法］保尔·霍尔巴赫：《袖珍神学》，单志橙、周以宁译，商务印书馆，1991年，第9页。

权高于王权，故神职人员高于政权执行者，国王受制于教皇。因此，法国哲学家霍尔巴赫这样说："在世界上没有谁高过圣仆、修道士、卡普勤；最高的神职人员在所有凡人之上。乡村的教士永远是其领区的第一号人物，而教皇毫无疑问是全世界的第一号人物。"[1]这种神力的无限膨胀是政权与神权分离的结果。

在中国，即便是神权政权合为一体，神的力量在一定程度上对国王也有约束力。国王是天之子，但不完全是天神。天子做了坏事，人们可以到天那里告状，并打着天的旗号推翻国王，自己登上王位。如汤欲灭夏，即召来众人说："格尔众庶，悉听朕言。非台小子敢行称乱。有夏多罪，天命殛之。今尔有众，汝曰：'我后不恤我众，舍我穑事而割正夏？'予惟闻汝众言，夏氏有罪。予畏上帝，不敢不正。"[2]古代人同国王的斗争，所打的旗帜都是替天行道。国王有无限的权力，也有同样的义务，正如《尚书·召诰》里所说："惟王受命，无疆惟休，亦无疆惟恤。"（国王接受了天命，有无限的美好与幸福，也有无尽的忧虑。）这是一个矛盾，与其说是神赐给国王权力而又给他限制，不如说是民众对国王的真正期望。对国王的权威树立以及限制，正是通过神话传达的，因而神话是用以调节社会组织功能的一个工具。

---

[1] ［法］保尔·霍尔巴赫：《袖珍神学》，第9页。

[2] 出自《尚书·汤誓》。这段话的意思是：来吧，百姓们听我说。不是我小子胆大作乱。夏王犯了许多罪，上天命令我消灭他。现在你们常说："国王不体恤我们，侵夺了我们的稼穑之事，而去征伐夏王呢？"我听了你们的这些话，知道夏王有罪。我害怕上帝说我不执行命令，所以不敢不带兵征讨。

　　弗洛伊德指出："统治者享有最高的荣耀，这可由人民对他的禁忌表现出来。他们是可从事或享有一般人列为禁忌事物的尊贵的一群，然而，针对着他们的自由，我们将发现他们同样的为一般人能幸免的禁忌所束缚。到目前为止，我们可以得到第一个强烈的对比——几乎是一种矛盾——在一个人身上同时享有较大的自由和较严厉的禁制。人们认为他们拥有神秘的力量而使人民不敢接触他的身体或财物，可是，另一方面，所有的利益都又经由类似的接触而来。"[1]这种矛盾在人民心理上的表现为在偶像化的过程之中夹杂着一种强烈的敌视。由于这种敌视，弗洛伊德引用弗雷泽（James George Frazer）的学说作出一种假说：早期的国王大多是由异族担任，在经过一个短暂的统治后，旋即被当作祭神中神圣礼仪上的牺牲品，正是这种王位的演变方式影响着对国王既崇敬又敌视的心态。

　　在中国，我们可以看到如果国王肆无忌惮，即被视为犯了天条，夏商的统治者正是因为违背带有民众愿望的神的禁忌，最终落得王朝覆灭的命运。汉王朝建立后大造汉家天下一统的神话，随着最高统治的昏庸与政治腐败，这种神话即将破灭，于是有黄巾军的"苍天已死，黄天当立，岁在甲子，天下大吉"的新的神话出现。它将汉统治既存的神话一拳打倒，为建立一个新的政权制造出新的神话。"黄天"因许诺"天下大吉"，获得天下三十六方成千上万民众的响应，加入了推翻汉统治斗争的洪流。一个新的神话在破坏旧神话的同时为巩固自身的地位大造舆论，剥夺了"黄天"永存的神话权利。违禁的国王不仅不能得神庇佑，还要遭到神的惩治。

---

[1]　［德］弗洛伊德：《图腾与禁忌》，第66页。

神话的超然-禁忌公式对研究中国神话史来说是十分有用的视角。神话的这种特性显示了其无限活力，它始终处于新陈代谢之中，是社会变革的晴雨表。恩格斯说过："每一种新的进步都必然表现为对某一种神圣事物的亵渎，表现为对陈旧的、日渐衰亡的，但为习惯所崇奉的秩序的叛逆。"[1]这也就是说，新的进步即意味着旧有的神话的破产。这也是一个新神话成长的过程，由对立获得一种暂时的平衡和统一。对立是永恒的，平衡是相对的，这就是神话的运动法则。弗朗兹·博厄斯在为詹姆斯·泰特的《不列颠哥伦比亚的汤普森河印第安人的传统》一书所写的序言中这样说："种种神话世界被建立起来似乎只是为了再度粉碎，而各种新世界就从这些碎片中建成。"[2]所有这些变化的动因是神话的矛盾法则在起作用。

神话的这种活力是人类创造精神的体现，人类在不断创造神话的过程中完善自身。神话是社会变革的重要力量，也是完善自我的精神力量。

2.4　矛盾与消解

人们因神立禁而又犯禁，禁忌的这种双重性使得人们敢于与神

---

[1] 恩格斯：《路德维希·费尔巴哈和德国古典哲学的终结》，中共中央马克思恩格斯列宁斯大林著作编译局编：《马克思恩格斯选集》第四卷，人民出版社，1972年，第233页。

[2] 蒋孔阳主编：《二十世纪西方美学名著选》（下），复旦大学出版社，1988年，第371页。

对抗，以缓解人神间的矛盾及其他社会矛盾。神因其崇高地位不得侵犯，然而人又常常冒犯神的无上权威。人神间常处于矛盾状态。

希腊神话里，人们对最高主神宙斯并不是那么忠诚。希腊人的牺牲典礼原来非常隆重，把作为牺牲的动物全部用火烧掉，穷人们也不能反对这种浪费。普罗米修斯于是向天神宙斯央求，天神才准许人们只用动物的一部分供祭，其余留给自己食用。普罗米修斯于是宰了两头牛，把两副肝全烧作祭供，然后把两头牛的骨头包在一张牛皮里，把肉包在另外一张牛皮里，让天神挑选。天神选了体积大的一堆，结果上当了，那里面正是骨头，肉留给了人类。天神为了惩罚人类，将火从人那里夺走，普罗米修斯又从天神那里把火偷回给了人类，于是遭到了残酷的报复。在这一过程里，神的至高无上的权威是毋庸置疑的。然而，神却屡遭捉弄。神在侵害了人的利益后，纵然有无上权威，也遭到人们的反对，于是神与人之间形成一种张力，并力求保持平衡。立禁是为了让神给人带来保障，从而给神一种保障。而当神不能给人以保障时，人便同样不能给神以保障，所以神有人不可侵犯的禁忌，而人同样有神不可侵犯的禁忌，可见禁忌是双重的。

神人间的双重禁忌，实际上是由一种人神间权利和义务的分配所致。如神要保证风调雨顺，人则要用牺牲献祭。在一些关于求雨的仪式里，这种权利和义务表现得十分明白。如在潮州求雨，过去多是找一位叫雨迁爷的神，求雨的方法分恳求、贿赂、强迫三种。恳求的方法是乞请，由老绅士代表民众的公意，请求神于某一时间满足他们的愿望。如过期而雨不至，就改用贿赂的方法。贿赂之法有二：一是以纸钱、银锭或演戏为实现要求的报酬；二是以修桥、造路、祭孤等事为赎罪的方法。如恳求、贿赂等法不灵，则采用强迫的方式：抬着神的塑像到日光下曝晒，让他尝尝烈日的味道，或者采用三步一打的方式，拖他到堤岸上去受刑。可见神一旦不如人意，人是一点也不客气，鞭子都抽到身上去了。神竟遭此厄运，是因为他没有给民众以保障。神有不可冒犯的禁忌，可人们毫不顾忌，这是因为神先犯禁了。但这是不是说神不会给人报复呢？不是的，神还是冒犯不得，据说潮州人把雨迁爷打了一顿后，潮州九县几乎全被洪水淹没，人们再也不敢对神不敬了。人对神的敬畏和怨恨之心并存。[1]

然而，尽管潮州出了件惩罚神灵而遭报复的事，人们求雨时对神还是会采取强制手段。过去广东翁源地区求雨，起初还是给神许诺，若赐雨，则酬报猪羊若干，或打水醮，举行隆重的求雨礼仪，这些都是文的。若这些不灵，强制手段来了，可谓先礼后兵。强制手段有打龙潭。龙潭处翁源李村铺东面的丛山中，四周石壁奇峭，下为深潭，传有龙潜居，故名龙潭。龙畏污浊，若投以污浊有毒之物，龙不堪其苦，必当引水洗涤。天降雨，人的目的便达到了。故每当酷旱时，人们便捐钱买些石灰及其他刺激性颇强的有毒物倒入潭中，是时，鱼鳖乱跳，人声鼎沸。据说龙受不了药物刺激和喧扰，只得去弄场大雨，洗净污秽，旱情也因之缓解。石灰等本可毒死鱼龙等物，对龙这样的神物敢施以如此手段，足见神人间的禁忌是双向的，神应有福佑于人的责任。

《翁源县新志》载求雨事，既有虔诚而致灵验的记载，也有强制

---

[1] 程云祥：《潮州求雨的风俗》，载《民俗周刊》1928年第13、14期合刊。

而达到目的的例子。翁源求雨多是求詹神，有一次不验，乃威胁之：

> 康熙十九年，秋七月，旱。知县戴聘迎詹神于城隍庙，
> 虔祷七日，不雨，怒曰："聘理阴阳，为百姓忧，寝食俱
> 废，神报赛已久，何寂然无以应？应限三日内雨！否则，殴
> 祠！"还署，甘雨如澍，岁乃登。

在这个故事里，神在人的威胁下不得不依从人意。可见，在正常情况下，人实际上主宰着神的命运，因而也主宰了自己的命运。神的驯服显示出神人矛盾获得一种平衡，紧张于是消失。人陷于困境之中，于是乞求神灵；施威于神，以泄其愤，以调节矛盾，获取一种精神胜利。

神话于此便成为一种实实在在的精神制胜术，而人们把它当作一种确实有用的并且真实发生的客观存在来对待，所以，神话只有当人们认为它确实是真的时才能发挥效用，否则神话便破碎，变成了无稽之谈。

神话的胜利既可以是真实的胜利，也可能是虚假的胜利。作为前者，它跟现实的趋向一致，充当摧坚攻锐之用，并一同奏凯。而作为后者，它流为一种精神补偿，从心理上获得一种平衡。

雷蒙德·弗茨曾饶有兴趣地谈起一个提科皮亚人的神话，那是提科皮亚人关于神石的故事。这块神石是章鱼神的象征，它躺在田里（一座寺庙的遗址），周围点缀着苏铁树叶。据说，很好地侍奉它，就可以保佑五谷丰登，尤其能保佑外出捕鱼人的好运。这样，酋长便要完成每年一度的祭神石的仪式：把神石冲刷干净，重新铺垫好苏铁

树叶，向与这座寺庙联系在一起的神祇和祖先之灵祭献供品和奠酒。后来这仪式取消了，其根本原因是基督教已在那里取得了地位，于是出于政治作用来遏制这种异教徒的礼神仪式。然而，关于神石的神话却没有结束。据说，传教士曾把那块神石从原来的地方移走，藏到灌木丛里，可没过多久，神石又回到自己原先的位置。接着，传教士又用独木舟把它载到海上，扔进海底。结果，神石又一次回到原地。后来，教士们把神石弄来充作火炉上煮西米的炉石，以此贬损异教徒的神物，可神石显灵，西米饭根本煮不熟，而传教士的儿子也死了。

这当然是子虚乌有的事，在基督徒口里当作笑话，然而它却维护着提科皮亚人的传统信仰与价值，使遭到基督教文化侵犯的提科皮亚人获得一种胜利感。弗茨指出："神石的归来和对冒犯神威者的惩罚的神话，对非基督教信仰者是某种满足和安慰。他们明显地为神战胜了他的反对者而欢欣鼓舞。说到底，这些故事是对整个事件的一种虚饰，狂热的基督教徒的进攻使那些礼仪化活动被取消……但是通过这些故事，那些异教徒的实质性损失是至少获得了非实质性的补偿。"[1]这样，提科皮亚人的神石神话流传，与传教士的文化形成一种对抗，它体现着基督教文化与提科皮亚传统宗教间的矛盾，同时又缓解着这种矛盾，使这场文化冲突于对峙中获得基本平衡。

中国神话中胜利者与被征服者间也常处于这样一种既矛盾对立又相对平衡的状态之中。我们知道，姬姓的黄帝和姜姓的炎帝间曾发生过大战，炎帝部的一支蚩尤部也曾遭黄帝的讨伐，黄帝战蚩尤是中

---

[1] ［美］阿兰·邓迪斯编：《西方神话学论文选》，朝戈金、尹伊、金泽等译，上海文艺出版社，1994年，第286页。

国神话中最激动人心的篇章之一。作为胜利一方，姬姓黄帝的战功和德行在神话中都得到了夸张，而姜姓蚩尤则遭贬损。姬姜二姓有矛盾也有和平，且有长期通婚的历史，但姜姓对蚩尤之败还是耿耿于怀。同时，姬姓王朝建立，封姜姓于齐地，姜姓不忘远祖蚩尤，所祭八神中，天主、地主后便是蚩尤兵主，祭祀这位曾遭惨败的远祖，以与姬姓神话进行精神上的对抗。[1]姜齐作为周之异姓诸侯通过弘扬蚩尤获得心理平衡，是祖先遭败后的一种补偿，因而在与姬周相处时能心平气和一些。

禹杀防风氏本是夏势力自西东渐，征服东方集团后留下的胜利者的神话。孔子在《国语·鲁语》里说："丘闻之，昔禹致群神于会稽之山，防风氏后至，禹杀而戮之，其骨节专车。"[2]防风氏对禹的号令有些怠慢，故遭杀身之祸。此项诛杀对夏族来说是铲除对抗、统一文化的举动，而对东部防风族来说是灭顶之灾。他们被夏族征服了，没有武装抵抗的能力，便只好以隆重纪念防风氏表示他们对传统的依恋，获得心理补偿以消除内心矛盾，故古吴越之地防风氏统治区域里，有多座防风氏的庙宇，有些至今尚存。

在民间神话里，大禹的形象反不如防风氏。如浙江德清的民间有这样的传说：大禹治水治到南方，南方洪水滔天，禹不辨东南西北，在烂泥地里走来走去，脚都坏了还不知从何治起。他急坏了，听说防风氏能治水，就去找防风，防风氏帮禹找到伏羲，伏羲画了八卦，禹才得以辨清方向，跑到会稽山开始治水。伏羲又是华胥女踏了防风的

[1] 参见《史记·封禅书》，"二十四史"（简体字本），中华书局，2000年。
[2] 上海师范大学古籍整理组校点：《国语·鲁语》，上海古籍出版社，1978年，第213页。

巨大脚印后才出生的。这样一来，伏羲、禹的地位都不及防风。

　　然而在绍兴、东阳等地的民间传说里，防风氏却是个反面人物。民间传说中的这种差异与夏文化的影响程度有关。绍兴一带，是禹活动的中心区域，因而关于禹杀防风的正义性就比较突出，而德清作为防风故土，防风氏后代的反抗情绪流于神话之中则是很自然的。[1]英雄的防风氏与英雄的大禹神话形成对峙，这种神话中的矛盾冲突恰恰缓解了现实的矛盾冲突，解决了现实困境。就两种防风神话的冲突看，被征服者以英雄的防风氏获得了心理补偿，而胜利者大禹的英雄神话足以抵抗被征服者的神话扩张。恰恰是因为神话的发泄，减少了军事冲突的可能，神话所体现的矛盾在一定程度上解决了矛盾。

　　当我们认识了神话矛盾的特性，就会找到打开神话史之门的钥匙。

---

[1] 张爱萍：《浙江防风神话论述》，上海民间文艺家协会、上海民俗学会
　　 编：《中国民间文化——吴越地区民间艺术》（总第13集），学林出版
　　 社，1994年。

第三章
神话史的理论及几个基本概念

　　神话学的理论至19世纪才开始形成，然而它的发展却很快，如今的神话学界已是学派林立、百家争鸣。然而，这众多的理论并不都适合神话史的研究，神话史的理论是神话学中的一个独特门类。像结构主义这样一种将历时性的神话放到共时性的平面来研究的做法，实际上是一种反神话史的做法。心理分析与寓言学派也很少对神话的发展史作出细致的考察，他们所力图揭示的是神话内在的永恒结构。这样一种静态的研究对神话史没有帮助，有时还十分有害，因为它抹杀了神话的时空差异，抽空了神话的生存土壤，让神话成了一种语言空壳。

　　这里，我不想全面地评述各派的神话史理论，而是仅就几个要害问题作一初步探讨。提出这些概念，一者作为本书探讨神话史的基本理论立足点，二者期望引起神话学界对神话史理论的重视。

3.1　神话史上的主流神话

对整个中国神话史的研究，目前还只有袁珂先生写过一部《中国神话史》。因我国的神话理论还相当薄弱，像关于什么是神话的问题都还没有一致的意见，故袁珂先生在写作《中国神话史》时不得不首先讨论神话的构成要素，以期使对象明确。袁珂先生倡导"广义神话学"，把人们向来认为神话只存在于原始社会的识见改变了。神话的要素究竟有哪些呢？袁珂先生确定了七项，它们是：

一、主导思想。从物我混同到万物有灵，是原始社会宗教与神话的主导思想。

二、表现形式。（一）变化。人变成物，物变成人，一种事物变成另外一种事物，是朴素的唯物观念在原始人头脑中的反映，它往往构成神话故事情节的主干。（二）神力和法术。前者是对人类力量的本能的想象和夸张，后者的来源是原始巫术，是将原始巫术加以文学的藻饰。

三、神话不仅是"以一神格为中枢"（鲁迅语），或者是表现"神们的行事"（茅盾语），更重要的是表现了人神同台来演出这一出出幻想中壮丽宏伟的戏剧。

四、有意义深远的解释作用。如"共工触山"解释天倾西北、地陷东南的自然环境形成。

五、对现实采取革命的态度。在原始社会表现为对自然的征服，在阶级社会则往往表现为对统治者及统治思想的反抗。

六、时间和空间的视野广阔，往往并不局限于一时一隅。

七、流传较广，影响较大。[1]

尽管袁珂先生将神话的领地大大拓宽，但就实在的神话世界看，这里依然显得狭窄。

神话是一种意识形态，它反映着一定时代特有的精神风貌。在阶级社会里，统治阶级的思想是占主导地位的思想。神话也如此，统治阶级的神话在古代神话中始终处于支配地位，这是不可改变的事实。袁珂先生的神话要素之五要求神话"对现实采用革命的态度"便大大地限制了手脚，把统治阶级的神话即在阶级社会中占主导地位的神话摒于中国神话史之外，使得袁先生那部具有开创意义的神话史著作一开始就留下了重大缺憾。研究统治阶级的神话，是神话史研究的重大课题。神话很难用革命与非革命来区分，它不是衡量是否为神话的标准。

神话是一种超现实的力量对现实的强加。这种力量超自然而又超人间，是一种神力，当这种力量企图对现实人间施加影响，它就是神话。尽管它表现为超自然、超人间的形式，但终究是从人类世界和自然世界中产生出来的，因而其表现形态是丰富多彩的。詹姆士·O. 罗伯逊（James Oliver Robertson）在《美国神话·美国现实》一书中对神话的解说十分有趣，他说："没有经过任何逻辑分析和理

---

[1] 袁珂：《中国神话史》，上海文艺出版社，1988年，"前言"，第17—18页。

性思考，我们就接受了许多意象、观点、行为模式、象征、英雄、故事、隐喻、类比和解释，简言之即神话——这一切是存在的，使我们和我们的世界符合逻辑，易于理解。"[1]显然，这与我们通常所理解的神话概念不一样。传统的仅仅把神话理解为一个故事的做法显然是画地为牢，当社会出现一种左右人们行为的巨大力量，即认知模式和行为模式，人们不自觉地循着固有的线路前进，这就是神话在发生作用。那些强加于现实的外在力量——当然，这种力量是精神性的——的各种表现形式，都是神话。不过，在神话的诸表现形态里，故事具有突出地位。无论是意象、观点还是行为模式，都生自神话故事，而隐喻、类比和解释都是神话的功能性体现，没有独立性。故事作为表层形态，既是神话的形式所在，也是神话的目的所在。它通过这种故事形式向人们内心深处渗透，形成了独特的信仰与行为模式，那就是神话的深层结构。神话故事是一种外在显象，当外在的神话消失，内在的心理结构依然存在，于是我们便需要通过人们的信仰与行为模式去追索它的神话之源。因此，我们既要研究外在的故事形态，也要探讨人们的心理结构，如荣格所说的"集体无意识"。这样我们就得把神话置于深广的社会文化背景下去研究，神话史也只有在这里才能真正立下脚跟。显然，我们只有探讨占主导地位的社会文化才能弄清那"集体无意识"，而这种主导文化跟通常意义上的"革命"的内涵相去甚远。

纷繁的神话使得任何一部神话史都无法全部包容它的内涵，于是

---

[1]　［美］詹姆士・O.罗伯逊：《美国神话・美国现实》，贾秀东等译，中国社会科学出版社，1990年，第442—443页。

我们不得不在神话中划分出主流神话与支流神话来。在一个特定的时代，必定只有一种神话是这个时代的主旋律，其他的神话不得不处于从属地位。重大的社会变革在神话中留下了鲜明的印记，只有这些内容才是神话的主旋律。母系氏族社会时代的神话与代表父权力量神话的冲突，最高神的出现，图腾神话、祖先神话向政治神话的转变，以及王朝更迭时，新旧王朝间的斗争以神话形式展现，统治者的神话与民众的神话的尖锐对立，不同民族间的神话矛盾，等等。这些都是主流神话，是神话史研究首先需要关注的对象。

3.2 神话史之凝固性与开放性

神话史如同任何其他文化史类别一样，都要探源溯流，考察流变，揭示规律。神话的发展史也如同任何一种意识形态一样，都有一个新陈代谢的过程，但神话却独具特色。它的新陈代谢过程，远不像文学艺术及哲学思想表现得那样明显，它给人的表面印象是它的凝固性。

文学上《诗经》《楚辞》之后便被汉赋、汉乐府取而代之，后者尽管与前者有千丝万缕的联系，然不复当年形态。神话则不同，一个神出现后难以轻易被打倒或者废止，如在皇家祀典里，昊天上帝从他诞生之日起，几千年来没有突出变化，总是一个颇具抽象色彩的世界主宰。五帝也一样，它从春秋战国时期至秦汉这段时期发育成熟，似乎就没有太多的新的变更了。神话虽代有新变，但总体成分中，新的时代总有前朝旧曲在演奏。

神话发展的这种现象，古史辨派的学者称为"层累"。前代的旧神话尚在，新的神话叠加上去，神话便显得更加丰富，后出的比前面的更加精致，仿佛几代人在同心协力地构筑神话化的古史大厦。孔子说古帝王止于尧、舜，秦汉时尧、舜的故事逐渐丰富而又益之以三皇，神话在旧有的枝干下更加根深叶茂。《淮南子·缪称训》："三代之善，千岁之积誉也；桀纣之谤，千岁之积毁也。"这大概是"层累造成说"的先声。清人崔述大倡其说，至顾颉刚则将其说推向极致。这是神话的一大特性。

根据列维-斯特劳斯的学说，神话乃是为了克服矛盾冲突的一种妥协，所以新的神话必须在一定程度上兼容旧有的神话。古史辨派的学者的立论也是基于神话由冲突走向平衡的这一基本观点的。在他们看来，民族间的相互吞并造成了旧神话的融汇。顾颉刚于《古史辨》第四册的序中说：

> 《左传》上说："任、宿、须句、颛臾，风姓也，实司太昊与有济之祀。"则太昊与有济是任、宿诸国的祖先。又说："陈，颛顼之族也。"则颛顼是陈国的祖先。至于奉祀的神，各民族亦各有其特殊的。如《左传》上说鲧为夏郊。又如《史记·封禅书》上说秦灵公于吴阳作上畤，祭黄帝；作下畤，祭炎帝。这原是各说各的，不是一条线上的人物。到了战国时，许多小国被并吞的结果，成了几个极大的国，后来秦始皇又成了统一的事业。但各民族间的种族观念向来极深的，……于是聪明人起来，把祖先和神灵的"横的系

统"改成了"纵的系统"……[1]

太昊、颛顼、黄帝与炎帝后来进入三皇五帝系统，由原先各民族的神成长为全民族的共同神，这正是神话层累发展的结果。层累有陈陈相因的因素，这是神话平衡矛盾的特性造成的。由此看，神话史首先面对的就是神话的这种因循保守的史实，神话史较其他意识形态的独特处就在这里。

尽管神话具有保守凝固的特性，但是，神话史却始终处在冲突变化中。即使是同一神灵，在每一个时代，它的面貌也不一样，神话总是处于新变之中。一个不同的时代，会产生一批不同的新神，同时，旧神也经过一番洗礼，以求在新的环境里焕发活力并获得生存。旧神与新神的斗争，是神话史最动人的篇章，因此，神话史是开放性的，它敞开门户接纳有能力闯进来的新神。

神话史的封闭保守性与新变开放性是相互统一的，神话总是因冲突而产生，但是，它的存在却是为了新旧矛盾的调和，新旧神话最终处于并存状态。神话史仿佛设定一个圈子，将冲突双方置于其中，并在这圈子里化干戈为玉帛。神话的存在本身就具有这样一种矛盾：既冲突又妥协，二者要兼得，神话的这种自身的矛盾运动构成了神话史的复杂场面。

以顾颉刚《古史辨》第四册序所述材料为例，炎帝、黄帝是华夏与秦人所祀之神，颛顼是陈国之祖，太昊伏羲为任、宿诸国之祖，当天下统一时，原是不同的民族，本祀不同的祖神，怎么能认同异族

---

[1] 罗根泽等编：《古史辨》第四册，上海古籍出版社，1982年，第6页。

之神呢？这里面必定有冲突存在。"于是聪明人起来，把祖先和神灵的横的系统改成了纵的系统。"这种改变并不轻松，它是经过激烈较量后的结果。我们知道，炎帝和黄帝被尊为中华民族的共祖，可这并不是从来就如此。在夏、商王朝统治的时代，炎帝和黄帝神话的影响力十分有限，他们不仅与至上神无缘，在流传至今的夏商神话里，神坛上似乎没有他们的地位。炎、黄地位的确立有个过程，他们在春秋战国时才不断发展，而于汉代独尊。战国时，齐、鲁、三晋认黄帝为正宗，楚则祀太一，秦虽也偶祀炎、黄，但他们却认为自己的上帝是白帝少昊，黄帝显然没有成为全国的共祖。秦统一后又祀黑帝，炎、黄二帝遂遭排斥。秦实际上把主神定位于白帝与黑帝之间，春秋时期秦因处西方，于五行为金，故祀白帝，统一后又因代周之火必以水，五行之水于五色为黑，故又崇黑帝。汉刘邦起事，灭秦之神话舆论先起，遂行赤帝子斩白帝子的神话，赤帝即炎帝，主要的进攻对象为白帝。汉得天下，又因代秦之水必以土，土之色黄，故立黄帝为正宗。炎、黄遂为汉人之两大祖神。顾颉刚说炎、黄为秦人所祀之神并不是十分恰当的，因为秦人纵祀过炎、黄，然并不看重炎、黄。汉人立炎、黄为正宗，但不废白帝、黑帝，鲜明地体现了神话史之兼容与冲突的特性。

　　正如博厄斯所指出的那样，神话的世界好像建立起来就是为了被打碎，以便在原有的废墟上重建新的神殿。神话史的全部活动就是在建立与打破之间进行的，建立离不开原有的部件，所以意味着妥协，这样才能获得暂时的平衡。神话作为一种意识形态不像上层建筑中的国家政权那样被外在力量迅速征服，一个新的神话要战胜旧神话需要一个长期的过程，离开了妥协，新的模式就无法建立。神话史的研究就是揭开神话从冲突到建立模式，再经冲突，再建模式的这样一种循环不已的过程中的规律。

神话史的过程永远是冲突—融合—冲突—再融合的过程，这是一种永无止息的循环。冲突与融合，即矛盾与妥协，是我们揭开神话史面貌的两个关键。它们的矛盾运动，便造成了神话史的凝固性与开放性的特征。

3.3　神话冲突的内涵

冲突是神话史的基本运动形式。神话世界充满着丰富的矛盾与斗争。卡西尔指出："神话发展的各个阶段不是简单地前后相承，而是经常处于相互间鲜明的对立。神话的进步不仅仅意味着较早阶段的某些基本特性、某些精神确定性的发展和完成，而且也是它们的否定和全部祛除。"[1]在极其复杂的神话对立世界里，哪些是矛盾斗争的主导面呢？

神话是共同体集体精神的结晶，它代表着一个群体的情感意愿。当不同的群体因不同的利益与不同的文化信仰相接触时，便会发生尖锐的冲突。随着社会组织的不断分化联合，不断扩大，形成了具有共同地域、共同语言、共同经济生活与共同心理结构的民族群体。民族形成的历史就是一场冲突和融合的历史，民族内部整合后又面临着与异族的冲突，因而冲突是人类生活的永恒的主题。

---

[1]　［德］恩斯特·卡西尔：《神话思维》，第257—258页。

　　民族形成的标志之一在于其神话走向成熟。德国哲学家谢林曾经说过："一个民族，只有当它能从自己的神话上判断自身为民族时，才成其为民族。民族神话产生的时期，当然不可能是在民族已经出现之后，也不可能是在民族尚未形成，还在人类大集体之中不为人所知的成分的时候；民族神话的产生必须是在民族形成之前的过渡阶段，也就是快要独立和形成之际。"[1]民族神话的诞生几乎是与民族形成同步的，民族在冲突中走向融合，神话也是在强烈的冲突中走向一体化而为大众所认同。秦汉时期，汉民族才形成一个统一的群体，古神话完成了它的第一个里程碑。神话冲突集中反映了民族冲突的概貌，因而民族文化的冲突是神话冲突的重要内容。

　　大规模的民族融合与国家力量有关。当国家形成后，民族间的冲突往往带有阶级压迫的意味。国家是阶级矛盾不可调和的产物，它代表统治阶级的利益，对民众实行强制管理。国家机器"造成了一种已不再直截了当同武装起来的全体人民相符合的公共权力"，于是，国家同民众形成对立。统治者为防止民众的反抗，除了依靠权力机构进行压制外，还要从精神上征服大众，于是垄断了神话的制造权。

　　在国家的神话里，犯上作乱者都遭到严厉制裁，如共工辈的下场很惨。统治者制造国王至高无上的神话，使之凛然不可侵犯。国王是真龙天子，是天上的太阳，民众则说："时日曷丧，予及汝偕亡！"希望这个太阳快点死掉，民众与国王的冲突展开。

　　统治者的神话是阶级社会中占统治地位的神话，这是因为他们攫

---

[1]　［英］麦克斯·缪勒：《宗教学导论》，陈观胜、李培茱译，上海人民　　出版社，1989年，第62页。

取了民族神话的核心内容，将统治者的意志渗透其中，将民族的神话转化为统治者的神话。民族的神话不因统治者的垮台而灭亡，它的生命力比统治者强。龙与凤曾被国王所专有，但王朝灭亡了，龙凤依然存在，因为龙凤作为一种吉祥的象征已渗透到民众的心灵深处，统治者不过厚颜无耻地袭取它们而已。

民族的神话与国家的神话交织着呈现出复杂的局面，王朝的替代往往与民族的兴废相伴随。如商灭夏、周灭商，这是一种王权的更替，更是一种民族的征服。它们的冲突既是民族冲突，也是统治者与被统治者的冲突，是革命。毛泽东曾经指出，民族斗争说到底是阶级斗争问题，可谓精辟论断。

周灭商是周民族对商民族的征服，也是一场社会变革。封建制要取代奴隶制，是社会的重大转折。此时的神话既表现了民族的征服，也体现了王朝的更替。周人抓住上天这一法宝制造神话，宣称："天既遐终大邦殷之命，兹殷多先哲王在天，越厥后王后民，兹服厥命。"[1]当年保佑殷王朝的先公先王的在天之灵，现在都要听上天的号令，殷朝的统治已经被上天结束掉了，还活着的国王与殷民都得服从这一决定，做周的臣民。武装的征服仅是表面现象，神话的改变才意味着殷民的真正绝望，他们是一群失去了神佑的孤儿，倘不归入新的神范，他们就将被这个世界所放逐，神话真正体现了这种征服的完成。这种民族与国家相统一形成的势力的消长，是神话史冲突的中心内容。

---

[1] 《尚书正义·召诰》，"十三经注疏本"上册，中华书局，1980年，第212页。

由于流传文献大多体现着统治阶级的意愿，故保存至今的神话主要记述着集团间的冲突。统治者与被统治者间的冲突是十分尖锐的，但由于文化被统治者垄断，被统治者的呼声再高，也是很难完整地反映到文献记载中去的，他们的神话在民间自生自灭，我们难以窥见全貌，这是一大缺憾，神话史研究要深入挖掘那失落的冲击力。

民族间的冲突，统治集团间的冲突，统治者与被统治者之间的冲突，是神话冲突的根本内容，它决定着神话的发展方向。

只要我们把握住主流神话，跟踪神话的矛盾冲突与妥协融合的进程，我们将揭示出神话史的运行规律。

第四章
中国原始社会的至上神崇拜

4.1　原始社会的至上神崇拜

　　现今所见的所谓原始社会的神话都已非原始神话的本来面目了，在岁月的河流里，它的形象被冲刷淘洗，其原始色彩已褪去大半，然后得以见诸简册。进入文明近代，又遭删改润饰，所谓原始社会的神话，还有多少成分令人相信呢？我们可以通过一番考据，去恢复它们的本来面目，但由于原型不存，这些"复制品"的可信度也是值得怀疑的。

　　但是，原始社会的神话还是被真实地记录着的，原始神话同原始人的神崇拜活动紧密结合在一起。在宗教活动中，它们互为表里，神话是神崇拜的根据，神崇拜因神话而为之。神崇拜活动为宗教之仪典，初始的崇拜活动，伴随着偶像树立、神灵的刻画、神庙的建设、拜神工具的制造等多项活动。神话乍生乍灭，如风流云散，唯于口头流传，难以把握，然祭神场所一旦建立便以可视可触的实物形象存在于世。对于大多数的原始社会祀神之建设，其寿命较神话为短，因为神话播扬于口头，辗转流布，余音绕梁，历久不绝，而神坛或因兵荒马乱，或因山崩地裂，一旦毁弃，即与世相隔。但是，有幸存者，于泥沙中掩埋多年，突然得以重见天日，虽或神像的肢体有所损坏，或祀神画像的线条色彩已有剥落，但总体上没有根本改变，依然当年面貌。尽管有所损坏，但它是"原件"。而神话虽然外观更加华美，却有脱胎换骨的经历。对于这些新发掘的原始社会的祀神遗迹来说，仿佛"洞中方七日，世上几千年"的烂柯人，神话兄弟已不知传了多少代子孙，而它以风烛残年犹在，成了真正的化石。原始社会神话的真正面目，就在这些祀神遗迹上记录着。

自20世纪以来，考古工作发现了大量的我国新石器时代的鬼神崇拜遗迹，内容包括灵魂崇拜、生殖崇拜、图腾崇拜、社神崇拜、天神崇拜、女神崇拜等。其遗物有器物、绘画、塑像、祭坛等多种，为考察中国原始社会神话的发生与发展提供了崭新的资料。

尽管考古提供了比较丰富的内容，我们还是很难像进化论的神话学研究那样，给这些神崇拜活动排成线性的演进图。迄今为止，我们对最早的鬼神崇拜形式究竟是自然崇拜还是灵魂崇拜仍无法作出结论，这是因为我们不能确定我们发掘出的东西就是最早的人类宗教崇拜的遗迹，地下的东西都比我们已发现的晚。还有，我们对早期原始人的思维能力及其思维方式难以有真正的了解，因此我们关于鬼神崇拜要作一元的起源的解释，是难以实现的。在原始人宗教活动的诸形式中，它们似乎是相互依存发展着的。如灵魂崇拜必定伴随生殖崇拜，生殖崇拜引发了图腾崇拜，继而有祖先崇拜，这是属于"种的繁衍"一类的生产而产生的；而与物质材料的生产相关的自然世界，也早早地成了人们崇拜的对象，日月山川与大地也被奉为神灵。这两者间并非泾渭分明，相反呈合流态势，自然神也有生殖之功。同样，图腾、祖先、女神也能促进生产，天之与人难舍难分。这一切似乎都为着一个"生"字，生出人类或者生出万物，这就是创生与创物，为了物质材料的生产与人本身的生产。

我们发现，这一切崇拜活动都跟一个至上神发生联系。殷人所崇拜的"上帝"，周人的"天"，似乎在宗教活动发生不久就出现了，至少在新石器时代就已出现，它已统摄了诸项宗教崇拜的内容，在人们心中确立了地位。

据现有的材料，我们大致能说明女性崇拜向男性崇拜的转化，但不能说明男性崇拜对女性崇拜的完全取代，因为性崇拜的演变不可能完全跟社会组织的演变同步，否则我们会犯机械唯物主义的错误。神话中的二元对立转化为哲学之阴阳和谐，渗透到人们的价值观念深处，因而神话中的女神长久没有被打倒，相反，她演为最高神后也没有褪去生殖之功。我们在这里主要讨论原始社会的至上神即上帝观念，而不去分析原始社会神崇拜的演变阶段。当我们确认原始社会已经确立了上帝的至上地位，则是真正找到了文明时代神崇拜和神话的源头。中国几千年的文明史上，始终崇拜着一位至高无上的天神，他就是后来的昊天上帝。他不是祖宗神灵，也不纯是自然神，几千年来一直享受着皇家的香火，一直为百姓所崇拜。他是万神之主，统率群神。我们在考古材料中已经看到了他的影子。

按照进化论的学说，最高神是低级民族发展到较高程度时宗教不断发展的结果。似乎最初是自然神，后来带上社会属性，最后变得万能，成为至上神、一统的神。在过去的岁月里，这一学说曾经是占主导地位的学说，但随着田野调查和考古材料的不断出现，它很早就受到了事实的挑战。

泰勒的学生朗格最早提出，至上神不是经过长期发展后的产物，很多原始的民族中都有最高神。他的学说不久就获得了许多人的赞同。20世纪初，施密特神父对原始民族，尤其是被称为"现在知道的最古老的民族"矮人的宗教进行调查后得出结论："当我们作一正确比较时，即会有一个吸引我们注意的事实。这事实就是那些矮人清楚地承认并崇拜一位至上神。他们处处都以至上神为造物者与全世界的至上主宰。由这事实看来，凡以为原始民族不能把宇宙间各式各样的现象，归纳为一个单一的整体，更不能把它归溯于一个单一的原因上的理论，已被驳倒了。"[1] 今所知未开化民族里，的确存在着对至上神的崇拜。帕林德作《非洲传统宗教》一书，一反前人所谓非洲人的上帝是神化了的祖先的看法，指出在非洲对至高体的普遍信仰，远远超过了以往的想象。进化论观点在生物学领域完全适用，但在宗教学这一极不相同的领域里就不十分适用了。帕林德指出："大部分不信仰基督教的非洲地区，几乎都是直接从信仰至高体过渡到信仰祖先亡灵的。"[2] 当时西方人之所以要称非洲人为未开化民族，没有至上神，是他们把自己的基督教当作了高级宗教，是一种种族优越感的体现。事实已经证明了上帝可能在未开化的民族中已经存在。"信奉上帝，向上帝祈祷，上帝的名字和有关上帝的神话都清楚地表明，

---

[1] ［德］W.施密特：《原始宗教与神话》，第239页。
[2] ［英］帕林德：《非洲传统宗教》，张治强译，商务印书馆，1992年，第40页。

几乎所有的非洲人，虽然有些可能是'未开化的'，都有想象中的上帝。"[1]

关于未开化民族都存在着对上帝的信仰，心理学家也对其发生的根源作了探讨。美国心理学家拉巴的一系列宗教心理学研究的论文表达出了这样的观念：即使在最低等级未开化的民族中，也有至上神的信仰，至上神的一个独立的来源由"制造者"或从制造者的观念中衍化出来。所谓制造者即造物者与造人者，一个儿童就有这种观念，所以原始人有这种智慧不足为奇，由造物者发展成至上神便自然而然了。[2]普拉斯则认为，原始人信仰至上神，不仅仅是满足追求原因的理智上的欲望，更有乞求救助的需要。[3]以上这些理论与事实的阐述表明：人们对原始时代存在着至上神的信仰早就有了认识，并作了积极的探索。

应当承认，古老的原始人与现代人之间存在着智力差异。这从人的脑量发展过程中可以得到证实，北京人的脑量与山顶洞人的脑量是不可同日而语的，在这一点上，进化论是唯一有效的解释。但自新石器时代以来，尤其是新石器中晚期，距今一万年以内的人类祖先，他们的脑量十分接近，在智力上很难说有多大区别，要在这一阶段确定至上神产生以智力因素立论是很难站住脚的。一些人类学家认为，在所有民族中以及现代一切文化形式中，人们的思维过程是基本相同的。距今六千年的我国新石器时代的人们与距今三千多年以内的商周时期的人们在智力与思维方式上实在是难以找出根本区别来，人们断

---

[1] ［英］帕林德：《非洲传统宗教》，第42页。

[2] ［德］W.施密特：《原始宗教与神话》，第239页。

[3] ［德］W.施密特：《原始宗教与神话》，第239页。

言商代才有上帝崇拜不外是那时才有文字记载，是不是因此就可以认为上帝观念只有到了殷商时才有呢？答案是否定的。

4.2 中国远古有天神

中国远古无天神，这是一个很有影响力的传统说法。朱天顺先生于《中国古代宗教初探》一书中这样说："在我国古代原始宗教里，既没有崇拜天空这一自然属性的天神，也没有天象综合体的自然神。后来人们创造了诸神中的最高神——天神（上帝），但这不是自然神，而是人为地综合各种神灵的属性而创造出来的人格神，和天空这一自然属性没有关系。我国古代宗教的这种情况，从人类认识的发展史和宗教的发展史来看，都是符合逻辑的。"[1]这段话并不跟历史事实相符。首先，人们原先拟定的这种人类认识发展史和宗教发展史的逻辑并不符合逻辑。其次，天神纵是自然神，也被人格化了，没有纯粹的天神，所以天神不等于纯自然神。最后，中国原始社会的天神，甚至是周代的天神，都没有明确的人格形象，它的力量都是通过日月星辰风雨雷电来显示的，实际上是以自然神为主体。应该指出的是，中国的天神（上帝）纵然不是天空之神，但跟天空是有着密不可分的关系的，它有很强的自然属性。天空是天神（上帝）的住所，这是上帝称为"天"的原因所在。古代的天神崇拜即便不是直接崇拜天体，也是把天体跟天神融为一体的。原始社会时于高山祭天，秦汉时于泰

---

[1] 朱天顺：《中国古代宗教初探》，上海人民出版社，1982年，第7页。

山顶封土为坛祭天，不外是高山离天近而已。古代巫师沟通天地，都是择高处作法，或居于山，如《山海经》所述之山，不少是巫师上天之梯，如《海内经》："肇山，有人名曰柏高，柏高上下于此至于天。"巫也有登树以上天者，如《淮南子》中述有建木，是众帝上下之所。此外，还有托鸟以上天者，又有乘龙以上天者。[1]巫的所为，直向神秘天空，可见通天、祭天都是向着天空的。《国语·楚语》中观射父有"命南正重司天以属神"之语，知天为神之大本营。"司天"是管理自然之天，重黎氏后成为天文阴阳之祖，即基于他的管理天象的神话经历，天神就是自然神。中国古代的天神（上帝）与自然天空之有密切关系，由此可见。

人们认为我国古代什么时候出现至上神的呢？郭沫若认为殷代有至上神的观念了，起初称为"帝"，后来称为"上帝"，大约在殷周之际称为"天"。[2]陈梦家于《殷墟卜辞综述》里也得出了相同的结论。从此，关于中国上帝崇拜的源头大都从卜辞里去找了，并且把上帝出现的时间定在殷商时代，郭沫若、陈梦家以后的论文与论著罕有越出这一范式的。

其实，考古发现所证明的"殷商至上神说"已经太晚了。就连文献都记载，是帝舜开始祭祀上帝的。《尚书·舜典》："类于上帝"，帝舜受禅登位，便祭祀上帝。

确定殷商有至高神的存在，固然有卜辞中之"帝"与"上帝"的屡次出现作为根据，更因为占卜这项工作同至上神崇拜有着密切关

---

[1] 参见张光直：《商代的巫与巫术》，《中国青铜时代》（二集），生活·读书·新知三联书店，1990年。

[2] 郭沫若：《先秦天道观之进展》，第324页。

系。郭沫若说："卜这项行为之成分是卜问者的人加卜问的工具龟甲
兽骨加被卜问者的一位比帝王的力量更大的顾问。这位顾问如没有，
则卜的行为便不能成立。这位顾问是谁呢？据《周书》的《大诰》上
看来，我们知道是天。"[1]郭沫若接着引用了《周书·大诰》上的这
段话予以说明："于天降威，用宁王遗我大宝龟，绍天明。……天休
于宁王，兴我小邦周。宁王惟卜用，克绥受兹命。今天其相民，矧亦
惟卜用。"最后得出结论："周代的文化都是由殷人传来的，据此我
们知道殷人所卜问的对象也一定是天，便是在殷墟时代的殷民族中至
上神的观念是已经有了的。"[2]占卜是跟至上神崇拜有直接联系的。
"占卜是上帝观念形成的一个重要标志，只有人们体会到上帝有意
志，并在一定场合下能与人沟通，这项活动才会出现。占卜一方面祈
求上帝的保佑，另一方面也体现出人们企图把握未来的愿望。"[3]在
关于先殷时期的考古发掘中，占卜现象已经广泛存在了。龙山文化中
出土有大量的卜骨。"卜骨是龙山文化的特征，当时使用的材料有牛
和鹿的胛骨及其他兽类的胛骨。"[4]各地的龙山文化所用材料略有差
异，但都有卜骨出现。齐家文化中也有用猪、牛、羊的肩胛骨制作的
卜骨。卜骨的发现，说明至少在新石器时代晚期，人们就开始卜问上
天以定吉凶了。上帝有意志是可确定的，"这样抽象的有意志而无人

[1] 郭沫若：《先秦天道观之进展》，第319页。
[2] 郭沫若：《先秦天道观之进展》，第319页。
[3] 田兆元：《中国先秦鬼神崇拜的演进大势》，载《华东师范大学学报》
（哲学社会科学版）1993年第5期。
[4] 尹达：《中国新石器时代》，生活·读书·新知三联书店，1979年，第
56页。

格的上帝观念，成了后来正统的宗教崇拜活动的一个中心问题"[1]。我们把占卜作为崇拜至上神的一个征兆，则知中国新石器时代就开始崇拜上帝了，那时的神话认为天空中有一位神通广大的上帝，这是殷商上帝崇拜的源头。

4.3　对几处考古材料的探索

《礼记·祭法》载有祭天的礼仪，值得注意的是，中国的神崇拜大都不实行孤立的天神崇拜，它跟地神崇拜总是结合在一起的，这也是天神自然属性的一种表现。《祭法》说："燔柴于泰坛，祭天也。瘗埋于泰折，祭地也。"陈澔注曰："积柴于坛上，加牲玉于柴上，乃燎之，使气达于天，此祭天之礼也。"这泰坛为一圆丘，泰折为一方丘，是天圆地方的观念的体现。古代祭祀建筑中的圆形建筑和方形建筑分别是天神和土地神的祭拜场所。这种祭祀方式虽见于周代典籍，但它是经过长期发展的结果，是从原始社会的祭天仪式中发展来的。在山东长岛县发掘的大口遗址里，共发现了十处用火痕迹，用火处呈椭圆形、圆形、圆角长方形几种形式，这大约就是古人"燔柴于泰坛"的祭天场所[2]。火燎于圆堆，使气达于天，这就是东夷古民在祭祀他们的至上神天神。

上海新近发现的福泉山崧泽文化遗址里，也出现了燎祭的遗迹。

---

[1] 田兆元：《中国先秦鬼神崇拜的演进大势》，载《华东师范大学学报》（哲学社会科学版）1993年第5期。

[2] 吴汝祚：《山东省长岛县砣矶岛大口遗址》，载《考古》1985年第12期。

这是一个墓葬群，在墓的旁边、上方、下方，发现了一摊摊火烧过的痕迹，土呈红色，且很硬。据推测，这是先民们燎祭的结果。[1]

20世纪80年代初，文物考古工作者对辽宁省喀左县东山嘴红山文化建筑群址的发掘展示了先民祭祀天地神灵的宏大场面。[2]东山嘴村位于喀喇沁左翼蒙古族自治县县城东南约4公里的大凌河西岸，那里有一处原始社会的祭祀遗址。遗址坐落在一道山梁正中的一缓平突起的台地上，长约60米，宽约40米。整个遗址分为中心、两翼和前后两端等部分。中心为一座大型方形基址，两翼为两道南北走向、相互对称的墙基。前端为石圈形台址与多圆形石砌基址。石圈形台址直径2.5米，距地表深20至40厘米，周围以石片镶边，石圈内铺一层大小相近的小鹅卵石。圆形石基址有多个，在石圈形台址以南约4米处，发现有三个相连的圆形基址，其中两个尚有轮廓。这些圆形台基址的发现，说明祭祀遗址中的圆形祭台曾先后多次建立，一个损坏，再建立一个，时间跨度大，最后的圆形台址与方形基址一起，构成了整个祭祀场所的主体部分。

对于那座大型的方形基址，人们比较一致地认为是祭祀土地神的，其依据一方面是在该遗址中出土了孕妇陶塑裸像，女裸塑像在世界文化史上具有共同特性，它是祈求生育与丰产的产物。土地神大都被称为地母。古人立石为社，将石头视为土地神的象征，这些女塑像又与方形基址中的立石联系在一起，女塑像与地母间即便不是可等同

---

[1] 黄宣佩主编：《福泉山——新石器时代遗址发掘报告》，文物出版社，2000年，第18—21页。

[2] 郭大顺、张克举：《辽宁省喀左县东山嘴红山文化建筑群址发掘简报》，载《文物》1984年第11期。

的关系，也是千丝万缕难以分开，故据女裸塑像与立石可证方形基址为社祀遗址。另一方面，人们也是据周代的礼仪，社祀在一方丘之上，也就是源远流长的天圆地方观念，基址是方形的，当为祭地（社祀）遗址无疑。

关于圆形台址的用途，人们很少谈到它。其实，它应该是祭天的场所，人们在这里祭祀他们崇拜的最高神天神。按《礼记·祭法》所称，祭天于泰坛，泰坛即圆丘，则圆形建筑之台面多为祭天场所，这是我们判断东山嘴遗址基址性质的重要依据。又，在东山嘴遗址中，出土有双龙首璜形玉饰和鸮形松石饰物，这两件玉器均作为神秘动物之形象，非寻常装饰娱乐之物，殆巫师祭神之法器。玉器为古代巫师作法常用法器之一种，而龙与鸟则被视为通天的工具。张光直在论述新石器时代鸟形玉饰时指出，这些鸟的形象，不仅仅是为了装饰，至少有若干在商人通神仪式中起过作用。[1]他举甲骨文与文献证之，甲骨有称帝使风者，知风为上帝使者，凤鸟的出现跟上帝发生了联系，那个鸮形松石饰不过是凤鸟的前身而已。商代的作风不会突如其来，据傅斯年所论，商代发迹于东北渤海与古兖州[2]。又，近年金景芳先生提出商族起源于辽水流域，东北一带，至少是商族的源头之一。[3]红山文化的巫术传流，不能不在商族的宗教思想中打上烙印，东山嘴

---

[1] 参见张光直：《中国青铜时代》，生活·读书·新知三联书店，1983年。通天神器是张光直对祭祀文物的基本理解。

[2] 傅斯年：《夷夏东西说》，《庆祝蔡元培先生六十五岁论文集》，中央研究院，1935年。

[3] 金景芳：《商文化起源于我国北方说》，朱东润主编：《中华文史论丛》第七辑，上海古籍出版社，1978年。

遗址中的鸟形石饰即商人以鸟通天的传统渊源所在。《山海经·大荒东经》载商人祖王亥"两手操鸟"，张光直认为是在作法通天，实在是有见地的论断。我们把鸮形松石饰的用途跟圆形台基联系起来，犹如人们把裸女塑像同方形台址联系起来一样，鸟是巫师用以通天的工具，圆形台址本是天的象征，天为圆，则东山嘴红山文化遗址之圆形台丘为祭天场所可以确知。又，龙也是登天的重要工具，《山海经》中之乘龙天神非一二数，四方之神均乘龙。据传夏启也乘龙，《大荒西经》："西南海之外，赤之水南，流沙之西，有人珥两青蛇，乘两龙，名曰夏后开。开上三嫔于天，得《九辩》与《九歌》以下。"知乘龙可上天，这样，东山嘴遗址出现龙形璜状玉饰就不是偶然的了。巫师以龙形鸟形玉石之通天法器，在圆形台丘祭祀天帝，说明在距今五千年左右的新石器时代，先民就在祭祀他们的至上神天神。据此，我们可以断言，所谓我国远古无天神的说法是站不住脚的。

中国历史很早就进入农耕时代，今发现的新石器时代的重要遗址如河姆渡文化遗址、仰韶文化遗址中，可以确知人们已经过上了以农耕为主的农业生活。农业文明伴随着土地神的崇拜，故社祀是一项重要的宗教活动。在发展过程中，对社神的崇拜与天神崇拜融合起来。社神的地位逐渐上升，并逐渐包容了天神崇拜。东山嘴祭祀遗址是一个具有一定历史跨度的祀神场所，起初是圆形祭坛出现，并几经兴废，可知天神崇拜在前，但方形祭坛后出，凌压了圆形祭台，社祀变得更为重要了，这是农业在人们生活中越来越占据重要地位的结果。人们于祭祀社神的同时祭天，社祀有如祭天的礼仪。天神后来是逐渐与土地神和祖先神合流的。因此，中国古代的最高神后来发展为天神、地祇、人鬼三位一体的综合样式。这种合流，在原始社会已见端倪。

1981年，浙江余杭瑶山良渚文化遗址中也发现一处祭坛。这座祭坛平面是呈方形的，由里外三重组成，外围边长20米，面积约400平方米，气势十分磅礴。在祭台的南半部分，分列有十二座墓葬。据推断，这些墓葬的主人为巫觋，生前是该祭坛祭祀活动的主持者，也是这一带的部落首领。随葬品中也有如红山文化相似的玉龙、玉鸟，更有通天法器及良渚文化的典型代表玉琮，充分表现了该址的祭坛性质。建坛的地点选在山顶上，含有通向上天之意；而坛作方形，可视为祀社神以配天的作风，知天帝与社神的崇拜已融为一体了。而首领埋于天地祭台，又有祖神参与其中的意味[1]。

在上海福泉山发现的良渚文化祭坛，中心建于一高阜，上有祭祀坑和红烧土堆积。祭祀坑中央有一较规则方形坑，祭坛上也葬有大墓。就台上有祭祀坑的情形看，这里是行燎祭祭天的场所。又，中央土台作正方形，也是与社祀相配，所葬大墓，是巫政合一的首领，也是祖先。原始社会的最高神渐呈天神、地祇、人鬼三位一体的态势。[2]

其实，就是东山嘴的那处祭神场所，已能看出三位一体的神系的特征，圆台祭天，方坛礼地，那些女裸塑像一定程度上可视为女祖先。人们认为这些女像是地母，是社神。古代民族多有将其祖视为社神的，如句龙，知所谓地母有祖宗特性，她们后来得以配天，则是成为至上神的一个标志。

---

[1] 浙江省文物考古研究所：《余杭瑶山良渚文化祭坛遗址发掘简报》，载《文物》1988年第1期。

[2] 黄宣佩主编：《福泉山——新石器时代遗址发掘报告》，第64—67页。

辽宁牛河梁红山文化的女神庙遗址的发掘，更使我们看到了祖先与天神的合流。这座女神庙位于牛河梁主梁北山之顶，也在高山之上，可知并非普通的祖先神。女神庙中发现有一个完整的比真人还大的女性头像，较东山嘴女裸塑像为大。在庙址里，还出土有至少分属六个个体的人像残件，这尊女头像属中小型，且处主室偏西一侧，不能算是主神。在主室的中心部位，出土有比真人器官大三倍的大鼻、大耳。神像大小不一，且居中者形象如此庞大，说明神界已出现等次。[1]主神已出现，女神像显然不再仅仅属于生殖崇拜的一般的宗教崇拜了。它应是发达的祖先崇拜与天神崇拜的合流。

事实说明，在我国的原始社会就已经出现了天神崇拜，从中原大地到长江流域，从东北地区到东南沿海，新石器时代的考古材料都显示出先民们对至上神的崇拜。商人曾将其祖先与上帝叠合，但商灭亡以后，天神依旧抽象，恢复了自然属性，它以社神与祖先神为两翼，左右着中国神话与神崇拜的发展，几千年来影响极为深远。

---

[1] 孙守道、郭大顺：《牛河梁红山文化女神头像的发现与研究》，载《文物》1986年第8期。

第五章
神话与原始社会的矛盾冲突

5.1　原始社会的两大事变

矛盾与冲突是神话的本质所在，而冲突又是神话史的根本运动方式，故而原始社会的神话中必然存在着尖锐对立，而这种冲突跟原始社会的发展息息相关。

自摩尔根（Lewis Henry Morgan）以来，人们对原始社会社会组织的发展进程的了解不断加深，尽管人们还没有完全取得一致的意见，但把氏族确定为早期社会组织形式已被多数人认同。氏族社会分为母权制氏族社会和父权制氏族社会两种，基本上是合乎社会发展的一般规律的。从巴霍芬开始，经麦克伦南，到摩尔根，社会组织权力的变更被描述为："在往古时代，世系一般均以女性为本位；凡是在这种地方，氏族是由一个假定的女性祖先和她的子女及其女性后代的子女组成的，一直由女系流传下去。当财产大量出现以后，母系就转变为以男性为本位，凡是在这种地方，氏族就由一个假定的男性祖先和他的子女及其男性后代的子女组成，一直由男系流传下去。"[1]这种观点经恩格斯在《家庭、私有制和国家的起源》一书中大加阐扬，在史学界，尤其是历史唯物主义阵营中，产生了巨大的影响，成为原始社会中氏族演变的经典论断。

但是，随着田野调查的收获不断增加和研究的不断深入，对母权制提出异议者越来越多，即便是研究马克思主义的学者也对母权制有较多的批评，似乎人类历史上没有过母权制时代；有人承认母权制，但对母权制与父权制究竟孰先孰后，看法也不一样。这种探索是有益的，但是，在现阶段，要真正否认母权制的存在则根据不足。在世界上众多的民族的历史上存在过母权制的社会组织，这是不可改变的事实；而在历史的发展过程中，这些母权制的社会组织先后解体，由父权所取代，这一历史的变更也是实际存在的。在不同的地域不同的种族中，这一演变的速度和方式不同，但这一总体方向没有改变。所以，我们认为从母系氏族社会到父系氏族社会的发展是目前描述原始社会组织演进的科学结论。

氏族组织是国家的前身，它是以血缘关系作为纽带形成的群体。只有割断血缘纽带，而代之以地缘关系，并且设立公共权力机构，国家才正式产生出来。氏族组织分化为胞族，后结为部落，部落间又组成部落联盟。部落联盟的首领由公众选举，是一个军事统帅。此时的财产按规定属于部落集体，而酋长需要民主选举才能公认。设立公共权力机构是一个漫长的过程，在这过渡期间，动荡不

---

[1]　［美］路易斯·亨利·摩尔根：《古代社会》，杨东莼、马雍、马巨译，商务印书馆，1977年，第62页。

可避免。其中，打破选举制、财产私有化是由部落联盟过渡到国家制的两个重要条件。国家是在同氏族血缘制的斗争过程中诞生的。我们应该看到的是，即使国家已经出现，氏族残余还在国家形态里保留相当长的时期，如同父权建立，母权也长时间不退出历史舞台一样。

新陈代谢是社会发展的规律，在原始社会里，有着无数的新旧因素在生灭着。但是，唯有父权制与母权制的更替、国家制对氏族制的取代是最引人注目的。这两对重大的冲突是人类在前进路上为砸碎锁链所作的不懈努力。它发生在史前时代，只有神话把这些惊心动魄的一幕幕事变记录下来，在这层意义上，神话是史前最宝贵的史料。

神话世界记载了女权辉煌的黄金时代。那时，她们被视为世界的创造者，也是世界的主宰。如果我们仅以神话本身去推论母权制的存在，那是没有说服力的。当一个社会组织明明白白地处于母权期，其神话也体现出女权制，那才是母权制存在的最有力的证明，也才能确知神话的史学价值。

马林诺夫斯基对超卜连兹人的原始社会进行了深入调查，发现那里还是一个母权制社会。那里的男人，不被社会认作孩子的父亲，他们认为孩子的生育与父亲没有关系。"土人相信，孩子的产生，多因母系女魂将小精灵送进母怀的缘故。"[1]由于丈夫不被视为孩子的父亲，故男人的地位低，他不是一家之长，不能将统系传给子女。他

---

[1] ［英］马林诺夫斯基：《两性社会学》，李安宅译，中国民间文艺出版社，1986年，第11页。

也不是主要的食品供给者，故无法维持在家中的主导地位。就性的同居而言，土人的法律和习惯认为，丈夫享受妻子的性的劳役，应该感谢妻子，报偿妻子。在这样一个男人地位低下的社会里，神话中男子无足轻重是很自然的。在关于人类和社会制度起源的神话中，"都说人类是自地下由孔隙钻出来的。每个分族都有自己钻出来的地方；在这种吃紧的时候发生的什么事故，有时就定规了该分族的特权或残缺情形。最使我们发生兴趣的是：神话所述的始祖群永远都是借着妇人出现；她有时被弟兄伴着，有时被图腾兽伴着，尚未被丈夫伴着。……神话所显示的，不是父亲的创造能力，乃是女祖自然的生育能力"。[1]这些神话是最珍贵的人类史材料，它反映着母权制时代的社会本质和生活面貌。马克思也曾据此类神话描绘过史前的社会面貌，他说，神话中的女神的地位表明，在更早的时期妇女还享有比较自由和受尊敬的地位，但是到了英雄时代，我们就看到妇女的地位已经由于男子的统治和女奴隶的竞争而降低了。母权制是人类发展史所经历的一个重要阶段。

　　中国神话里女权制的遗留也是很多的，关于始祖的诞生，大多是女性本位的。在构成汉族核心集团的神话里，由于修饰成分太重，有较多后代的成分叠加上去，原始性不如边裔民族的神话反映的古代社会结构真实。李则纲在《始祖的诞生与图腾》一书中将这类神话传说列为始祖神话的第一类是有道理的。这些神话里，生育人类没有男人之功，主要是女人因图腾物的关系怀孕而生育的。夜郎王则是直接取之于竹。《华阳国志》："有一女子，浣于水滨，有三节大竹，流入

---

[1]　［英］马林诺夫斯基：《两性社会学》，第104页。

女子足间，推之不肯去，闻有儿声，取持归破之，得一男儿，长养有才武，遂雄夷狄，氏以为竹。"这里连子女生育的过程都没有，但是养育夜郎王却是女人的劳动。哀劳夷则是无男女交合而女人触图腾物而生育后代。《后汉书·西南夷传》："其先有妇人，名沙壹，居于牢山，常捕鱼水中，触沉木，若有感，因怀孕，十月产子男十人。后沉木化为龙，出水上，沙壹忽闻龙语曰'若为我生子，今悉何在？'九子见龙惊走，独小子不肯去，背龙而坐，龙因舐之。其母鸟语，谓背为九，谓坐为隆，因名其子曰九隆。及后长大，诸兄以九隆为父所舐而黠，遂共推以为王。"这九隆就是西南夷的先祖。这种始祖诞生的神话将男人排除在生育之外，反映着母权的统治地位。另武夷蛮之女与犬盘瓠相配的故事，也与西南夷的始祖神话性质相同。

三代始祖的诞生神话，由于流传时间长，在记录下来的时候已有了许多父系时代的成分。三代女祖先都有了一个丈夫，甚至女性仅为某一帝王的妃子之一。如商人的始祖神话："殷契，母曰简狄，有娀氏之女，为帝喾次妃。三人行浴，见玄鸟堕其卵，简狄取吞之，因孕生契。"[1]显然，这个帝喾是叠加上去的。他虽为丈夫，可也没有说他是始祖诞生的决定者，图腾神话核心还完整地保存着，这就是鸟图腾。当然，也有人认为帝喾与帝俊关联，帝俊与鸟存在密切关系。

在神话里，不仅生人被说成女人的专利，万物的创制之功也在女人，这是母权制时代神话的一大特征。马林诺夫斯基所举出的超卜

---

[1] 《史记·殷本纪》，第67页。

连兹人的神话里，火的起源被认为来自女性的生殖器。[1]女性创造了人类，也创造了世界。中国神话里也保存着这一特征。女娲是中国神话中最有光彩的人物之一，不仅仅是因为她抟黄土造人的事令人难忘，也不仅仅在于她拯救了世界的危难，修补了残破的苍天，剿灭为害人类的祸患，更因为她实实在在地被描绘成世界的创造者。《说文解字》："娲，古之神圣女，化万物者也。"说明至少在汉代，女娲创造世界的神话已经广泛流传。王逸注《楚辞·天问》，说女娲"一日七十化"，可见其创造力十分旺盛。不仅人是女娲造出来的，神也是女娲的身体所化。《山海经·大荒西经》："有神十人，名曰女娲之肠，化为神，处栗广之野，横道而处。"女娲造人，化物，化神，这已使她的地位在神界登峰造极，文明时代的制度和文化的创制之功，后来也有附丽到她身上去的。如《风俗演义》说她建立婚姻制度，安排媒人；《世本》说她作笙簧，这也就是说她是推动音乐发展的神，制礼作乐在她那里已肇端绪。这是一个人格完好的女神，在过去的岁月里，她肯定在广大地域里漫长时代中居于主神地位的。最早的最高神是女性，即便是后来商人所崇拜的最高神——帝，也是女性的化身。卫聚贤指出："人类由女子生，故崇拜女子生殖器。在新石器时代的彩陶上多有三角形如'▽'的花纹，是崇拜女子生殖器的象征。此三角形后演变为上帝的'帝'字。"[2]女性自她们登上神坛，她们的痕迹永远无法抹去了。

---

[1]　［英］马林诺夫斯基：《两性社会学》，第109页。

[2]　卫聚贤：《古史研究》，第168—169页。

5.2 神话中男权取代女权

随着财产的积聚，生产的不断发展，男子在社会生活中的地位逐渐提高。又，随着人们对男性在生育过程中的重要作用的了解，男性取代女性成为社会的主宰已大势所趋。由母权制转化为父权制，其间是经历过激烈的冲突的，女性多少万年积累下来的权威遭到挑战，其震荡是空前的。

人们大都从希腊神话中去考察这一演变的过程。巴霍芬从埃斯库罗斯的悲剧《俄瑞斯忒亚》里看到了母权制及其垮台，恩格斯给予了高度评价。保尔·拉法格（Paul Lafargue）继承这些观点作了进一步阐述，他说："希腊人的奥林普像其他野蛮人的死后的住所一样，对于一切死者，无论是男是女，都是开放的；但是当宙斯战胜了母权制的保护者提坦（Titans）并在奥林普树立了父权制时，他就驱逐了克洛诺（Kronos）、贾亚、得麦特和其他的母权制时代的神；他给人的灵魂封闭了奥林普而只留给那些支持他的事业和承认他的父权统治的灵魂。"[1]拉法格在许多地方都是以神话传说来论证父权制和母权制的斗争的，似乎离开了神话，所谓父权制取代母权制的过程便无法描述。拉法格的贡献在于他把这个过程看成一个漫长的历史变更，并对这一过程中的冲突有深刻的阐述。他认为两性冲突的实质是："一个要保存自己在家庭中的崇高地位，另一个则要削弱前者的这种地位。"[2]埃及的神话中也表现出这一特点，男人们宣称他们在种族繁

---

[1]　［法］拉法格：《思想起源论》，王子野译，生活·读书·新知三联书店，1963年，第133页。

[2]　［法］拉法格：《思想起源论》，第59页。

殖的行为中担任主要角色，女人们不过像果实的外壳只是承受和培养自己的胎儿而已。埃及的女人则说没有男人的协作也能怀孕。埃及的母亲之神莱斯（Neith）给了萨伊（Sais）城一句挑衅性的题词："我是过去、现在和将来存在的一切，谁都不能掀起我的外衣；太阳是我所生的果实。"埃及人的神鸟——兀鹰没有雄性，埃及人认为，雌兀鹰依靠风力就能怀孕，这就意味着，男性与生育无关，这是一种跟男性抗衡的神话。人类各民族的神话广泛地记载着这种冲突的发生。

父权制取代母权制并非空幻的神话，而是确实发生过的一个历史过程。父权制的成立有一个标志，即一夫一妻（含一夫多妻）制家庭的形成。此时，男子掌握了大量的私有财产，并以父系确定继承关系。

在当今尚处于原始社会状态的民族的婚姻状况里，有着丰富的从母权制向父权制转化的材料。宋兆麟等人所著《中国原始社会史》中汇集丰富的调查报告，向我们展示了这一过渡时期错综复杂斗争的生活画面。云南纳西族和普米族流行走婚，这当是男子地位低下的证据。但是，这里男子的地位在逐渐提高，表现在婚制方面则是嫁娶制的产生。嫁娶制相对于走婚制是一个新生事物，它将极大地对女性产生限制作用，因而遭到了女性的强烈反抗。永宁纳西族在开始实行男娶女嫁后，其中许多妇女婚后不是另外过走婚生活，就是逃回娘家，与丈夫分居两地，自己又过起走婚生活。普米族的女子逃婚后男子再迎娶，女子还会再逃走，这样一而再，再而三，有的妇女三十多岁才落夫家。我国的苗族、瑶族、侗族、布依族等在新中国成立前还流行不落夫家的习俗，不落夫家则意味着母居制，男人便没有充分的对女人的权力，所以冲突不可避免。布依族为了表明对女性的占有，有戴

"假壳"的仪式。妻子与丈夫结婚后不落夫家，男方须在特定的季节，率人强行给妻子戴上"假壳"，女子才移住夫家。布依族女子反对从夫居，每逢戴"假壳"季节，已婚女子如临大敌，提心吊胆，可见她们对母居制是相当留恋的。但是，被戴上"假壳"已不可避免，父权制已降临到她们的头上了[1]。

现在我们回过头来看中国古代的神话传说，则会发现母权制到父权制的冲突与转变在那里留下了清晰的足迹。

在关于唐虞与夏的传说里，它们体现的历史进程与人类总体发展规律是相合的，因而这些神话传说的历史价值不能轻易否定。对于史前的婚制，郭沫若曾有这样的推断："五帝和三王祖先的诞生都是感天而生，知有母而不知有父，那便是自然发生的现象。那暗射出一个杂交时代或者群婚时代的影子。"[2]至于尧舜时则为亚血族群婚制，即摩尔根所说的普那路亚婚制。"二女传说则是表明社会已进展到亚血族群婚的阶段。娥皇、女英为姊妹而以舜为公夫。舜与象为兄弟而兄弟'并淫'。这正表明娥皇女英互为彭那鲁亚，舜与象亦互为彭那鲁亚。"[3]但此时不过亚血族群婚的遗习而已，对女性的独占已经开始。

象在传说中名声很差，"象傲"且心狠构成了他在人们心目中的基本形象。其实，他是亚血族群婚制的挑战者。象不满同舜两人共享二女，故时时处处想杀掉舜，这才是兄弟间冲突的本质所在。据

[1] 参见宋兆麟等：《中国原始社会史》，文物出版社，1983年，第六章。

[2] 郭沫若：《中国古代社会研究》，郭沫若著作编辑出版委员会编：《郭沫若全集·历史编》第一卷，人民出版社，1954年，第196页。

[3] 郭沫若：《中国古代社会研究》，第201页。

《史记》载，尧为考察舜之德行，以二女妻舜以观其内，后因建城有功，"尧赐舜绤衣，与琴，为筑仓廪，予牛羊"。女人与财产，是舜父与舜弟欲谋杀舜的导火线。在经过几番谋害之后，象误以为舜已死。"瞽叟、象喜，以舜为已死。象曰：'本谋者象。'象与其父母分，于是曰：'舜妻尧二女，与琴，象取之。牛羊仓廪予父母。'象乃止舜宫居，鼓其琴。舜往见之。象愕不怿，曰：'我思舜正郁陶！'"[1]从这一过程看，所谓普那路亚婚制实质上已处崩溃状。兄弟可以"并淫"，但舜显然享有"主权"，不过他没有独吞。舜在二女的二夫中充当主夫，这已是对偶家庭的形态了。象不满足于此，以求独自占有二女，即实行一夫多妻[2]。男人在占有财产的同时开始占有女人本身。象的故事说明，在男人占有女人的过程中，首先是要除掉男性中的对手，这样才能真正粉碎亚血族群婚制，故而在男女两性的冲突中，包含着男性内部的争斗。这种争斗的意义在于：男人要树立自我的财产特权、男系继承权，包括性的专断，使自己的利益不受侵犯，这就为一夫一妻的制度及私人财产保护体系的建立开辟了道路。

据恩格斯所说，从母权制到父权制的过渡并不是一件困难的事，并不需要侵害到任何一个活着的氏族成员，只要一个简单的决定，规定以后氏族男性成员的子女应留在本氏族内，而女性成员的子女应该离开本氏族而转到他们父亲的氏族中去就行了。这在当时由于史前材料及原始民族的调查活动所获资料有限，其结论并不准确。据调查，

---

[1] 《史记·五帝本纪》，第26页。

[2] 一夫多妻是一夫一妻制下的特殊形式，参见恩格斯《家庭、私有制和国家的起源》。

我国四川省盐源县某些普米族地区，流行一种审新娘仪式，可见母权制向父权制的过渡不是一帆风顺的。普米族的女子婚后不断地从夫家逃回，在娘家与其他异性结交。丈夫多次迎回新娘。在第四次以后，努力与新娘同宿，但新娘依然逃回，直到在娘家发现怀孕了才移住夫家。怀孕的新娘回家后，即遭围攻审问。新娘必须交代十三岁穿裙子后与哪些男人同居过，是怎样怀孕的。普米族人认为，从怀孕到生育需九个月零九天，丈夫及老妈妈一行据新娘交代推断胎儿是否为丈夫血统，若不是丈夫血统，要追究责任，兴师问罪。新娘如不如实交代，要受体罚。起初是烟熏，若还不讲，进一步实行"猴子搬桩"，即以一高约一米、宽二指的青树桩埋在院中，让新娘坐在桩前，丈夫抓住新娘的双手，把两个大拇指用细绳拴在桩上，然后将树桩的上端破开，从中加入木楔，以锤击之，树桩逐渐分开而细绳加紧，新娘皮肉即大受其苦，不得不以实相招[1]。这种颇为残酷的仪式正见出母权制向父权制转移过程中的强制色彩，斗争之激烈可见一斑。

古希腊神话中，这种冲突更是血淋淋的。埃斯库罗斯的悲剧《俄瑞斯忒亚》所叙述的故事令人惊心动魄。克吕泰墨斯特拉为了她的情人杀死了刚从特洛伊归来的丈夫阿伽门农，而阿伽门农与克吕泰墨斯特拉所生的儿子俄瑞斯忒亚杀死母亲报了父仇。在审判中，俄瑞斯忒亚被判无罪，宣告了父权制战胜了母权制。这是巴霍芬与恩格斯论述这场转变的一个有力证据。这并不是神话中的一个孤证，在中国神话里也有这样的场面，只是表现形式略有差异。巴人的祖先廪君就是在战胜女权的羁绊后推动了巴族的进步的。《世本·氏姓》记下了这则

[1] 参见宋兆麟等：《中国原始社会史》第六章。

带有较原始色彩的神话传说：

> 廪君之先，故出巫诞。巴郡南郡蛮，本有五姓：巴氏、樊氏、曋氏、相氏、郑氏，皆出于武落锺离山。其山有赤黑二穴，巴氏之子生于赤穴，四姓之子皆生黑穴。未有君长，俱事鬼神。廪君名曰务相，姓巴氏，与樊氏、曋氏、相氏、郑氏凡五姓，俱出皆争神。乃共掷剑于石，约能中者，奉以为君。巴氏子务相，乃独中之，众皆叹。又令各乘土船，雕文画之，而浮水中，约能浮者，当以为君。余姓悉沉，惟务相独浮。因共立之，是为廪君。乃乘土船从夷水至盐阳。盐水有神女，谓廪君曰："此地广大，鱼盐所出，愿留共居。"廪君不许。盐神暮辄取宿，旦即化为飞虫，与诸虫群飞，掩蔽日光，天地晦冥，积十余日。廪君不知东西所向，七日七夜。使人操青缕以遗盐神，曰："缨此即相宜，云与女俱生，宜将去。"盐神受而缨之。廪君即立阳石上，应青缕而射之，中盐神。盐神死，天乃大开。[1]

现在看来，我们恐怕要谴责廪君之残忍，同时对盐神这位多情的女神表示深深的敬意与同情，但是这一神话的实质却是母权制无可奈何的崩溃。盐神止留廪君，是母居制的反映，可以见出巴人的婚俗为男子入女方而居，女子不会随男方而去，即嫁娶制尚无踪影。女子拥

---

[1] 《世本》，与《帝王世纪》《逸周书》《古本竹书纪年》合印本，齐鲁书社，2010年，第53—54页。

有财产，盐阳一带实为盐阳女神这一女酋长所统治，故她对廪君说："此鱼盐所有，地又广大，与君俱生，可止不行。"在众神中，这位水神女子显然是主人，当她化为虫而飞时，诸神皆从其飞；盐神死，群神散去。可见，盐阳一带为一母权制的世界。但这个世界正受到父权制的挑战，她们的传统婚俗已难以实行下去了，富有开拓进取精神的男人已在成长壮大，相比较而言，母权制则显得保守，故步自封，盐神要固守在盐阳一隅已显示出她的惰性来。从女居的婚制与女人对财产的拥有及其在此基础上产生出来的保守观念，已经严重地束缚了男人的事业发展，即遮天蔽日的飞虫使得廪君寸步不得行的场面正是女权制成为男人羁绊的象征。因此，一场冲突已势所难免。当廪君射杀了女神，前进的道路便已开通，天乃开朗，这也形象地说明，只有扫除母权制，才能打开男人前进的道路。恩格斯指出："母权制的被推翻，乃是女性的具有世界历史意义的失败。"[1]它的失败正是在尖锐的冲突中因不敌这新起的强大势力所致，廪君射杀盐神正是这场斗争的一个典型缩影。男人对女人采取了流血的手段而确立了自身的地位。

廪君的神话实质是如此，鲧、禹的传说更是父权制建立的写照。本来，鲧、禹是部落联盟，但由于两族存在个案上的父子关系，而被后人误认为是一种普遍恒定的父子关系。与其他神话只知其母不知其父不同，这个神话中鲧的儿子禹却是只有父亲没有母亲，据说，禹是从鲧的腹中出来的。《国语·晋语》载，"昔者鲧违帝命，殛之于羽山，化为黄熊，以入于羽渊"[2]。鲧因治水不成而被杀，这是许多

---

[1] 《马克思恩格斯选集》第四卷，第52页。

[2] 《国语·晋语》，第478页。

古籍一致记载的。《山海经·海内经》注引《开筮》："鲧死三岁不腐，剖之以吴刀，化为黄龙。"说他死后还被划了一刀，这一刀的结果怎样呢？《开筮》说是一刀剖下去变成了黄龙，而《初学记》引《归藏》则说："大副之吴刀，是用出禹。"说禹是从鲧那里剖腹而生的。在《楚辞·天问》里，屈原对此神话大惑不解："永遏在羽山，夫何三年不施？伯鲧腹禹，夫何以变化？"闻一多《天问疏证》引《山海经·海内经》："帝令祝融杀鲧于羽郊，鲧复生禹"，谓"复"当读若"腹"，与《天问》相互印证。则禹由鲧腹所出，为一流行神话。

关于该神话的性质，现代学者以"产翁习俗"释之。产翁制是一跟父权制相关联的习俗，古今民俗资料表明，大抵女人分娩后，其夫则卧床，饮食皆如乳妇，反享受妻子的照顾。这一行为背后的潜台词是：孩子是男人生的，跟女人关系不大，男子是生育的主人。鲧腹生禹的神话似乎比产翁制期间男人的地位更高一些，神话已完全否定了女性的存在，认为没有女人，男人可以径直生出儿女来，这正是男人在登上统治地位后造出的舆论。

关于禹诞生的多种传说，实是关于几代禹王的传说，非一禹之传说。禹部起于西羌，最早的禹王传生于石。《淮南子》和《史记》均有记载这种说法。后《论衡》又记载有禹母吞薏苡而生禹的神话传世。禹母为修巳，禹从母姓，鲧为了争夺这个儿子，因而有鲧腹生禹的神话。而真正完成父系制的是末代禹王及其神话。

关于禹的婚姻，人们议论颇多的是他跟涂山氏的关系。《楚辞·天问》："禹之力献功，降省下土方，焉得彼涂山女，而通之于台桑？"屈原时代显然对这种较为原始的婚制有些看不懂了。《吕氏春秋·音初》："禹行水，见涂山之女，禹未之遇，而巡省南土。涂山氏之女乃令其妾候于涂山之阳。女乃作歌，歌曰：'候人兮猗！'实始作为南音。"其实，禹并没有娶走涂山氏，反倒是一时从女而就，偶尔相通而已。涂山氏自与禹相遇，到后来思念禹，令妾相候作歌，都没有离开涂山，那里是她的家而不是禹的家，这说明那还是一种从母居的婚俗。禹早年也在这种婚俗遗习影响下同涂山氏经历过一段"阿注"一般的婚姻生活[1]，后来他不满于这种婚制，因此有"三过家门而不入"之说，而且跟涂山氏分手了。这在当时是十分正常的，但屈原却对他有批判："胡维嗜不同味，而快鼌饱[2]！"指责他在男女之事上不严肃。禹并不是"快鼌饱"了事，他是想把女人娶走，永远占有，其中最根本的目的是要确立父系的继承权。后来禹还是真的娶走了涂山氏。结合现代一些民族的较为原始的婚俗分析，我们大致可把禹的婚姻描绘为：此时正处于母居制向父居制的转变期，女方在正式定居男方前，在娘家可过一段走婚生活。尽管涂山氏对禹颇有好感，但对从夫居的新制尚不满，且有欲以母系确定继承关系的企图，但禹终于还要回了自己的儿子，取得了父系继承权的胜利。从《吴越春秋·越王无余外传》看来，"禹三十未娶，恐时之暮，失其制度"，这是一种对"无后"的恐惧和忧虑。《汉书·武帝纪》颜师

---

[1] "阿注婚姻"是云南宁蒗彝族自治县永宁乡纳西族的传统婚姻形态之一，特点是：男女双方各居母家，分属两个家庭，通常是男子夜间去女家，自愿结合，双方在或长或短的时期内结成偶居关系。配偶双方互称"阿注"或"主若主咪"，意为"朋友"或"最亲密的朋友"。——编者注

[2] 鼌（zhāo）即"朝"，一朝饱食，比喻一时的快乐。

古注引《淮南子》叙述了这样一个故事：

> 禹治洪水，通轘辕山，化为熊。谓涂山氏曰："欲饷，
> 闻鼓声乃来。"禹跳石，误中鼓，涂山氏往，见禹方作
> 熊，惭而去。至嵩高山下，化为石，方生启。禹曰："归我
> 子！"石破北方而启生。

在这个充满神奇色彩的故事里，核心问题是禹要涂山氏交还儿子。神话说是涂山氏见禹作熊而去，这实际上是涂山氏从夫家的一次逃走，具有逃婚性质。禹并没有放过她，如果说往日走婚期涂山氏在娘家过着自由生活还会对禹思念的话，嫁到夫家后她便对自由的丧失而后悔，她像处在那个阶段的女子一样也要逃婚。禹追赶涂山氏，似乎对涂山氏本人并没有兴趣，他要的是他的儿子，故而斩钉截铁地说："归我子！"他要回了自己的儿子，取得了男系的继承权，也就取得了父权的胜利。

总之，舜与禹的神话所反映的时代正是男权取代女权的时代，神话向我们展示了这一转变时期错综复杂的矛盾斗争场面。男权与女权的冲突，是神话世界里表现出的最早的最动人心魄的篇章，深刻地体现了原始社会的尖锐社会矛盾。

5.3 中国国家制产生的特点与禅让神话

就在男权制取代女权制的过程中，国家制度对氏族制度的分裂与

瓦解也在进行着。确定男性的继承权意味着私有财产的积累，原先的氏族拥有财产的制度即面临挑战。盐神所拥有的财产是属于那个部落的集体财产，从舜、禹的神话中则可见这种财产关系发生了变化。私有制正是国家产生的温床与土壤，当社会需要一个对私有财产的保障机构时，国家便被发明出来。

不同的地域与民族所形成的国家形态是有较大差异的，尽管国家之按地域划分居民和建立公共权力这一根本点都相同。如雅典是直接从氏族社会中产生了民主共和国，德意志人却在征服罗马时经过较长的岁月才形成了封建国家。中国国家的形成不是像雅典那样建立起民主共和国，反倒是以摧毁氏族社会的军事民主制为前提。如果说禹划分九州是以地域划分国民的举措，表现为对氏族制度的一定程度的革命，但启所开创的"家天下"却又牢牢地巩固了血缘继承制。家长制的统治格局左右了中国社会几千年，家族政治与家族文化构成了中国文化的主潮。中国的封建统治集团不是由具有一定社会理想的党派团体构成，而是一个个家族，这就是中国国家形态的独特之处。

选举制基于财产的公有制，当财产逐渐私有化，尤其是部落首领垄断了集体财产，"家天下"便应运而生了。中国的私有制并不彻底，农村公社进入国家形态后存在了相当长的一个时期。在农村公社里，成员所拥有的私有财产十分有限，土地名义上为共同体所有，实质上为国王垄断，国王以世袭制来永久地占有国家财产。公社社员由于没有土地所有权，便不可能成长为制衡国王的力量。同时，没有土地所有权的公社成员不会对国家事务有真正的兴趣，这就使得专制主义得以畅行。在雅典，"随着商品生产，出现了单独经营的土地耕作，以后不久又出现了个人的土地所有制。随后就出现了货币，即其余一切商品都可以和它交换的普通商品"[1]。因财产占有的多寡不同而形成了贵族与平民两个不同的阶级，于是形成了长期的对立和斗争。自克利斯提尼改革设立新的议事会，废除传统的血缘部落，成了真正的国家机构后，贵族与平民的对立便转化为奴隶与自由民的对立以及被保护民和公民之间的对立。由于社会具有广泛的既得利益阶层，他们有着左右国家权力的欲望和需求，因而实行民主共和国就成了必然的选择。

中国国家制的形成发生在传说时代晚期，由氏族制走向国家制经历了一个相当长的时期，它的发生与雅典的路线截然不同：雅典抛弃了血缘制而保留了民主形式，中国则粉碎了民主而发展了血缘制的家天下。

神话向我们展示了国家形成前夜因"家天下"想要取代禅让制而产生的这场尖锐冲突。商以前的历史都是属传说时代，流传下来的材料大多不是信史，而是神话。但神话里却留下了这一社会转变期的清晰足印。

这里有一前提，即传说中的尧、舜、禹都不止一代，他们是历代尧、舜、禹的统称，我们这里分析的禅让神话是末代尧、舜、禹的神话，是他们的统治终结前的历史写照，而不能代表全部的尧、舜、禹的生活。

《尚书·尧典》和《史记·五帝本纪》载述了尧、舜、禹禅让的温文尔雅的故事，人们大都认为这虽然只是传说，却是原始公社时期族长传承制的反映，是有一定的历史根据的。氏族社会的领袖，

---

[1] 《马克思恩格斯选集》第四卷，第109页。

一般是由推举产生的，"在氏族制度之下，总是需要由选民选举或认可"[1]。《尚书》和《史记》记载的几次会议实际上就是部落议事会。但是，尧、舜、禹的时代已进入了原始社会末期，部落首领的权力已经增大了。尧召集四岳开会讨论人选时，尧的意见是决定性的，他认为不行的便没法录用。如《尚书·尧典》：

> 帝曰："畴咨，若时登庸？"放齐曰："胤子朱，启明。"帝曰："吁，嚚讼，可乎？"帝曰："畴咨，若予采？"欢兜曰："都，共工方鸠僝功。"帝曰："吁，静言庸违，象恭滔天。"

部下所提的人选都被他一口否定了，可见，尧已有些专断气了。

其时，推举制正面临着挑战。放齐在帝尧的话音刚落便推举尧子丹朱，显然是在讨好尧，只是时机不成熟，尧没敢贸然同意，或者尧本来就大公无私。

摩尔根说："世袭制的最初出现，最可能是由于暴力才建立起来的，而不大可能是由于人们的心甘情愿。"[2]尧要搞世袭制，显然会惹出麻烦来。前已论述过，尧舜时尚处对偶婚制阶段，母权制的势力还很大，但部落首领开始拥有财产，如尧可将部落财产分赐给舜。一旦这些社会财产归于私人所有，世袭制必将到来。尧选择了母系传统，他虽然准备把地位传给舜，但将两个女儿嫁给舜，若母系制传统

---

[1]　［美］路易斯·亨利·摩尔根：《古代社会》，第141页。
[2]　［美］路易斯·亨利·摩尔根：《古代社会》，第141页。

得以延续，氏族权力与财产则在同一血统之中传承，舜不过做了尧的母系血统的一个领导执行者而已。尧实从母姓，《史记·索隐》："尧，谥也。放勋，名。帝喾之子，姓伊祁氏。案：皇甫谧云'尧初生时，其母在三阿之南，寄于伊长孺之家，故从母所居为姓也'。"所以尧是站在母系传统的立场上，他名义上是将二女嫁给舜以观其德，实际上是为了维持母系的血统。

　　然而，母权制已处于风雨飘摇时期，所谓推举制已面临严峻的挑战，在进入正史的"禅让制"里，显然抹去了许多冲突的细节。据各种古籍记载作综合考察，知尧时的推举制已有很大的麻烦。尧想将天下作为世袭领地的企图已很明显，只是他想靠女儿血缘去承袭天下财产与权力，但尧子丹朱已虎视眈眈，放齐显然是他势力范围内的一个帮手。丹朱不会袖手看着江山落入舜的手中。《孟子·万章上》："尧崩，三年之丧毕，舜避尧之子于南河之南。"尧子与舜显然存在着矛盾。《韩非子·说疑》："舜逼尧，禹逼舜，汤放桀，武王伐纣，此四王者，人臣弑其君者也，而天下誉之。"这说明即使是尧一时选定舜为继承人，但尧子的企图也使尧最后改变了立场，尧还是想把王位传给丹朱。《孟子·万章》也说道："居尧之宫，逼尧之子，是篡也，非天与也。"即将出现的父系世袭尚不敌传统的推举制，为捍卫推举制，舜只得诉诸武力。《史记正义》引《括地志》云："《竹书》云昔尧德衰，为舜所囚也。又有偃朱故城，在县西北十五里。《竹书》云舜囚尧，复偃塞丹朱，使不与父相见也。"这是以武力捍卫氏族推举首领的传统，"偃塞丹朱"则是推举制与世袭制最典型的冲突。如果说《史记·五帝本纪》所述"诸侯朝觐者不之丹朱而之舜，狱讼者不之丹朱而之舜，讴歌者不讴歌丹朱而讴歌舜"确有其事，也只是表明人们还不能认同世袭制，而宁可选择传统。

舜上台后，第一件事就是处死对手。《尚书·舜典》："流共工于幽州，放欢兜于崇山，窜三苗于三危，殛鲧于羽山。"共工、欢兜、三苗与鲧都是尧族的人，共工与鲧为尧子，或者说颛顼子，而欢兜、三苗都是黎姓，也是颛顼后、尧后。共工是欢兜推荐给尧的，二人都有些势力，所以舜要流放他们。在推举舜之前，各氏族首领都一致推荐鲧去治水，可见鲧威望最高。尽管舜靠推举制得了天下，但他也不愿再实行这种制度，便找了借口把鲧杀了，说是治水九年无功。据《山海经》所说，鲧的被杀，不是因为治水无功，而是因为违抗了帝命。《山海经·海内经》："洪水滔天，鲧窃帝之息壤以堙洪水，不待帝命。帝令祝融杀鲧于羽郊。"此帝当为帝舜，鲧冒犯了他的权威，因而被杀了。他治水也不能说没有成绩，先秦古籍除《尚书》外没有说鲧治水无功的，都是说他违抗帝命而致祸殃。《国语·晋语》："昔者鲧违帝命，殛之于羽山。"《楚辞》则为鲧打抱不平，说他被杀是因为为人太耿直了。《天问》对《尧典》的说法颇有疑义："不任汩鸿，师何以尚之？佥曰何忧，何不课而行之？鸱龟曳衔，鲧何听焉？顺欲成功，帝何刑焉？"意思是说，鲧如不能担任治水之重任，何不先试用了再委以重任？鲧看到鸱龟曳衔为何听之任之？取得了成功，帝舜为何要杀了他？鲧的筑坝防洪之法实际上是取得了成功的。《山海经》郭注引《归藏·启筮》："滔滔洪水，无所止极。伯鲧乃以息石、息壤以填洪水。"对于这样一位功臣，舜到底还是把他杀了，所谓治水无功，都是借口。鲧得众人的拥护，违抗帝命，可能对他的王位构成威胁，这才是问题的关键所在。很难想象，众人推荐给尧的都是些坏人，唯独舜是贤才。舜与禹有杀父之仇，破坏了鲧禹联盟，说"禹逼舜"，是完全可以成立的，只是舜时行世袭制同样时机不成熟，众头领与民众依然信奉传统，舜欲行世袭制，也没有成功。

禹继父任为治水官，这本来就是在一个具体职位上实行了继承制。如前所述，禹为确立父系继承权不遗余力，从涂山氏手中夺回了儿子，跟尧当年从母居已不可同日而语了。

禹照以往的仪式让众人推举了益，这只不过是做个样子，不久又把启安插为吏，埋下了冲突的种子。《战国策·燕策一》：

> 禹授益，而以启为吏，及老，而以启为不足任天下，传之益也。启与支党攻益而夺天下，是禹名传天下于益，其实令启自取之。

这里所说可谓是一针见血，这场冲突实际上是禹导演的。益代表了旧的氏族贵族势力，已无法阻挡世袭制的洪流。启与益之间的冲突不是你死就是我活，其间斗争，凡几回合。《楚辞·天问》："启代益作后，卒然离蟹，何启离忧，而能拘是达？"闻一多《天问疏证》："案《天问》似谓禹死，益立，启谋夺益位而事觉，卒为益所拘，故曰'启代益作后，卒然离蟹'。启卒脱拘而出，攻益而夺之天下，故曰'何启离忧而能拘是达'也。"而最终结果是益被杀，世袭制终于取得了胜利。

但是，世袭制并不能被所有的人接受，有扈氏即率众反抗。《史记·夏本纪》："有扈氏不服，启伐之，大战于甘。"不服即对世袭制的不服，启为了消灭有扈氏，给其加了许多罪名，在甘地誓师词说：

> 大战于甘，乃召六卿。王曰："嗟！六事之人，予誓告
> 汝：有扈氏威侮五行，怠弃三正，天用剿绝其命，今予惟恭
> 行天之罚。左不攻于左，汝不恭命；右不攻于右，汝不恭
> 命；御非其马之正，汝不恭命。用命，赏于祖；弗用命，戮
> 于社，予则孥戮汝。"[1]

启打着替天行道的旗号，把自己的攻伐行为说成是"恭行天之罚"，这是在利用神话征服人心。武装的征伐与心灵的降服相辅而成，最初降服人心的就是神话，它用一种超然至上的力量去摧毁既存的规范，并依赖这种力量建立起一种新的规范，这是一切政治神话的基本结构模式和功能模式。原始社会逐渐发展起来的至上神和天神崇拜在政治神话里达到了一个新的高度。

神话传说中的夏代史就在这样一种尖锐的矛盾冲突中去展开它的发展历程，中国的历史在世袭制取代推举制后进入国家形态，从此，一个阶级压迫另一个阶级的时代到来了。

神话是古史的缩影，它是研究中国原始社会史的重要材料。历史是在新陈代谢的过程中发展的，我们通过对神话的两项重大冲突的考察窥见了人类进步的轨迹。由此可见，神话是人类精神的凝聚体，它记录着人类进步的历程，也直接推动着历史的进程。通过对原始社会神话冲突的考察，我们也进一步理解了神话的矛盾法则。

---

[1]《尚书正义·甘誓》，第155页。

第六章
神话与上古氏族面貌

6.1 氏族与两合婚制

神话是群体的产物，故离开了群体，神话便无从产生。神话流行于特定的社会组织中，只有当这个组织崩溃了，神话才随之逐渐崩溃。氏族不仅是政治生活和经济生活的中心，而且随着社会的发展，"氏族日益成为宗教势力的中心和宗教发展的源泉"，"氏族成了宗教发展的天然核心和宗教仪式的发祥地"[1]，因而那时的神话主要是关于氏族群体的神话，而不是个人的神话。如果说原始群体是出于生存的压力而相聚在一起，氏族便是靠了神的纽带产生凝聚力量。

氏族发展与其婚姻制度密切相关。早先曾流行过氏族内部通婚的习俗，由于血亲造成的种族退化曾使人类蒙受灾难，因而族外婚制逐

---

[1] ［美］路易斯·亨利·摩尔根：《古代社会》，第79页。

渐形成，产生了广泛的内婚禁忌，这样给氏族发展带来活力。

族外婚的一大特点是氏族间婚姻造成氏族成双配对出现。摩尔根指出："当氏族观念日益发达时，很自然地就会出现成双配对的氏族。因为男性的子女既摈斥于本民族之外，而对于下一代的子女又同样地需要加以组织。只有同时出现两个氏族才能充分达到这个目的；这样，一个氏族的男子和女子才能同另一个氏族的女子和男子通婚；而子女们则各随其母亲而分属于这两个氏族。"[1]因族外婚而出现的成对氏族并立现象说明，一个区域不可能仅为一个氏族所统治。恩格斯对此也表示："因为在氏族内部禁止通婚的情况下，每个部落必须至少包括两个氏族才能独立存在。"[2]因此，过去人们认为某氏族集团单独活动某一区域的说法都是错误的。

这种氏族间的婚姻联盟称为"两合婚姻联盟"。这种形式必须是两个氏族或成对的氏族间的婚姻，而不是三个或者更多的氏族联盟，这是为什么呢？蔡俊生先生指出："这不是一个理论问题，而是事实问题。至今所知道的所有最古老的氏族之间的婚姻形式都是两合的，或者说是对等的——甲氏族的全体女子是乙氏族全体男子的妻子，相应地乙氏族的全体女子是甲氏族全体男子的妻子。"[3]我们只能把它作为人类文明发展史上的一个既成事实来看待。

氏族时代，由于氏族发生分化，这种两合形式也发生变化，但依然还是这种两合结构。试以甲、乙两氏族为例，当甲氏族分化

---

[1] ［美］路易斯·亨利·摩尔根：《古代社会》，第67—68页。

[2] 《马克思恩格斯选集》第四卷，第85页。

[3] 蔡俊生：《人类社会的形成和原始社会形态》，中国社会科学出版社，1988年，第203页。

为甲1、甲2、甲3、甲4等几个女儿氏族，乙氏族发展成乙1、乙2、乙3、乙4等几个女儿氏族后，甲类氏族便构成一个胞族，乙类氏族也如此。这些胞族一般以原来的图腾命名，而女儿氏族又分别建立了自己的图腾而具有独立性。试看摩尔根在《古代社会》中所列的氏族分化图：

第一　狼胞族

氏族——1. 狼氏；2. 熊氏；3. 犬氏；4. 负鼠氏。

第二　龟胞族

氏族——5. 小龟氏；6. 泥龟氏；7. 大龟氏；8. 黄鳗氏。

这种胞族内部关系依然是一个血亲组织，所以胞族内部不得通婚，而是胞族与胞族间通婚。我们假定甲为以上狼胞族，乙为以上龟胞族，甲乙为两合婚制，当氏族分裂为如上图式，狼胞族虽分裂为四个氏族，这四个氏族图腾也不同，但相互间还是不得婚配，必须选择龟胞族的氏族婚配，这样选择面明显拓宽。狼胞族的各女儿氏族均可同小龟氏、泥龟氏、大龟氏、黄鳗氏发生关系。反之，龟胞族的任何一个氏族都可与狼胞族的任何一个氏族婚配。这种分化还是没有破坏两合氏族婚姻的结构形式。

氏族的分裂不是对等的，由于种种原因，甲氏族可能会分裂出四个甚至更多的氏族以形成胞族，而乙氏族则可能仅分裂为两个或者走向衰亡，这样，甲、乙两氏族的两合婚姻必须进行调整。假如甲氏族分裂为六个氏族而成为一个胞族，乙氏族仅分裂成两个氏族而形成一个胞族，这种数量的不对等使得甲氏族起码有四个氏族的男女的婚姻发生困难。于是，甲氏族的四个氏族便可能结成一个新的胞族，而去寻找另外的胞族组成婚姻联盟。这时，两合婚姻的基本形式还是没有破坏。苏联学者谢苗诺夫指出："两合氏族婚姻是永恒的——如果可以这样说的话。它既不要缔结也不要解除，自从开天辟地以来就简单地存在着——在两个氏族组织的成员们看来，这种婚姻恰恰就是这样。"[1]

当然，这种婚制是要崩溃的，但实实在在是人类婚姻史上必经的阶段，在中华民族各族人民的神话传说及某些现存婚制中都能见到这种痕迹。例如云南纳西族的祖先进入泸沽湖时就是成双成对迁来的。严汝娴、宋兆麟在《永宁纳西族的母系制》一书中指出：

> 相传纳西族的祖先是由北方迁来的，初到泸沽湖地区时，共有六个"尔"（氏族），也就是六个母系氏族。这六个古老的母系氏族，原来居住在泸沽湖以北的斯布阿那瓦地方。后来他们分三组向南迁移；西尔和湖尔在一起，牙尔和峨尔在一起，布尔和搓尔在一起，各为一组，互相通婚。[2]

这种两个氏族一组而婚配的形式是典型的两合婚制，这是人们难以忘却的也抹不掉的历史足迹。有些少数民族至今尚保留这种制度，如

---

[1] ［苏］谢苗诺夫：《婚姻和家庭的起源》，蔡俊生译，中国社会科学出版社，1983年，第200页。

[2] 严汝娴、宋兆麟：《永宁纳西族的母系制》，云南人民出版社，1984年，第31页。

云南省西北独龙河谷的独龙族，他们严格实行族外婚制，形成一个个固定的克恩[1]联姻集团（独龙族分为五十四个克恩），每个克恩的男子只能娶舅家克恩的女子。西双版纳的基洛族，在一个母系下分化出两对寨子，结为互婚的两合氏族集团，一对叫词通和曼锋，一对叫曼坡和曼飘，各自互为婚姻[2]。两合婚制是人类发展史上重要的文化现象。

我们花费这些笔墨来讨论两合氏族婚姻联盟的普遍性是为了说明，原始时代的氏族不会孤立存在，在一个区域里必须有两个氏族并存，氏族才能存在和发展。如果以此来考察中国古代氏族社会的面貌，就会发现传统的帝王传承谱序都是错误的，是制造这些体系的人们根据后来的历史状态创造出来的。他们剪辑改造了传统的流行神话，把本是成对氏族活动的神话改造成单线的传承，掩盖了真实的历史面目。幸好，被剪辑后剩下的神话碎片尚未完全遗落，我们可以进行一番努力，看到我国氏族时代某些历史活动的真实影子。

在第一章里，我们主要就考古材料对鱼鸟两合氏族联盟、蛙鸟两合氏族联盟进行了分析，以探求在氏族生活中"神"的真实形态。这里，我们主要就传世神话进行分析，拨开蒙在它们表皮上的迷雾，以恢复中国古代氏族联盟的真实面貌。

从神话中见到的历史，肯定不是最早的社会形态的历史，而是离我们相对最近的，且对我国的社会发展有重大影响的历史。这段历史，当是两合氏族婚姻结盟的历史。

---

[1] 克恩：独龙语，指独龙族的血缘村落。

[2] 刘起釪：《古史续辨》，中国社会科学出版社，1991年，第169页。刘起釪先生引用《中国少数民族》的婚俗来讨论古代传说的婚姻叙事。

6.2 神的代际关系

研究神话时，考察神的代际关系十分重要。在流行的神话和历史记载里，由于当年"厚今薄古"的关系，老一代的神灵不一定地位显赫，而新一代的神灵可能气焰冲天。这种情况，无论是在希腊神话还是中国神话里都表现得十分明显。

早期汇编希腊神话的《变形记》与《神谱》等书记载的第一代大神并不是宙斯，而是天父乌拉诺斯和地母盖娅。尽管天父乌拉诺斯强悍无比，但还是遭到了其子克洛诺斯的迫害。强大的克洛诺斯在其统治期间，得到神示，尽管他很强大，但注定要被自己的一个儿子推翻，因而克洛诺斯将他出生的每一个儿子都吞下肚去。其妻盖娅藏起了一个儿子，那就是宙斯，而在襁褓里换上一块石头，让克洛诺斯受骗而将石头吞进腹中。宙斯长大后取代其父，并带领克洛诺斯的其他子女一道同提坦诸神（除克洛诺斯外的乌拉诺斯的其他子女）展开激战，打败了提坦诸神，取得了神界的统治权。于是，宙斯与赫拉确立了在神界的最高地位，乌拉诺斯和盖娅则退居二线并逐渐失去影响。在希腊神话里，他们不过是宙斯表演的一个序曲和引子，已显得无足轻重。这就是希腊神话中的两个层次，老神和新神，新神最终取代了老神。

中国神话同样存在着这种新神与老神的替代关系，然而，由于中国历史悠久，幅员辽阔，其神话内容之丰富远非迈锡尼所能比拟，因而神的代际衍化远比希腊神话复杂得多。

就现有的神话和考古材料分析，我们可把伏羲女娲视为第一代真正有影响的大神，他们是蛙鸟联盟集团，即蛙鸟婚盟集团的祖先。蛙鸟联盟是新石器时代影响巨大的氏族组织，活跃在新石器时代后期的各部落大都可以视为这一联盟的胞族分化而基本保持原两合氏族婚姻的社会组织。新结成的各蛙胞族的氏族与鸟胞族的氏族的联盟势力日益壮大，他们开始崇拜离他们时间较近的祖先，而逐渐将伏羲与女娲两大老神推向后台。

从神话中我们发现，新石器时代后期的各婚姻联盟都能找出蛙鸟联盟的痕迹，并发现他们跟伏羲女娲有难以割断的血缘联系。

这时我们必须打破以《史记》为代表的那种单线的帝王传承世系，将其恢复为两两成对的氏族联盟形式。关于晚于伏羲女娲的各主要联盟，我们基本可以勾画出这样一幅图画：

马家窑文化的一支联盟为有蟜氏和少典氏，他们的后代就是炎帝和黄帝，亦即著名的姬姜联合体。从他们中分裂出颛顼帝喾部，其势力不断壮大，并向东扩散，后衍化为尧舜联盟。

炎黄联盟在故地除分裂出颛顼帝喾部外，又有几支新的联盟朝西南进发，在巴蜀一带演为蚕丛柏灌部和鱼凫部。

禹从西北迁出，与东方颛顼族的鲧结盟，鲧、禹在个案上是父子关系，在整体上两族则是婚姻联盟，这远距离的婚配虽然还不越二合婚制的规格，但由于血缘殊远，且地域差距大，这个联盟便焕发出异常强劲的活力，后终执华夏之牛耳。

伏羲女娲后，古代的氏族实际上成了东西二系，一是西北的炎黄系，二是东部的颛顼帝喾系，尽管后者从前者出，但这新出的联盟足以同前者抗衡。鲧禹部的成长可视为东西方在隔绝一段时期后的一次交流。尧舜部支系重与黎结成联盟，他们为尧舜部所逼而南迁，楚人其后也。原西部炎黄部曾一度东进至河北一带，后来势力衰弱而退守西部，直到周人才重振姬姜联盟的威风。

以上是我们从神话碎片中建立起来的中国远古氏族社会的概貌，作这种分析，是提供一种新的认识远古社会的模式，同时加深对神话史上的冲突与融合特性的认识，对于认识中华民族这个文化共同体在远古时代的同源性也是有帮助的。那么多的氏族联盟是真实存在着的，这些氏族都脱不去跟伏羲女娲即蛙鸟联盟的血缘联系，因而秦汉统一的文化重新建成时，伏羲女娲再次回到神坛就不足为奇。尽管他们没有被皇家直接册封为正宗祖先，可是在民众心目中，这两位大神却是不折不扣的民族祖先。

炎黄部是伏羲女娲部的传人，东方的颛顼帝喾部和尧舜部是炎黄部的传人。由于尧舜势力强大，原炎黄旧部势力收缩，故夏商时炎黄不得尊崇也很自然，因为相对于尧舜和鲧禹，炎黄是老神了。周人统一天下，炎黄二帝的势力重新崛起，老神又焕发新的活力。

与希腊神话那种简单的新陈代谢不同，中国古代的新旧神灵曾几度反复，局面十分复杂，神的势力此消彼长，但有一点却是没有疑问的，即氏族的神成对出现，它跟氏族两合婚姻密切相关；又，这些神灵虽然各有差异，但我们能发现其中惊人的一致性。中华民族强大的凝聚力量，跟这种文化统一性是有着不可分割的联系的。

下面我们将证明这种两合氏族婚制的存在事实。

6.3　炎帝黄帝与西部氏族联盟

《国语·晋语》称："昔少典娶于有蟜氏，生黄帝、炎帝。黄帝以姬水成，炎帝以姜水成，成而异德，故黄帝为姬，炎帝为姜。二帝用师以相济也，异德之故也。异姓则异德，异德则异类。异类虽近，男女相及以生民。"[1]

这中间有几个问题值得注意。第一，少典氏与有蛴氏是一对婚姻联盟。第二，炎帝、黄帝也是婚姻联盟，不是兄弟。少典氏与有蛴氏发生婚姻关系，以母系传承，少典氏后代后来为黄帝族，有蛴氏后代后来为炎帝族（图二十），二者的婚姻联盟是少典氏、有蛴氏联盟的继承。第三，炎黄间的矛盾，引发了几场大战，但这并不是两族的全体对抗，而是两族分裂出去的部分氏族的对抗，是局部的冲突，没有影响二者的婚姻联盟的继续。

图二十　明代黄帝炎帝画像

---

[1]　《国语·晋语》，第356页。

首先我们看少典氏与有蛴氏的氏族属性。少典氏为古老的氏族，有蛴氏为古老的羌族；氏族为鸟族后，羌族为蛙族后，他们是伏羲女娲氏族婚姻的新的联盟形式。

从语音上看，少典与氏，有蛴与羌在古时是同音异写，"少典"为"氏"之音转，"有蛴"为"羌"之音转。刘起釪先生这样论述道：

> 少典之"典"，是"氏"的音转，因在《广韵》中，典音多殄切，氏音都奚切，在声类和等呼方面，皆读端纽开口四等，二字发音全同；惟韵部氏属古音微部，典属古音真部，作了阴阳旁对转（微阴真阳）。知未转前二字古音实同读。
>
> 再看有蛴之"蛴"，其音读居天切，"姜"则为居良切，皆读见纽，二者声纽全同，和读溪纽开口音去阳切的"羌"同属牙音，由溪转见，只是声纽的同类相转；又姜与蛴韵部全同，属古韵唐部。而蛴属豪部，为阴阳旁对转（豪阴唐阳），可知《广韵》的蛴与姜，皆古羌字的音转，三字古音原同读。[1]

就音韵学论述少典即氏，有蛴即羌，以上已有相当说服力。

又，古氏羌族的活动范围大致与炎黄族的活动区域重合，均在渭河流域，北迄河西走廊，南至甘青川藏。今发掘之马家窑文化，专家

---

[1] 刘起釪：《古史续辨》，第181页。

们有定为氐羌文化遗迹者，这更能说明氐羌文化即蛙鸟文化，氐羌的联盟实为蛙鸟联盟，他们是伏羲女娲的后人。

氐羌是联盟，故氐羌联称，古文献多有称述，如"昔有成汤，自彼氐羌，莫敢不来享，莫敢不来王，曰商是常"[1]、"氐羌以鸾鸟"[2]。

卜辞中也多有氐、羌连称者，所以人们把氐羌视为一个整体，或者把氐视为羌的一个类属。如吕思勉《中国民族史》谓"盖羌其大名，氐其小别也"，所据为孔晁注《周书》之"氐羌"："氐地之羌不同，故谓之氐羌。今谓之氐也。"这都是以羌统氐。其实，氐早就是独立的一"国"。如《山海经》里记载：

> 氐人国，在建木西。（《海内南经》）
> 后稷之葬，山水环之，在氐国西。（《海内西经》）

氐人国是鸟图腾的氏族，所以《逸周书·王会》称"氐羌以鸾鸟"。周时氐人尚将珍鸟贡奉给朝廷以示效忠。

有蟜氏羌人乃女娲氏之后。蟜、憍即娲，古书里常通写。《世本·帝系》："禹纳涂山氏女，曰娇。是为攸女。"《大戴礼记·帝系》则曰："禹娶于涂山氏之子，谓之女憍氏。"可知涂山氏名憍，而《帝王世纪》则说："禹始纳涂山氏女，曰女娲，合婚于台桑。"可见有蟜氏就是有娲氏、女娲氏。氐是鸟部，羌为女娲部，也即蛙

---

[1] 《毛诗正义·殷武》，"十三经注疏"本，中华书局，1980年，第627页。

[2] 周宝宏：《〈逸周书〉考释》"王会"，社会科学文献出版社，2001年，第197页。

部，这就是少典氏与有蛴氏的氏族属性。

炎帝族大都是娲氏女子生。《山海经·海内经》："炎帝之妻，赤水之子听訞生炎居，炎居生节并，节并生戏器，戏器生祝融。"这几代炎帝的老祖母是听訞，訞、娥、娲读音相通，听訞应该就是女娲一族，炎帝一系为女娲氏的母系传承系统。有蛴氏是女娲氏后人，所以，有蛴氏生出来的是炎帝族。《帝王世纪》："神农氏，姜姓也。母曰任姒，有蛴氏女，登为少典妃，游华阳，有神龙首，感生炎帝。"按照女性传承的制度，炎帝随母姓，属于有蛴氏。但黄帝并不是有蛴氏女子所生，而应是少典氏的女子，即伏羲族女子所生。《史记正义》称黄帝母曰附宝，实是伏羲，因为伏羲也作庖羲。附宝、伏羲古音也是相通的，此间透露出黄帝族少典氏为伏羲传人的信息。

于是，我们可描绘出西部氏族传承的部分线索：

伏羲——氏（少典）——黄帝——姬姓

女娲——羌（有蛴）——炎帝——姜姓

这两大族的婚姻因氏族的扩张而表现出复杂局面，但两合婚制的基本面目长期地保存着。

无论是黄帝还是炎帝，他们首先是一个氏族的名称，其次是一个首领称号，而不仅仅是个人姓名。这样，黄帝、炎帝的足迹会踏遍四方，以黄帝和炎帝名义出现的记载往往各不相同，甚至相互矛盾，这不足为奇，因为他们本来就不是一个人。据《帝王世纪》载，炎帝有八代。根据两合氏族原则，黄帝也应该有八代。依相关传说，黄帝后有帝鸿氏、归藏氏、帝轩、次律、定姓、纪钟、甄声，炎帝后则有帝临魁、帝承、帝明、帝直、帝釐、帝哀、帝榆罔。传统史书称炎黄先后传承，即炎帝统治数百年后黄帝承之，这是不符合两合婚姻联盟中联盟主导权的实际的。炎黄应是二头执政，由炎黄两族轮流掌握部落联盟的主导权。或者这八代黄帝和炎帝并不完全呈纵向排列，其间有横向（氏族分裂扩张所致）系列排布的可能，有些可能是新一轮的结盟。氏族联盟的自然发展不是趋向统一，而是日益分裂。当然，这种联盟的总体实力是越来越大，但是越来越失去中心，所以需要共同的神话来建立认同。

《史记》和《国语》都称"黄帝二十五子，得其姓者十四人"。这十四人计有十二姓，分别是：姬、酉、祁、己、滕、葴、任、荀、僖、姞、儇、衣。这就是黄帝族的氏族发展与分裂的情形。炎帝族也发生分裂，据《帝王世纪》等书的记述，炎帝族起码分裂成神农氏、魁隗氏、连山氏、列山氏、蚩尤氏等。两族的氏族分化不是对等的，大部分还是在两胞族间继续保持着婚姻联盟，有一些则分裂出去寻找新的婚姻联盟。

两族间后来发生冲突，但这只是部族间的局部冲突，只是黄帝族中的部分氏族与炎帝族中的部分氏族的战斗，并非全面对抗，否则婚姻联盟将全线崩溃。从《史记·五帝本纪》等考察，炎黄之战的情形是：炎帝族中的老大神农氏已控制不住炎帝族的局面，蚩尤氏强大起来，使得最后一代炎帝榆罔无可奈何，只好向亲家黄帝族求救，于是黄帝族出兵打败了夺炎帝之位的蚩尤，这就是所谓的炎黄之战。由于炎帝势力本已衰弱，其中较强的一支蚩尤又被黄帝所击溃，所以炎帝族的势力日益衰落。

据《路史·后纪四·蚩尤传》载："阪泉氏蚩尤，姜姓，炎帝之裔也，好兵而喜乱，逐帝而居于涿鹿，兴封禅，号炎帝。"蚩尤本是炎帝族中的一支，他所逐之帝即神农氏炎帝榆罔，蚩尤一时坐上了炎帝之位，即炎帝蚩尤氏。文献多载此事，如《逸周书·尝麦解》载，蚩尤继炎帝位后，"赤帝大慑，乃说于黄帝，执蚩尤，杀之于中冀"。毫无疑问，这是炎黄联手的一次除去"异己"的战争，因蚩尤也号炎帝，故又称炎黄之战，但并非"正统"的炎帝与黄帝的战争，炎帝和黄帝还是同盟。

《史记》的作者司马迁在整理黄帝传说时，对各传说的表达使用了独特的语法，导致人们在理解时产生许多新的矛盾来，而原来的各传说的合理性在归并时没有得到有效协调。《史记·五帝本纪》：

> 轩辕之时，神农氏世衰。诸侯相侵伐，暴虐百姓，而神农氏弗能征。……而蚩尤最为暴，莫能伐。炎帝欲侵陵诸侯，诸侯咸归轩辕。轩辕乃修德振兵，治五气，艺五种，抚万民，度四方，教熊罴貔貅貙虎，以与炎帝战于阪泉之野。三战，然后得其志。蚩尤作乱，不用帝命。于是黄帝乃征师诸侯，与蚩尤战于涿鹿之野，遂擒杀蚩尤。

这中间自"轩辕乃修德振兵"至"战于阪泉之野"基本抄录自《大戴礼记·五帝德》，然《五帝德》未言蚩尤事，是《大戴礼记》的作者将蚩尤与炎帝视为一人，因为蚩尤打的是炎帝的旗号，而司马迁将二者拆开了，于是形成了两场战争。其实《大戴礼记·五帝德》的炎黄之战与《逸周书·尝麦解》的黄帝蚩尤之战是一回事。至于地点不同的原因是有多次交锋，诸书都称有三战，则黄帝与蚩尤先战于阪泉，后战于涿鹿，是没有矛盾的。再说蚩尤号阪泉氏，与炎帝战于阪泉之野应就是同蚩尤交战了。又，阪泉本在涿鹿附近，相距仅一里，言战于涿鹿可包容战于阪泉之说。《史记正义》引《括地志》："阪泉，今名黄帝泉，在妫州怀戎县东五十六里。出五里至涿鹿东北，与涿水合。又有涿鹿故城，为妫州东南五十里，本黄帝所都也。《晋太康地理志》云'涿鹿城东一里有阪泉，上有黄帝祠'。"看来，《史记》所记炎黄之战即蚩尤黄帝之战是没有疑问的。吕思勉先生认为阪泉涿鹿一役，炎帝蚩尤一人的见解，可以解决《史记·五帝本纪》叙事的困惑。[1]

至于神农氏，《帝王世纪》认为是炎帝，称之为炎帝神农氏，见解是正确的。神农氏是炎帝族的一支，蚩尤作乱时他已无能为力。这神农氏的首领就是帝榆罔。[2]

至此，我们已疏通了《史记》中的诸多关节，证明炎黄间没有本质冲突，炎黄联盟没有破坏。此时，炎黄联盟已东渐至今河北一带，这已是炎黄联盟发展到后期的情形了。处在西部的另外一些炎黄联盟的团体情况又是怎样的呢？

由于黄帝对蚩尤的一场大战，蚩尤部散向东南方，而神农氏本

---

[1] 吕思勉先生在《三皇五帝考》中对《史记·五帝本纪》黄帝战炎帝又战蚩尤，涿鹿战又阪泉战，颇令人费解问题，提出炎帝蚩尤一人，涿鹿阪泉一役的观点，可谓卓见。该文见吕思勉、童书业编著：《古史辨》第七册（中），上海古籍出版社，1982年，第368页。

[2] 《史记·五帝本纪》"索引"认为，史记所谓神农氏"世衰"，指的是皇甫谧《帝王世纪》提到的榆罔。

已衰落，炎黄间的两合婚姻已处不对等状，除了姬姜二姓等尚保持婚姻状态外，黄帝族的分支需要寻找新的氏族进行婚配，以求得种族发展。《帝王世纪》云："黄帝四妃，生二十五子。元妃西陵氏女，曰嫘祖，生昌意；次妃方雷氏女，曰女节，生青阳；次妃彤鱼氏女，生夷鼓，一名苍林；次妃嫫母，班在三人之下。"[1]这是黄帝后代的氏族分裂情况了，这说明曾经有过四支黄帝的氏族寻找了另外的婚姻结盟，其中有两支是在西部活动的，一是黄帝嫘祖联盟，一是黄帝彤鱼联盟，他们是蜀中先民的祖宗。

《史记·五帝本纪》称黄帝娶西陵女嫘祖而生子昌意，这昌意就是伯益，是黄帝族承伏羲鸟崇拜的体现，因为伯益本为燕鸟。昌意又娶蜀山氏女，据两合婚姻理论，蜀山氏应该就是西陵氏，因为西陵氏是与黄帝结成婚姻联盟的氏族。西陵又作蚕陵，蚕陵在蜀郡，则西陵女与蜀山氏同为一部族。蜀之本义为蚕，《说文解字》："蜀，葵中蚕也。"蜀山氏为蚕图腾，则蚕丛氏是这一族的后人。《华阳国志·蜀志》："有蜀侯蚕丛，其目纵，始称王。"据传扬雄撰《蜀王本纪》，现有佚文为：

> 蜀之先称王者有蚕丛、柏濩、鱼凫、开明，是时人萌椎髻左衽，不晓文字，未有礼乐。从开明以上至蚕丛积三万四千岁。[2]

---

[1] 《史记·五帝本纪》"索引"，第8页。

[2] 严可均辑：《全上古三代秦汉三国六朝文（第一册）》"全汉文"卷五十三选录，中华书局，1965年。

看来，第一代蜀王为蚕丛已无疑问。蚕丛氏是土著，黄帝族进入这个地区，与蚕丛氏结为婚姻联盟。其代际关系如下：

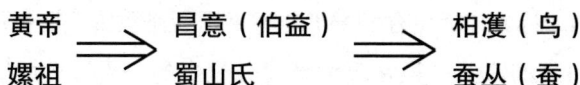

黄帝　　　⟹　　昌意（伯益）　　⟹　　柏濩（鸟）
嫘祖　　　　　　蜀山氏　　　　　　　　蚕丛（蚕）

这种两合婚姻的线索非常清楚，三代联盟一脉相承，在蜀中繁衍生息了漫长的岁月，创造了灿烂的古代文明，尤以蚕桑业对中国文明的贡献为大。

蜀王蚕丛、柏濩的联盟是黄帝氏族与巴蜀土著的联盟，是黄帝族在炎帝族之外寻求婚姻结盟留下来最强大的一支。

在蜀中，黄帝传人还与另外一支彤鱼部联姻，就是所谓黄帝娶彤鱼氏。蜀王鱼凫实为鱼与凫，因年代久远讹变而将二者合并为一了。蜀王蚕丛、柏濩与鱼凫间各不领属，"只是一些部落或部落联盟的酋长，其间也没有什么直接承袭的关系"。蚕丛与鱼凫的活动地域也不一致，前者主要活动于成都平原西北的山区，即岷江上游一带，后者则靠近成都平原。[1]两者图腾不同，婚姻联盟也不一样。

这支彤鱼氏究竟是巴蜀土著，还是仰韶文化鱼部落的后裔尚情况不明，但在蜀中考古中发现这对联盟存在却是事实。20世纪以来，蜀中广汉三星堆的发掘震撼了世界，特别引人注目的是，三星堆遗址发现了一根罕见的金杖，象征着蜀地的王权与神权。杖上有两组图案（图二十一）："上面两组图案相同，下方为两背相对的鸟，上方为

---

[1] 童恩正：《古代的巴蜀》，四川人民出版社，1979年，第58页。

两背相对的鱼，鸟的颈部和鱼的头部压有一穗形叶柄。"[1]鸟与鱼的分置正好说明是鱼与凫的关系，而不仅仅就只有鱼凫这种鸟。按照两合婚制的形态，一个鱼凫族不可能单独存在，而必须是鱼族和凫族同时存在，两个氏族才能生存和发展。鱼凫联盟是黄帝族在炎帝族之外结成的又一新的联盟。凫是黄帝鸟族分裂出的一支，鱼即彤鱼氏。这是不是黄帝娶彤鱼氏的见证？总之，黄帝联盟的传人在巴蜀广为繁衍。

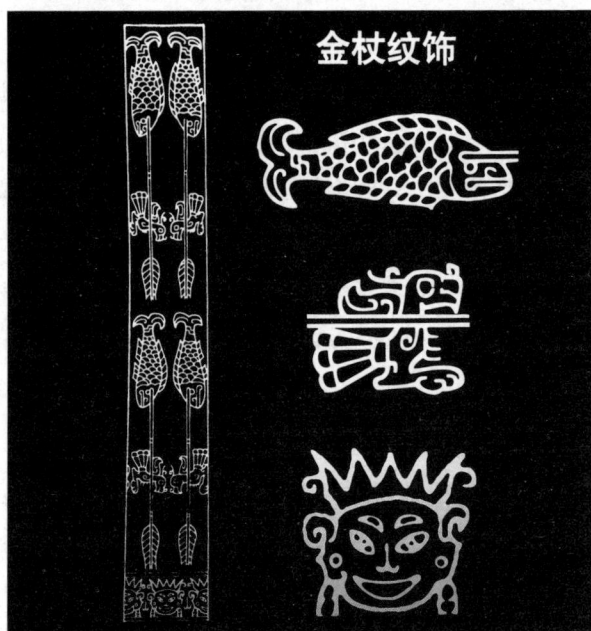

图二十一 三星堆金手杖纹饰

---

[1] 屈小强、李殿元、段渝主编：《三星堆文化》，四川人民出版社，1993年，第77页。

6.4 颛顼帝喾联盟与尧舜联盟

颛顼与帝喾后来被奉为两大尊神，但其起初也是一对婚姻联盟。他们与炎黄联盟一样都是伏羲女娲联盟的传人，但是，颛顼帝喾是从炎黄部里分裂出来的，若以神的代际算，他们是第三代（图二十二）。他们早早地从西部撤出，主要在东方生息繁衍。因此，他们跟炎黄的关系并不亲近，而主要保存对远祖伏羲女娲的尊崇。

尧舜则是第四代联盟（图二十三），他们是颛顼帝喾的直接演化。在他们的身上，我们也能看到伏羲女娲的影子。尧舜的婚姻联盟，有力地支持了颛顼帝喾是婚姻联盟的学说。

据《大戴礼记·帝系》，颛顼高阳氏是黄帝之孙、昌意之子，而帝喾高辛氏则是黄帝子玄嚣的儿子蟜极所生，《史记》据此认为帝喾较颛顼低一辈，为颛顼族子。撇开这种代际层次不谈，我们发现这种传承线索有许多有价值的地方。如前所述，黄帝为少典氏，是伏羲族后人；炎帝为有蟜氏，是女娲族后人。我们按母系传承加以排列，则发现：帝喾属黄帝系的氏族，而颛顼属炎帝系的氏族。昌意是黄帝族的传人，他的儿子肯定不属黄帝族，而属其母族炎帝族，所以颛顼是炎帝系的氏族。帝喾的父亲叫蟜极，即有蟜氏，这是炎帝族的后代，他的儿子不是有蟜氏的儿子，而是母族少典氏的儿子，是黄帝族的后代。颛顼与帝喾的联盟是炎黄联盟的直接传承。

颛顼与帝喾也传承若干代，非一代首领称号，而是诸多氏族首领的共号，后乃尊为神。起初，他们都是生自西部，但主体东迁了。到这一联盟大兴之际，他们活动的核心地区已移至河南、山东一带。高阳与高辛是两位首领的氏族兴起的地名，后为这一新氏族的名称，

图二十二　明代颛顼帝喾画像

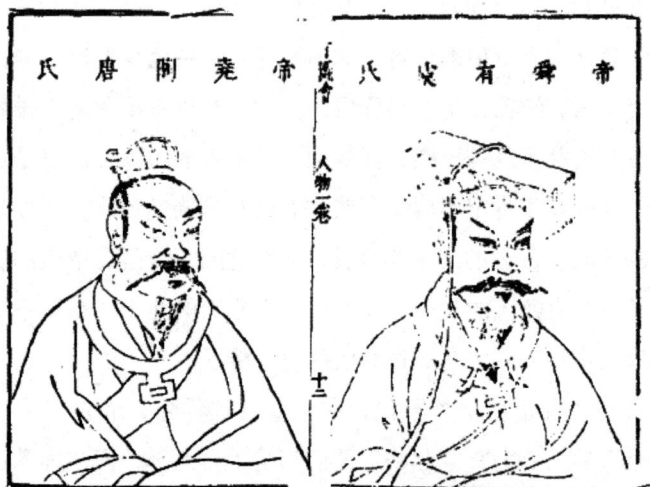

图二十三　明代尧舜画像

就地名均有一"高"字来看，两地当相距甚近，可能同处西部高原地区。除了帝喾部的部分留在西部跟有邰氏结盟外，颛顼帝喾联盟的轰轰烈烈的事业都是在东部干下的。

传说颛顼都帝丘，帝丘在濮阳[1]。这与颛顼的出生地若水相距数千里，不知传多少代才转来此地。帝喾都亳，据传此地在河南偃师[2]，但帝喾的老家也在西部，他们进入河南也经过了漫长的岁月。这样两支氏族均从西部迁来东部，他们之间要是没有婚姻关系是不能这样如影相随的，加上他们分别是炎帝和黄帝的后裔，本身就是一个两合婚姻联盟的成员，更兼颛顼与帝喾又轮流执政，则这两族必为婚姻联盟无疑。他们的前辈炎黄是婚姻关系，他们的后人尧舜是婚姻关系，他们居于中间自然也是婚姻关系。

颛顼与尧为一帝之分化，近人杨宽于《中国上古史导论》中有详辨，其所列证据有八，如古书有言颛顼令禹征三苗，又有书称尧征三苗；古书中有称颛顼后为黎姓者，另有古书称尧后黎姓；尧子为丹朱，颛顼子为祝融，而丹朱与祝融为一人；古书中有共工与颛顼争为帝不胜之说，而又有古书称尧流共工于幽州，等等，均为颛顼与尧为一帝之化的力证[3]。颛顼与尧同族无疑。

舜为喾后，论者更多。帝俊、帝喾、帝舜三神呈现复杂的同形同质关系，王国维、郭沫若、杨宽等多有阐论。王国维《殷卜辞中

---

[1] 《史记·五帝本纪》"集解"引皇甫谧，第9页。

[2] 《史记·殷本纪》"集解"引孔安国，第68页。

[3] 杨宽：《中国上古史导论》，吕思勉、童书业编著：《古史辨》第七册（上），上海古籍出版社，1982年，第223—238页。

所见先公先王考》一文中主帝俊即帝喾说[1]。郭沫若《中国古代社会研究》一书在抱定帝俊即帝喾后，又坚持认为帝俊为帝舜，说："知帝俊为帝喾，又知帝俊为帝舜，则帝舜实即帝喾。"[2]杨宽则总结诸说，对帝俊即帝喾，帝俊为帝舜作了全面论述[3]。帝俊、帝喾、帝舜三者有叠合，已成学术界共识。

但是，这三帝的某些同质性并不能说明他们三人就是一人，他们是同一族中身份相同但称号不同的首领，体现出不同的代际关系，古人常将他们分别对待。《国语·鲁语》：

> 有虞氏禘黄帝而祖颛顼，郊尧而宗舜；夏后氏禘黄帝而祖颛顼，郊鲧而宗禹；商人禘舜而祖契，郊冥而宗汤；周人禘喾而郊稷，祖文王而宗武王。

至少在春秋时人们就已经把帝喾与帝舜区别开了。《山海经·海内北经》：

> 帝尧台、帝喾台、帝丹朱台、帝舜台，各二台，台各四方，在昆仑东北。

这里所谓的帝台是诸帝的祭台，除了确凿无误地告诉我们帝舜、帝喾是不同的个体外，这里的"各二台"的排列也甚有趣味。如果说

---

[1] 王国维：《观堂集林》卷九，中华书局，1959年，第413页。

[2] 郭沫若：《中国古代社会研究》，第225页。

[3] 杨宽：《中国上古史导论》，第223—238页。

这四帝各二台，那就是总数八台；如果说是四帝分为二组，各二台，就是帝尧与帝喾为一组，帝丹朱与帝舜为一组。其中就有值得注意的地方了。帝颛顼和帝喾不是氏族对等转为尧舜联盟的，可能是帝颛顼的称号较早就以尧替之了，或者帝颛顼和帝尧两个称号可在不同氏族里并行，而帝舜的称号还没发明出来，或者帝舜和帝喾两个称号尚在并行。这时两合氏族婚姻就可能出现帝尧帝喾联盟，帝尧台和帝喾台就是两合氏族在祭祀他们的共祖。帝丹朱台和帝舜台则是后一代的祖先，是前一联盟的继续。帝丹朱传说为尧之子，是尧族的女儿氏族，而舜是喾的后人，为帝喾部的女儿氏族，帝丹朱与帝舜是又一代联盟的祖先。在昆仑东北排列着两合氏族的历代先祖的祭台。

《史记》称尧为帝喾子对不对呢？应该说是对的，但我们在这里又将其列为颛顼之后，岂非矛盾？这里存在着一个世系的计算问题。尧时尚是以母系计算世系的。《史记索隐》引皇甫谧云："尧初生时，其母在三阿之南，寄于伊长孺之家，故从母所居为姓也。"所以，尽管尧父为帝喾，但尧却不在帝喾部而属于其母的颛顼族。

就与帝喾发生婚姻的各系看，帝喾的婚姻对子是娲族，是从炎帝那里传下来的。《帝王世纪》："帝喾有四妃，卜其子皆有天下。元妃有邰氏女，曰姜嫄，生后稷。次妃有娀氏女，曰简狄，生卨。次妃陈丰氏女，曰庆都，生放勋。次妃娵訾氏女，曰常仪，生帝挚。"其中与有邰氏的联盟是姬姜联盟的继续，而简狄、常仪皆娥皇之变[1]，也就是娲族，这三族皆娲族。庆都为尧母族，前面我们论述过尧为颛顼后，庆都和颛顼当是一族，即同属娲族。所以，帝喾是黄帝族的，

---

[1]　郭沫若：《中国古代社会研究》，第224页。

远祖为伏羲鸟族；颛顼为炎帝族，远祖为女娲蛙族。

尧与舜的联盟虽然被禅让说所掩盖，但其间的婚姻关系的信息却保存较多。首先是尧曾将二女嫁给舜。《史记·五帝本纪》说"尧乃以二女妻舜以观其内，使九男与处以观其外"，舜族与尧族互婚之证于此可见，而舜妻既为尧女，则尧九男与舜处也是一种入赘，他们必定跟舜族的女子发生婚姻关系。舜弟象也跟尧二女有性关系，他在谋杀舜并以为成功后"止舜宫居"，实际上是兄弟"并淫"了，这是一种两合婚姻的表现。

中国氏族社会的两合婚制在尧舜这一系里已开始走向崩溃，因为父权制的时代已经到来，这种两合婚姻便难以维持下去了。

中国氏族社会还有两支东西交汇且又不违两合制度的联盟，这就是鲧禹联盟和重黎联盟，它们在中国历史上也扮演了极为重要的角色。

6.5　鲧禹联盟与重黎联盟

鲧禹联盟和重黎联盟是被掩藏得较深的两组两合婚姻联盟，前者因两族曾经存在的父子关系的个别案例而被误认为是一种普遍恒定的父子关系，后者则因这两个联盟的融合而误认为是一个神。这些误论都有必要加以澄清。

就像炎黄联盟出现了蚩尤这样的异端势力，颛顼帝喾部里也出现了一支反叛力量，这就是鲧部。鲧即共工，因为从语音上看，"鲧"与"共工"只是声音长短之别，古籍记载中有诸多证据说明他们是一人或关系密切的人，对此，前人已经有详论。[1]《世本》："颛顼产鲧。"《史记·夏本纪》："鲧之父曰帝颛顼。"《山海经》郭注引古本《竹书纪年》："颛顼产伯鲧。"这些清楚地说明，鲧出自颛顼族。

这一支分裂出去的氏族的反叛时间较蚩尤为长。颛顼当政时代，共工就与他争帝，在尧舜时，鲧的反叛尚未止息。就像炎黄部联合攻杀蚩尤一样，尧舜联合镇压了鲧。《国语·周语下》："其在有虞，有崇伯鲧，播其淫心，称遂共工之过，尧用殛之于羽山。""称遂共工之过"，说明鲧与共工的承袭关系；既言有虞（舜）当政，又言尧殛鲧，除了说明舜与尧联合执政外，更说明这场镇压是双方联手。古书或称尧殛鲧，或称舜殛鲧。《尚书·舜典》中说舜"殛鲧于羽山"。《吕氏春秋》则不言谁杀，但看起来还是舜，而有尧支持：

> 尧以天下让舜。鲧为诸侯，怒于尧曰："得天之道者为帝，得地之道者为三公。今我得地之道，而不以我为三公！"以尧为失论，欲得三公，怒甚猛兽，欲以为乱，比兽之角能以为城，举其尾能以为施。召之不来，仿佯于野，以患帝舜。于是，殛之于羽山，付之以吴刀。[2]

总之，鲧部是遭重创了。据《尚书·舜典》，共工与鲧尚并存，他们是同族的两支，都遭了舜的迫害。

这样，鲧部不可能再跟舜族发生婚姻关系了。他们要寻找新的婚

---

[1] 杨宽：《中国上古史导论》，第223—238页。
[2] 《吕氏春秋·恃君览·行论》，"二十二子"本，上海古籍出版社，1986年，第706页。

姻联盟。鲧族有了自己独有的图腾，其中虽然有蛙类水族的遗痕，但已跟蛙类相去甚远。鲧的图腾是三足鳖。《国语·晋语八》："昔者鲧违帝命，殛之于羽山，化为黄能，以入于羽渊"。《尔雅·释鱼》："鳖三足，能。"《述异记》："陆居曰熊，水居曰能。"《史记正义》："鲧之羽山，化为黄熊，入于羽渊。熊音乃来反，下三点为三足也。束皙《发蒙记》云鳖三足曰熊。"今本《史记》及其他典籍均将"能"讹作"熊"。"能"，即三足鳖，这是鲧族的图腾。我们通过这个图腾来考察那被逐出联盟的鲧族的新的氏族联盟。

关于鲧的婚姻，《世本·帝系》："颛顼生鲧，鲧生高密，是为禹。鲧娶有莘氏女，谓之女志，是生高密。"高密即禹，为音变所致。《世本》又云："禹母修巳，吞神珠如薏苡，胸拆生禹。"此修巳当为鲧妻，为长蛇之属。刘师培《姒姓释》认为"姒""巳"同文，姒姓即巳姓，而"巳""蛇"古同字。"禹"字从"虫"，"虫"与"虫"同，"虫"在卜辞里又与"巳"同字，并即虺蛇等所从出。[1]则禹族本长蛇族。[2]鲧与修巳的婚姻实际上是一场鳖蛇图腾集团的联姻，标志着鲧部与禹部两合氏族婚姻的形成。

这个鲧生的禹不知是第几代禹了，禹族的老家在西羌。《史记·六国年表》载："故禹兴于西羌。"《新语》也谓"大禹出于西羌"。禹部从西部杀出来，跟东方的一支叛逆氏族结缘。这远距离的婚配，增强了氏族的活力，故鲧禹部迅速强大起来。

三足鳖集团与蛇集团的联姻在图腾物的结合上有表现。《楚

---

[1] 刘师培：《姒姓释》，《刘师叔遗书》，江苏古籍出版社，1997年，第1252页。

[2] 闻一多，《伏羲考》，第34—35页。

辞·天问》流露出这一结盟的信息。据王逸称，屈原写《天问》是在楚先王庙及公卿祠堂见到了那里图画的天地神灵与古圣贤怪物行事，因而发问。屈原在写到鲧时，有几句话十分引人注目，第一句是："鸱龟曳衔，鲧何听焉？"旧说一直将鸱释为飞鸟。王逸注曰："言鲧治水，绩用不成，尧乃放杀之羽山，飞鸟水虫，曳衔而食之，鲧何能复不听乎？"显然，这是不对的。鲧死三岁不腐，岂有鸟鱼衔食之事？周拱辰认为"鸱龟曳衔"是鲧的治水法，也难以说通。唯徐文靖之说别具一格：

> 按《唐会要》曰，汉柏梁殿灾，越巫言海中有鱼，虬尾似鸱，激浪则降雨，遂作其像于屋，以厌火灾。……《汉书》，越巫请以鸱尾鱼厌火祥，今鸱尾即此鱼尾也。[1]

据此，鸱即鸱尾鱼，虬尾似鸱，当是身材长长有若虬龙。其实这鸱就是巳，是长蛇，而龟就是那三足鳖。因为壁画不规整有误差，故屈原将长蛇看作了鸱尾鱼，而把三足鳖看成了龟。这是一个龟鳖族与虬龙族的联盟标志。

这儿的壁画是一组，主要是反映鳖族与蛇族的友谊与婚盟，鸱龟曳衔是二物在吻嘴，有如仰韶文化陶纹之鱼鸟相衔。另外一幅则是虬龙负鳖。《天问》："焉有虬龙，负熊以游？"这里的关键是理解"熊"字，其实它不是熊，而是"能"，即三足鳖，读音同"赖"。对此，前人也有过很好的阐述。如林兆珂曰："虬熊相负亦

---

[1] 游国恩主编：《天问纂义》，中华书局，1982年，第86页。

犹龟蛇之相求也。"蒋之翘曰:"考之古文,能熊二字,互相为用,如《左传》尧殛鲧于羽山,其神化为黄熊以入水,《国语》又作黄能,《释文》以熊兽属,非入水之物,故是鳖也。《尔雅》,鳖三足曰能。"[1]这些为我们理解《天问》提供了很好的见解。虬龙负能实际是鸱龟曳衔内容的延伸,所画为虬龙与三足鳖的缠绕,"皆壁上画所有",它是原始的氏族结盟的见证。虬鳖交合后成蛇龟交合,成玄武,都是图画不规范而发生讹变所致。

考古学界一般认为,先夏文化在山西陶寺文化中十分活跃,那儿曾是尧舜联盟的大本营,所以尧舜联盟对新起的鲧禹联盟十分畏惧,对咄咄逼人的鲧部采取了高压政策。舜先是杀了鲧,又将共工部流放到幽州,鲧禹联盟便被破坏了。

禹部只好寻求新的婚姻联盟,于是找到涂山氏。涂山氏是女娲一系的后人。《世本·帝系》:"禹纳涂山氏女,曰娇,是为攸女。"《史记索隐》:"《系本》曰'涂山氏女名女娲',是禹娶涂山氏号女娲也。"因为鲧也属于娲部,涂山氏是不是鲧的支裔也未可知。由于父权即将到来,涂山母族势力本弱,其图腾不见称显,或为石头,而禹虬龙独长,两合婚即将瓦解。

重黎联盟也是中国氏族时代一支强大的文化势力,作为神职人员的重与黎曾被封为天地之官,有整顿世界秩序的伟大功业。他们的后人是楚人。重、黎得到尊崇是南方苗蛮集团的祖先崇拜的结果。

如同鲧一样,重与黎也跟尧舜核心氏族集团存在着离心关系。《史记·楚世家》:"共工氏作乱,帝喾使重黎诛之而不尽。帝乃以

---

[1] 游国恩主编:《天问纂义》,第146页。

庚寅日诛重黎。"重、黎氏在帝喾时遭到了重创，但在颛顼时，重、黎分别被任以司天司地之职，地位崇高。在东部的两合氏族里，颛顼与尧系列多是反叛角色，而帝喾与舜系列则主正统之位。由于反叛势力被镇压，颛顼与尧一系的势力相对弱化。尧舜后，尧系氏族只有楚人，而舜氏则有实力强大的商、周。颛顼子鲧、尧子丹朱都有强烈的问鼎意识，因而遭到尧舜的联合镇压，实力受损。他们或被消灭，或被远斥，只能在边地发展。

黎氏是尧后。尧舜势力南渐，起初是两支尧舜后人同去的。《山海经·海内南经》："苍梧之山，帝舜葬于阳，帝丹朱葬于阴。"帝丹朱是帝尧之子，帝舜是舜部南去的一支，还袭旧号，他们是一对联盟，因而死后还葬在一起。南方的这支联盟中丹朱势力强大，引起了北方总联盟的恐惧。丹朱即黎，因遭帝喾诛杀而怀有仇恨，不听号令是很自然的。尧也为之震怒，因为这是一支足以跟自己抗衡的同族势力，弄不好会让丹朱争了正统。尧部跟丹朱部实际上是兄弟氏族了，尧容不了丹朱，曾发动对丹朱的战争。《吕氏春秋》载"尧战于丹水之浦"，古本《竹书纪年》载"放帝丹朱于丹水"。尧对自己的同族进行了火并。

丹朱就是欢兜，童书业和杨宽曾力证之。当然，这二者并不是一人，而是指同一氏族。《山海经·大荒北经》："颛顼生欢兜，欢兜生苗民，苗民釐姓。"《国语》韦昭注："狸姓，丹朱之后也。""釐""狸"皆"黎"之变。《周礼》："颛顼氏有子曰黎，为苗民。"颛顼、尧、丹朱三者之后皆黎，因为前三者同族，谓黎为三者后不矛盾，而黎则与三者同族无疑。

《山海经·海内南经》说帝丹朱与帝舜同葬一山，则丹朱部与舜部婚姻还在继续。这种联盟后来变成重黎联盟，是不是丹朱部与舜部的姻亲关系瓦解了呢？事实上也没有。黎为尧族，重实际上是舜族，舜又叫重华。舜后有名重者，则南部重黎联盟是北方尧舜联盟在南方的支裔，后来作出了开发南方的伟大事业。

关于重，有称其为少皞之后者，误。《左传·昭公二十九年》："少皞氏有四叔，曰重、曰该、曰修、曰熙。"可这不是少皞氏的后人，而是少皞氏的前辈叔叔。少皞氏是鸟族，《左传》中他的后人曾宣扬过他的为鸟师而鸟名的事迹。在东方的另一支鸟族当是帝喾族，所以少皞氏的这位重叔就是喾后舜，即重华。

司马迁作《史记》，将重、黎合并为一，是他不懂这种两合婚制所致。《集解》和《索隐》努力为"重、黎是同一人"找根据，可只是在错误的路上愈骛愈远。重、黎的联盟在南方孕育了楚文化，当氏族发展分化，重、黎本体那支联盟还保存着，成为宗教领袖，直到周代才结束了它们的使命。

重黎联盟又让我们看到了这种两合氏族婚姻的形态，使我们认识到中国文化虽然丰富多彩，却存在着高度的同一性，中国文化的大树，实际上是在蛙鸟联盟的基础上繁衍开去的。

以上我们分析了中国氏族社会几组典型的婚姻联盟，它只是神话中透露出的史影，远非中国氏族社会的全貌。我们这样做是希望通过文化人类学的方法，扫荡旧史学家加在氏族社会上的虚幻构架。神的代际关系之新陈代谢，也让我们找到神话运动的内在动力：是氏族联盟的发展及其矛盾运动推动着氏族神话的发展变异。

传世神话告诉我们：中国氏族社会各联盟的文化虽然丰富多彩，我们却能找出它们跟伏羲女娲千丝万缕的联系，这是不是可以说明：中国文化是一元多流，而又万川归海呢？

第七章
夏商奴隶制时代的神话及其走向

7.1 民族神话与国家神话

夏商时期是中国历史上的奴隶社会时期。国王不仅垄断了财产与生产资料，生产者本身——奴隶也属于奴隶主国家所有。阶级对抗加剧，国家机器日臻完善，氏族制度已瓦解得只剩下些影子，所有这些，都与原始社会靠血缘纽带和禁忌维持的状态迥异。国家靠国家机器维护，这就是社会的上层建筑。相传夏有禹刑，并作夏台以为监狱，这一套在商代更加完善。军队、法令、城池、监狱完好地维持着国家机构的运转。在世界上不知存在了多少年的氏族制度被国家制取代了，国家制是奴隶社会与原始社会的根本区别。

神话是原始社会意识形态的核心内容，它的产生与发展，都是为氏族制度服务的，是集体的产物。氏族由部落发展为民族，神话依旧保持这样的功能，为这个民族服务，是这个民族的精神纽带。在这一层意义上，心理学家将神话称为"集体无意识"。神话渗透到心灵深处参与了心理结构的建设任务。作为一种意识形态，神话排斥个人的利益而统一大众于一种信仰模式里，它在原始社会是自然形成的，并不带强制意味。

国家产生遂有国家的神话。神权逐渐政权化，神话便带有强制接受的色彩。神话不再是发自民众的心声，它是围绕着国王及政权的合理性展开的，一切神的权威实质上体现了国家的权威，神话成了统治阶级意识的集中体现。

奴隶制社会的神话还是剪不断氏族社会的传统。原先的群体神话依旧为后来的大众所继承，所不同的是统治者在不断地改造这些传统神话，使之为其统治服务。

国家是历史的产物，它的产生顺应着历史的潮流，所以，国家的神话也是神话合乎逻辑地发展的结果。由于国家以地域划分统治，便打破了那种以血缘为纽带的社会组织结构，加速了民族融合的进程，民族也只有在统一的国家形成后才会逐渐成为一个统一体。在国家与民族之间，民族是国家的基石，而国家又是民族的保障。当然，这种保障是指居于统治地位民族的保障。正是这种统一的保障，使氏族林立的中国社会逐渐形成了一个庞大的文化心理统一体，这样，我们可以说国家与民族是统一的，前者是社会组织，后者是自然结构，在这种自然结构基础上的社会组织，它们之间是不存在矛盾的。国家的神话在这层意义上能统一在民族神话之中。国家的神话是一个社会占统治地位的神话，而民族神话是一个民族共同信奉的神话，二者的合流是自然而然的。

民族的每个成员都是平等的，在他们所信奉的神灵面前，他们应享受公平的待遇。但国家却在民族成员中弄出等次来，它不仅在不同的种族间制造隔阂，有的宣扬种族优劣论，而且把同一民族的成员分出贵贱高低，国家和民族便显示出尖锐的矛盾，国家的神话与民族的神话于是出现了冲突，民族的成员显然不能完全接受国家的神话。

国家利用民族神话宣扬国家意志，于是国家的神话披上了民族神话的外衣，散布到大众心灵中去。所以，进入了国家制以后，没有一种民族神话不浸染着国家神话的成分，即使是创世神话，如女娲造人同样如此。起初，她是人类共祖，未见说她生出来的后代有高下之分，但《风俗通》却说："天地开辟，未有人民。女娲抟黄土作人，剧务，力不暇供，乃引绳于泥中，举以为人。故富贵贤知者，黄土人也；贫贱凡庸者，引絚人也。"这还是民族的造人神话吗？显然，这是国家的神话了，它在为等级社会找神学依据。但我们又不能否认它是创世神话，因为它解释了人类的由来，在汉民族的创世神话中占有一席之地。

创世神话变为统治阶级的神话是人类文化发展的普遍规律。古印度的种姓社会奉行婆罗门教，它将人分为婆罗门、刹地利、吠舍和首陀罗四类，婆罗门是最高统治者，首陀罗是最低贱的奴隶。为了给这种等级社会寻找根据，婆罗门编造出神造种姓的神话。《摩奴法典》是一部习惯法的汇编，但是在它的开头却有一章关于创世的神话：最高神摩奴创造了万物，也创造了人类，"他从自己的口，臂，腿，足创造了婆罗门，刹地利，吠舍和首陀罗"，"婆罗门因为从最高贵的肢体所生，因为首先被产生，因为掌握经典，理应为一切创造物的主人"，"婆罗门在人类中最高"。[1]一部法典先述神话，可见神话是

---

[1] 《摩奴法典》第一章，［法］迭郎善译，马香雪转译，商务印书馆，1996年，第12、21页。

参与政权的基石，它把流行的民族神话加以改造，成了便捷的统治的武器。这种民族神话与国家神话复杂地交织在一起的特点构成了奴隶社会神话发展的一大特色。

维柯在他的《新科学》一书中将人类的政府分为三种，第一是神治的政府，第二是英雄的或贵族专政的政府，第三是人道的政府。[1]历史上确实存在着一个漫长的神治阶段，这已为人类学家所证实。但由神治到贵族专政，这中间却没有明显的分界线。相反，在贵族专政的初期，神话却获得更加空前的发展，在理性与社会规范没有充分发展的条件下，贵族所实行的统治更加依赖神的力量。国家只是社会发展到一定历史时期的产物，它是接过神所传递的接力棒后来实施社会统治的。在整个国家制统治人类的时期，神话始终是政治的伴侣。同时，由于人类所期望的自由意志的理想未曾实现，神话也是人类的一种精神力量和理想。国家制时期的人们就是在打碎与建立国家的神话和实现理想的神话之间忙碌着。于是我们可把神话的发展史看作一个神话意志逐渐消减的过程。原始社会是神话的摇篮，神话滋养着我们的祖先。当国家制欲接替神话统治的氏族制时，犹如接力赛跑，交棒者与接棒者有一段激烈的竞跑，神话仿佛是在作一次猛烈的冲刺，显示出异常强劲的活力。中国的奴隶社会正是这样一个交替时期，虽然诸项国家机器逐渐成熟，但国家机器的运转还依赖神权的支持。启要伐有扈氏，先是数落有扈氏犯天条，自己在替天行道，然后警告部下："用命，赏于祖；弗用命，戮于社。"赏罚都是神意。奴隶社会的政权与神权呈现出高度的叠合。一个理想的政权是在褪尽了神权色

---

[1] ［意］维柯：《新科学》，朱光潜译，商务印书馆，1989年，第495页。

彩之后才会出现的。奴隶社会的政权承原始社会的神权统治，它一时还没有力量获得独立，奴隶制不可能得到民众的认同，但奴隶制的实现又是大势所趋，它要以政权巩固自己的统治，而政权尚处稚嫩状态，于是，政权之依赖神权便是一种必然的选择。这种政权与神权相叠合表现在神话上就是民族神话与国家神话的合流，这是我们理解中国奴隶社会神话的一个基本理论立足点。

当我们获得这一理论见解时，对奴隶社会的神话就会获得本质上的理解。天命与上帝在西周遭到怀疑，正是奴隶制崩溃在神话领域的体现。从夏至商，奴隶制走完了它的历程，给我们留下了国家制第一个形态时期的神话。

7.2　变质的龙凤

我们首先看到的是夏、商统治者把他们在氏族时期的图腾转化为政权象征的举措。

夏族崇拜龙，前人之述已详。闻一多先生在《伏羲考》一文中曾举七证以论，其说证据充分而有力。《楚辞·天问》："应龙何画，河海何历？"说的是大禹治水有神龙相助的故事。王逸《楚辞章句》："或曰：禹治洪水时，有神龙以尾画地，导水所注当决者，因而治之也。"又洪兴祖《楚辞补注》引《山海经图》云："犁丘山有应龙者，龙之有翼也。昔蚩尤御黄帝，令应龙攻于冀州之野。女娲之时，乘雷车，服驾应龙。夏禹治水，有应龙以尾画地，即水泉流通。"龙的神话在夏代是十分流行的，禹的治水大业全仗神龙之助才得以成功。

夏王朝崇龙，一如氏族时期，据传他们的用具多作龙形。《礼记·明堂位》说"夏后氏以龙勺""夏后氏之龙簨虡"，器具之以龙为形，是国家制时不忘图腾制的证明。在与禹有同样神话色彩的禹子启的神话里，他跟龙同样结下不解之缘。《山海经·大荒西经》："西南海之外，赤水之南，流沙之西，有人珥两青蛇，乘两龙，名曰夏后开。开上三嫔于天，得《九辩》与《九歌》以下。"后夏后孔甲，也得帝赐乘龙。《左传·昭公二十九年》载："及有夏孔甲，扰于有帝。帝赐之乘龙，河、汉各二，各有雌雄。"孔甲"好方鬼神"，所谓"帝赐之乘龙"，大约就是他编出的神话。据说孔甲朝廷里有御龙氏专门养龙，刘累就是这样一个养龙人。夏王朝与龙的关系的故事还有许多，足以说明夏王朝将自己的政权与王位跟这些神龙联系。氏族社会时期的龙崇拜在奴隶社会转化为政权的保护神，它成了政权的标志而不仅仅是民族的象征。

殷商奴隶主取代夏王朝夺取政权以后，尽管它无法阻止民众中的崇龙共性，但至少没有对龙举行祭礼。而商族的图腾凤在祭典中享受着特殊的待遇。凤成为上帝的使者，在卜辞中称为"帝史"。卜辞记载这种祀典的有：

于帝史凤二犬（《卜通》398）
王宾帝史（《卜通》别二之河井大甲）

上帝的使者即要传达上帝的旨意，凤的这种身份我们在《尚书》中找到了同样的证据。《尚书·高宗肜日》：

　　高宗肜日，越有雊雉。祖己曰："惟先格王，正厥事。"乃训于王，曰："惟天监下民，典厥义。降年有永有不永，非天夭民，民中绝命。民有不若德，不听罪，天既孚命正厥德，乃曰：'其如台？'呜呼！王司敬民，罔非天胤，典祀无丰于昵。"

　　雉的降落使高宗不安，说明它是神鸟，从祖己的话来看，此鸟的降临正传达了天意，也可称"帝使"，也就是凤。根据神话的超然-禁忌公式，神的力量既可保障国王的无上权威，也可遏制国王自由的滥施，它在一定程度上是一种监督和限制国王行为的手段。不管这场祭祀是高宗祭成汤还是后人祭高宗，祭祀时的异兆都被视作天的警示，这只野鸡的降落及叫声使朝野震惊，如果它不是帝使，肯定要扑杀之。但此刻却没人敢这样做，因为这只野鸡是被视为神圣的凤凰，它正在传达着天的旨意。即便是在奴隶社会，神话都赋有双重功能，一方面它保障统治阶级的利益，另一方面，它也扼制统治者的不轨行为。"帝使"的作用是双重的。"民有不若德、不听罪，天既孚命正厥德"，意为下民要是不顺天意，不服其罪，上帝即降异兆传达其使命，以正下民之德行。这里的民也包括国王，它是与天相对而言的。"越有雊雉"即《史记·殷本纪》所说的"明日，有飞雉登鼎耳而雊"，这就是一个异兆，即"天既孚命"。上帝借此警告高宗，不要在父庙的祭典中耗用太多的祭品，这便是"正厥德"，即正高宗之德。飞雉在这里充当了一次"帝使"的角色，印证了卜辞所记帝使凤的祭祀。

　　奴隶社会对图腾物的崇拜呈逐渐弱化的趋势。它正预示着政权力量的不断强大，意识形态的其他领域正越来越大地发挥作用，神话从政权的部分领域撤退。到殷商中后期，青铜器上纹饰的图案呈现出多元的趋向，不仅凤凰，各式龙及其他动物的图案也展示在铜器上，它们逐渐变为一种普遍吉祥的象征，失去了政权的象征意义。

7.3　夏祖与社神

　　夏商奴隶社会承父系氏族社会的余绪，掀起了狂热的祖先崇拜。这种对祖先崇拜的性质与西周以后有很大区别，他们将祖先跟氏族崇拜的大神高度叠合，成为政权的保障，这是奴隶社会神权与政权结合，国家神话与民族神话合流的体现。

　　夏人因其农耕生活而崇拜社神，殷人属东夷游牧民族而崇拜天神，当他们先后进入奴隶制时代，他们的祖先便分别跟社神、天神合流，成了神性十足的先公先王。对先王的祭祀与崇拜，不仅在乞求风调雨顺，更重要的还在于保佑政权长治久安。图腾神话是母系氏族社会的产物，在进入父系氏族社会后，它已没有当年的气势了。父系氏族社会改造原有的图腾神话，由于畜牧与农耕生产都有较大的发展，逐渐建立起与氏族生活密切相关的自然神作为氏族的主神。它或是图腾神的变形，或是新时代所新造，总之，它已替代了那曾作为氏族标志的图腾物崇拜。就是在这样一个背景下产生了夏人的社神、殷人的天神，它们是这两个民族的主神。父系氏族社会里，男人煽起的祖先崇拜之风是把男性祖先跟图腾物画等号，如说禹是虫，祝融是鸢，伯益是燕子。后来，男人不再仅仅袭用母系氏族社会的图腾名号，他们还将祖先同主神结合起来，这才是男权建立在神话中的一个标志，这种神话与神崇拜才逐渐成为奴隶社会意识形态的主潮。

我们有必要对《尚书·甘誓》中启的一句话提出来重新讨论。启在讲了一通讨伐有扈氏的理由后，要部下听从他的命令，因为听与不听会有两种截然不同的结果："用命，赏于祖；弗用命，戮于社。"孔安国对此分别解释为："天子亲征，必载迁庙之祖主行。有功即赏祖主前，示不专也。""又载社主，谓之社事。崩北，即僇之社主前。社主阴，阴主杀也。"所谓"阴主杀"都是后来的说教，不可能是夏代的观念。古时打仗果真是既载一个社主，又载一个祖主吗？这似乎意味着社神与祖先之灵的分离。祖主与社主应是统一的，打仗时只载了一个神祖，在夏代，它是祖神，也是社神。《史记·周本纪》："九年，武王上祭于毕。东观兵，至于盟津。为文王木主，载以车，中军。"这是载祖以行的史书记载，未见有同载社主者。我们怎样看待《甘誓》中分而言之的这句话呢？其实，它是古代汉语中一个普遍的语法现象，即互文见义。它的意思是说行赏罚于社祖前，社即祖，祖即社，它们在夏代是统一的。《周礼·秋官司寇》："大军旅，莅戮于社。"郑玄注"社"曰："谓社主在军者也。"言社主而不及祖主，而《史记·周本纪》又载武王只载一祖主，夏周文化同源，起初祖社是统一的。

最初的社主是谁呢？《左传·昭公二十九年》："共工氏有子曰句龙，为后土，此其二祀也。后土为社。……自夏以上祀之。"又，《淮南子·氾论训》："禹劳天下，死而为社。"《史记·封禅书》："自禹兴而修社祀……郊社所从来尚矣。"综合以上三则史料，知：一、社祀起于夏；二、社神为祖先。这里于是发生了一个问题，即社神有两位，一是句龙，一是禹，那么，夏之社神到底是禹还是句龙呢？共工与鲧本是一个，因传说纷纭渐分为二，为中国神话史上一大公案。既然共工即鲧，而禹为鲧子，那么禹也就是句龙、后土。《国语·鲁语》："共工氏之伯九有也，其子曰后土，能平九土，故祀以为社。""九有""九土"即九州，然《山海经·海内经》又说"禹鲧是始布土，均定九州"。《尚书·禹贡》："禹敷土，随山刊木，奠高山大川。"也就是说九州土地是禹划分的，划分九州者当即一人，即禹，是句龙与禹为一之证。据闻一多等人从文字学的角度考察，"禹"字形与龙有颇多的关系。考之于古籍，禹与黄龙有等称者。《山海经·海内经》注引《归藏·启筮》："鲧死三岁不腐，剖之以吴刀，化为黄龙。"而《初学记》卷二十二、《路史·后记》注十二并引"鲧殛死，三岁不腐，剖之以吴刀，是用出禹"，"或曰化龙，或曰出禹，是禹乃龙也"。[1]禹为句龙，可得文字学与文献学上的证实。于是我们可以断定，起于夏代所崇拜的社神实际上就是禹，他既是祖神，也是社神，一身而二任。夏代神话的这一特征体现为祖宗神与民族主神的结合，成为一个新的大神，这就有行赏罚于社祖之前的政令。

关于夏代的神话，我们很难考察它的全貌，但就人们以龙为国王象征，把社神与祖神相统一看，夏代的神话是将氏族时代的神话全力转向了政治统治的轨道，它体现了奴隶社会奴隶主全面垄断土地、财产与奴隶人身自由的社会特点，理性的光辉笼罩在神话的迷雾里，人正受着异化了的神权及与神权相辅的政权的压制而不得觉醒。

---

[1] 闻一多：《天问疏证》，生活·读书·新知三联书店，1980年，第23页。

商代统治接过了夏代统治传下来的神话遗产，它本想将夏代的神话及神崇拜行为悉数废弃。《史记·殷本纪》载："汤既胜夏，欲迁其社，不可，作《夏社》。"孔安国的解释是"欲变置社稷，而后世无及句龙者，故不可而止"，作《夏社》是"言夏社不可迁之义"。宗教传统不可能在一夕之间全部改变，政权垮台了，神权却还保持着顽强的生命力，贸然地改变被征服者的宗教信仰，必将导致变乱，这在中外历史上都是不乏先例的。意识形态的变更与上层建筑不同步，夏王朝覆灭了，夏代的神话还在流传，他们会更加怀念他们的主神与祖先。面对这一形势，商王朝作出了明智的选择，他们的社庙一仍其旧，他们像夏人一样敬奉着夏祖大禹。作为神灵，大禹威威赫赫，殷人也祈求他的保护。这作风一直延续到他们的后人宋国君民那里，他们在祭祀先祖时还是不敢不提到禹。《诗经·商颂·长发》这样写道：

　　濬哲维商，长发其祥。洪水芒芒，禹敷下土方。外大国
是疆，幅陨既长。有娀方将，帝立子生商。

商人承认禹治水的伟大功业，故祭祀先王之前先会提到禹，以示不忘他的大德。这倒不仅仅是做样子给夏人看，是他们实实在在地对禹有敬仰之心。《殷武》篇也说到"天命多辟，设都于禹之绩"，是殷人对禹不能忘怀之证。顾颉刚等人据《长发》一诗定大禹为神是不错的，但要是因此否认夏王朝的存在却没有根据了。他们的论点建立在这样一种错误的理论基础上：一个朝代的神只能由这一朝代祭祀，殷人祭禹，说明禹是殷人的宗神，所以夏王朝是不存在的。他们忽略

了宗教传统的特殊性，宗教的生命力比王朝的寿命长，一个朝代的神完全可以在另一个朝代继续得到礼遇。当然，这种崇拜会逐渐改变性质。

禹作为社神，作为龙，并演为创世大神，具有强烈的感召力。认同禹，成为文化统一的重要标志。早在我们民族认同炎黄之前，各族人民就以认同大禹来认同文化，如匈奴自认为禹后，而越人也奉禹为先祖。人们遗忘了禹的社神身份，却强化了他的创世神主地位。禹是步入文明时代后影响最大的第一神。

7.4　商祖与天神

殷人同夏人一样祭社，这并不意味着殷人放弃了自己的宗教传统唯夏神是从。社神崇拜并不是殷王朝神崇拜的主流。上帝是殷人的至上神，举凡自然界的刮风下雨，人世间的封土建国，都受制于上帝的安排。这个自游牧时代带来的天帝在奴隶制时代发扬光大，成了殷商奴隶制国家的神权支柱。氏族时代的神跟国家的保护神合流了，这就是奴隶制时代的氏族神话与国家神话相交融的体现。

如同夏人把祖神跟社神合流，殷人把他们的祖神跟上帝合流。郭沫若说："这殷人的神同时又是殷民族的祖宗神，便是至上神是殷民族自己的祖先。"[1]这帝是哪一位殷人先祖呢？郭沫若认为卜辞之帝即帝喾，也就是《山海经》中的那个帝俊，是祖宗神而兼至

---

[1] 郭沫若：《先秦天道观之进展》，第325页。

上神[1]。陈梦家认为帝是自然神，不是高祖，但帝又近于秦的白帝少皞[2]。果如陈梦家所言，则帝还是一个祖宗神。卜辞中的帝与上帝为殷之祖宗神似无可疑。

古祭天神以褅祭，褅或作祡，《说文解字》："烧柴焚燎以祭天神。"《礼记·祭法》："燔柴于泰坛，祭天也。"孔颖达疏云："燔柴于泰坛者，谓积薪于坛者，而取玉及牲置柴上燔之，使气达于天也。"这就是所谓的褅祭，祭天之礼。考古发现的长岛县大口十多处用火的遗址，即东夷先民祭天的场所。"凡昊天上帝日月星辰风雨皆以褅祀祀之，故褅祭者上古之自然崇拜是也。"[3]卜辞之褅祭，用于天神，也用于先公先王，对先公先王不特称呼可与帝等同，祭礼也与天帝齐一。甲骨卜辞有：

贞褅于夒。（前6.18.2）

褅于夒六牛。（前7.20.2）

贞褅于王亥。（前1.49.7）

陈梦家于《古文字中之商周祭祀》一文中列八人受褅祭者，可考者有夒与王亥二人，他们是殷先公先王，却享受着天神的祭礼，是殷天帝与先公一视同仁之证，可见殷商也同夏王朝一样，祖宗神灵与主神是叠合在一起的。

---

[1] 郭沫若：《先秦天道观之进展》，第325页。

[2] 陈梦家：《殷墟卜辞综述》，中华书局，1988年，第十七章"宗教"，第582页。

[3] 陈梦家：《古文字中之商周祭祀》，载《燕京学报》1936年第19期。

殷王朝对天帝的崇拜也呈递减状，尤其是自武丁以后，神权失势。吴泽先生说："殷代神权政治自武丁以后，便开始衰落。"[1]《尚书·高宗肜日》载祖己言"非天夭民，民中绝命"，已不承认天帝的绝对主宰，把人世的祸福同自身的行为结合起来，即后来"祸福无门，唯人所招"的先声。《西伯戡黎》里祖伊则一针见血地指出："非先王不相我后人，惟王淫戏用自绝。"纣王不悟，说："呜呼，我生不有命在天。"他还在看天命论的老皇历，而臣下已经不这样认为了。祖伊感慨地说："呜呼，乃罪多参在上，乃能责命于天。殷之丧，指乃功，不无戮于尔邦。"意思是说，纣王罪恶累累，竟然还说从上天那里接受大命。殷商要灭亡了，从他的所作所为中可以见出，能够免于被周灭亡的命运吗？奴隶社会的天命神话已趋向破产。

天命无常，就连帝王本人也对天命产生了怀疑，有的甚至对他们的至上神上帝产生了怨毒情绪。《史记·殷本纪》记载了帝武乙射天的故事：

> 帝武乙无道，为偶人，谓之天神。与之搏，令人为行。天神不胜，乃僇辱之。为革囊，盛血，卬而射之，命曰"射天"。

殷商后期，上帝已遭挑战，他的无上权威日益动摇，这正是奴隶制即将崩溃的征兆。

---

[1] 吴泽：《中国历史大系·古代史》，棠棣出版社，1949年，第340页。

7.5　夏商国王与祭司

夏商王朝采用的是一种神权与王权相合一的统治方式。国王既是一国的政治统治者，也是该族的宗教祭司，是天神在人间的代表，因而是神权的垄断者。

应该看到，这种统治方式还是氏族统治的孑遗，然而性质也有很大变化。首先，氏族时代的神权是为着氏族群体的利益，而奴隶时代却是为了一姓家天下；其次，氏族时代的神权统治依凭全族的共同信仰，而奴隶时代的神权则靠国家机器支撑。因此，夏商时代国王与祭司的合一背靠着坚实的政权基础，以维护着一姓的天下。

禹被夏人奉为社神祖神，为大神。其子启也出入天地间，曾三次上天，把《九辩》与《九歌》弄到人间来，这一神话使他跟一般帝王不伦。首先，他的形貌怪异，"珥两青蛇，乘两龙"，反映出崇龙的特征；其次，他可上下于天地，显然是天地间的使者，是神巫。他掌管着天人的通道，因而启是一大巫师。

夏人的统治凭依神力。除启外，孔甲信鬼崇龙，也为祭司。而启臣孟涂被封管一方，也装神弄鬼，成一代祭司。《山海经·海内南经》：

> 夏后启之臣曰孟涂，司神于巴。人请讼于孟涂之所，其
> 衣有血者执之，是请生。居山上，在丹山西。

孟涂之断狱，是行神判，在他面前犯罪者衣服将显露血痕。"司神于巴"即巴地之神主，而又断是非曲直，则为人间治主，是夏臣也

人主兼神主。在夏代，好鬼神的帝王非一二数，他们是王而兼神巫，垄断神权以行政治。

夏商文化多同。王国维《殷商制度论》："以地理言之，则虞夏商皆居东土，周独起于西方，故夏商二者文化略同。《洪范》九畴，帝之所以锡禹者，而箕子传之矣；夏之季世，若胤甲，若孔甲，若履癸，始以日为名，而殷人承之矣。"[1]而相承最突出的是国王而身兼神巫一项。

汤是很懂祭神礼仪的，《尚书》之《夏社》篇传为汤作，说明汤深通夏祭神制度。惜《夏社》已佚，不知其具体内容，孔安国称《夏社》"言夏社不可迁之义"，夏社之不可迁，必有道理，非通神理者不得明之。

殷社承夏社没有变更，社主还是禹，祭祀还是由国王主持。史传汤以身祷于桑林是典型的商王为祭司神王的例证。

《吕氏春秋·顺民》："天大旱，五年不收，汤乃以身祷于桑林。"《帝王世纪》详言之曰：

> 汤自伐桀后，大旱七年。……殷史卜曰：当以人祷。汤曰：吾所为请雨者，民也。若必以人祷，吾请自当。遂斋戒，剪发断爪，以己为牲，祷于桑林之社。……言未已，而大雨至，方数千里。

古俗以发爪为生命象征，剪发断爪便象征性地将生命献于桑林之

---

[1] 王国维：《观堂集林》卷十，中华书局，1959年，第452页。

社。汤以身祷社据于如下原因：天下为一人之天下，天降祸，唯王一人担之，这也就是《汤诰》所说的："罪在朕躬，弗敢自赦，惟简在上帝之心。其尔万方有罪，在予一人；予一人有罪，无以尔万方。"所以天下大旱，王自以为牲献于社主。商王想以对神的崇仰来换取国家安定，以维持一姓天下。

汤不仅以身祷社以为己祈福去祸，而且祈神降祸于人。《汤诰》有这样的阐述：

> 肆台小子，将天命明威，不敢赦。敢用玄牡，敢昭告于上天神后，请罪有夏。聿求元圣，与之勠力，以与尔有众请命。上天孚佑下民，罪人黜伏，天命弗僭，贲若草木，兆民允殖。俾予一人辑宁尔邦家，兹朕未知获戾于上下，栗栗危惧，若将陨于深渊。

这段自白，宣称自己是受天命征服有夏和统治国家的，并且说自己用了黑色的公牛祭告上天，上天才降罪有夏的。"予一人"受上天的差使主管人间的命运，是君权神所授，不得侵犯。汤作为祭司在他告天神降罪于夏一事上得到充分的体现。汤是国王而兼神巫，只有神巫才可祈神降罪于夏。

国王不再完全祭司化，也在武丁以后。武丁曾主祭成汤，因有飞雉之雊，但祖己劝以勤于民事，遏制了国王继续充当祭司的角色，至武乙敢射天，本身也就不信神了。当政权力量日趋强大，神权降为辅翼，国王便不再兼有神巫身份。

7.6　王廷与帝廷

神话是人间现实的反映。泰勒这样指出："在分析一个一个的多神教民族的宗教的时候，我们明显地看到人是神的典型、原型，因此，人类的社会和管理是神的社会及其管理所借以建立的形式。最高级的神们在下级的精灵们之间所占的那种地位，就像长官和皇帝在人们中间所占的地位一样。"[1]奴隶社会神话中的神界统治正反映着奴隶社会的政权状况。

殷代神话的天空中有个帝廷，里面有帝史与帝臣。关于帝史前文已述，我们现在看一看天帝之臣。卜辞有：

> 于帝臣，又雨。（甲779）
>
> 又于帝五臣，又大雨。（粹13）
>
> 王又岁于帝五臣正，隹人雨。（粹13）
>
> 秋于帝五工臣，才且乙宗卜。（粹12）
>
> 乎雀臣正。（卢）
>
> 王氏臣正。（乙6414）
>
> 乎臣往于夫。（卢）
>
> 勿乎多臣伐邛方。（林2.27.7）

关于上帝的僚属，卜辞中似仅帝史与帝臣而已，这种天庭的单纯化虽然不能反映殷商官制的全貌，但所谓帝臣、帝五臣、帝五工臣，

---

[1]　［英］爱德华·泰勒：《原始文化》，第688页。

却能在殷代王廷里找到对应的官职。

《左传·昭公二十九年》载郯子说掌故，讲其祖少皞"为鸟师而鸟名"的历史，其中有"五雉为五工正"的说法，五工正为理民之官，但帝廷里也有帝五臣、帝五臣正，可见神的世界只是人间世界的投影，无论它表现出何种怪诞的现象，我们都能通过对人间现象的观察而理解它。

关于神位的设立也同人间制度息息相关。社祀是土地制度反映到神崇拜的结果。夏商奴隶制国家垄断着全国的土地财产。吴泽先生指出："古代中国的殷代，'成汤'征服前代夏代后，土地并未转化为私有，只是将公社首长支配的公社小土地，宣布为'国有'而已！而且宣布'国有'后，仍旧将土地分赐给各公社，且任命原有公社首长们出任为殷政府的代理人与征税吏，对于原来公社制的土地分配生产组织，国家并未加以何种改编。"[1]社神为土地神，由于土地国有，所以奴隶制时代的社制只有国社，即夏社和商社。由于土地制度相同，夏商社祀是一致的，殷代之社以所立地点称之，如亳社、唐社、桑林之社等，它们都是国社，无高下等次之分，不像西周实行分封制，诸侯得封土后分享了周天子的土地所有权，也可立社，于是有王社，又有侯社掺和进来。[2]

---

[1] 吴泽：《中国历史大系·古代史》，第340页。

[2] 吴泽：《两周时代的社神崇拜和社祀制度研究——读王国维〈殷卜辞中所见先公先王考〉》，载《华东师范大学学报》（哲学社会科学版）1986年第4期。

7.7 最高神由人格神退回自然神

从奴隶社会神话的演进过程看，最高神的自然化是在逐渐褪尽祖宗色彩而独立的。从天神与社神发展过程考察，便能清楚看到中国奴隶制时代神话演变的这一特征。起初禹是夏人的先祖，殷商承社祀旧制，虽也敬奉禹，但他显然不再是殷人的祖神。到后来，对一般人来说，社神何许人也已不大为人知晓。如《左传·昭公二十九年》载献子就不太清楚了，还要问人："社稷五祀，谁氏之五官也？"显然他已不知道社神就是句龙，就是禹，社神已丧失了人格神的地位，成为自然神。

天神也如此，作为殷人的上帝，它是至上神跟祖宗神的统一体，帝就是帝俊，就是帝喾，但没有等到殷王朝结束，二者间就开始分裂了。帝武乙射天，可知上帝成了一个抽象的自然神，天是天，祖先是祖先了，所以到了周代，天神与人祖已分庭抗礼。虽然他们之间没有发生大的对抗，但二者间已有了清晰的界限。

最高神成为共同遗产，就势必存在中性化特质，任何一朝祖神都不可当其位，因而其自然化、抽象化的走向便不可避免。

天地之神由人格神演为自然神，这正是中国奴隶社会神话发展的规律。在这一变化的背后，是王权的加强与神权的衰落，祖宗虽仍仰赖神的威力，但他本身已具有独立的力量。"万物本乎天，人本乎祖。"[1]祖宗成了人的本源，他在封建社会才真正焕发出活力来。

神话的演变是复杂的，一方面，一些人格神变为自然神；另一

---

[1] 《礼记·郊特牲》，"十三经注疏"本，中华书局，1980年，第1453页。

方面，一些自然神又逐渐人格化，如城隍及山川之神以及地方土地之神，往往又由一些杰出的人物之灵所化。这种状况不能说明神话演变的无序。事实上，自然神人格化是一普遍趋势，即使是奴隶社会的社神与天神，他们最初也是自然神。祖宗神与之合流，是神话的普遍规律的体现。天神与社神是自然神中的特殊者，它因与王权的瓜葛使它不能自已。王权要获得自身的力量，便同神权分离，天神与社神于是回到自然神的本位上去。天神与社神因与王权的特殊关系，再也不可能人格化。这就是进入国家制后奴隶社会留给神话的一个鲜明印记。

奴隶社会国家的神话与民族的神话叠合，是早期的天人合一形态。国家由王族统治，故国家的神话集中体现为帝王的神话也即祖先的神话。王权的成长，理性精神的成长，使这种叠合发生部分的分离，这主要体现为天人之分，即氏族时代传下来的自然神同祖宗神分手，但此时的自然神也同原始社会两样了，本身也具有国家神话的政权因子。同时，国王与祭司的分手也是政权成长的一个标志。

奴隶社会后期神权与王权的分裂迹象在西周便表面化了，那时，领主制封建社会已经建立。

第八章
西周三位一体神系的建立与崩溃

8.1　周族的主神和西周神系

夏族的主神是社神，殷族的主神是天帝，周族的主神是什么呢？社神之祀自夏朝建立，殷商沿袭无有变更，周朝起初也是一仍其旧。对于天帝，周人似颇茫然，不知所以。《史记·周本纪》："武王已克殷，后二年，问箕子殷所以亡。箕子不忍言殷恶，以存亡国宜告。武王亦丑，故问以天道。"可知周人的天道那一套是从殷人那里学来的。周为殷属国，其宗教活动最初都受殷影响。但周族不可能没有自己的主神，它的主神不是社神，不是天帝，而是稷神。稷祀不见于卜辞，陈梦家指出："殷人只有社而无稷。"[1]在殷时尚无稷神，说明它是周族制度。

社稷混称，这是自周代开始的。社与稷本有明显的区别，一位是

---

[1] 陈梦家：《殷墟卜辞综述》，第583页。

土地神，一位是农神。《周礼·大司徒》注："社稷，后土及田正之神。"社为后土，即土地之神，稷为田正之神，这两者间似已没有明确界限。田正之神也兼管土地，这是后来周人企图把自己的主神拿去顶替前人主神的一种举动。《国语·鲁语上》："昔烈山氏之有天下也，其子曰柱，能殖百谷百蔬，夏之兴也，周弃继之，故祀以为稷。共工氏之伯九有也，其子曰后土，能平九土，故祀以为社。"从这个顺序看，周人把稷列于社前，其抬高自己民族主神的意图十分明显。稷本为谷神，在夏、商的祀典里没有地位，只是在以后以稷为祖神的西部周族中流行着稷神崇拜。这说明，在进入封建制之前，周人也是将祖神与民族的主神叠合在一起的。

周人为了强调稷神的地位，并没有把弃列为第一稷神，而是在他之前加了一位烈山氏之子柱。烈山氏即炎帝，声势比周祖显赫，同时，炎帝姜姓，为周母家，这样也提高了弃的身份，说明炎帝子与姜嫄子是一脉相承的，置稷于社后便道理充分而无僭越之嫌。

稷神享受着特有的香火，故也传颂他奇特的神话，在周代神话里占有重要地位。《诗经·大雅·生民》有这样的诗篇：

> 厥初生民，时维姜嫄。生民如何？克禋克祀，以弗无子。履帝武敏歆，攸介攸止，载震载夙，载生载育，时维后稷。

这就是著名的"履大人迹而生后稷"的神话。《史记·周本纪》是这样说的："姜嫄出野，见巨人迹，心忻然说，欲践之，践之而身

动如孕者。"这跟《诗经》有一点不一致的地方，就是《诗经》说姜
嫄履的是帝的脚印，而《史记》说履的是大人迹。《史记》说姜嫄因
履大人迹而生子，以为不祥，多次欲弃其子，"弃之隘巷，马牛过者
皆辟不践；徙置之林中，适会山林多人，迁之；而弃渠中冰上，飞鸟
以其翼覆荐之。姜嫄以为神，遂收养长之。初欲弃之，因名曰弃"。
而《生民》连这位老祖宗的名字都没有说出来，尽誉美之词。一个对
天道茫然、对上帝漠然的民族，初始的神话怎么会有帝呢？《诗经》
中的上帝都是周人据流行的神话观念而加进去的，"履帝武敏"是后
来的事，履大人迹应是神话的真相。

这个大人跟姬姓黄帝族有关系，史传黄帝四面，又"身逾九
尺""大肩"，则黄帝为巨人族。与姜姓联姻者为姬姓，周人的远祖
便是黄帝。然而无论是稷、姜嫄，还是黄帝，都没有被周人列入最高
神，周人只是把稷神并入社祀，并强化了祖宗祭祀。

周朝建立，接受了夏商两代的文化遗产，所谓"周监于二代，郁
郁乎文哉"[1]。周人不可能立刻废弃殷商的天帝崇拜，犹如殷人不敢
废弃夏人的社制一样。最高神在夏商两代已经发展完备，周人又不可
能放弃自己的祖神崇拜，这样便势必造成一种神界三足鼎立之势。周
人没有把自己的主神列入最高神，而是袭用了夏商的天地之神以为最
高主宰，这样，天帝、社神就彻底褪去了祖宗人格神的成分而成为纯
粹的自然神。祖神于是以单独一款列出，天神、地示、人鬼的神系于
是形成。《周礼·春官·宗伯》："大宗伯之职，掌建邦之天神、人
鬼、地示之礼。"具体对象为：

---

[1] 邢昺：《论语注疏》，"十三经注疏"本，中华书局，1980年，第2467页。

天神：昊天上帝，日月星辰，司中司命，风伯雨师。

人鬼：先王。

地示：社稷五祀，五岳，山林川泽，四方百物。

这种神系，殷代已略具雏形，只是其人鬼与天神纠缠，关系颇为复杂，不如周代明朗。陈梦家《殷墟卜辞综述》对殷代的祭祀对象分类为：

甲，天神　上帝；日，东母，西母，云，风，雨，雪。

乙，地示　社；四方，四戈，四巫；山，川。

丙，人鬼　先王，先公，先妣，诸子，诸母，旧臣。

周因于殷礼，所损益可见知。

8.2　西周的天神

西周接受了殷人的天神崇拜，但对天神的观念有所变更。尽管西周把至上神称为天，但不废除帝的旧名，且在许多场合直呼帝与上帝。在周人的颂诗里，称上帝者尤多，如：

> 皇矣上帝，临下有赫，监观四方，求民之莫。（《诗经·大雅·皇矣》）
>
> 帝省其山，柞棫斯拔，松柏斯兑。帝作邦作对，自大伯王季。（《诗经·大雅·皇矣》）
>
> 有周不显，帝命不时。文王陟降，在帝左右。（《诗经·大雅·文王》）

> 　　上帝不宁，不康禋祀，居然生子。（《诗经·大
> 雅·生民》）
>
> 　　卬盛于豆，于豆于登。其香始升，上帝居歆。（《诗
> 经·大雅·生民》）

　　《诗经》称上帝特多，不一而足。如果说在周初上帝称天，但上帝之称却是不废的。仅从《诗经》中看，西周基本还是继承了殷人的上帝崇拜。《生民》描述了虔诚的上帝崇拜，《文王》描述了先王与上帝的亲密关系，一如卜辞之"宾帝"，表现了一种祖神与上帝的交通。《皇矣》则表现了上帝对人间的主宰。这些跟殷人的上帝崇拜没有大的区别。唯一有区别的是，上帝不再是殷人的祖宗神，由于天帝称谓的出现，加强了至上神的自然属性，使它进一步高高在上，似乎是更加威严，但同人间更加疏远。这样便逐渐形成了周人"事鬼敬神而远之"的作风。

　　周人把天神从祖宗中分离出来，是为了大一统天下的需要。西周所行的分封制度，为一个以姬姜联盟为主体的各部族的大联合，因而任何带有祖宗色彩的至上神都不能统摄这个世界，必须抽象且超越氏族祖神的旧轨。许倬云这样说："新创之周实际上是一个诸部族的大联盟。周人在这个超越部族范围的政治力量上，还须建立一个超越部落性质的至高天神的权威，甚至周王室自己的王权也须在道德性的天命之前俯首。"[1]天遂于周代成为最高的而又抽象的宗教神主，笼罩

---

[1] 许倬云：《西周史》，生活·读书·新知三联书店，1994年，第315—316页。

了各族的神系而具一统性。

　　尽管周人把天帝视为至上神，但内心深处也对上天持怀疑态度。这主要原因在于周人看到殷商统治对上帝的崇拜不可谓不虔诚，但依然免不了王朝覆灭的下场。这就是说，上帝并不能保证王朝一劳永逸地统治下去，仅仅依赖神权是不可能永保国祚的。但是，神权又是王权的保障，周王朝不可能舍弃对天帝的依赖，他们便做了这样的选择：于行政上利用神权进行统治，并加强政权的统治力度；在观念上轻天重人，强调人在世界的主宰力量。于是，周代的神话失去了发自内心的真情流露，一切神话都是出于一定目的的人工编造。周公是一个不信天命而又以天命辅行政事的人。试以《康诰》为例：周公对康叔作了一番训导，起初讲文王修德，功名远扬，"惟时怙冒，闻于上帝，帝休，天乃大命文王殪戎殷，诞受厥命越厥邦厥民"。这是天命论，说明周王权是受之于天的。这次是令康叔去管理殷遗民，故叮嘱他此去要格外小心，纵然天革殷命，周有天下，但这是不可能永得天命维护的，靠的是自身的努力，故周公又这样说："呜呼！小子封，恫瘝乃身，敬哉！天畏棐忱，民情大可见。小人难保，往尽乃心，无康好逸豫，乃其乂民。"依郭沫若说，"天畏棐忱"就是《诗经·大雅·大明》中的"天难忱斯，不易维王"的意思，即言天命不可信，天命无常。重民心、重德行才能得天命、固王位，遂将得失从神的手中接过来，置于人的手中。西周以重德、重民两个方面减轻了上天的盲目压力，天命在一定程度上成为督促为政者行德为民的工具。

　　周代的文献称殷商无德，故遭天罚，而周行大德，受天有大命，如同商初称夏人失德，汤奉天命灭夏一样，君权都是神授。若《泰誓》篇武王的宣言：

今商王受，弗敬上天，降灾下民。沈湎冒色，敢行暴虐，罪人以族，官人以世，惟宫室、台榭、陂池、侈服，以残害于尔万姓。焚炙忠良，刳剔孕妇。皇天震怒，命我文考，肃将天威，大勋未集。

肆予小子发，以尔友邦冢君，观政于商。惟受罔有悛心，乃夷居，弗事上帝神祇，遗厥先宗庙弗祀。牺牲粢盛，既于凶盗。乃曰："吾有民有命！"罔惩其侮。天佑下民，作之君，作之师，惟其克相上帝，宠绥四方。有罪无罪，予曷敢有越厥志？……

予小子夙夜祇惧，受命文考，类于上帝，宜于冢土，以尔有众，底天之罚。天矜于民，民之所欲，天必从之。尔尚弼予一人，永清四海。时哉弗可失！

与《汤誓》比，称"予一人"，受天命伐有罪是一样的，但多出了"天佑下民""天矜于民，民之所欲，天必从之"的内容。商人有重"德"的倾向，但重民是谈天上的。试以夏之《甘誓》、殷之《汤誓》、周之《泰誓》比较，前二者都是讲恭行天罚。对于参战者威胁为主的《甘誓》："左不攻于左，汝不恭命；右不攻于右，汝不恭命；御非其马之正，汝不恭命。用命，赏于祖；弗用命，戮于社。予则孥戮汝。"气势凌人，从战者好似一群奴仆。《汤誓》指责了"夏德"，结尾时也严厉地说："尔尚辅予一人，致天之罚，予其大赉汝！尔无不信，朕不食言。尔不从誓言，予则孥戮汝，罔有攸赦。"开口就是要杀人。《泰誓》则不同，在历数商王罪过后，反复申述了为善为德为民之者，尽管也称"恭行天罚"，内容更多的是为民请命了。这样号召大众抗殷，于赏罚只说"功多有厚赏，不迪有显戮"，并说若失败了，"惟予小子无良"，责任在自己身上，周统治者显然自己也承担了责任，强调自我德行的修养。西周的天命崇拜渐转向人的德行磨砺及对民众的尊重方面来，勤于人事，事鬼敬神而远之，这正是周人的主张。

周人重德，在《周书》中颇为突出，如：

《康诰》："丕显考文王，克明德慎罚。"

《梓材》："先王既勤用明德。""王惟用德。"

《召诰》："王其疾敬德。""王敬作所，不可不敬德。""肆惟王其疾敬德。王其德之用，祈天永命。"

《多士》："予一人惟听用德。"

《君奭》："嗣前人恭明德。""罔不秉德明恤。"

《周书》中论德多不胜举，最根本的一条就是"王其德之用，祈天永命"。这就是说，要永保王位，得以明德为资本到上天那里去申报，否则就跟夏商的统治者一样，"惟不敬厥德，乃早坠厥命"。"德"成了上天考察王权是否当存的一条标准。

与重德同样重要的是对待百姓的态度，保民也是天命的支柱。《周书》中这类论述也颇多，如：

《康诰》："用康保民。"

《梓材》："欲至于万年，惟王子子孙孙永保民。"

《无逸》："能保惠于庶民。""怀保小民，惠鲜鳏寡。"

如同以德祈天永命，"欲王以小民，受天永命"。若国王把小民的安危系于心中，能给他们带来福惠，上天就会把长久的国运赐给你。在这层意思上，天成了百姓的保护人。传周初有言："天视自我民视，天听自我民听。"民众的地位在西周有了很大提高，这是封建制较奴隶制更为尊重人权的结果，是社会的一大进步。

商人重刑，统治十分严酷，奴隶没有人身自由，常无端遭到刑戮。甲骨卜辞有大量人祭的记载，考古发掘的殷代墓葬中的人殉为数甚多，充分说明了奴隶制时代的野蛮。西周封建社会，奴隶变为农奴，他们有一定的私有财产，并有一定的人身自由，今发掘的周代墓葬已不复有大量的杀殉现象，即说明了商周对民众生命态度的本质区别，这种区别是两种不同社会形态的本质。神话中天观念的转变，是制度反映在神崇拜中的投影。范文澜于《中国通史》中指出："这种天子代天保民的思想，反映出封建主对农奴不完全的所有制，与商朝比较，西周显然是封建制度正起着进步作用的时期。"西周时期，人正成为天的主人，它是自商武丁以来，神权衰落，人权所走向的一个新阶段。

周人之所以强调敬天保民，敬天重德，还有更深远的政治意图。天成为保民与重德的仲裁者，故无论是夏王还是殷王，一旦失德，都要被上天从王室逐出来，而德隆望尊的文王武王，自然是天子的最佳人选。与其狂热地拜天，不如大举颂祖，因而从帝中分裂出来的周代列祖列宗的功德被大颂于庙堂，那些令人崇敬的祖先神话我们至今还能在《诗经》中读到。既然天已不是殷祖，它是一个督察人间帝王行德爱民与否的监官，它就是无情的。殷王失德，上帝毫不犹豫地把统治人民的大权交给周，并令周去结果殷的国运。足见，上帝不是殷祖，那当然也不是周祖。于是，天帝与祖神分离，昊天上帝获得了一个独立的神格而又超越时空，是中国宗教神话史上的一个重大事件。

这就是周人保民重德而敬天神话的政治意图。它的效用是双重的：周王朝的存在享有充分的神权合理性，但其合理性是凭自身的行为挣来的，因而又需要不断修习。天给了周王大命，必须崇拜，周王又须时时自警无逸，以防上天收回权力。这时，周王自己给自己立下了双重禁忌。

8.3　西周的社神

周代的社神崇拜与殷商比，其变化更大。起初，周统治还是袭用殷代旧社。《史记·周本纪》载，武王在打败纣王的第二天便下令"除道修社及商纣宫"，并在商社举行了一次盛大的祭天仪式，敬告天地神祇："膺更大命，革殷，受天明命。"商社承夏社未变，社主还是禹。社在商尚有些祖宗信仰色彩，最突出的表现是商人认禹为祖和大神，但后来商人突出地祭祀先祖与天神，社便开始独立成为政权象征。周人似乎认为商社并非商王朝之社，它是独立的政权象征，谁夺取了国家政权，谁就拥有社祀权力，故可不计较商人是否已用过社，只要拥有即成。但不久，周人就改变了这种作风。

还在古公亶父时代，周人就开始建社了。《诗经·大雅·绵》叙述古公建城时"乃立冢土"。《毛传》云："冢土，大社也。"古公立大社，应视为向商挑战的一个征兆。这个"冢土"便是后来武王征商的发难所。《尚书·泰誓》："予小子夙夜祇惧，受命文考，类于上帝，宜于冢土，以尔有众，底天之罚。"类，《说文解字》："以事类祭天神也。"宜，《蔡传》："祭社曰宜。"《尔雅·释天》："起大事，动大众，必先有事乎社而后出，谓之宜。"姬发此时尚为一方诸侯，行如此大礼之僭越性质可知。可见，周人在接受殷社前已有社，只是觉得自己的冢社还名不正言不顺，商社才是真正的权力象征所在，因而只有夺取商社才能成为夺取政权的象征。

然而周人没有像商人一仍夏社那样去对待商社，而是逐渐在商社上做手脚，以建立自己的神权系统。周人首先把周社与商社分开，将商社称为"丧国之社"或"戒社"。《白虎通·社稷》中有"王者诸侯必有戒社"的说法，并说"周立殷社为戒社"，戒社就立在胜国之社旁。周代除国王立王社外，诸侯还立有国社等，王社与国社旁均有戒社。《左传·闵公二年》载"间于二社"下孔疏，谓二社一为周社，一为亳社，亳社即商社，是为戒社。周立戒社是为了让臣下和历代国王有成败得失之鉴，常把前代亡国的教训作为警诫。周有殷遗民，信仰不同，故常祭亳社，《左传·定公六年》载："盟公及三桓于周社，盟国人于亳社。"可见亳社有独自的信仰群体，他们大多为殷旧民。社是王权象征，它是神灵聚集处，神性颇重，能保佑国王巩固江山。为前朝立社还是颇有些危险的，这无疑是供养前朝的保护神，有使旧势力死灰复燃之虞，因而对戒社有特定的制式。社本方坛，露天，无屋，以使受风霜雨露，达天地之气。但是丧国之社却是有屋的，这样做的目的是闭塞其天地之气，扼杀其神性。《白虎通·社稷》："周立殷社为戒而屋之，塞其三面，唯开北牖，示绝阳而通阴，阴明则物死也。"这种巫术色彩颇浓的行为表明，周代的社神已成为纯粹的自然神，不再具有人格色彩。戒社本身连神性都已丧失，只是作为亡国的象征而已。

西周不同于殷商仅立王社。由于西周领主制封建制的建立，所以诸侯分享了天子的土地所有制，也可立社；而在商代，土地所有权为国王一人垄断，诸侯及诸侯以下都无权立社。社祀制度是土地所有制的体现，正如吴泽先生所指出的："社是土地之神，有土地所有权的集体或个人才有权立社，才有权祭祀社神，反之则否。"[1]因不同的土地占有权利，遂形成不同的等级，这样就构成了等级制社会，这种等级制同样反映在社祀制度上。《礼记·祭义》说：

> 王为群姓立社曰大社，王自为立社曰王社；诸侯为百姓立社曰国社，诸侯自为立社曰侯社；大夫以下成群立社曰置社。

能自立社的只有国王和诸侯，大夫就不能自己立社了，孔颖达疏："大夫北面之臣，不得自专土地，故不得立社。"不得自专土地正好说明了西周的土地所有制是国王和诸侯的所有制，大夫以下没有土地所有权。社祀制度是土地关系的晴雨表，土地逐渐由国王垄断，经诸侯，后经卿大夫直至庶人都拥有不同数量的土地，社祀也就从王庭中解放，逐渐向下延伸，最后遍地都是土地神。周代的社祀打破了国王的专制，是土地所有制的松动，也是国家对神权一定程度上的放松，它显示出封建制较之奴隶制更大的开放度。

西周的社神虽已成为自然神，但成分较夏、商复杂。夏、商时，社的身份就是禹的化身。周人是不愿意将自己的主神和祖神从国家祀典中排除掉的，相反，他们总是想方设法把自己的神安排到新的神系

---

[1] 吴泽：《两周时代的社神崇拜和社祀制度研究——读王国维〈殷卜辞中所见先公先王考〉》，载《华东师范大学学报》（哲学社会科学版）1986年第4期。

中去。比较商、周两代的地祇，周代明显地多出一稷神。如前所述，稷神为周人的祖神与主神，面对社为王权的传统观念，西周统治者无力废弃，只能掺沙子，把自己的神灵包藏到其中去。自西周起，社稷连称，二者的合流，使稷也成为国家王权的象征，社失去了江山象征的一专的旧局。稷与社在周代享受着同样的祭礼，它们已难舍难分地结合在一起。《周礼·春宫》："以血祭祭社稷。"又，"小宗伯之职，掌建国之神位，右社稷，左宗庙"。社稷为建国之神，其地位之崇高可知。从武王克商便立刻祭社一事看，《周礼》所载祭社稷是周建国后的制度，说明西周后来的社祀与周初不同。

关于社稷同祀，蔡邕在《独断》中这样解释："社稷二神功同，故同堂别坛。"社为土，稷为五谷之长，都是农业社会所需要的，具有同等重要的意义，所以同堂并祀。这种解释只是按一般的逻辑推断，并不能说明西周社稷合流的根本原因。社稷并祀是西周统治者加重原周族神灵在新神系中的分量，借以提高周王朝的地位的行为。

立戒社，社祀扩大，社稷合流，是西周社神崇拜跟殷商社祀的重大区别。社稷成为国家与江山的代名词。

8.4　西周的祖神

祖先崇拜在西周得到强化。表面看，西周的人鬼之祀，删繁就简，似不如商代热闹，但祖先的地位却更加牢固，这正是走向专制社会的征兆。如果说殷商时期还有些母权制的遗痕的话，在周代，母权制已经崩溃，女人不得参与政治，否则是牝鸡司晨。商代的王位传承有兄终弟及之制，有时大臣摄政，他们都可获同祖宗的祭礼，所以诸子、旧臣部可列入人鬼祭祀之列；周代行嫡长子继承制，故唯有先王才能享受牺牲祭礼。当然，其间并不排除有对先妣的祭礼，如《诗经·周颂·丰年》："为酒为醴，烝畀祖妣。"女性先祖的祭祀我们还可从《生民》中清楚地看到。然而这些都不能说明女性祖先具有多大的神圣地位，像《生民》这样的诗不过把姜嫄当了个引子，颂扬弃稷才是目的。女人的地位下落，臣的地位下落，唯有王的权力上升，王在神坛上独享风光，这是王权成长的标志。

西周统治者除了祭祀先王外，还祭祀商的先祖，如同商朝还要祭祀大禹一样。这主要因为周人为殷臣民，宗教礼法受商的影响。据周原卜辞载，周文王时期曾祭商祖："癸子（巳），彝文武帝乙宗。贞，王其祁祭成唐，鼎祝示叚二女。"彝，即祭祀，人们以为这是文王祭成汤与武乙。[1]周原甲骨还有周人祭祀成汤的记载，可见周人对于商代的继承性是有历史积淀的。前朝政权虽已灭亡，但其统治者是王族，其先祖都是上天赐予大命而有国，只是因为后代不行德而自取灭亡的，他们的血统都是高贵的，新起的统治者的血统远比前朝君主低贱。任何一代新的统治者，都对前朝的开国之主及先祖十分崇拜，他们全力指责的，只是被他们推倒的那个君主。同时为了统治旧民，尊奉前代祀礼也是维持安定的重要手段。《国语·鲁语》："周人禘喾而郊稷。"这个帝喾却实实在在是殷人的先祖。《史记·殷本纪》说："殷契，母曰简狄，有娀氏之女，为帝喾次妃。"但《周本

---

[1] 陕西周原考古队：《陕西岐山凤雏村发现周初甲骨文》，载《文物》1979年第10期。

纪》却说:"周后稷,名弃。其母有邰氏女,曰姜嫄。姜嫄为帝喾元妃。"周人不仅跟殷人同祖,且地位比殷人还高,殷人是次妃的后代,周人是元妃的后代,是正宗的帝王后裔!这是周人的神话,他们要借此凌压殷人,为自己的王权争得正统的神学解释。周人祭祀的这位远祖,其实本非远祖,其中的政治意图十分明显。

把后稷跟帝喾接上血统还是第一步,重要的还是跟天神相配祀。《尚书·召诰》载周公语:"其作大邑,其自时配皇天,毖祀于上下,其自时中乂。"意思是说,赶快营建大邑,从此以后,祭天时可以先祖后稷配享,谨慎地祭祀天地之神,就能在天地之中治理国家了。《孝经·圣治》:"昔者周公郊祀,后稷以配天。"《诗经·周颂·思文》:"思文后稷,克配彼天。"后又将文王配于上帝。《史记·封禅书》:"周公既相成王,郊祀后稷以配天,宗祀文王于明堂以配上帝。"在祖神与上帝之间,周人显然拉开了距离,不像商人那样祖神上帝一体化。《诗经·大雅·文王》:"文王陟降,在帝左右。""在帝左右"而非帝本身,这不是贬周王,而是摧毁商人的祖帝一体化的神话。天帝是至高无上、公正无私的,唯择有德者授以权柄,商无德被天神所放逐,周有德,在帝左右,便是天帝意志的真正代表,是真正可以同天神比肩的先祖,故可配祀皇天,毖祀上下。强化祖宗的地位,也就是强化王权,因为天下实为周王的天下。祖先得配于天主要因其德高,因而并不对天表现出狂热之情。这就是周人对天与上帝的两面性,一方面要以神道来论证王权的合理性,故宣扬天命之至高无上不遗余力,把祖神跟天统一起来,把国王称天子,都是在宣扬王权的绝对权威,神权有效地为王权服务着,国王从来不会说王权高于神权,王不过是在替天行道,天是崇高的;另一方面,周人内心又怀疑天命，认为命运掌握在自己的手中，所以祖宗配天不过是一种手段，关键还在于政权的功能。

继承殷商神祀而又有所损益的西周天神、地示、人鬼的神系建立起来了。从总体上看，西周的鬼神祭祀既没有殷商那么频繁，对象也没有那么复杂。《礼记·表记》："殷人尊神，率民以事神，先鬼而后礼……周人尊礼尚施，事鬼近神而远之"，道出了商周的主要区别。这种区别是本质性的，它是两种不同的社会形态在神话与神崇拜中的体现。在天神系列里，商代宣扬上帝的绝对权威，缺乏基本的人道精神，而周代重德重民，体现出封建时代人的地位的提高；在地示系列里，西周社祀面扩大，显示出土地所有制的变更；在人鬼系列里，祖宗地位提高，先王独享人鬼祭祀的香火，是专制王权的前兆。西周的宗法制统治跟殷代的奴隶主专权是两种不同的统治方式，在祖宗崇拜里有所表现。

8.5　西周神系的崩溃及其原因

周代的神系中实际上蕴含着神话破产的因素：对天命的怀疑使天神失去了绝对权威；领主制封建社会制度促进了生产的发展，必然会进一步造成生产关系的改变，诸侯对土地的拥有已埋下了分裂的根子，国家社制即将失去根本地位；强大的诸侯将对周之先王失去兴趣，是以人鬼也不再具有慑服人心的力量。

社会生产的发展是意识形态变更的原动力，西周时期，社会生产方式发生了很大变化，极大地影响了神话与神崇拜的发展。周初行劳役地租制，天子和诸侯有大量的公田，名义上是天子诸侯耕作这些土地，实际上为农夫代耕。周统治者还鼓励农夫开辟私田，《诗经·噫嘻》："骏发尔私，终三十里。"私田的规模不小，逐渐形成对公田的冲击，使公田逐渐荒芜，这样便给统治者的财产来源造成威胁，他们必须寻求新的财政来源，而这种来源不外是从诸侯和庶民那里掠夺。周厉王时好利，用荣夷公。既然公田收入已近枯竭，只好对占有资产者征以租税了。厉王好利具体过程不详，但从大夫芮良夫的谏词里能看出这场"好利"实际上是一场租税制度的改革，它是以征收财产租税取代公社制下的劳役地租制。芮良夫说："夫利，百物之所生也。天地之所载也，而有专之，其害多矣。天地百物皆将取焉，何可专焉？所怒甚多，而不备大难。……夫王人者，将导利而布之上下者也。"[1]应该看到，面对这场新的经济运动，厉王与芮良夫是各居于不同的立场上而行事的。芮良夫以财利为百物所生、天地所载来反对国王对土地财产的独专，厉王则是面对这一事实而对财产征以重利。厉王采取了严酷的专制统治，结果众叛亲离，身败名裂。这说明以专制来推行经济改革自古以来都不会成功。应该说，厉王是采用了一项新的经济措施，最终因阻力过大而失败。至宣王遂废除公田制，农村公社在王畿内首先崩溃。土地所有制的变革，使与之相关的社制必然发生变化，周王和诸侯的两级社制在土地广泛私有化的情况下已不适应这种新的情况了，变革震荡势所难免。

自夷、厉至宣王这一段时期，是一个动荡的年代，它是西周由繁盛走向衰落的阶段，周初建立的制度这么快已不适应社会的变化，统

---

[1] 《史记·周本纪》，第102页。

治者不得不借助天的神威来维持这种局面，于是，天命的神话又一次大蔓延。但是，它得到了一个同样的回报：以天命的神话反击国王的暴虐，二者发生尖锐冲突。

《国语·周语》："厉王虐，国人谤王。邵公告曰：'民不堪命矣。'王怒，得卫巫使监谤者，以告则杀之。"对此，郭沫若有这样的分析：

> 且看他用的是巫，而且用的是卫巫，卫是殷之旧地，这很明显地表明厉王是怎样的依赖神祇。王者的暴虐是得到神权的保证的，王者的屠杀谤者自然是"恭行天罚"。王者在政治上的责任可以说是让天来担任了。[1]

人们觉得上天不公，不能赏善罚恶，于是对天命上帝怨声载道，遂有《板》《荡》之怒。《板》有：

> 上帝板板，下民卒瘅。出话不然，为犹不远……敬天之怒，无敢戏豫。敬天之谕，无敢驰驱。昊天曰明，及尔出王。昊天曰旦，及尔游衍。

由《板》我们可以想到神话的禁忌功能。上帝成为王权的保障，也对国王的行为进行监视。尽管诗人对上帝的不公表示不满，但还是

---

[1] 郭沫若：《先秦天道观之进展》，见郭沫若著作编辑出版委员会编：《郭沫若全集·历史编》第一卷，人民出版社，1982年。

警告国王不要"戏豫""驰驱",因为昊天还是明正的,他正注视着你的一举一动。这是臣子所作的规劝厉王的诗,臣下是在反其道而行之,拿神话来对付国王,企图以怨怒讽刺达到改变国王行为方式的目的。

《荡》则在借骂上帝来骂国王了,语言更加尖锐:

> 荡荡上帝,下民之辟。疾威上帝,其命多辟。天生蒸民,其命匪谌。靡不有初,鲜克有终。

上帝的威严已消失殆尽,他同国王一起从神圣的殿堂上栽了下来。当然,国王还是要去树立上帝的权威的,如宣王还曾宣扬过一阵子天的思想,但似乎大势已去,昊天上帝在西周已失去了炫目的色彩。

与天命没落相伴随,神职人员的地位也每况愈下。《国语·楚语》中观射父在回想当年巫祝的辉煌时代时感慨万千。当年的巫有何等的荣耀呢?观射父说:

> 古者民神不杂。民之精爽不携贰者,而又能斋肃衷正,其智能上下比义,其圣能光远宣朗,其明能光照之,其聪能听彻之,如是则明神降之,在男曰觋,在女曰巫。是使制神之处位次主,而为之牲器时服,而后使先圣之后之有光烈,而能知山川之号、高祖之主、宗庙之事、昭穆之世、斋敬之勤、礼节之宜、威仪之则、容貌之崇、忠信之质、禋絜之服,而敬恭明神者,以为之祝。使名姓之后,能知四时之

生、牺牲之物、玉帛之类、采服之仪、彝器之量、次主之
度、屏摄之位、坛场之所、上下之神、氏姓之出，而心率旧
典者为之宗。[1]

　　觋巫祝宗为神职之官，在神治时代，他们具有崇高的地位，在神
权与政权叠合的时代，他们依然很有光彩。据说少皞氏衰后，九黎乱
德，以至民神杂糅，不可方物。民渎斋盟，无有威严；神狎民则，不
蠲其为。打乱了民神异业的秩序即意味着破坏了巫史的特权。颛顼绝
地天通，恢复了旧有的民神异业局面，并命重、黎为天地之官，为两
大巫史家族，至于尧舜夏商，重黎氏享有尊位，典天地之礼。至周，
有程伯休父是重、黎的后代。这天地之官仅在西周前一段时间还在行
天地官之职，但"当宣王时，失其官守，而为司马氏"。这就是说，
作为神职的天地之官大势已去，后仅为文史星历之类，卜祝之属，也
是"主上所戏弄，倡优所畜，流俗所轻"了。神职官员地位的低落，
正反映出神权地位的日趋下降。其中一个具有里程碑似的标志就是周
宣王时重、黎氏失其官守，作为神职的天地之官被取消，使三位一体
的神系处于风雨飘摇的境地。以往能左右国王的巫祝失势正意味着神
权与政权的分离，由于政权高于神权，神权处于从属地位，故从奴隶
制到封建制是一个政权与神权逐渐分离的过程。奴隶社会神权与政权
的高度叠合，即天人合一、神人相通，至封建社会即发生改变，出现
天人相分、神人异业之说。观射父所说的远古"民神异业"实际上并
不符合远古神人关系的实情，越是古远，神人关系越是亲近，他们的

────────────

[1] 《国语·楚语》，第559—560页。

相分是后来的事。观射父这样讲，不过是力图恢复他们失去的辉煌地位而已。

人对神的关系由于天道的衰落出现了新的变化。往昔的神人合一从整体上是人隶属于神，人受着神的统治；西周后期到春秋战国时代，人本主义精神高涨，天道远，人道迩，政治家把人看得高于一切，以至于后来出现"人定胜天"和"民为贵，社稷次之"的光辉论点。在这样一个整体形势下，作为王权象征的社稷之神的地位也受到了前所未有的挑战。

《周礼·春官》："以血祭祭社稷。"它是商代人祭野蛮风习的延续，只是周代的人祭之风远不如殷商之盛。宣王以后出现的人祭则遭到广泛的指责和批判。《左传·僖公十九年》：

> 宋人执滕宣公。夏，宋公使郑文公用鄫子于次睢之社，欲以属东夷。司马子鱼曰："古者六畜不相为用，小事不用大牲，而况敢用人乎？祭祀以为人也。民，神之主也。用人，其谁飨之？齐桓公存三亡国以属诸侯，义士犹曰薄德。今一会而虐二国之君，又用诸淫昏之鬼，将以求霸，不亦难乎？得死为幸。"[1]

祭社神不过为了人的福利而已，人是神的主人，社则是次要一等的，这就是"民为贵，社稷次之"的思想。

---

[1] 《春秋左传正义·僖公十九年》，"十三经注疏"本，中华书局，1980年，第1810页。

西周后期至春秋战国对社神多不敬重了。如《左传·成公十三年》载："公及诸侯朝王，遂从刘康公、成肃公会晋侯伐秦。成子受脤（社肉）于社，不敬。"

这种不敬与社神的地位变化有关系，它逐渐不再只是王权的象征，因为后来社庙降为娱乐场所。《墨子·明鬼》："燕之有祖，当齐之社稷、宋之有桑林、楚之有云梦也，此男女之所属而观也。"这就难怪庄公要入齐观社，曹刿要谏止了，但庄公不听，还是去了，因为那里很热闹浪漫[1]。

从诸侯争霸到大夫专权，社祀成为一个对天子与诸侯进行挑战的手段。《左传》记载了许多诸侯僭用天子祀社"用牲于社"的非常之举，周天子的祀社之礼受到冲击。

周代神祀具有鲜明的等级观念，国王垄断着尊神尊祖的祭祀权，周代神权的衰落主要体现为祭祀的"滥用"，诸侯僭用天子祀神之礼，而大夫又僭用诸侯的祀神之礼，这就是礼崩乐坏。祀神面扩大了，这是神权的一次解放，相对天子独专来说，尽管周代后期神祀更加火热，也只能说是衰落，这种火热是在诸侯的殿堂或大夫的势力范围之内，天子的一套没人理睬，以致"包茅不入，王祭不共"[2]。祭祀越来越多，也就使人们对神越来越失去真正的信仰，以至于流为一种形式，成为身份的标志。祭祀与供祭原是体现等级制度的，等级制度垮了，祭祀制度也就乱了。厉王好利，诸侯以"不享"（不贡献祭品）作为回报，可见其性质的严重。祭品可以不献，则表明祀神可有

---

[1] 《国语·鲁语》，第153页。
[2] 《春秋左传正义·僖公四年》，第1792页。

可无，它仅体现了真实的等级关系。

西周后期，这种祀神的非礼之举在祖神的祭祀上也反映出来。《礼记·郊特牲》："诸侯不敢祖天子，大夫不敢祖诸侯，而公庙之设于私家，非礼也，由三桓始也。"郑玄注："言仲孙、叔孙、季孙氏皆立桓公庙；鲁以周公之故，立文王庙，三家见而僭焉。"就在诸侯对天子行非礼时，不想后院起火，大夫专权也开始了。《祭法》："大夫立三庙，二坛，曰考庙、曰王考庙、曰皇考庙，享尚乃止。"皇考以上之祖便不得再受祭礼，季氏本为大夫，不得祖诸侯，即不得按照诸侯的祭祖之礼办事，即使季氏是桓公之后，则自桓公至于定公前后，桓公也不知是季氏的前多少代的先祖了，早已不得祭祀，季氏祭祖非礼，是专权的一个信号。

此时，人们早已不相信先祖有灵了，《左传·襄公十四年》："子鲜从公。及竟，公使祝宗告亡，且告无罪。定姜曰：'无神，何告？……'"杜预注"告"为"告宗庙"，即祭告祖灵。定姜则明白地否认祖先有灵，不承认是神。祭祖便真正地流于形式。

西周后期，夷、厉、宣诸王之后，西周的天神、地示、人鬼的祭祀系统已全面动摇，它崩溃的过程几乎是跟王室衰弱、诸侯争霸、大夫专权相伴随的，神话变革与社会变革同步发展。

这一时期的神权衰落并未跟王权的成长同步，相反，王权也跟着一同跌落，诸侯敢问鼎，公室可瓜分，弑君之风已习以为常。分封制的宗法政体只能适应于领主制，新兴的地主制要用专制政体作保障，而这一切一时没有建立起来，君主难免被赶得四处逃亡。于是，建立君主的权威已迫在眉睫，以神话树立君主地位的时候到了。这种舆论我们在《左传》中已经看到，襄公十四年有这样的记载：

　　师旷侍于晋侯。晋侯曰："卫人出其君，不亦甚乎？"
对曰："或者其君实甚。良君将赏善而刑淫，养民如子，盖
之如天，容之如地；民奉其君，爱之如父母，仰之如日月，
敬之如神明，畏之如雷霆，其可出乎？夫君，神之主而民之
望也。若困民之主，匮神乏祀，百姓绝望，社稷无主，将安
用之？弗去何为？"

　　师旷所说的这番话体现了神话在国王身上的双重禁忌，一方面，
国王要赏善刑淫，爱民如子，否则要被人赶走；另一方面，国王又是
动不得的，民要"爱之如父母，仰之如日月，敬之如神明，畏之如雷
霆"，国王也就是神。师旷给君王作了个定义：神之主而民之望也。
他要矫正流行的"民，神之主也"的观念，将民换成了君。君王成为
万神之主是专制时代的象征，秦汉以来的专制封建政体便贯彻了这种
神话精神。早在东周时期，在神权与政权同时衰退的年代，这种神话
精神就被提出来了。

　　进入春秋战国时期，随着周天子王权与神权的衰落，各诸侯国兴
起了各自为政的祭神俗，不同的神话在不同的区域流传开来，神话于
是进入一个发展的新时代。

第九章
齐鲁三晋、楚、秦三大神话系统及交融

9.1　春秋战国时期的三大文化系统

西周不像殷商"率民以事神"，统治者对祀神活动作了种种限制，周天子享有祭祀天地祖神的特权，诸侯与大夫只能在规定的范围内祭祀神灵。这样，天子与诸侯及民众的神灵信仰实际上是没法保持一致的。其结果是，天子在祭祀他的一套天地祖神，诸侯国各行其是。尤其是进入春秋时期后，王权衰落，各诸侯国势力膨胀，它们的神话与祭祀活动也获得重大发展。

西周统治者反对祀神的滥用。祭神过多叫"淫祀"，而淫祀是无福的。这其实是统治者为了防止祀神活动出现僭越而抛出的防范性的舆论。一般来说，天神只能由天子祭祀，社有特定的制度，祖庙建设也因级别不一有相应定数，不得僭乱。

诸侯的祀神活动原受着两条成规的制约。一是"鬼神非其族类，不歆其祀"，这就是说，只有自家子孙后代祭祀，神才受其香火，所以"民不祀非族"，即不能祭祀他人先祖。这样，祖先的神话与祖灵的祭祀便局限在一个个小的宗法群体里，诸侯不会对天子的祖宗感兴趣，即使是天子的亲族，他也只能祭祀有限的宗祖。天子七庙，诸侯五庙，数代以下，其祖则与天子之祖脱钩而独立。二是诸侯分封在特定的区域里，只能祭祀特定区域里的山川。《礼记·王制》："天子祭天下名山大川……诸侯祭名山大川之在其地者。"这种规定是防止诸侯势力扩张的一项措施，所谓"祭不越望"，实际上也是希望各诸侯守一片土地，祀一方神灵，各自在自己的神话怀抱里安居乐业。

不同文化在各区域蓬勃发展，大大丰富了中国文化的内涵。神话没有被一统所限，获得了发展的生机，特别是春秋战国时期，几大神系发展壮大起来，出现继氏族时代以来的第二大神话发展高潮。

周初诸侯林立，经过几番势力较量，在春秋时期剩下几大集团，以文化归属分有三大系：齐鲁三晋为一系，楚为一系，秦为一系。其他文化尽管有一定的地位，不是在总体上归于以上三系之一，就是其对中国文化的总体影响不如三者强大。这三大势力的消长，是春秋战国至秦汉的中国文化发展的主流。

齐鲁三晋是华夏文化的归属所在，尤其是齐鲁，后来成为周文化的中心，它们跟周有特殊的亲缘关系。晋周同姓，均姬姓，秦穆公掳晋君，周天子亲自出面相救。楚包茅不入，桓公出征，虽是炫耀自家武力，但也实是护卫了天子。鲁为周公世家，为礼乐故乡，儒教生于此，是有很深的文化渊源的。华夏文化在春秋时期出现了东移的局面，其重心偏向齐鲁。

齐处泰山以北，鲁处泰山以南，齐侯为开国功臣吕尚，鲁侯为周公长子伯禽。此海岱之区，古为东夷人的根据地。伯禽至鲁，带来西周的礼法，"变其俗，革其礼，丧三年然后除之"[1]。故华夏文明在这里扎下了根。姜姓吕尚治齐略有不同，他"因其俗，简其礼"，采取了灵活变通的政策。齐、鲁两国间虽有差异，但在文化上却有许多相通处，联系非常广泛，两国均"股肱周室，以夹辅先王"；两国均好"文学"，即学术文化，《史记·儒林列传》："夫齐、鲁之间于文学，自古以来其天性也。"当这两支强大的华夏文化进入夷人的区域后，夷文化被变革，已失去本来面目，这是典型的以夏变夷。

吴越文化为华夏文化的支裔，吴为周后，越为夏后，它们的文化与齐鲁文化同宗，后为楚文化所占领。

当华夏文化由西向东覆盖时，夷人的一支却在西边崛起，它就是春秋时已发展壮大的秦。秦祖为柏翳，即伯益，是古夷人的一个首领，益即燕，与殷人共图腾。伯益后有鸟俗氏，有孟戏、中衍为鸟身人言，可见秦为鸟族之后。史载秦伯卒，不书名，《春秋公羊传》："何以不名？秦者，夷也，匿嫡之名也。其名何？嫡得之也。"作者是在指责秦人不行嫡长子继承制，而行择勇猛者立之的夷俗。秦人来自东方，除了与东方民族有共同的图腾信仰外，他们的经济生产也存在着共同性。殷人早期是迁徙不定的游牧民族，秦也如此。传伯益能"调驯鸟兽"，据《国语·郑语》注说他是"虞官"，虞官是专门管理山林打猎之事的。《史记·秦本纪》说秦人先祖中有蜚廉、恶来，"恶来有力，蜚廉善走"，这是猎人的特点。恶来之有力表现为"手裂虎兕"，说明他是打猎出身。秦的后人如造父善驾车养马，非子"好马及畜，善养息之"，都可见出畜牧生涯的特点。周孝王分土

---

[1] 《史记·鲁周公世家》，第1275页。

予秦说："昔伯翳为舜主畜，畜多息，故有土，赐姓嬴。今其后世亦为朕息马，朕其分土为附庸。"并"邑之秦，使复续嬴氏祀，号曰秦嬴"。[1]从这段史料看，秦最初没有晋齐鲁那样显赫的地位，被封为侯，而仅为"附庸"，秦还保持着畜牧民族的特征。邑于秦时令复续嬴氏祀，即伯益之祀，是祀其夷族的先祖。至于秦襄王时，周平王东迁，襄王率兵护送，始列为诸侯。

秦在得岐地收周遗民后开始壮大。在那里，它开始接受了一些华夏文化。至秦穆公，遂霸西戎，此时已与当年不可同日而语了。秦文化接受华夏文化最突出的成分是法家文化。法家起于三晋，而在秦国发展到极致。商鞅、韩非、李斯等人在秦国的政治领域里大展宏图，法家的代表著作《商君书》《韩非子》都成于秦。法家思想的强烈的功利色彩影响着秦国的政治经济发展，并在鬼神崇拜活动中打上了烙印。秦文化是夷文化接受了华夏文化发生新变的产物，与齐鲁三晋之礼制的区别十分明显。

楚国居于南方，为重、黎氏之后。传至陆终，生六子，六子季连，芈姓，楚为其后。周成王时封熊绎于楚蛮，封以子男之田，姓芈氏。同秦一样，楚初无地位。熊渠时得江汉间民和，自称："我蛮夷也，不与中国之号谥。"自立数子为王于楚蛮之地。至楚武王，犹自称蛮夷，自尊为武王，然不得天子承认。楚成王时，楚日益强大，其地千里，于是天子赐胙，曰："镇尔南夷越之乱，无侵中国。"[2]算是对楚诸侯地位的认可。楚庄王时，称霸诸侯，成了最强大的诸

---

[1] 《史记·秦本纪》，第128页。
[2] 《史记·楚世家》，第1392页。

侯国之一。

楚文化也受到华夏文化的影响，但其文化却独具特色，道家文化是楚文化的结晶。楚祖鬻熊被尊为道家先驱，《老子》是楚国的哲学著作，是楚国哲学的精华[1]。道家哲学家本体论色彩颇重，形成了与儒家礼制、法家法治功利不同的特色。它对宇宙自然之生成特别关注，这或许就是楚天地神话发达的根由所在。

在对齐鲁三晋、楚、秦三大文化系统的神话论述之前，我们须明白如下两个基本观念：

一、齐鲁三晋、楚、秦三大文化系统实际上是氏族社会时期三大文化集团在春秋时期的变种。中国氏族社会的集团继伏羲女娲联盟之后，渐演为东西两大集团。氏族社会发展到后期，中国已成三大文化集团，它们是华夏集团，炎黄联盟；东夷集团，尧舜联盟；苗蛮集团，重黎联盟。[2]周自认为是华夏文化的继承者，自称夏，于黄河流域中原地区之夏称诸夏，《诗经·周颂·时迈》："我求懿德，肆于时夏。"《思文》："无此疆尔界，陈常于时夏。"文王娶有莘氏之女太姒为妻，有莘为夏人所建之国，周与夏确实存在着文化与血缘上的联系。春秋时期，齐鲁渐成周文化的中心，也就是华夏文化的总代表。秦为夷人之后，并祀夷祖，初未列诸侯之林，其习多夷人传流，在东部夷族被征服同化后，他们是一群幸存而新兴的夷人之后，故秦为一具夷文化特征的群体。楚于周时犹自称蛮夷，是苗蛮文化的直接继承者，代表着蛮文化的最高成就，它既接受了华夏文化，也与夷文

---

[1] 张正明：《楚文化史》，上海人民出版社，1987年，第四章第六节。

[2] 此处基本接受徐旭生先生的"三集团说"，但对集团主体的理解与徐说不同。

化有颇多联系，但它始终保持了自己独特的文化，故楚文化是苗蛮文化发展的结果。春秋时的齐鲁三晋、楚、秦三大文化系统与氏族时代的华夏、苗蛮、东夷集团存在着割不断的血缘联系，形势却已与当年不可同日而语。原来东方的夷人根据地已被华夏文化所覆盖，而华夏文化的大本营西部却被秦人所占领，夷东夏西局面变为夷西夏东，且华夏文化的区域日趋缩小。楚文化不断发展，江汉诸姬尽被吞食，又灭吴越，所以，春秋战国的形势呈夷蛮之势新涨，华夏之势渐衰之态。秦、楚在征服华夏诸侯的过程中也在不断吸收华夏文化的成就，民族融合进入了一个新的时代。

齐鲁三晋、楚、秦三大文化构成了民族文化的主流。春秋战国、秦、汉三个时期的发展表现为三种势力的消长过程，也是三种文化的融合过程。秦灭六国，秦文化独领风骚，然楚反抗最烈，"楚虽三户，亡秦必楚"，秦果被"大楚"所亡，楚文化在汉朝得以复兴。武帝时，罢黜百家，独尊儒术，齐鲁文化得以重登政治舞台。此时，三种文化已呈全面融合之势。

二、齐鲁三晋之儒，楚之道，秦之法，代表了上古思想文化的最高成就，将春秋战国文化划分为三大系统，于学术文化上也是能找到根据的。这三大学派跟三大文化相伴随，其消长之势也同。春秋战国之较量以秦胜，秦严刑峻法，是法；汉初宗楚，行无为而治，是道；武帝后，儒再起，而外儒内法，学术文化也呈融合之势。

以上我们就民族集团与学术文化确认了春秋时期的三大文化系统，神话也相应划分为三大系统，它们经过几番较量，最终融合到一起，构成了汉民族特有的神话系统。三系神话因其不同的文化传统与不同的现实学术文化而各具特色。概言之，齐鲁尊华夏神统而重礼制，楚尊苗蛮之祖而多宇宙神话，秦尊夷祖而好功利。它们在各自区域里展开，相互间冲突着、交融着，这就是春秋战国时期神话发展的大势。

9.2 齐鲁三晋神话：五帝世系、八神与泰山神话

齐鲁联姻，鲁十二公，七位娶齐女为妻。齐鲁联盟是姬姜联盟的继续，他们间有着非同寻常的关系，既因婚姻结亲，更有神的纽带联结，即周之祀神礼仪。鲁有灾，文仲如齐以鬯圭与玉磬告籴，说要是救了鲁难，“岂唯寡君与二三臣实受君赐，其周公、太公及百辟神祇实永飨而赖之！”齐君听罢，则归其玉而予之[1]。文仲说救鲁君臣事小，因鲁君臣得救，周公、太公及天神地祇得享祭祀将有无量功德，是太公也得鲁祀。齐鲁祀二公，似为特例。文仲以“大惧乏周公、太公之命祀”取得了外交的胜利。

齐虽非周宗亲，却恪守周之礼法，立宗庙而祀祖，至春秋时犹如此，这从《管子》所述可得之。其《轻重》言夏至麦熟，“天子祀于太宗”；秋初黍熟，“天子祀于太祖”。《侈靡》强调“尊祖以敬祖”。齐之祖宗社稷之祀因于周礼，《问》言“无乱社稷宗庙”，也是要求循礼而不乱。齐有宗庙，齐桓公令百官“皆朝于太庙之门朝”，太庙当是太公之庙。后代齐王也有庙，《左传·襄公六年》：“四月，陈无宇献莱宗器于襄宫。”杜预注谓“襄宫”为齐襄公庙，

[1] 《国语·鲁语》，第158页。

杨伯峻《春秋左传注》以为不然，因为齐襄公至灵公已八代，其庙当毁，齐襄公当为齐惠公之误。不管是齐襄公还是齐惠公，他们都被后王立庙祭祀，显示了宗法传统。祖宗之庙在齐国的政治生活中占有重要地位，它是国家政权的象征。《左传·襄公二十五年》载，齐庄公入崔杼室戏其妻被围，"请自刃于庙，弗许"。其庙为宗庙，选择庙为死处，是庙非寻常处也。《管子·霸形》说齐桓公"令百官有司，削方墨笔。明日，皆朝于太庙之门朝，定令于百吏"，宗庙成了颁行政令的场所，百吏受令于太庙，体现出太庙在政治生活中的独特地位。祖宗的神话成为齐统治的武器，可见姜齐虽非姬姓，而尊祖好礼与周如出一辙。

　　鲁人祀祖更为卖力，鲁为周宗亲，所以他们的颂诗要远溯周祖的神话，然后是鲁先王的英雄传奇。鲁祖庙叫閟宫，鲁人于此祀祖。閟宫常修常新，《诗经·閟宫》说："新庙奕奕，奚斯所作。孔曼且硕，万民是若。"閟宫是奚斯主持修建的，又高又大又长，百姓见之肃然起敬。《閟宫》从姜嫄述起，历叙先祖对天命的依顺及其功业：

　　　　閟宫有侐，实实枚枚。赫赫姜嫄，其德不回。上帝是依，无灾无害。弥月不迟，是生后稷。降之百福，黍稷重穋，稙稚菽麦。奄有下国，俾民稼穑，有稷有黍，有稻有秬。奄有下土，缵禹之绪。

　　　　后稷之孙，实维大王。居岐之阳，实始翦商。至于文武，缵大王之绪。致天之届，于牧之野。无贰无虞，上帝临女。敦商之旅，克咸厥功。

　　　　王曰叔父，建尔元子，俾侯于鲁。大启尔宇，为周室辅。乃命鲁公，俾侯于东。锡之山川，土田附庸。

周公之孙，庄公之子。龙旂承祀，六辔耳耳。春秋匪解，享祀不忒。皇皇后帝，皇祖后稷。享以骍牺，是享是宜。降福既多，周公皇祖，亦其福女。

周公之孙、庄公之子为鲁僖公。该诗颂其征伐淮夷的武功，是以其战功祭告先祖，故在叙述僖公之德时先颂扬远祖的事迹。值得注意的是，《閟宫》把周的事业说成"缵禹之绪"，即继承大禹耕稼的世业，强调了周的华夏传统，而鲁又为后稷苗裔，则鲁与华夏文化一脉相承。僖公敬祀先祖，春秋不懈，是求其祖神赐福以永保国祚。敬祖便高扬祖先的神话，祖神依于上帝，祖先的神话遂从属于上帝的神话。鲁国遵循周代传统，因而有发达的祖先神话。

《閟宫》颂扬了先祖，主体还在为僖公唱赞歌，所以它又是一部僖公的神话。且看诗是怎样在神化这位君主：

公车千乘，朱英绿縢，二矛重弓。公徒三万，贝胄朱綅，烝徒增增。戎狄是膺，荆舒是惩，则莫我敢承。……
泰山岩岩，鲁邦所詹。奄有龟蒙，遂荒大东，至于海邦，淮夷来同。莫不率从，鲁侯之功。
保有凫绎，遂荒徐宅。至于海邦，淮夷蛮貊。及彼南夷，莫不率从。莫敢不诺，鲁侯是若。

僖公伐淮夷虽取得了一些胜利果实，但明眼人一看就知道其中不乏大话，如"戎狄是膺，荆舒是惩""及彼南夷，莫不率从"等。

南夷即楚，屈原有诗句"哀南夷之莫我知兮"，什么时候楚国对鲁国"莫敢不诺"过呢？这是一篇大言不惭的君王的神话。

华夏文化为史官文化，尊祖是一大特色，然远祖无征，遂将神话改造成古史，走向了世界古代民族历史上的神话历史化的共同道路。齐鲁三晋，共尊一个历史化了的神话世系，这是一个对中华民族形成具有重要意义的神统。它于春秋战国时期形成于齐鲁三晋，后几经反复，终于被中华民族所接受，显示出强大的生命力。

鲁臣展禽说：

> 夫圣王之制祀也，法施于民则祀之，以死勤事则祀之，以劳定国则祀之，能御大灾则祀之，能捍大患则祀之，非是族也，不在祀典。昔烈山氏之有天下也，其子曰柱，能殖百谷百蔬，夏之兴也，周弃继之，故祀以为稷。共工氏之伯九有也，其子曰后土，能平九土，故祀以为社。黄帝能成命百物，以明民共财，颛顼能修之，帝喾能序三辰以固民，尧能单均刑法以仪民，舜勤民事而野死，鲧鄣洪水而殛死，禹能以德修鲧之功……非是，不在祀典。[1]

按展禽的看法，古帝王有功于民才得祭祀，血统似乎不是主要标准，但展禽之"亲亲"观念还是很重，把周祖排在群帝之首，次叙社，可见社稷高于群帝。在黄帝以下的帝王次序，正是司马迁《史记·五帝本纪》所本，先后次序完全一样。可见，神话历史化并不始

---

[1]《国语·鲁语》，第166—170页。

于太史公，在此前几百年的春秋时期就开始了。

齐鲁三晋的古史系统是一致的，这些可从《竹书纪年》中得到证明。《竹书纪年》为晋太康二年汲郡人发魏襄王冢所得，该书"所记始黄帝终魏今王二十年，盖六国时晋魏史官所录也"[1]。所记古帝依次为：黄帝轩辕氏，于黄帝后叙少昊，不录为帝，然后录帝颛顼高阳氏，帝喾高辛氏，于帝喾后叙及"帝子挚立九年而废"，接着叙述帝尧陶唐氏，帝舜有虞氏，顺序与《国语·鲁语》所述同，《大戴礼记》也与此同，《史记》从此世系，可知此五帝顺序是华夏正统的五帝系统。秦之古帝王谱后出，与此不同，楚则没有完整的帝王谱系，所以，五帝的神话是齐鲁三晋继华夏传统而流传的影响最大的神系，它几乎是华夏文化的象征。

晋传古史谱序在一定程度上是他们面对着王室衰微，欲取而代之的举动。他们并不认为后稷始祖那么重要，因为那是天子的始祖，反倒强调夏祖的地位，因为那是周所绍之统系，周衰弱了，夏祖似乎对晋很钟情。《国语·晋语》记载了一则很有意思的政治神话：

> 郑简公使公孙成子来聘，平公有疾，韩宣子赞授客馆。客问君疾，对曰："寡君之疾久矣，上下神祇无不遍谕，而无除。今梦黄熊入于寝门，不知人杀乎，抑厉鬼邪？"子产曰："以君之明，子为大政，其何厉之有？侨闻之，昔者鲧违帝命，殛之于羽山，化为黄熊，以入于羽渊，实为夏郊，三代举之。夫鬼神之所及，非其族类，则绍其同位，是故天

---

[1] 《竹书纪年·崔序》，"二十二子"本，上海古籍出版社，1986年。

子祀上帝，公侯祀百辟，自卿以下不过其族。今周室少卑，
晋实继之，其或者未举夏郊邪？"宣子以告，祀夏郊。

周制民不祀非族，至春秋时其礼已大乱。晋文公称霸，至平公
时犹很强大，有夺取天下之势。子产看到这一形势，以鲧化黄熊
（实化黄熊神话的讹变）的神话附会释梦，正合晋君取而代之的心
愿。不过，这是《左传》里的一个未应验的政治预言。晋祀夏鲧，
给自己找到一个新的保护神，晋所属为古夏墟之地，其民也多为夏
的后人，所以晋人祀夏祖是有广泛的信仰基础的。他们做着"周室
少卑，晋实继之"的美梦，只可惜后来三家分晋，"晋绝不祀"。晋
欲绍夏祖为帝的举动不过昙花一现，然其继承华夏传统的作风与齐鲁
一脉相承，他们所信奉的五帝谱系东传，先至鲁，后至齐，成为古史
的正宗。

齐人的神话现存比鲁人要多，祀神面较三晋、鲁为广。在齐地，
曾有影响甚大的八神，《史记·封禅书》完整地将他们记录下来，兹
录于下：

八神将自古而有之，或曰太公以来作之。齐所以为齐，
以天齐也。其祀绝莫知起时。八神：一曰天主，祠天齐。天
齐渊水，居临菑南郊山下者。二曰地主，祠泰山梁父，盖天
好阴，祠之必于高山之下，小山之上，命曰"畤"；地贵
阳，祭之必于泽中圜丘云。三曰兵主，祠蚩尤。蚩尤在东平
陆监乡，齐之西境也。四曰阴主，祠三山。五曰阳主，祠之
罘。六曰月主，祠之莱山。皆在齐北，并渤海。七曰日主，

祠成山。成山斗入海，最居齐东北隅，以迎日出云。八日四时主，祠琅邪。琅邪在齐东方，盖岁之所始。

这八神多是齐旧地神祇，"自古而有之"，太公"因其俗"而使之保留下来。当然，其间夹入了姜姓的先祖，如蚩尤，完整的八神为"太公以来作之"是对的。秦始皇东游海上，曾行礼祠八神。汉武帝东巡海上，也行礼祠八神。八神为自然神，自成体系，春秋战国时仅在东部齐地流行，秦汉时虽得皇上祭祀，但没有进入皇家祀典，影响不是太大。

齐文化影响最大的是经过改造的具有浓烈的神话色彩的五行学说。五行说见于《尚书·洪范》，本为解释世界根本的哲学，至齐邹衍出，五行说遂演为历史观。邹子学说，"先序今以上至黄帝，学者所共术，大并世盛衰，因载其机祥度制，推而远之，至天地未生，窈冥不可考而原也……称引天地剖判以来，五德转移，治各有宜，而符应若兹"[1]。其论五德转移，于《吕氏春秋·应同》篇尚保留较完整：

凡帝王者之将兴也，天必先见祥乎下民。黄帝之时，天先见大螾大蝼。黄帝曰："土气胜。"土气胜，故其色尚黄，其事则土。及禹之时，天先见草木，秋冬不杀。禹曰："木气胜。"木气胜，故其色尚青，其事则木。及汤之时，天先见金，刃生于水。汤曰："金气胜。"金气胜，故其色

---

[1] 《史记·孟子荀卿列传》，第1840页。

尚白，其事则金。及文王之时，天先见火，赤鸟衔丹书集于
周社。文王曰："火气胜。"火色胜，故其色尚赤，其事则
火。代火者必将水，天且先见水气胜。水气胜，故其色尚
黑，其事则水。水气至而不知，数备将徙于土。

这段叙述，把历史的演进视为五德之转移，把历史神话化了。
其中更值得注意的是，黄帝是人文之祖，土为根本，五德几经转移，
至周为火，尽管代火者为水，若"水气至而不知，数备将徙于土"。
于是，绍黄帝之统就成为新一代帝王的选择。邹子学说是华夏神统发
展的新变化，它对战国特别是秦汉王朝的政治生活及神话带来了重大
影响。

齐鲁人共同创造了封禅的神话。在齐人看来，齐是天下的中
心。[1]泰山为齐鲁地区巍峨的山岳，被说成是古天子祭天的场所。于
是齐鲁人拥有了一个圣地。按周礼，诸侯祭其所在地山川。泰山之
阳为鲁，泰山之阴为齐，齐鲁人却都不能祭祀它。齐桓公曾跃跃欲
试去行封禅之礼，管仲设事劝止[2]。齐景公"师过泰山而不用事，故
泰山之神怒也"[3]。鲁"季氏旅于泰山"[4]，是大夫僭祭，为越礼之
举，孔子大不以为然。泰山确实是一非同寻常的处所，封禅之说，

---

[1] 《史记·封禅书》："齐所以为齐，以天齐也。"《集解》引苏林曰：
"当天中央齐。"
[2] 《史记·封禅书》，第1165页。
[3] 《晏子春秋·内篇谏上》，"二十二子"本，上海古籍出版社，1986年，
第561页。
[4] 邢昺：《论语注疏》，第2465页。

恐不全是齐鲁人信口编造。管仲说古封泰山禅梁父者七十二家，他所知道的有十二家，他们是无怀氏、伏羲、神农、炎帝、黄帝、颛顼、帝喾、尧、舜、禹、汤、周成王。[1]后世之三皇、五帝、三王在此已排成了井然次序。齐鲁儒生高唱封禅说，是他们的一个中心议题。

至秦统一，秦始皇征齐鲁儒生博士七十人至于泰山脚下，问以封禅之礼。诸儒生实不知所以，曰："古者封禅为蒲车，恶伤山之土石草木；扫地而祭，席用菹秸，言其易遵也。"[2]秦始皇听他们所议各不相同，难以施用，于是贬斥儒生，自为封禅之礼："而遂除车道，上自泰山阳至巅，立石颂秦始皇帝德，明其得封也。从阴道下，禅于梁父。"祀礼参照祀雍上帝之礼，可见秦人并不懂封禅之礼。秦以前的封禅多为神话，而秦以下至于明清，封祭泰山未有间断，则是事实，仅此一道，即可见齐鲁神话的巨大影响。

泰山的神话是一个综合的系统，是华夏神话的新变。泰山将华夏神统组成了一个体系，这是齐鲁人的贡献。郊祀社祀于三代文献有证，而封禅不见于《国语》《左传》，周及周以前有无封禅难以确知，但封禅说出，改变了天地祭祀的形式，成为改朝换代的象征。《史记正义》引《五经通义》："易姓而王，致太平，必封泰山，神梁父何？天命以为王，使理群生，告太平于天，报群神之功。"商周统治者是在社庙里告天报神的，秦汉则封泰山、禅梁父。一个神话影响了后代的礼仪。

---

[1] 《史记·封禅书》，第1165页。
[2] 《史记·封禅书》，第1169页。

　　泰山神话因神仙鬼魂学说的掺入而壮大。自齐威王、齐宣王、燕昭王遣人入海求蓬莱、方丈、瀛洲三仙山，东方燕齐一带刮起了求仙风潮。求神仙的一个基本动机是求长生不老。关于神仙故事，顾颉刚称为蓬莱神话[1]，其实它只是附属于泰山神话的支系。神仙说由战国至于秦汉大盛，便与封禅活动合流。华夏族之祖黄帝也渐变为一大仙，传黄帝仙登于天，又说封禅者七十二王，唯黄帝得上泰山封，黄帝后常游泰山，且战且学仙。于是方士们说："上封则能仙登天矣。""封禅者，合不死之名也。"[2]黄帝之为仙，之为土德，都是齐鲁一带的神话，这是黄帝成为民族共祖的重要因素。汉代因自称得土德，以克秦之水德，将是绍黄帝之统，在封禅中明确地提出来。公孙卿说申公有言"汉兴复当黄帝之时"。在泰山封禅者将如黄帝，一得天下，二得长生，封禅便由"告太平于天，报群神之功"转向对生命永恒的渴求，意蕴扩展。既然泰山关乎长生不死，是为生命的治所，后有病便谒泰山，泰山的地位日渐重要起来了。神仙的府第一下子又变成了鬼魂的集中营，所谓人死归泰山，是中国灵魂神话的核心内容。泰山的神话使中国神话变得丰富起来。

　　齐鲁三晋继承了华夏神话传统，以五帝说影响最大，后发展出五德终始说，并以封禅为核心，建立了泰山神话体系。齐鲁三晋的神话是影响后代最大的神话。

---

[1] 顾颉刚：《〈庄子〉和〈楚辞〉中昆仑和蓬莱两个神话系统的融合》，朱东润、李俊民、罗竹风主编：《中华文史论丛》1979年第二辑，上海古籍出版社，1979年。

[2] 《史记·封禅书》，第1190页。

9.3　楚神话：三帝神话并存，十神与宇宙神话

楚神话是独具特色的神系，它跟齐鲁三晋的神话有明显区别。齐鲁地域色彩很重的泰山神话在楚神话里几乎不见影子，五帝的神话没能在楚神话中形成体系。他们有自己的祀典，有自己的神话传统，因而具有独特的南方文化特色。楚神话也接受了外来神话的影响，外来神话与楚神话或并存，或冲突，呈现出文化交流的活跃局面。

楚神话集中保留于《山海经》和《楚辞》二书中，它是春秋战国时保留得最为丰富完整的一个神话系统。与齐神话比较，《楚辞》之《九歌》十神相当于齐八神，是地方固有神统；《山海经》神话则如泰山神话，是文化交融的结果。

《山海经》为一部奇书，鲁迅、袁珂等人均以为楚人所作[1]。由于行文有差异，人们对其成书的时代有种种说法，时间跨度之大，不一而足。一般说来，《山海经》各篇作于春秋战国时的楚人之手，秦汉时及以后有所增益，但没有根本改变其古神话的性质。

《山海经》的神话，由三个互不相属的板块构成，保存着较为原始的三大集团的传世神话。它们是：一、以黄帝为中心的西方昆仑神话；二、以帝俊为中心的东方神话；三、以颛顼为中心的南方神话。因此，《山海经》是对古代神话的一个汇编。楚人不像齐鲁人视泰山为天下中心，把神灵集中在狭小的范围里，而有一种海纳百川的气度。

楚神话里没有五帝，只有三帝，他们是黄帝、帝俊、帝颛顼。华夏族以黄帝为中心重构了神话，楚人却还基本保持着三集团时的原

---

[1] 参见鲁迅的《中国小说史略》和袁珂的《神话论文集》。

貌。《山海经》记黄帝事计二十三处，记帝俊事十六处，记帝颛顼事十六处[1]，可谓三帝鼎立。《山海经》就是以三帝为中心展开神话画面的。尽管三帝并立，我们发现，华夏神话对楚神话的影响越来越大，黄帝的地位越来越高，这正是黄帝成为民族共祖的文化基础。

不同于齐鲁人把黄帝置于东部泰山，保留在楚神话中的黄帝却居于西部昆仑，可见楚神话更加原始。《西山经》有昆仑之丘，为帝之下都，神陆吾所司，又有轩辕之丘。《海外西经》有轩辕国。《海内西经》载昆仑更为详尽。以上各经均为"西经"，是黄帝处西部之证。昆仑是黄帝最庄严的治所，兹录于下：

> 海内昆仑之虚，在西北，帝之下都。昆仑之虚方八百里，高万仞。上有木禾，长五寻，大五围。面有九井，以玉为槛。面有九门，门有开明兽守之。百神之所在，在八隅之岩，赤水之际，非仁羿莫能上冈之岩。……昆仑南渊深三百仞。开明兽身大类虎而九首，皆人面，东向立昆仑上。开明西有凤凰、鸾鸟、皆戴蛇践蛇，膺有赤蛇。开明北有视肉、珠树、文玉树、玗琪树、不死树。……开明东有巫彭、巫抵、巫阳、巫履、巫凡、巫相，夹窫窳之尸，皆操不死之药以距之。……开明南有树鸟，六首；蛟、蝮、蛇、蜼、豹、鸟秩树，于表池树木，诵鸟、鹝、视肉。[2]

---

[1] 参见袁珂：《神话论文集》，上海古籍出版社，1982年，第8—9页。

[2] 袁珂：《山海经校注》，上海古籍出版社，1980年，第344—355页。关于炎黄之战为齐国田氏代齐舆论的说法，钟宗宪导师王孝廉先生《中国神话世界》（红叶文化事业有限公司）有更详细的阐述。

这里也有一些不死神仙观念，这是因为楚也是神仙观念的滋生地之一。楚人有不死药，《战国策》中有记载，不一定来自齐鲁。但黄帝在楚神话里不是仙。在《山海经》里不仅记载了黄帝为许多民族的祖先，如夏、犬戎、北狄，还写了他与诸多部族的矛盾。他与蚩尤作战的故事尤其惊心动魄。那是一场部落间争夺联盟统治权的战争，《山海经》有六处写到这场战争，可见它是古代影响最大的民族冲突。关于黄帝战蚩尤，钟宗宪引日本学者森安太郎所谓田氏代齐的姬姜冲突论，认为是姬姓系的田氏为粉碎姜氏齐政而抛出的政治性神话。[1]其说虽新奇有趣，然黄帝战蚩尤不见于泰山神话而见于楚神话，这一现象跟田氏创造政治神话的背景不相符。

黄帝杀刑天也很奇绝。《海外西经》："刑天与帝争神，帝断其首，葬之常羊之山，乃以乳为目，以脐为口，操干戚以舞。"此帝出"西经"，则当是黄帝无疑。几千年来，人们反同情赞扬刑天的不屈精神，而对黄帝则不以为然，说明他并不是最得人心的上帝。

黄帝杀危，也是件不明智的事。《海内西经》："贰负之臣曰危，危与贰负杀窫窳。帝乃梏之疏属之山，桎其右足，反缚两手与发，系之山上木。"这个窫窳本是个吃人的魔怪，黄帝偏袒他，有失公正。

黄帝杀人很多，除蚩尤、刑天被杀，危被梏外，还有钟山之子鼓、鲧等，这些材料说明，黄帝在兼并战争中征服的部落最多，黄帝并不是一开始就以德服人而被群族所尊崇的，武力是他取得地位的保障。

---

[1] 钟宗宪：《炎帝神农信仰》，学苑出版社，1994年。

　　《山海经》并没有华夏中心论，帝俊、帝颛顼在书中与黄帝具有同样的地位。

　　帝俊在东方。《大荒南经》："东南海之外，甘水之间，有羲和之国。有女子名曰羲和，方日浴于甘渊。羲和者，帝俊之妻，生十日。"《大荒东经》中有中容之国、司幽之国、白民之国、黑齿之国，均为帝俊之后。夷族首领羿也受帝俊之赐赏，并受帝俊之命下地除百害。帝俊为东夷族所崇拜的天神。帝俊的至上地位表现在他创生自然世界方面，日月均由帝俊之妻所生，此项功勋为黄帝所不及。帝俊之至上还表现为文化的创制，帝俊的后人先后发明农耕、船、琴瑟、歌舞、巧倕等。这位夷族的至上神后来在华夏族的神话里消失或变形了，这一现象是颇令人思索的。

　　颛顼是与黄帝、帝俊相并列于《山海经》中的另一位上帝。他同样具有至上的地位，《大荒西经》："大荒之中，有山名曰日月山，天枢也。吴姖天门，日月所入。有神人面无臂，两足反属于头山，名曰嘘。颛顼生老童，老童生重及黎；帝令重献上天，令黎邛下地；下地是生噎，处于西极，以行日月星辰之行次。"就其主宰自然之功看，颛顼不在帝俊之下。这段材料同时点明了颛顼为楚人祖先的身份。重黎为祝融，祝融之后即楚，楚人祀祝融、颛顼为远祖上帝。楚人在讲绝地天通时，总是念念不忘帝颛顼。颛顼为高阳，楚人以为高阳之后为荣耀。因此，屈原在《楚辞·离骚》一开头便说"帝高阳之苗裔兮"。

　　《山海经》神话三帝并存，显示了楚文化的兼容性，楚文化因此而博大。楚文化却不因此而成为杂烩，它有自己的祀典，与齐人的八神不一样，楚人以《九歌》祀十神。这十神有楚人自己的至上神、自然神，其中一些神灵具有鲜明的地方色彩。这十神为：

> 东皇太一、东君、云中君、湘君、湘夫人、大司命、少
> 司命、河伯、山鬼、国殇。

这里的主神是太一，太一显然受到道家哲学的影响。《庄子·天下》述老聃关尹之学云："建之以常无有，主之以太一。"太一本为一个哲学范畴，意为宇宙之根本。《吕氏春秋·大乐》："道也者，至精也，不可为形，不可为名，疆为之谓之太一。"楚哲学之本体论本具神秘色彩，无论是道还是太一，它之恍兮惚兮的本性使人不可捉摸，故而哲学反成神话温床。太一尊神没有在楚国自生自灭，它突破了楚地域局限，对中国神话产生了长久的影响。秦统一后，楚是主要的对抗力量。以楚人为主体的汉朝建立，楚神话逐渐向朝廷侵蚀。

武帝时，亳人谬忌奏祀太一，曰："天神贵者太一，太一佐曰五帝。古者天子以春秋祭太一东南郊，用太牢，七日，为坛开八通之鬼道。"[1]于是天子令太祝立其祠于长安东南郊，常奉祠如忌方。楚人的主神登上了汉代的神坛，并压住了五帝的地位。楚神话中的其他神，如东君、云中君、司命，在汉初就进入了神坛[2]。楚十神的神话因屈原之生花妙笔而万古流芳。

楚神话因道家哲学的影响而形成特有的体系，这与齐鲁神话体

---

[1] 《史记·封禅书》，第1182页。

[2] 参见《史记·封禅书》，第1177页。

系因政治伦理而勾画不同。太一是主神，也是本体。楚有天地自然构成的神话，也有天地生成的哲学思考，哲学与神话在楚神话中是统一的。《天问》开头一段对天地日月的神话发出疑问，是想以理性之光去照亮神话的混沌。屈原受了些道家学说的影响，其说神秘色彩重，所述既是神话，又怀疑这些神话。

《山海经》海外诸经有四方神：

> 南方祝融，兽身人面，乘两龙。
>
> 西方蓐收，左耳有蛇，乘两龙。
>
> 北方禺疆，人面鸟身，珥两青蛇，践两青蛇。
>
> 东方句芒，鸟身人面，乘两龙。

这四方神至秦汉同五帝合流，构成了神话中的宇宙统治图式。

天地四方的神话在楚神话中占有相当比重，而天地四方主要指冥界的天地四方。齐鲁神话重仙境，楚神话重冥国。仙境明丽灿烂，冥国阴森恐怖。冥国世界主要为《招魂》篇所描绘。

《招魂》所描绘的冥国天地四方，无不令人胆寒：

> 魂兮归来，东方不可以托些。长人千仞，唯魂是索些。
> 十日代出，流金铄石些。往彼习之，魂往必释些。
>
> 魂兮归来！南方不可以止些。雕题画齿，得人肉以祀，
> 以其骨为醢些。蝮蛇蓁蓁，封狐千里些。雄虺九首，往来倏
> 忽，吞人以益其心些。
>
> 魂兮归来！西方之害，流沙千里些。旋入雷渊，靡散

而不可止些。幸而得脱,其外旷宇些。赤蚁若象,玄蜂若壶些。五谷不生,丛菅是食些。其土烂人,求水无所得些。彷徉无所倚,广大无所极些。

　　魂兮归来!北方不可以止些。增冰峨峨,飞雪千里些。

　　魂兮归来!君无上天些。虎豹九关,啄害下人些。一夫九首,拔木九千些。豺狼从目,往来侁侁兮。悬人以嬉,投之深渊些。致命于帝,然后得瞑些。

　　魂兮归来!君无下此幽都些。土伯九约,其角觺觺些。敦脄血拇,逐人駓駓些。参目虎首,其身若牛些。

　　这些歌词在南方的一些省份,如湘、鄂一带,至今仍在丧礼上歌唱,成了人们祭祀亡者仪式不可或缺的组成部分,影响深远。

　　楚神话无尊卑等次,且神与人亲近,与齐鲁神话殊科。东夷神话,华夏神话,苗蛮神话并述同叙,太一与战士亡灵同台祀之,说明春秋战国时期,周礼在南国的市场并不大。

9.4　秦神话:从"栎阳雨金"到"猎得黑龙"

　　秦国神话初无自己的系统,后接受了一些华夏神话的成分。随着秦国势力的增长,秦开始建立自己的神系去排挤压迫华夏神话和楚神话。神话是秦统一的武器,故功利性极强。

　　秦远祖的神话是秦人的根本神话,后经历史化,神话色彩依然很重,图腾崇拜的特征尚保留着。《史记·秦本纪》:

> 秦之先，帝颛顼之苗裔孙曰女修。女修织，玄鸟陨卵，
> 女修吞之，生子大业。大业取少典之子，曰女华。女华生大
> 费，与禹平水土。……佐舜调驯鸟兽，鸟兽多驯服，是为
> 柏翳。

帝颛顼是后代加上去的，春秋战国时秦人未祀颛顼，说明秦人未认他为远祖。但这段记载却表明了秦为东方夷人之后的事实，秦拜玄鸟，对东夷之祖饱有深情。这是秦神话的基础。

秦祖多有成为神话人物者，如蜚廉，为风伯，《楚辞》有"后蜚廉使奔属"句，知秦楚神话有互相影响处。造父也为驾车之神，传他为缪王御，一日千里救乱。造父一支后为赵氏。

秦人如同楚人，不承认黄帝一尊的地位，但他们不像楚人那样宽容，他们偏重于自己的主神。他们的上帝是少皞白帝。《史记·封禅书》：

> 秦襄公既侯，居西陲，自以为主少皞之神，作西畤，祠
> 白帝。

原来的秦国似乎没有一尊的上帝，只是他们跟中原各国发生关系后才自立出白帝来。《史记·秦本纪》说："襄公于是始国，与诸侯通使聘享之礼，乃用骊驹、黄牛、羝羊各三，祠上帝西畤。"只是在"与诸侯通使聘享之礼"后才祠上帝，可知还是华夏文化礼制的影响所致。

秦人把自己定位于少皞之后，便把主要精力用在白帝的祭祀上。

至秦文公时，又作鄜畤，祭白帝。《史记·封禅书》：

> 秦文公东猎汧渭之间，卜居之而吉。文公梦黄蛇自天下
> 属地，其口止于鄜衍。文公问史敦，敦曰："此上帝之征，
> 君其祠之。"于是作鄜畤，用三牲郊祭白帝焉。

然秦所居之地为华夏故土，那里曾留下过祭祀黄帝的遗迹，如雍旁之吴阳武畤，雍东之好畤，皆废无祠。在秦势力尚弱之时，他们的白帝也不可能独尊。所以，多神崇拜在一个相当长的时间是秦人的唯一选择。自秦德公卜居雍，雍之诸祠得兴。宣公作密畤于渭南，祭青帝。青帝为东方之帝太暤，为东夷之祖，秦祀青帝，为对远祖的怀念。他们的心中似乎永远留恋着东方的故土，秦统一后，主要神灵都在东方，礼齐地八神，对南方之神不敬，其原因就在于此。

随着秦的强大，上帝开始发挥其政治功能。秦缪公时，便开始托上帝之名行征伐之事。"秦缪公立，病卧五日不寤；寤，乃言梦见上帝，上帝命缪公平晋乱。"[1]白帝在发号施令去干涉华夏事务。

秦灵公时，作吴阳上畤，祭黄帝；作下畤，祭炎帝。秦人祭华夏族的神，说明秦已广泛接受了华夏文化的影响。在秦人将华夏之神与白帝并祀时，已经在谋划取而代之的事业了。秦祀炎黄，是为了笼络华夏旧民，同时争夺正统席位。

秦献公时，周太史儋见秦王说："秦始与周合，合而离，五百岁

---

[1] 《史记·封禅书》，第1165页。

当复合，合十七年而霸王出焉。"[1]这是个谶语般的预言，也是个政治神话，意指秦将灭周。秦献公当然心领神会，于是创造了"栎阳雨金"的神话，并宣称得金瑞，作畦畤于栎阳祀白帝。此时五行学说已广被天下，西方为金正，帝为白帝，秦人接受了这一观念，利用广泛流传的学说建立起自己的神话系统来。随着秦人的国力日益强大，白帝的势力也同步增长。

跟楚人一样，秦人不承认齐鲁人的五帝系统。《山海经》里只有四方之神，三帝；秦人也只有四帝，即白帝、青帝、黄帝、炎帝。秦人未祀五帝，故《史记·封禅书》有如此记载：

> 二年，东击项籍而还入关，问："故秦时上帝祠何帝也？"对曰："四帝，有白、青、黄、赤帝之祠。"高祖曰："吾闻天有五帝，而有四，何也？"莫知其说。

秦人不祀五帝，于此可得证明。今传五帝有一说为少暤、颛顼、高辛、唐尧、虞舜，与司马迁等所传唯黄帝被少暤取代，是否后来秦人所为，不得而知。

秦人不承认华夏五帝的历史世系，因为华夏族的五帝说几乎没有少暤的地位。从《竹书纪年》看，少暤未居帝位。《史记·五帝本纪》则说："帝喾崩，而挚代立。帝挚立，不善而弟放勋立，是为帝尧。"承认这个世系则意味着秦人的祖先无能，秦人不以为然是理所当然的。秦人制造神话是不顾既有传统的，他们必须选择对自己有用

---

[1]《史记·封禅书》，第1167页。

的东西，或者创造有利于秦王朝发展的神话，因而极重功利。秦人听说西方属金、主白帝的一套五行学说，立刻祀白帝，并制造栎阳雨金的事件以征服人心。然而，等到秦统一，他们听到了五德终始说，便毅然弃白帝，崇水德。《史记·封禅书》：

> 秦始皇既并天下而帝，或曰："黄帝得土德，黄龙地蚓见。夏得木德，青龙止于郊，草木畅茂。殷得金德，银自山溢。周得火德，有赤鸟之符。今秦变周，水德之时。昔秦文公出猎，获黑龙，此其水德之端。"于是秦更命河曰"德水"，以冬十月为首，色上黑，度以六为名，音上大吕，事统上法。

现在不提"栎阳雨金"，而称"猎得黑龙"，可谓变化快，这都是为适应得天命而临时编造的，可见神话已成王权奴仆。以上这一神话还为秦之严刑峻法寻找理论根据，以神权来维护王权。

秦对既存神话采取为我所用的方针，凡是不顺于心愿的，即弃去，一切都为着王权，神话已经显露出专制时代的特征，密切地为政治服务了。

9.5 三大神话系统的特征及命运

以上是我们对齐鲁三晋、楚、秦三大神话系统的初步探索。总而言之，齐鲁三晋神话尊祖而重五帝，以泰山神话为归结点，在那里，崇天敬祖与求仙学道得到统一，又因五德终始说的浸透，以五德重建古史，为后代政治与神话提供了一种变换模式。楚神话不敬祖，述三帝四神，叙天地秩序，其《九歌》十神的影响远大于齐地八神，楚神话的巨大影响与其兼容性有直接联系。秦因其重功利，其神话缺少儒、道的文化色彩，树立白帝后又杂祀数帝及群神，后又易以黑帝为主神，这种随意性丧失了神话生产的自然性，故不得久长，然秦神话露骨地为王权服务的作风却为历代统治者所继承。

春秋战国时的三大神话以秦神话的胜利告终，秦统一后借用了齐鲁神话的套式，如五德终始说是秦专制主义的文化武器。秦灭亡后，楚神话一度是汉文化的主潮，如太一与黄老道。后来，汉文化以儒为主调，齐鲁三晋神话占了上风，而秦、楚神话作为辅翼，奠定了汉神话的基本格局。

第十章
秦汉间的上帝与祖神定位

10.1 没有上帝的秦神话

秦汉是中国历史上的一个重要时期。它是上古文化发展的一个总结，同时开启了新的发展方向。中国文化在经历了东周几百年变乱分裂后于秦汉重归一统，顺应了历史潮流，奏响了统一中国文化的雄伟乐章。

疆土的统一是国家统一的外在标志。秦始皇统一时，地同域的使命已部分完成。那时，"地东至海暨朝鲜，西至临洮、羌中，南至北向户，北据河为塞，并阴山至辽东"[1]。这一版图在汉时又有扩大，其表现为北方匈奴遭打击后撤，汉势力伸展至天山南北间，云、贵、川一带西南夷已归附。疆域的一统与政治、经济、文化的一统结合起来，形成了统一的封建国度。从政治上讲，秦的郡县制粉碎了以血缘

---

[1] 《史记·秦始皇本纪》，第170页。

家族为基础的诸侯地方政治统治格局，中央权势可直接渗透到基层社会组织乡、亭等机构，撤除了以往诸侯势力的屏障。分封制的打破使得那种以家族为单位的割据势力在客观上已不易实现。货币、度量衡的统一，车同轨以及驰道的修筑，使地方经济发展遵循了统一规范，便利了相互交流。不仅促进了经济发展，地方势力在经济上也越来越依赖中央。政治、经济的一统行为是文化一统的先决条件。秦汉间的文化统一对中国文化的影响更为深远。

首先，"书同文"使心理统一有了共同的依据。周代之"达其志，通其欲"仅为一种理想。统一的观念因文字障碍而难于执行。各诸侯国间的文化仍有着很大的差异。秦始皇之统一文字使一个融多民族文化为一体的新民族文化的产生有了可能。而文字的统一遂成为此后中华民族联结沟通的纽带。

"行同伦"是据于行政力量而采取的措施，初非民众的自觉行动。然而，在"匡饬异俗"的运动中，天下统一逐渐成为事实，于是民族的共同心理开始形成。自此，一个新的民族——融多民族为一体的汉民族已呼之欲出了。

这时所需要的是共同的历史——一种法典式的对共同体的承认。任何一个民族都不可能出自同一个单一的先祖，但任何民族都得在心理上承认某单一象征性的先祖与自身是有血缘关系的。这就是历史的谱系。然而，初始的历史是诞生在神话的怀抱里的，两者处于难以分割的阶段。一位历史学家这样指出：

> 神话和历史是近亲，因此两者都通过讲述某种故事而说明事情的原委。但我们通常的讲法是，神话是假的而历史是

真的，或渴望它是真的。因此，历史学家在驳斥别人的结论时就称其为神话般的，而声称他自己的观点是真实的。但在一位历史学家看来是真的东西，在另一位看来会是假的。这样，这位历史学家的真理甚至就在讲出来的时候就成了另一位历史学家的神话。[1]

这种感慨尚是针对现代史学家而发的。在古代，史学家一本正经地把神话当作历史就更加自然。当史学家可以把一个共同体以一个谱系统摄起来，而这个谱系为民众普遍接受时，这个群体便成为一个民族。

谢林曾经有"没有神话，便没有民族"的卓识。然而他又说了如下一些荒谬的话："在众多同样古老的神话民族中间，中华民族是一个绝对没有神话的民族，它的发展仿佛完全脱离了神话运动，而转向了人类生存完全不同的另一个方面。"[2]既然没有神话，怎么能称为一个民族呢？所以他否定了中华民族作为一个民族存在的条件，进而否定了中华民族的存在。这种荒谬的产生起于他对中国文化的不了解，他对中国的民族神话缺乏基本的认识。

秦汉时期是以汉民族为主体的中华民族的形成时期，也是中华民

---

[1] ［美］威廉・H. 麦克尼尔：《神话-历史：真理、神话、历史和历史学家》，中国美国史研究会编：《现代史学的挑战——美国历史协会主席演说集（1961—1988）》，王建华等译，上海人民出版社，1990年，第475页。

[2] ［德］谢林：《中国——神话哲学》，［德］夏瑞春编：《德国思想家论中国》，陈爱政等译，江苏人民出版社，1995年，第135页。

族神话的形成时期，它在中国神话史上占据着举足轻重的地位。但若是仅看秦代的神话，则真没有什么光彩。因为武装统一并不意味着文化统一，政治上的一统并不意味着最高神一定出现。

当周天子失势，天下出现分裂时，各路诸侯跃跃欲试，都抛出欲一统天下的舆论，然而这种舆论多以神话的面目出现。如晋平公之梦黄熊入室，实欲替周而绍夏统；齐桓公欲封禅，企图以把握祭天之礼而得天子之位；太史儋之言秦周分合，皆为政治神话。最终天下被秦始皇统一，但在神话中获得统一还要走很长的路。

在《吕氏春秋》中，吕不韦为秦朝这个伟大的王国大造一统的舆论，而这理论的核心是专制主义。《不二》篇说："有金鼓所以一耳，必同法令所以一心也；……故一则治，异则乱；一则安，异则危。"《执一》篇说："王者执一，而为万物正。军必有将，所以一之也；国必有君，所以一之也；天下必有天子，所以一之也；天子必执一，所以抟之也。一则治，两则乱。"这是站在法家立场上提出的治国之道，欲以君王的一统权威取代各家学说，这正是焚书坑儒的先声。

由于秦始皇取得了前所未有的统一成就，因而甚为蔑视前朝圣贤。在他眼里，三皇五帝均不在话下。在议论帝号时，丞相王绾、御史大夫冯劫、廷尉李斯等皆曰：

> 昔者五帝地方千里，其外侯服夷服，诸侯或朝或否，天子不能制。今陛下兴义兵，诛残贼，平定天下，海内为郡县，法令由一统，自上古以来未尚有，五帝所不及。臣等谨与博士议曰："古有天皇、有地皇、有泰皇，泰皇最

贵。"臣等昧死上尊号，王为"泰皇"。命为"制"，令为"诏"，天子自称"朕"。

王曰："去'泰'，著'皇'，采上古'帝'位号，号曰'皇帝'，他如议。"……制曰："……朕为始皇帝，后世以计数，二世三世至于万世，传之无穷。"[1]

按照这种气度，历史从他这里开始，还有什么必要去崇奉先祖神灵呢？他可凭借国王的至高无上的权威支配一切，统治一切，什么东西在他面前都是渺小的，因而真用不着利用鬼神来实行政治统治了。

秦始皇在东巡至琅邪时，丞相王绾、卿李斯等的一段话倒是实在："古之五帝三王，知教不同，法度不明，假威鬼神，以欺远方，实不称名。"[2]远古帝王无论怎样信鬼敬神而远之，都不如秦始皇对神灵的蔑视有气度。他南巡至衡山、南郡一带，到湘山祠时，逢大风，几不得渡。"上问博士曰：'湘君何神？'博士对曰：'闻之，尧女，舜之妻，而葬此。'于是始皇大怒，使刑徒三千人皆伐湘山树，赭其山。"[3]他在鬼神面前的这副蛮横姿态显示出自己的凛然不可侵犯。

《史记·秦始皇本纪》还记载了他跟海神的一场战斗："始皇梦与海神战，如人状。问占梦，博士曰：'水神不可见，以大鱼蛟龙为候。今上祷祠备谨，而有此恶神，当除去，而善神可致。'乃令入海者赍捕巨鱼具，而自以连弩候大鱼出射之。自琅邪北至荣成山，弗

---

[1] 《史记·秦始皇本纪》，第168页。
[2] 《史记·秦始皇本纪》，第175页。
[3] 《史记·秦始皇本纪》，第176页。

见。至之罘，见巨鱼，射杀一鱼。"这样算是消灭了海神。他怕什么神呢！因此，他担心的事只有一件，就是怕人夺去他的王位，结果他的生命。

秦始皇不怕鬼神，但很迷信。秦汉时有望气之巫，常言某处有天子气，秦始皇总是信以为真，要想方设法去破坏掉。以下是秦始皇破坏地方王气的一些有趣材料：

> 秦始皇帝常曰"东南有天子气"，于是因东游以厌之。
> （《史记·高祖本纪》）
>
> 始皇东巡，济江。望气者云：五百年后，江东有天子气，出于吴；而金陵之地有王者之势。于是始皇乃改金陵曰秣陵，凿北山以绝其势。（《宋书·符瑞志》）
>
> 秦望气者云：东南有天子气，使赭衣徒凿云阳北岗，改名曲阿。（《艺文类聚》引《地理志》）
>
> 晋陵郡丹徒，古朱方。秦时，望气者云：其地有天子气。始皇使赭衣徒三千人凿坑败其势，改曰丹徒。（《晋书·地理志》）
>
> 始皇朝，望气者云：南海有五色气。遂发卒千人凿之，以断山之岗阜，谓之凿龙。（《太平御览》引《南越志》）[1]

这种故事很多，恐不全是传说。《史记·秦始皇本纪》说秦始

---

[1] 马非百：《秦集史》下册，中华书局，1982年，第729页。

皇收养的候星气者有三百人，这些是他的政治预告员。他不是不信天命，而是要跟天命作对，所以他将尽可能地把一切可能出现的天子迹象扼杀在萌芽状态里，防患于未然。

就是在这样一种背景下，秦始皇同意了李斯焚书的动议。李斯说"史官非《秦记》皆烧之"，那么秦史当存在，秦的祖先该大大地颂扬一番。这《秦记》司马迁看过，《史记·六国年表》："太史公读《秦记》，至犬戎败幽王，周东徙洛邑，秦襄公始封为诸侯，作西畤用事上帝，僭端见矣。"说明秦国史保存是比较完备的。《秦记》里对襄公、文公、德公、宣公、缪公、灵公、献公时的上帝崇拜记载得清清楚楚，秦先公对上帝的崇信十分认真，独秦始皇不然。他似乎没有新辟上帝的畤庙。从秦始皇时的各地石刻文字看，臣子们注重的还是皇帝"功盖五帝"的一统之功，至于始皇的各位秦国先祖都没提及。看来，秦始皇是以自我为中心，他不愿沾祖先的光，所以不重祖神而重自身。

秦始皇不但不重祖神，而且不重天神。秦始皇时的天神是谁不十分明白。他不把五帝放在眼里。雍有四畤，胡乱地祭祀四帝，连五帝的数字都没凑足。据《封禅书》，秦襄公时自以为主少皞之神，作西畤祠白帝，那是把白帝当作祖神与上帝合一的神灵，初露出秦要与周分庭抗礼的迹象。按《周礼》，天子祭天帝，诸侯只能祭其域内的名山大川，秦以拥有上帝祭祀权开始挑战周天子。秦始皇时这位白帝因与五德转移学说相矛盾，而改崇黑帝，但这黑帝祠最后也没有建立起来，直到刘邦才补足了这个缺失。秦始皇不想再信白帝，而又不兴黑帝祭礼，这只能说明秦始皇对上帝的兴趣不大。

秦始皇怕死，想长生。承战国以来的求仙风潮，他成了一个仙迷，因而他最关心的就是自己是否能长生不老，这样构成了秦神话的一个显著特征：无意于外在的上帝构造，只醉心于扩大王权与自我的神仙迷信。如此，秦只有关于帝王自我的神话，则不可能产生为群体所关心的神话。如果说秦有一个最高神的话，那么这个神就是皇帝自己。显然，秦始皇以暴戾凶残的形象而成为一个最高神，这是没有人认可的。由于没有外在的至高神，秦宗教由襄公以来逐渐统一的白帝崇拜反降为一个无中心的多神崇拜的局面。

秦神话主要由这样三部分构成：一、关于皇帝为至高神的神话；二、关于皇帝为神仙的神话；三、漫无统序的杂神神话。我们可由此把握秦神话的主流。

秦始皇把自己视为至高神，从他藐视群神，藐视五帝三王及秦先祖可以见出。秦始皇自以为最高神，把天人合一观念发展至一个新阶段。

秦始皇二十七年（公元前220年），秦始皇在渭南造了座信宫，这是一行宫别墅。秦始皇作极庙用心良苦，"已更命信宫为极庙，象天极。自极庙道通郦山，作甘泉前殿。筑甬道，自咸阳属之"[1]。这个信宫即便不是始皇自己住在里面，它跟宫殿直接相连，也为始皇所主。这条甬道是什么样子呢？《史记正义》引应劭云："谓于驰道外筑墙，天子于中行，外人不见。"秦始皇把自己当作极庙之神，神秘地往来于极庙与甘泉殿之间。象天极的神庙当住什么神呢？《史记·天官书》："中宫天极星，其一明者，太一常居也。"中宫乃天宫之中央府第，太一为最高神。秦始皇建这样一个极庙，岂不是把自

---

[1]　《史记·秦始皇本纪》，第172页。

己当作了天庭之中的最高神？

秦始皇三十五年（公元前212年），宫殿的建设规模进一步扩大，秦始皇以为咸阳人多，先王之宫廷小，"乃营作朝宫渭南上林苑中。先作前殿阿房，东西五百步，南北五十丈，上可以坐万人，下可以建五丈旗。周驰为阁道，自殿下直抵南山。表南山之颠以为阙；为复道，自阿房渡渭，属之咸阳，以象天极阁道绝汉抵营室也"[1]。这样便再一次显示出秦始皇以自比太一尊神的用心。他将自己的宫殿拟作天宫的结构，"以象天极阁道绝汉抵营室"说明他欲与天公试比高。秦始皇把自己作为最高神，这才敢毁湘君祠，射杀海神。他是一位少见的不怕神的君王。

秦始皇陵中"以水银为百川江河大海，机相灌输，上具天文，下具地理"[2]。看来秦始皇死后还要统治世界。他不仅管理人间，天文地理悉具，似为一宇宙主宰。秦始皇为最高主宰已被朝中认同。秦始皇死后，二世令群臣议尊始皇庙，群臣顿首曰："古者天子七庙，诸侯五，大夫三，虽万世世不轶毁。今始皇为极庙，四海之内皆献贡职，增牺牲，礼咸备，毋以加。……天子仪当独奉酌祠始皇庙。自襄公已下轶毁。所置凡七庙。群臣以礼进祠，以尊始皇庙为帝者祖庙。"[3]从这段文字看，始皇庙就是秦始皇在世所建的那座极庙——太一常居的处所，这是天神庙。又始皇庙为"帝者祖庙"，所以秦始皇在秦代是无以复加的尊神，因而所谓五帝或者天帝的崇奉在秦代几乎没有市场。

---

[1]《史记·秦始皇本纪》，第181—182页。

[2]《史记·秦始皇本纪》，第188页。

[3]《史记·秦始皇本纪》，第189页。

秦始皇地位至高无上已经实现了。但有一点最令他感伤的是岁月流逝，人生易老。他想长生不老。他的这一愿望正与战国以来的神仙思想一拍即合，于是，关于神仙的神话成为秦代甚有影响力的神话。秦代的神仙风潮是秦始皇刮起来的，他宣称："吾慕真人，自谓'真人'，不称'朕'。"[1]表现出求道成仙的强烈愿望。齐人最好神仙道术，秦始皇称帝后，齐人以此奏之，始皇大悦，开始了疯狂的求仙历程。

齐人徐市等言海中有三神山。始皇于是遣徐市发童男童女数千人入海求仙。此一去当然是无消息，以至于那些声称可求仙药者赶紧开溜。秦始皇知有诈，遂演一坑儒惨剧。这一来本该有所清醒，但秦始皇怕死，史称"始皇恶言死，群臣莫敢言死事"。[2]唯独说到求仙，编出任何谎言他都相信。入海方士两手空空回来总说仙山已见到，但风大不得靠近。诸仙人及不死之药皆在，其物禽兽尽白，金银为宫阙，未至时，望之如云；及到，三神山反在水下，想靠近，风则吹走，终不能到达。

神仙及仙药不可求得使秦始皇的情绪大受影响，他对自己的至高无上地位也产生了一些怀疑。尤其是他到泰山封禅遇到场大雨，遭儒生讥笑，给他心里蒙上了一层阴影。这场大雨弄得秦始皇十分狼狈且难堪。这现象似乎证明他德行不够，没达到古帝王的水准，上天在示象警告，不由得他对神不敢轻慢，于是开始了见了菩萨就烧香的颇有"淫祀"癖的杂神祭祀。他所祭祀的杂神甚多，超过了他对上帝的

---

[1] 《史记·秦始皇本纪》，第182页。

[2] 《史记·秦始皇本纪》，第187页。

信仰。封禅后东游海上求仙，沿途行礼祀名山大川及齐地八神。之所以这样小心翼翼，是怕像得罪了湘君之后那样遭风暴袭击。秦始皇三十七年（公元前210年），在一次出游至云梦时，他想起当年得罪舜妻湘君的遭遇后还不寒而栗，因而"望祀虞舜于九疑山"，后又"上会稽，祭大禹"[1]。当年斥责五帝三王"借威鬼神"之谬的勇气全无了，自以为功盖五帝，现在变得要祈五帝之灵保佑了。这正是他在政治上穷途末路的表现。

就整个秦代的宗教神话发展趋向看，它没有真正向一统的方向发展。由此可见，一统的政治并不跟一统的神完全对应。雍四畤所祀四帝高低难分，传说的白帝之祀未得强化，而黑帝之祀又未见施行。终秦一代，秦始皇、二世均未辟新畤以祀神，只是在原雍四畤及陈宝的故坛上做了些象征性的礼拜，兴趣并不浓。因此，秦代是一个上帝迷茫的时代。

周代崇奉上帝的规范被遗弃了，使得神权与皇权再度合一，造成政教一体化的统治格局，神话始终跟政治结有不解之缘。秦代不信上帝是因为秦代以帝王的迷信代替了天神的信仰。秦代神话的核心总是围绕皇帝的地位及其存在而展开的，没有上帝信仰或者说轻视上帝并不能跟无神论直接相联系，相反，它会造成普遍的迷信。所以，到了秦后期，一股淫祀之风反在秦朝刮起，使秦朝的宗教神话处于涣散无纪状，文化也随之呈现分裂态势。

秦神话的基本构架是以齐地的五德转移学说结合秦原有神话而构成的政治神话，齐秦文化大致上形成联盟。故秦统一天下，齐鲁方

---

[1] 《史记·秦始皇本纪》，第185页。

士儒士都颇卖力，秦始皇也对齐地神灵很重视，礼祀齐地八神。而作为秦近邻的楚与秦矛盾一直十分尖锐。尽管在统一战争中楚国输得很惨，但楚人却没有输掉信心，扬言"楚虽三户，亡秦必楚"。之后陈胜于大泽乡一旁的"丛祠"（神祠）里装神弄鬼而征信于众，"大楚兴，陈胜王"的预言遂不胫而走。民间这种"丛祠"的存在说明秦时民间信仰十分广泛，且多呈与正统文化对抗的态势。秦楚的冲突是文化上的冲突，所以秦的失败是文化的失败，首先是在神话领域里的失守。"大楚兴"首先是神示，是天命，宣告了秦统治的结束。这是民众与统治者之间的矛盾在神话中的体现，也是秦楚两大文化矛盾对抗在神话中的体现。民众是以神话首先敲响秦王朝的丧钟的。

　　一味强调王朝自身的神性，忽视外在的神灵建设，使得秦神话的核心主体在王朝崩溃后也一同殉葬了，如关于秦始皇为"极庙"之主的神话，始皇为"真人"的神话等，均成为笑柄贻笑于人，不可能影响到民众的心理结构，而秦王朝留下的上帝空缺都留待汉王朝来建设了。

10.2　上帝诞生的艰难历程

　　秦建立的江山很快垮台。从陈胜、吴广到刘邦、项羽，他们都是打着"大楚"或"西楚"的大旗发难的。他们无不为自己的起义编造了一曲神话，如大泽乡的装神弄鬼播撒了"陈胜王"的迷雾；斩白蛇的传说则确立了刘邦真龙天子的地位。它们在反秦斗争中起到很大的作用。然而这些神话因其产生于应急状态，也仅供一时之用，难以纳入集体共奉的神话范畴。一个统一的国家和民族必须有一个共同信奉的上帝和祖先，前者作为政教合一之物以行统治之权，是国家的保障；后者作为历史以成为共同体的纽带，是民族的前提。秦王朝为这种一统创造了一些硬件，如疆土、度量衡与文字的统一等，但共同文化的整合还有较大差距。虽有焚书坑儒的硬性攘斥异端的举措，却没有真正的建设性的文化工作，这种文化没有生命力。汉王朝经过一个漫长时期的努力，重新建立起了政教合一的国家权威，将民族共同体以法典形式确立下来，这便是历代所尊奉的上帝与民族共祖的出现，中华民族的主体遂宣告形成。汉文化继往开来，奠定了中国文化发展的根基。

秦始皇及其臣属觉得五帝三王之功不能同秦始皇相比，便十分看轻五帝之祀，因而连五帝的数都没凑齐。他们在忙着征战与大兴土木，忙着给自己的王朝涂脂抹粉。以秦始皇的暴虐，人们诅咒还来不及，哪个百姓会把他作为极庙的太一真人呢？秦始皇武功盖世，文化却极肤浅，他的盲目迷信与杂祀把秦朝的神话引向了一个纷乱的局面。秦代影响人心的并不是来自雍四神畤，也不是秦始皇这一"太一真人"，而是遍布各地的宗祠神社，这是民众真正的精神依托。

以刘邦的低微出身是极难征信于人的，于是编造斩蛇起义的神话，不久便传说纷纭。《史记·高祖本纪》说斩完大蛇后有老妪夜哭，言其子白帝子被赤帝子斩。《史记·封禅书》则说法不同：

> 高祖之微时，尚杀大蛇。有物曰："蛇，白帝子也，而杀者赤帝子。"

这"物"是什么不详，可能就是陈胜、吴广那样放在鱼肚子里的丹字帛书类的东西。借着杀条蛇做做文章，没想到这个把戏非常管用，它不胫而走，竟成为刘邦夺天下的最根本的神话资本。然而当时起义为王者蜂起，先是陈胜、吴广立号张楚，原各诸侯国的残余势力一时死灰复燃，武臣自立为赵王，韩广自立为燕王，田儋自立为齐王，宁陵君咎为魏王，楚王先后立有多起，可谓群雄纷起。刘邦起沛只是这群雄中小小的一支，且刘邦既无绝世的武功，也无超人的智慧，靠什么来赢？与各路英雄不同的是，刘邦紧紧抓住了神话，采用了灵活机动的方式，始终把自己置于取秦天下的必然人选角色。当刘邦被拥为沛公，所做的第一件事就是：

> 祠黄帝，祭蚩尤于沛庭，而衅鼓旗，帜皆赤。由所杀蛇
> 白帝子，杀者赤帝子，故上赤。[1]

其实，这时的秦朝已不再自以为是白帝所主，而改崇黑帝，可这些朝廷的事，老百姓可能不知道，便觉得杀白帝子也就是灭秦，刘邦就是赤帝子。老百姓都相信这事，说："平生所闻刘季诸珍怪，当贵，且卜筮之，莫如刘季最吉。"[2]众人就这样盲目迷信地跟了他。虽然刘邦得天下还有许多重要因素，不仅仅是几则神话可换来江山的，但我们绝不能忽视神话在刘邦创业中的重要性。

项羽是个莽汉，只知道火烧阿房宫，掳掠一通。刘邦出关，则

---

[1]《史记·高祖本纪》，第248页。
[2]《史记·高祖本纪》，第248页。

"令除秦社稷，更立汉社稷"[1]。通过社稷神位的确立表明自己已夺取江山，这些项羽恐怕连想也想不到。他认为力能扛鼎或者有"万人莫敌"的兵法就拥有了江山，这真是一个典型的没有文化的武夫。而刘邦哪怕是在与项羽进行战争的紧张时刻，仍"令祠官祀天地四方上帝山川，以时祀之"[2]。这种祭祀在军事上似乎没有帮上汉王的忙，因为自此后，刘邦还常被项羽打得大败。但他在政治上抓住了根本，拥有了天地神灵的祭祀权。项羽纵然所向无敌，可他不是"天子"，无从征服人心，加以暴虐扰民，他的失败是必然的。

刘邦得了天下，依然很重视神灵，只是出身布衣，不知该奉何神为上帝。他小心翼翼地遵循秦代的旧礼，不敢随意增删。他说："吾甚重祠而敬祭。今上帝之祭及山川诸神当祠者，各以其时礼祠之如故。"[3]这就是说，还是祭秦的上帝。可秦时的上帝是谁呢？大家都很茫然。刘邦问人："故秦时上帝祠何帝也？"这确实是件滑稽事，说明秦代的文化真是一塌糊涂，不知是谁在保佑它的江山，也表明刘邦急欲兴起上帝之祀而又不知如何措手。有人回答说："四帝，有白、青、黄、赤帝之祠。"这更令刘邦迷惘："吾闻天有五帝，而有四，何也？"众莫知其说。秦始皇不关心上帝，前代秦王也仅列了四帝祭祀。秦朝时仅从而敷衍，臣下也不敢妄增，便留下了四帝之祠。这时的刘邦要起了滑头，说："吾知之矣，乃待我而具五也。"[4]于是立黑帝祠，命名为北畤。《史记·历书》也说："汉兴，高祖曰：

---

[1]《史记·高祖本纪》，第261页。
[2]《史记·封禅书》，第1177页。
[3]《史记·封禅书》，第1177页。
[4]《史记·封禅书》，第1177页。

'北畤待我而起。'亦自以为获水德之瑞，虽明习历及张苍等，咸以为然。"这恐怕是刘邦虽然凑足了五帝之数，但黑帝却不是赤帝，跟当年编造的神话有矛盾，所以只好这样勉强凑合当上帝。秦廷里说秦文公猎得黑龙，秦朝是水德，尚黑的一套老百姓根本不知道，刘邦要知道秦尚黑，恐怕怎么也不会再立个黑帝祠了。

刘邦最难忘的是当年所祷丰地枌榆社及在沛庭所祠的黄帝与蚩尤。所以，"天下已定，诏御史，令丰谨治枌榆社，常以四时春以羊彘祠之。令祝官立蚩尤之祠于长安"[1]。蚩尤虽在战国神话里被称为乱臣贼子，因刘邦之崇奉而重获地位，后来蚩尤又风行一时，是对这位古老战神的怀念，也是刘邦不忘老神旧恩所致。刘邦不忘故土，衣锦还乡后恋恋不舍，似乎是地方神保佑他夺了江山，故特别注重这种地方神祠的建设。"令县为公社"，把这种基层的宗教组织都建立起来了。刘邦想建一个上帝权威，但实在因为不懂这套礼教，反倒看重了基层宗教组织。所以，实际上也只是信了一个莫名其妙的上帝，而以杂祀诸神成为主体。

汉初之主神，议而未决，遂将流行于各地的各路神灵尽搬入长安，与秦国故神一同祭祀，所祀既有周旧礼中所有的神主，也有原战国时各诸侯地方的神灵，实为一杂烩。《史记·封禅书》开出了刘邦建国后四年的祭神清单：

> 后四岁，天下已定，诏御史，令丰谨治枌榆社，常以四时春以羊彘祠之。令祝官立蚩尤之祠于长安。长安置祠祝

---

[1] 《史记·封禅书》，第1177页。

官、女巫。其梁巫，祠天、地、天社、天水、房中、堂上之
属；晋巫，祠五帝、东君、云中、司命、巫社、巫祠、族
人、先炊之属；秦巫，祠社主、巫保、族累之属；荆巫，祠
堂下、巫先、司命、施糜之属；九天巫，祠九天。皆以岁时
祠宫中。其河巫祠河于临晋，而南山巫祠南山秦中。秦中
者，二世皇帝。各有时日。

这中间大神小神杂糅一处，毫无统绪。天地之神、五帝
之灵并未得突出重视，而与主施糜粥之神，炊母神等同享香火。可见汉朝刘邦
刚刚打起的崇奉上帝的念头因无所适从便放弃了，而代之以多神的信
仰。其祀神的强烈功利性可从对二世皇帝的祭祀见之，《集解》引张
晏曰："子产云匹夫匹妇强死者，魂魄能依人为厉也。"考虑到汉从
秦手中夺了江山，而二世又贪鄙暴虐，恐其为厉害人，因而专设南山
巫以祭二世之灵。凡有利、有影响的神灵，高祖都毫无遗漏地将其列
入祀典。如有人说周朝兴起时邰部，立有后稷祠在那里，高祖便下令
立灵星祠，常以岁时以牛祠之。这种祭祀有着现实的功利性。《史记
正义》引《汉旧仪》云："五年，复修周家旧祠，祀后稷于东南，为
民祈农报厥功。"本来后稷是周人的先祖，因其主农，现在可为汉家
百姓作点贡献，所以也享受了大礼。刘邦时的多神崇拜较秦时更为严
重。一个统一的国家，并没有统一的上帝。

吕后专权，忙于防范刘家故臣的对抗，无暇顾及上帝之祀，一仍
高祖所行服色。《史记·历书》说："是时天下初定，方纲纪大基，
高后女主皆未遑，故袭秦正朔服色。"

文帝继位，这是一位宽厚的皇帝，勤于政道而关心民生疾苦，

颇有些先天下之忧而忧的味道。听说祝官祭祀时在为皇上祈福，心中很不高兴，于是说道："昔先王远施不求其报，望祀不祈其福，右贤左戚，先民后己，至明之极也。今吾闻祠官祝釐，皆归福朕躬，不为百姓，朕甚愧之。夫以朕不德，而躬享独美其福，百姓不与焉，是重吾不德。其令祠官致敬，毋有所祈。"[1]这境界委实不低！文帝不让祠官为其祈福，这番表白正说明他看重祭祀神灵的事。所以，文帝时期，汉代的宗教与神话发生了较大的变化。

汉承秦制，行水德，尚黑。文帝时当然还是在尚黑。这时开始有人出来提出异议，第一个人是贾谊。《史记·屈原贾生列传》记载了这件事：

> 贾生以为汉兴至孝文二十余年，天下和洽，而固当改正朔，易服色，法制度，定官名，兴礼乐，乃悉草具其事仪法，色尚黄，数用五，为官名，悉更秦之法。孝文帝初即位，谦让未遑也。诸律令所更定，及列侯悉就国，其说皆自贾生发之。于是天子议以为贾生任公卿之位。绛、灌、东阳侯、冯敬之属尽害之，乃短贾生曰："洛阳之人，年少初学，专欲擅权，纷乱诸事。"于是天子后亦疏之，不用其议，乃以贾生为长沙王太傅。

关于行土德之议起初是文帝谦让，继而文帝重视其事，又遭老派的攻击，其说便不了了之。文帝不懂鬼神事，却对鬼神很感兴趣。

---

[1] 《史记·孝文帝本纪》，第302页。

他知道贾谊是这方面的专家，于是在把贾谊打发到长沙一年多后，又把他征召回来，专门请教鬼神之事。《史记》说："后岁余，贾生征见。孝文帝方受釐，坐宣室。上因感鬼神事，而问鬼神之本。贾生因具道所以然之状。至夜半，文帝前席。"[1]这一通谈话极大地提高了文帝对鬼神的兴趣，故至夜半不倦，文帝于此举得鬼神水平的提高是毫无疑问的。然文帝大约是嫌贾生年轻，又因其好谦仁慈，贾生之议直到死后也没被采纳。

文帝时第二位论土德者为公孙臣。《史记·封禅书》：

> 鲁人公孙臣上书曰："始秦得水德，今汉受之。推终始传，则汉当土德，土德之应黄龙见。宜改正朔，易服色，色上黄。"

公孙臣此议一出，即遭丞相张苍的反对。张苍好历法，拥护高祖的水德说。因公孙臣讲出黄龙见的符应，张苍便立刻讲出水德的符应，说："汉乃水德之始，故河决金隄，其符也。"黄河决堤，这是司空见惯的事。张苍找来这样一个符应实在不难。加上张苍又是丞相，也是一阴阳五行的专家，公孙臣的意见一开始便没有被采纳。文帝采用外黑内赤色，以调和高祖传下来的"德"的矛盾。过了三年，黄龙果然见于成纪，公孙臣的话应验了。文帝乃召公孙臣，拜为博士，与诸生起草改历易服色事。这一年的夏天，文帝下诏说："异物之神见于成纪，无害于民，岁以有年。朕祈郊上帝诸神，礼官议，无

---

[1] 《史记·屈原贾生列传》，第1948页。

讳以劳朕。"[1]文帝要亲自出马郊祀上帝，这事刘邦没亲自做过，文帝以前也没有，只是祠官祭完上帝后带回一块肉来享用，以得神赐福。夏四月，文帝在雍五畤郊祀上帝，可衣服还是用的红色，并没有马上行土德而改用黄色。五畤还是秦时的老庙。

符应是春秋战国至秦汉神话的一个重要内容，它纯粹是王权存在的神学依据。《中庸》说："至诚之道，可以前知。国家将兴，必有祯祥；国家将亡，必有妖孽。"将要登上历史舞台的集团总是挖空心思去寻找天瑞，因而总是制造出种种离奇古怪的神话。秦、汉统治者周围有一个班子，这个班子的成员大都是占星望气之类。《吕氏春秋·应同》载了一段黄帝以来符瑞的种种变化情况，都不是事实，而是阴阳家为现实服务而排定的历史"根据"。

符应神话在春秋战国时就特别流行，某一怪异的自然天象或者人的一些奇怪的梦幻，都可能跟上帝的指示相联系。汉代自高祖、惠帝、吕后到文帝数代皇帝均袭秦正朔服色，并没有汉王朝的独特标志。到文帝时汉王朝确定自己的符应已是迫在眉睫了。《史记·历书》说："王者易姓受命，必慎始初，改正朔，易服色，推本天元，顺承厥意。"这也就是说王朝必定要有天命神话的支撑，否则不合理。董仲舒说："有非力之所能致而自至者，西狩获麟，受命之符是也。"[2]非力之所能致而自至，则是不可抗拒不可违背的天命，这就是受命之符。既然黄龙已见于成纪，汉崇黄帝，行土德将成定局，汉代的上帝人选即可确定了。

---

[1] 《史记·封禅书》，第1179页。
[2] 董仲舒：《春秋繁露·符瑞》，"二十二子"本，上海古籍出版社，1978年，第780页。

　　黄龙一见，张苍立刻失败了，于是自黜，其水德论就此结束。但黄帝土德也没有立即被采纳。

　　新垣平以望气者的身份见文帝，说："长安东北有神气，成五采，若人冠绕焉。或曰东北神明之舍，西方神明之墓也。天瑞下，宜立祠上帝，以合符应。"[1]神明即日神，《集解》引张晏曰："神明，日也。日出东北，舍谓阳谷；日没于西，墓谓濛谷也。"这一符应跟黄龙见成纪不同，黄龙仅一色，而此地是五采。这当然是五帝并发之光，不能单独祀黄帝。"于是作渭阳五帝庙，同宇，帝一殿，面各五门，各如其帝色。祠所用及仪亦如雍五畤。"[2]这是汉朝独立建立起来的神庙，具有非同寻常的意义，与秦四畤的区别在于：秦雍四畤每帝一庙，汉渭阳五帝庙是五帝居于一庙；秦庙在西，汉庙在东。东北神明之舍，西方神明之墓，东西之别在于象征汉的兴起，秦的破亡。汉五帝庙建在霸、渭二水之间，文帝亲临郊祀渭阳五帝，从此，汉代有了自己的上帝寓所。因新垣平的游说，文帝放弃了独尊黄帝的想法，合祀五帝。文帝一次出霸陵长门，若见五人于道北，便疑为五帝，便在那五人出现过的地方立了五帝坛，祠以五牢具[3]。五帝在神话中的地位便开始初步固定下来了。

　　可是，新垣平因弄鬼骗术被揭穿而送了命，文帝也一下子觉得什么五帝神鬼都变得不可靠了。"文帝怠于改正朔服色神明之事，而渭阳、长门五帝使祠官领，以时致礼，不往焉。"[4]他也像高祖一样，

---

[1]《史记·封禅书》，第1179页。

[2]《史记·封禅书》，第1179页。

[3]《史记·封禅书》，第1180页。

[4]《史记·封禅书》，第1180—1181页。

不再亲自去参加祭礼了。文帝时关于五帝及帝德之争遂搁置而不了了之。

景帝即位及在位统治期间，除祠官依文帝时祭礼按时行礼外，没有新的神庙建设，也无帝德之争。渭阳五帝庙因新垣平之事变得如同伪庙一般，景帝没光临过，反倒在其位中六年二月，到雍去郊祀秦五畤。[1]可见渭阳五帝庙已遭冷遇。

汉代神话与宗教在进入武帝时期再兴高潮，其情形与秦始皇时大体上颇有些类似。顾颉刚先生说："武帝是一位好大喜功之主，又凭借汉家全盛之业，所以他和秦始皇最相类：他们的黩武穷兵是一样的，封禅求仙是一样的，就是定德改制也是一样的。"[2]但是又有许多方面二人不一样，最重要的是：秦始皇重刻薄少恩的法家，汉武帝起码表面是重好礼敬神的儒家；秦始皇自以为功盖五帝，不把五帝放在眼里，汉武帝则欲步五帝的后尘，要建立起五帝的秩序。

汉初黄老之学行之已久，儒学市场不大，而所谓改正朔易服色都是因为一些汲取了阴阳五行学说的儒生的热衷。汉得天下已六十余年还是承袭秦的服色正朔，于礼数上不像一个独立的王朝。武帝好儒术，招贤良文学之士以求策问礼。儒生赵绾、王臧等以文学为公卿，欲议立古明堂城南以朝诸侯，还征召了鲁申公帮忙，草巡守封禅改历服色事，未就。正逢窦太后好黄老言，不喜儒术，乃使人微伺赵绾等奸利事，召案绾、臧，二人自杀，所谓巡守封禅改历服色之事均破产。这实际上是一场儒道之间的冲突，窦太后不喜儒术，赵、王等也

[1] 《汉书·景帝纪》，第313页。

[2] 顾颉刚：《五德终始说下的政治和历史》，罗根泽编著：《古史辨》第四册，上海古籍出版社，1982年。

不喜窦太后专权。赵绾请毋奏事太皇太后，要将权力归还皇帝，这当然丢命了。等到窦太后死后，武帝复召文学贤良，董仲舒、公孙弘等出山，此时在宗教上大干一把的时机到了。

武帝起初的祭祀也还是在雍故五帝畤上举行，他亲自参加，定制度三年郊祀一次。除尊五帝之神以外，武帝尤好杂神。如他于上林中立一磄氏馆舍，专一求见神君。所谓神君不过是一位因难产而死的女子，女子死后，见神于妯娌宛若，宛若于其家祠之，老百姓也来祭拜，武帝外祖母平原君也去祭祀，获得子孙尊显。武帝继位后，便将其祠置于皇城内，据说能听见这神君说话，但见不到她的人[1]。武帝敬神君如同高祖祀丰坊榆社，神君是其外祖母家发迹的保护神，因而格外看重。武帝时之杂祀由神君这样一小神都得重视即可见一斑。

至于武帝求神仙则比秦始皇有过之而无不及，故掀起了有汉以来的求仙高潮，汉代的神仙方士空前地活跃起来，方士言神仙者以万数，可谓盛况空前。其方士骗子如李少君、少翁、栾大、公孙卿等先后放胆胡吹，弄得武帝晕头转向，尽管连连上当，可仍然乐此不疲。

此时有亳人谬忌上奏一尊神曰："天神贵者太一，太一佐曰五帝。古者天子以春秋祭太一东南郊，用太牢，七日，为坛开八通之鬼道。"[2]古代有无天子以春秋祭太一东南郊于史无载，恐只是一个托词。谬忌此一上奏，立刻获得了汉武帝的支持，便令太祝立其祠东南郊，常奉祀如谬忌所言。从此，汉人有了自己的上帝——太一。

太一登上上帝宝座不是偶然的。他已在民间有了漫长的被奉祀

---

[1] 《史记·孝武本纪》，第323页。

[2] 《史记·封禅书》，第1182页。

的生涯。早在战国时期的楚国，太一就被奉为最高神。《楚辞·九歌》列东皇太一为群神之首，其祭歌辞称："吉日兮辰良，穆将愉兮上皇。"太一是上皇，当然是第一神。宋玉《高唐赋》提道："醮诸神，礼太一。"太一是楚国的最高神。他在汉代出现并入主神坛，给汉代带来了浪漫气质。它一成为最高神旋即被人认同。《史记·天官书》："中宫天极星，其一明者，太一常居也。"中宫为天帝寓所，为太一所主。《史记正义》曰："泰一，天帝之别名也。刘伯庄云：'泰一，天神之最尊贵者也。'"显然，太一已凌压五帝，成为天国的最高主宰。

尽管太一祠坛建立起来了，他一时却未独尊。方士各自谈一通最高神，皆云"古者"如何如何，武帝大都信而从之。如有人扬言要祠三一，即天一、地一、太一，武帝也答应了，祠之于太一坛上。又有人要祀黄帝、冥羊、马行、太一、泽山君地长、武夷君、阴阳使者，且各有礼数，武帝也从之不拒。可谓杂祀与主祀并行。武帝有了自己的神坛，还要去雍郊祀秦畤，实为一神仙爱好者。

与汉代的其他皇帝比，武帝时的神坛建制是增设最多的。除太一坛外，又作甘泉宫，"中为台室，画天、地、太一诸鬼神，而置祭具以致天神"[1]。看来此处鬼神虽有天地太一之尊者，杂神也夹其中，也是一杂烩。甘泉宫性质与太一坛的性质有区别，后者祭最高神，前者主要是求神仙，是一个行巫术的场所，如武帝生病，在其中与鬼神交谈，其事神秘，外人不得其详。

武帝的另一项重大建设是设立后土祠。他在一次郊雍后认为：

---

[1] 《史记·封禅书》，第1183页。

"今上帝朕亲郊，而后土无祀，则礼不答也。"[1]祀皇天而不及后土，武帝觉得是一缺憾，便令有司与太史令和祠官宽舒商议筹办。按说，天圆地方，后土宜立一方丘之上，但商量下来还是于泽中圆丘为五坛，弄成个圆形。后土祠立于汾阴脽丘，其色黄。武帝亲望拜，祀如上帝礼，上帝与后土有同样的地位。

这时，汉已有五处圣地：一、雍五畤；二、渭阳五帝庙；三、太一坛；四、甘泉宫；五、河东汾阴后土祠。其中渭阳五帝庙香火颇冷，其他四处甚有热气。这四处有三类要神：一、五帝；二、太一；三、后土。这三类要神均有至上性，其地位一时尚难分伯仲。如雍五畤，武帝一直行郊礼，虽言五帝为太一佐，可立下太一坛后并没行郊礼。后来武帝幸雍欲郊五帝时，有人提意见了，说："五帝，太一之佐也，宜立太一而上亲郊之。"[2]武帝倒是犹豫不定，说明神话传统的力量还很大，真正用太一替代五帝还下不了决心。这次虽未郊祀太一，回到甘泉后，却令宽舒等重治太一祠坛。其坛仿谬忌太一坛式样，五帝坛环居其下，黄帝却处西南面，不是如《吕氏春秋》《礼记·月令》等所说的那样居于中央位。太一所用如雍五畤物，以醴枣脯之属，并杀一狸牛以为俎豆牢具，五帝独有俎豆醴进。太一的地位明显高出。这一年的冬天，武帝终于郊祀太一，而用雍郊礼，其坛名泰畤。从此，武帝于雍五畤、泰坛、后土祠用同礼奉祠，其中祠太一的次数明显多起来。

其后，又一新的圣地开辟出来，那就是泰山。武帝封泰山还有

---

[1] 《史记·封禅书》，第1184页。

[2] 《史记·封禅书》，第1187页。

一个目的，就是想学黄帝不死，封禅不仅仅是以成功告天地。齐人丁公说："封禅者，合不死之名也。"这样封禅实际上为求仙。汉代方士着力渲染了一个重要人物，那便是黄帝。这位合上帝与神仙为一体的神灵便是因了泰山而影响更为深远的。方士言"封禅七十二王，唯黄帝得上泰山封"。又"黄帝且战且学仙"，常游五岳，与神会，不死。武帝自封泰山禅梁父后求仙风大涨自不待言，泰山因此成为圣地而居显著地位。这次封禅回来，武帝便下诏，令诸侯各治邸泰山下，以便按古天子五载一巡狩的旧礼行事。又于泰山下作明堂，祠太一、五帝于明堂上座，祠后土于下房。这是将三大至上神的神位搬到了泰山。泰山不过是一祭神的场所，它本身虽然强化了某些神灵的地位，但并没产生新的神。五帝中黄帝和赤帝的地位突出了。《史记·封禅书》和《汉书·郊祀志》有段记述："而泰山下祠五帝，各如其方，黄帝并赤帝，而有司侍祠焉。"祠五帝而突出黄帝并赤帝，这是说赤黄同祀。赤帝崇拜是高祖传下来的传统。黄帝是新崛起的，武帝甚爱之，说："吾诚得如黄帝，吾视去妻子如脱躧耳。"黄帝和炎帝就这样在五帝中高出一筹来。

武帝时的太一、五帝、后土三大神的祀礼大致相同，但太一在皇帝心中的地位逐渐变得最为突出。自明堂建立后，上帝神所到泰山，而雍五畤相对冷遇了。武帝在祠上帝于明堂时说："天增授皇帝太元神策，周而复始。皇帝敬拜太一。"这样，太一实际上已高出五帝和后土。开始讲五帝为太一佐时不过流于口头，五帝实际地位不亚于太一。后来雍五畤武帝很少光临，连祭品供给都发生了问题。甘泉泰畤建立后，雍五畤不再行郊礼。凡郊上帝都在泰畤举行，是太一为上帝的地位已经确立。

汉兴数十年的文化混乱在武帝时得到初步整顿。汉文化的基础基本确立，使汉王朝的存在获得了文化与神学上的确认。高祖以来无所适从的纷繁议论，使得一个王朝连自己的文化都建立不起来，这对有雄才大略的武帝来说实在是件不可容忍的事。他给御史下诏说："盖受命而王，各有所由兴，殊路而同归，谓因民而作，追俗为制也。议者咸称太古，百姓何望？汉亦一家之事，典法不传，谓子孙何？化隆者闳博，治浅者褊狭，可不勉与！"[1] "乃以太初之元改正朔，易服色，封泰山，定宗庙百官之仪，以为典常，垂之于后云。"[2]这套制度是儒生们结合阴阳五行学说制定的，因而汉文化的基本格调便是：以儒学为核心，吸收各家学说作为统治思想的理论基础，以土德确立王朝的身份，以尚黄为标志，以太一为上帝，以五帝、后土为辅神，这样建立起一个与秦王朝完全不同的文化体系。武帝一世，文治武功均建树卓越。汉神话便在太一、五帝、后土三位一体的总构架下得到初步统一，形成了王朝的主流神话，暂时结束了纷乱的局面。

10.3　两种不同的地方神话

然而，汉王朝的分裂势力也同样强大，由于汉初采用分封制，地方割据反叛反比秦厉害，同姓王异姓王之谋反此起彼伏。地方分裂势力对文化一统总是采取抵制态度。多元的文化欲求与独尊的中央文化

---

[1] 《史记·礼书》，第1025页。
[2] 《史记·礼书》，第1025页。

间遂产生冲突，一种反一统的舆论在汉代滋长着。《淮南子》就是这种文化的体现。

淮南王刘安甚有才华，然有反心。其父厉王刘长为高帝少子，封淮南王。然厉王刘长骄横，"废先帝法，不听天子诏，居处无度，为黄屋盖乘舆，出入拟天子，擅为法令，不用汉法"[1]。被废，绝食死。刘安被封王后，得武帝喜爱。一日入朝，武安侯田蚡与语曰："方今上无太子，大王亲高皇帝孙，行仁义，天下莫不闻。即宫车一日晏驾，非大王当谁立者？"[2]这番不负责任的恭维使刘安大喜过望。回国后，不仅蓄积军事实力，并交结诸侯，以备一旦有变，即可振臂一呼，群起响应，同时召集门客，著书立说，为其得势大造舆论。

针对武帝"总远方，一统类"[3]的主张，刘安虽表面上附和着要"齐俗"，而实际上却抵制"一统类"的方针，他说：

> 柱不可以摘齿，筐不可以持屋；马不可以服重，牛不可以追速；铅不可以为刀，铜不可以为弩；铁不可以为舟，木不可以为釜；各用之于其所适，施之于其所宜，即万物一齐而无由相过。[4]

> 百川异源，而皆归于海；百家殊业，而皆务于治。[5]

---

[1] 《汉书·淮南王传》，"二十四史"（简体字本），中华书局，2000年，第1649页。

[2] 《汉书·淮南王传》，第1652页。

[3] 《汉书·武帝纪》，第123页。

[4] 《淮南子·齐俗训》，"二十二子"本，上海古籍出版社，1986年，第1253页。

[5] 《淮南子·泛论训》，第1264页。

显然，刘安不想同一而求其殊异，是为地方势力的发展摇旗呐喊。武帝对此表现出高度警惕，诏曰："日者淮南、衡山修文学，流货赂，两国接壤，怵于邪说，而造篡弑，此朕之不德。"[1]造《淮南子》在一定程度上是刘安被杀的重要原因。因为刘安想着以一部《淮南子》去统摄人心，他在反对一统的同时，不太含蓄地自夸其德，并借古例说明方国可服大国。如《泰族训》：

> 所谓有天下者，非谓其履势位、受传籍、称尊号也，言运天下之力而得天下之心。纣之地，左东海，右流沙，前交趾，后幽都，师起容关，至浦水，士亿有余万，然皆倒矢而射，傍戟而战。武王左操黄钺，右执白旄，以麾之，则瓦解而走，遂土崩而下。纣有南面之名，而无一人之誉，此失天下也。故桀、纣不为王，汤、武不为放。周处酆镐之地，方不过百里，而誓纣牧之野，入据殷国，朝成汤之庙，表商容之闾，封比干之墓，解箕子之囚，乃折枹毁鼓，偃五兵，纵牛马，揔笏而朝天下，百姓歌讴而乐之，诸侯执禽而朝之，得民心也。

很明显，他是自比居地不过百里的周，搞的是影射史学，其夺天下之心暴露无遗。武帝不傻，当然知道刘安的企图，因而要治他的罪。《淮南子》是一部以讲哲学为幌子的反书。

《淮南子》神话与正统神话的对抗性也有表现。作者承认太一

---

[1]《汉书·武帝纪》，第124页。

的主宰地位，但在阐述万物生成的时候，其创世神话总是讲二皇、二神，以此破一统独尊。如：

> 泰古二皇，得道之柄，立于中央；神与化游，以抚四方。[1]
>
> 古未有天地之时，惟像无形，窈窈冥冥，芒芠漠闵；澒濛鸿洞，莫知其门。有二神混生，经天营地，孔乎莫知其所终极，滔乎莫知其所止息，于是乃别为阴阳，离为八极，刚柔相成，万物乃形……[2]

淮南神话的显著特点实际上将太一悬空，构成了一个与太一、五帝、后土最高神系不同的系统，这是一个明显与中央神话对垒的神话体系。

武帝时的五帝系统中，独尊赤帝与黄帝。《淮南子》在敷衍五帝五神的传统神话的同时，却标举伏羲、女娲神话。《览冥训》在叙述修"伏羲氏之迹而反五帝之道"后并称"伏羲、女娲不设法度，而以至德遗于后世"。这是中国神话第一次见诸文字的女娲伏羲并称。女娲伏羲单个的传说也在《淮南子》多见，如著名的女娲补天的神话就见之于《淮南子·览冥训》之中。女娲伏羲这对古老的神话先祖因不合于五德转移学说均被排斥在正统的神话体系之外，而反为地方势力所崇奉。在《淮南子》里，女娲伏羲的弘扬是与炎黄神话的高涨相对

---

[1] 《淮南子·原道训》，第1206页。
[2] 《淮南子·精神训》，第1233页。

立的。反五帝之道而修伏羲氏之迹是以一种神话表现出来的儒道之争和异端与正统之争。

女娲伏羲的创世伟绩实际上就是"二皇""二神"经天营地的人格化。从西汉到东汉，伏羲女娲等神在地方上蔓延着。山东、河南、四川等地大量的画像石、画像砖上的女娲伏羲像（附图6）就是明证。王延寿游鲁，见灵光殿壁画"伏羲鳞身，女娲蛇躯"。女娲伏羲人首蛇身而交尾之图成为地方神话的普遍主题，而这一浪潮不会突如其来，它与西汉时期《淮南子》的鼓吹有着直接联系。

《淮南子》中的二皇或者二神为"阴阳"二神，阴与阳于天道中又表现为日与月，"日者阳之主""月者阴之宗"，[1]而汉代伏羲女娲图多是伏羲捧日，女娲捧月，则《淮南子》二皇显然是指伏羲女娲。然而，最高神是谁得禀明皇上，得其认可后方得承认，否则便是邪说，"妄作妖言"。[2]伏羲女娲二祖未得皇家承认，故二先祖不得列入史传，也不得享受祭礼，成了典型的在野神灵。但他们在民间有巨大影响，成为跟炎黄二帝相对峙的民间先祖神话的主角。

汉代中央神话对地方神话除了排斥打击，也有利用整理者。武帝时的太一神话就是从地方崇拜上升到中央神坛去的。

长沙为楚故地，它的神话也是独特的。见诸文字的记载今已难得，然考古发现却丰富多彩。吴芮是刘邦初封的七个异姓王之一，较长时间保持地方安定，并效忠朝廷，未被清洗。为了加强对这些封国的监控，朝廷往往置派有力的丞相以扶持为名，以监督为实。轪侯就

---

[1] 《淮南子·天文训》，第1215页。
[2] 《汉书·淮南王传》，第1657页。

是封于南方而为长沙国丞相的诸侯之一，著名的长沙马王堆汉墓就是轪侯家族的墓葬。[1]

从三座墓葬出土文物的纹饰之飞扬情态可见出对楚文化的直接继承，具有强烈的浪漫色彩。一号墓的"非衣"帛画（附图13），是古神话的一次直观再现，得到了神话学和历史学研究者的高度重视。然关于帛画中的神话内容，则争论不休，未得一致见解。许多人力图从此画中找出中国神话的共同法则，这种努力是徒劳的。它不仅不能代表整个中国神话的观念，也不能代表汉代的神话观。因为它只是一个地域里流布的神话，纵然跟整体神话有些联系，但它并不能代表主流神话。汉代的主流神话在《史记·封禅书》和《汉书·郊祀志》中，汉帛画的神话应界定为汉王朝所属长沙国区域里的区域神话。它的一些内容进入了国家神话，一些内容则没有被采用，所以国家档案里便查不出根据了。这就是我们不能完全理解帛画的原因。

帛画神话应以帛画为本，因为它是长沙神话的直观呈现，不能拿它强行与文学记载比合。

一号墓"非衣"帛画神话分四个层次。

第一层为天国世界，主角为日月神，其内容来自《山海经》和《楚辞》，如日中有鸟、月中有蟾蜍等，都在天国的图画中得到展示。至于中央天神为谁，称烛龙称女娲称伏羲称羲和者不一而足，皆似是而非。案此神当为太一。在楚国，太一是最高主宰。早在汉人为太一建畤而郊祀之前，楚人就奉祀太一为主神，并形于图画之

---

[1] 参见何介钧、张维明编写：《马王堆汉墓》，文物出版社，1982年，第6—20页。

中。如楚帛画有绘如钟表的图式，中间起表针作用的便是太一。[1]汉马王堆帛画还有另外一幅神祇图，图中央鹿角状神人腋下书一"社"字，则此神当为社神。又该神头侧东书"大（太）一将行□□□……神从之以……"的字样，此神似乎又是太一。该图西侧近边缘处自南至北书有通栏文字一行，当属该图的整体说明，其残存文字有："……将（？）奉弓，禹（？）先行，……莫敢我乡（向），百兵莫敢我……"等等[2]。这儿的社似乎还是禹，文字中有"禹先行"，又有"太一将行"。禹、社、太一，在长沙国里身份好像是同一的。一号墓"非衣"上的天神也当是太一、社、禹的混合体，他身上绕着龙，当是句龙，即社，即禹，那就是太一，与其他几幅帛画中的主角同质。对朝廷忠心耿耿的长沙国的主神便与国家主神合拍。

第二层为半空中的墓主人升天图。一般认为，中间为轪侯利苍妻及其侍女，她们乘龙在凤鸟导引下直奔天国。

第三层为人间生活。

第四层为地下画面，似一鳌鱼在托着大地，其中尚有长鱼及怪兽各二。地下部分所占比重不大，它说明了我国古代关于地狱的神话并不发达。人们早早地勾勒了天国的灿烂图画，而对阴曹地府的情形十分模糊。在佛教地狱观念尚未传入前，中国的地狱神话尚十分幼稚。

这种四层面的宇庙结构是在楚神话影响下，在汉长沙国形成的一种神话样式。关于日月神话，它承先启后构成了中国神话中的基本格局；关于升天，它是战国以来求仙风潮的发展，其中虽无方相氏打鬼

---

[1] 李零：《考古发现与神话传说》，载《学人》第5辑。

[2] 周世荣：《马王堆汉墓的"神祇图"帛画》，载《考古》1990年第10期。

的内容，但却是汉代墓室画的一个普遍主题。

马王堆神话虽只是一地神话，但有强大的渗透力。首先是其主神太一最后登上了国家神坛的最高位置。在汉王朝尚对主神莫知所从的情况下，长沙国神话中最高主宰已安排得稳妥得体。这样一种自成体系的文化，若是其主如淮南王刘安，则必遭拒斥，然吴芮及其所传数代长沙王，均忠于朝廷，故甚得颂赞。高祖时所封异姓王，唯吴芮忠诚无叛。《汉书·韩彭英卢吴传赞》曰："昔高祖定天下，功臣异姓而王者八国，张耳、吴芮、彭越、黥布、臧荼、卢绾与两韩信，皆徼一时之权变，以诈力成功，咸得裂土，南面称孤。见疑强大，怀不自安，事穷势迫，卒谋叛逆，终于灭亡。……唯吴芮之起，不失正道，故能传号五世，以无嗣绝，庆流支庶，有以矣夫，著于甲令而称忠也。"长沙国在一个相对平稳的环境中发展，不像其他异姓王忙于争权篡位，文化也获健康成长。其他异姓王虽勇猛无比，然于文化无建树，远不如长沙国的影响大。贾谊来长沙为傅，回去又向文帝谈鬼神，必然将长沙国的文化带回了中央，长沙国神话的一部分在主流神话中生根，产生了深远的影响。

淮南国和长沙国是两种不同的地方神话，由于淮南王和长沙王对待中央是两种截然不同的态度，故其神话也是两种不同的命运。

10.4　祖先的选择

上帝与先祖在远古是同一的，这种作风在殷商时期尚存。周代将天神与祖先一分为二，造成了一种政教分离的契机。由于神权的退缩，整个周秦时期，宗教在政治生活中始终居于从属地位，所以当时最高神的神话本质是政治神话。它并没有引起整个民族成员的关注。泰畤里的太一与老百姓有什么相干呢？严格地说，它与多数诸侯以及郡县官僚也不相干，他们没有资格去祭祀太一，所以太一这一主神并不与老百姓发生直接联系。这也就是说，最高神并不成为凝聚共同体的精神产物，政治神话承担不起这一责任。

联结中华民族统一体的是原始时代所传下来的祖先神话与图腾神话。它们在秦汉时期表现为历史神话，它将古神话融为一个历史系统，使原先纷繁的部族群体尊奉同一祖先，承认这一系统便意味着是一大家族中的一员。中华民族形成了一个可以汉王朝名字命名的全新的民族——汉族。它张开怀抱，不断迎接新的成员加盟。

汉人把共同体的共祖定为谁呢？

显然，这种共同的历史要受政治神话的制约。秦汉时期，五德转移学说是占统治地位的政治理论，祖神的遴选靠了五德转移学说才得以实现。太一没法做祖先，祖先的位子留给了"帝"。中国的远祖供奉之位就看哪位最适合汉代统治，而不是去考虑谁是真正的祖先。既然汉代的政治理论出于五德转移说，故五德转移说创始人的意见最值得考虑。《史记·孟子荀卿列传》介绍了五行说的祖师邹衍："邹衍睹有国者益淫侈，不能尚德，若《大雅》整之于身，施及黎庶矣。乃深观阴阳消息而作怪迂之变，《始终》《大圣》之篇十余万言。其语闳大不经，必先验小物，推而大之，至于无垠。先序今以上至黄帝，学者所共术，大并世盛衰，因载其机祥度制，……然要其归，必止乎仁义节俭，君臣上下六亲之施，始也滥耳。"邹衍以黄帝为中心的论述，在《吕氏春秋·应同》里也能见到。由于黄帝在五德转移学说中被排到第一号，因此信奉这一理论的人总要将黄帝排在群帝之首，黄帝被选择为共祖已初露端倪。

一朝统治除了郊祀封禅外，更需要一部历史将王朝的合理性法典化。若是秦朝修史，可能是白帝为始祖。但秦朝忙于征战和大兴土木，无修史意。自汉高祖至文景帝统治期间，质木无文，也没有修史的念头。武帝时这种情况变了。董仲舒斥责汉初以来的制度曰："今汉继秦之后，如朽木粪墙矣，虽欲善治之，亡可奈何。"[1]把汉初的所作所为骂得一钱不值，武帝听后当然非常高兴，因为他要做汉制度的创造者。董仲舒提了一通改正朔、易服色的主张，武帝也格外兴奋。不过董仲舒在五德转移学说的基础上搞了个三统循环论，认为历史为黑、白、赤三统循环，其间无黄，难以应汉为土德说，故也不得重用。但董氏公羊大一统学说影响了一代人。史家司马迁深受其影响，在《太史公自序》里自称是"余闻董生曰"云云，奉董仲舒为老师。司马迁著《史记》从何处开始着笔，这是一个十分重要的问题。可以说任何一位列于起始的人物都不可能是最早的人物。司马迁承袭董仲舒《春秋》公羊学大一统学说，厚今薄古，避免了把历史无限拉长之病。董仲舒空疏的学说很少有被武帝所用的，但其历史观在司马迁那里被贯彻了。董仲舒论周礼制时说："周人之王，尚推神农为九皇，而改号轩辕，谓之黄帝，因存帝颛顼、帝喾、帝尧之帝号，绌虞而号舜曰帝舜，录五帝以小国。下存禹之后于杞，存汤之后于宋，以方百里，爵号公。"[2]这是越远古地位越低，越不受重视。黄帝以前

---

[1] 《汉书·董仲舒传》，第1905—1906页。

[2] 《春秋繁露·三代改制质文》，第783页。

之九皇，仅作附庸，再朝上，其后为百姓，便不予理睬了。由此可见，古史虽然很长，但远古先祖不入祀典，九皇以上，附庸之外不足论。董仲舒开出了一个清楚的古史谱系，五帝定为黄帝、帝颛顼、帝喾、帝尧、帝舜五位。当时关于黄帝的传说，用司马迁的话说叫作"百家言黄帝，其文不雅驯"，司马迁独取《五帝德》与《帝系姓》系统，是直接受董仲舒的影响所致，也是时代崇尚儒学的结果。司马迁以"六艺"来作为取舍的准绳，所以《大戴礼记》的体系就成了唯一可靠的选择。司马迁据此而作《五帝本纪》，言"神农氏世衰"，径从黄帝始，黄帝便定为中华文明的开山祖。由于《史记》的杰出地位，再经《风俗通义》《白虎通义》的两度强化，他人虽欲以自己的古史系统来替代"五帝本纪"，均无果；后人补"三皇"于其上，也无从易五帝之位。黄帝为中华民族之祖遂法典化。

黄帝成为中华民族的共祖，这并不是真正的血缘祖先，而是一文化标志，认同它就是认同同一文化，同时也认同了同一集体，而自觉地成为这一集体中的一员。对中华民族来说，黄帝的重要性远远超过太一。太一作为最高神仅在汉代的一个时期里地位卓著，而黄帝却影响千秋万代，它是这个民族不致分裂的内在保障。在中国，上帝之位屡易其主，而黄帝之基却坚如磐石。他是中国神话里的真正主角。

这就是汉代神话里的两件大事：重建了王权的最高神——太一；确立了民族的共祖——黄帝。

第十一章
儒学神话向皇室先挑战后皈依

11.1　由异端走向正统

　　传统儒学虽大体不语怪力乱神，但经书中的神秘色彩难免。《诗》《书》《礼》《易》《春秋》，大都含有神话成分，只是儒学祖师孔子能以理性的态度对待这些神话，故先秦儒学以理性从容的面目出现。战国时"尚以诈力"，儒学不得其用，难以渗透到主流神话中去。秦始皇重法家，儒学更遭打击。汉初崇黄老，儒生屡遭绌贬，故自春秋战国以至汉初，儒学甚不得意，是一股受压的异端势力。

　　自邹衍时儒学之仁义道德开始渗透阴阳五行学说，濡染方士色彩。秦取方士退仁义，行阴阳又兼仙道，剥离了方士身上的原儒成分。此时儒生竟以封禅说取悦秦始皇，实将自己置于方士的地位。高祖时的儒生，只能操攻伐兵战之术以见，难行儒业，如郦食其、陆贾等，可以纵横家视之。陆贾一言诗书，则遭高祖诟骂；叔孙通因着儒服，则遭汉王憎恨，乃变短为楚制衣服，方得高祖喜爱。儒生们实在是夹着尾巴过日子，当然得权变以求生存，投皇帝之所好。如叔孙通最初"专言诸故群盗壮士进之"，后群臣因无礼义节之，混乱无序。叔孙通为定礼仪，使高祖"知为皇帝之贵也"。后高祖崩，又为定宗庙仪法。[1]此时之叔孙通又为巫史一类的角色了。汉初时儒生多以言鬼神方得近皇帝，他们被任用，多是问鬼神之礼，文帝时的贾谊也是如此。汉儒早在谶纬大盛之前已跟鬼神结缘，儒学已开始神学化。

武帝时大尊儒生，董仲舒进儒学，将仁义与王霸刑名之学交杂，裹上一层神学外衣，这便是神学化的新儒学。

董仲舒讲三统循环，讲灾异之变，求雨止雨，都是神话与迷信。这些行为，使得董仲舒成了一个巫师，西汉儒学之神化在董仲舒那里达到了第一个高潮。

儒学之神化是一个把神化了的孔子及其经书同现实的符瑞与谶语相结合的过程，所以，神化孔子是儒学神话的前奏，这股风最初还是由董仲舒刮起来的。《春秋繁露·符瑞》："有非力之所能致而自至者，西狩获麟，受命之符是也。然后托乎《春秋》正不正之间，而明改制之义。"这是说麟为孔子瑞。孔子不王，而受天之命作《春秋》以垂法，为素王。董仲舒灾异说源自《春秋》，所以对《春秋》大加推崇："《春秋》之中，视前世已行之事，以观天人相与之际，甚可畏也。国家将有失道之败，而天乃先出灾害以谴告之，不知自省，又出怪异以警惧之，尚不知变，而伤败乃至。"[2]在董仲舒心里，如果说孔子是教主，《春秋》就是一部充满神性的启示性的圣典。这样，

---

[1] 《史记·刘敬叔孙通列传》。
[2] 《汉书·董仲舒传》，第1901页。

神话同现实紧密结合起来，现实感也十分强烈。汉武帝时罢黜百家，独尊儒术，而这儒术已不是理性的原儒，而是神学化的新儒。它在现实政治生活中第一次真正地发挥了作用。这时，儒学摆脱了汉初以来的异端角色而开始正统化。虽然离真正的正统思想还有差距，但总归是争得了一个名分，是儒学第一次扬眉吐气。

11.2　西汉谶纬对抗皇室

自汉武帝后迷信愈演愈烈，由于罢黜百家，不再有制衡儒学迷信的力量，统治者好以此道自我装点，而叛逆者又欲以此张大其势，儒生们逢着一个难得的用武时机，抛出了铺天盖地的谶语纬书。谶纬神学成为武帝以后一场最大的神话运动。

谶是一种体现天意的神秘预言，纬则是对经书的一种神学解释，大抵谶出较早，如秦时之"亡秦者胡也"，以及持璧者言"今年祖龙死"，及陈胜所布之"大楚兴，陈胜王"，虽嫌直露，皆谶之滥觞。古《易》学之卜筮，所谓周公占梦书及形形色色之推往知来术，若可验证者，均可称为谶。但这些并不全同于汉代的谶纬。汉谶纬是打着解经的牌子，宣扬一些神秘的预言，以为维护或破坏现有秩序找到神学依据。故谶纬是一种特殊的预言：它总是假托孔子，演讲经典，为汉立法。它大盛于西汉末年东汉初年，并对后世产生了重大影响。

何以武帝后谶纬大起呢？它是不是武帝宗教神话的延续与发展？不是的。武帝建立泰畤与后土祠，改正朔易服色，正黄统，确立黄帝共祖地位，已取得宗教神学中划时代的胜利。他以独特的神话跟秦划开了一道鸿沟，诀别了秦制，这一巨大的文化功绩是难以估量的。但是，皇家祀典规范不严密，因人设教，则会导致人死教毁，最易引起崩溃失范。大一统社会建立起来后没有成为一个超稳定结构，其分裂势力始终作用着，尤其是当中央政权的控制力放松时，反对势力必将共起而与主流文化抗衡。西汉后期，阶级矛盾激化，统治阶级内部的不同派系间的矛盾也呈表面化。谶纬神学之本质是汉王朝中央统治与地方势力矛盾斗争的产物，它体现着这一时期的文化变迁。挑战武帝时神系与汉神系的应战是西汉谶纬神学的核心内容。

武帝在世时大展了一番宏图，但四处征战，弄得国库空虚，挣来的家当在他手里也花光了，需要再来一番休养生息。

昭帝继位时八岁，幼子不晓政事，国库空虚，人们对汉家的天下失望，于是，一种汉家须让出王位，新天子出于庶民的舆论滋长出来。通过神话，这种反叛意识传播很快。受教于董仲舒的儒者眭弘便以谶语上书皇上，竟要汉廷选贤禅以帝位。这件事情的本末是这样的：

> 孝昭元凤三年正月，泰山莱芜山南匈匈有数千人声，民视之，有大石自立，高丈五尺，大四十八围，入地深八尺，三石为足。石立后有白乌数千下集其旁。是时昌邑有枯社木卧复生，又上林苑中大柳树断枯卧地，亦自立生，有虫食树叶，成文字，曰"公孙病已立"，孟（眭弘字）推《春秋》之意，以为"石柳皆阴类，下民之象，泰山者岱宗之岳，王者易姓告代之处。今大石自立，僵柳复起，非人力所为，此当有从匹夫为天子者。枯社木复生，故废之家公孙氏当复兴

者也"。孟意亦不知其所在，即说曰："先师董仲舒有言，
虽有继体守文之君，不害圣人之受命。汉家尧后，有传国之
运。汉帝宜谁差天下，求索贤人，禅以帝位，而退自封百
里，如殷周二王后，以承顺天命。"孟使友人内官长赐上此
书。时，昭帝幼，大将军霍光秉政，恶之，下其书廷尉。奏
赐、孟妄设妖言惑众，大逆不道，皆伏诛。[1]

　　这件事绝对是一个谶纬制作，且矛头指向的是汉家的统治，所以
谶纬虽然迷信，但不能说反动。起初还是儒生们要革汉王朝的命。顾
颉刚先生称眭弘是"一个民众革命思潮中的牺牲者"[2]，肯定了他的
革命性，但称民众革命似不妥。眭弘是一个书生气十足的读书人，且
是一个企图以谶纬动摇汉家天下的儒生，所以当时的革命实际上是儒
生的革命。

　　宣帝即位后，欲为武帝立庙，长信少府夏侯胜公开反对，说：
"武帝虽有攘四夷，广土斥境之功，然多杀士众，竭民财力，奢泰亡
度，天下虚耗，百姓流离，物故者半，蝗虫大起，赤地数千里，或
人民相食，畜积至今未复。亡德泽于民，不宜为立庙。"[3]夏侯胜下
狱遭迫害势所必然。后臣下请宣帝尊武帝庙为世宗庙，且巡幸郡国
四十九处皆立庙。宣帝是要继承武帝传统有所作为无疑。宣帝是中兴
之主，所行为"霸王道杂之"。他谨奉传统的祀典，定期礼神于甘泉
泰畤、河东后土祠、雍五畤。宣帝是武帝政治与宗教的忠实继承者。

---

[1] 《汉书·眭弘传》，第2359页，另见《五行志》。

[2] 顾颉刚编著：《古史辨》第五册，上海古籍出版社，1982年，第471页。

[3] 《汉书·夏侯胜传》，第2361页。

宣帝在位期间，不知有多少次"凤凰祥瑞降集"，每次凤凰降集，他总是下诏，先是自吹自擂一通，随之下令不得探巢取卵，弹射飞鸟，以免坏了凤凰祥瑞；又兴修太一、五帝、后土祠，或封赏吏民，救济贫困，以得天瑞的喜讯布告天下。这种皇家频繁的祥瑞意在反击谶纬的负面因素，确信汉还是得天正统的。

皇帝既可以祥瑞证自己为真龙天子，治太平盛世，臣下也可以灾异言汉祚将尽。这时，谶纬便显出强大的破坏力量，它是皇家政治神话的反动。元帝时国势渐弱，而豪强渐起，老天也不帮忙，"灾异并臻，连年不息"[1]。与宣帝时之下诏言瑞报喜不同，元帝的诏书总是语调阴冷地报告灾难，摆出怜悯姿态，对灾民表示出深深的同情。元帝也采取了一些救难措施，然大厦将倾，似已无力扶持。虽到甘泉泰畤、河东后土祠及雍五畤去祭神，可神帮不了他。时有京房治《易》，事梁人焦延寿，"其说长于灾变，分六十四卦，更直日用事，以风雨寒温为候，各有占验"[2]。京房《易》的这种阴阳灾变学说，即《易纬》所本[3]。这时的谶纬，便直向皇帝发难。京房对元帝说：

> 《春秋》纪二百四十二年灾异，以视万世之君。今陛
> 下即位以来，日月失明，星辰逆行，山崩泉涌，地震石陨，
> 夏霜冬雷，春凋秋荣，陨霜不杀，水旱螟虫，民人饥疫，盗
> 贼不禁，刑人满市，《春秋》所记灾异尽备。陛下视今为治

[1] 《汉书·元帝纪》，第198页。

[2] 《汉书·京房传》，第2363—2364页。

[3] 钟肇鹏：《谶纬论略》，辽宁教育出版社，1991年。

邪？乱邪？[1]

　　这一番毫不客气的直斥已表明元帝是不合格的皇帝，汉天下已摇摇欲坠，只差说要改朝换代了。温和的元帝也承认天下是"亦极乱耳"，没杀京房，但还是将他贬出了朝廷。

　　京房去至新丰，怕遇害，于是据《易》制谶曰："臣前以六月中言《遁卦》不效，法曰：'道人始去，寒，涌水为灾。'至其七月，涌水出。臣弟子姚平谓臣曰：'房可谓知道，未可谓信道也。房言灾异，未尝不中，今涌水已出，道人当逐死，尚复何言？'臣曰：'陛下至仁，于臣尤厚，虽言而死，臣犹言也。'平又曰：'房可谓小忠，未可谓大忠也。昔秦时赵高用事，有正先者，非刺高而死。高威自此成，故秦之乱，正先趣之。'今臣得出守郡，自诡效功，恐未效而死。惟陛下毋使臣塞涌水之异，当正先之死，为姚平所笑。"[2]在这段话里，京房先是自称道人，要说明自己的谶语是何等的灵验。他又怕元帝杀了他，希望元帝不要让他弟子的话兑现。可见弄谶纬的人一个个都提心吊胆地活着，他们重新成了异端势力，是被绞杀的对象。

　　谶纬之说正形成了与皇家权势的对抗。京房作《易传》曰："石立如人，庶士为天下雄。立于山，同姓；平地，异姓。立于水，圣人；立于泽，小人。"[3]又云："枯杨生稊，枯木复生，人君亡子。"此事殆承泰山大石自立，昌邑社木枯而复生而发。眭弘曾为此

---

[1]《汉书·京房传》，第2365页。
[2]《汉书·京房传》，第2367页。
[3]《汉书·五行志》，第1141页。

殒命，京房借着这一神话旧题，推出了"庶士为天下雄"的口号，动摇着汉王朝的统治地位。

元帝时儒生多以汉家宗庙祭祀不合古礼，意欲更张。自高祖至元帝时，鬼神祀日益膨胀。天地山川之神庙处长安及郡县共683所，雍秦旧祠203所，汉祖庙在郡县也达167所，在京师176所，另有天子太后陵寝无数。这么多的神庙祖庙，需一支很大的神职队伍方能供奉。仅祖庙一项，一岁祠，上食24,147人，养牺牲之卒不在数中[1]。汉代的宗教祭祀纷繁泛滥了。韦玄成做丞相，议罢毁郡国庙及该罢之祖庙，太上皇、孝惠帝诸寝庙遂罢。后元帝生病，梦神灵谴责他罢了庙祠，求复之。匡衡等初不可，因元帝久病，匡衡害怕了，先是祷于高祖、文帝、武帝庙求各保佑元帝康复。又乞于被毁庙，愿自受其罪，也望保佑皇上疾病平复。皇上一病数年，只好赶紧把被毁的祖庙复兴起来，只是郡国之庙废而不兴。这场巧合似乎把祖庙弄神了，坏了庙就生病。可修好了庙元帝还是死了，这下匡衡壮了胆，奏除了亲未尽者，孝惠、孝景及太上皇、孝文、孝昭太后、昭灵后、昭哀后、武哀王祠，悉罢勿奉。成帝认可。汉祖庙一下子删去大半，仅留高帝太祖、文帝太宗、武帝世宗三庙及亲亲者四代计七庙。哀帝时，又有儒者议毁武帝世宗庙，朝廷上为此展开了激烈争论。毁庙之制古代究竟如何不得而知，汉时儒生们的这场毁庙运动发生在西汉衰败时期，应该看作一种倒汉行为。尤其是人们总是把矛头指向武帝这个汉文化的真正奠基者，这种意图就更加明显。

在毁祖庙的同时，捣毁神庙运动也展开了。匡衡还是这场运动的

---

[1] 据《汉书·郊祀志》《汉书·韦玄成传》。

急先锋。他不是不信神，而是不愿信武帝时所奉的神。他要用他心目中的神话去击溃既有的神学秩序。

成帝初即位，丞相匡衡、御史大夫张谭上奏曰：

> 帝王之事莫大乎承天之序，承天之序莫重于郊祀，故圣王尽心极虑以建其制。祭天于南郊，就阳之义也；瘗地于北郊，即阴之象也。天之于天子也，因其所都而各飨焉。往者，孝武皇帝居甘泉宫，即于云阳立泰畤，祭于宫南。今行常幸长安，郊见皇天反北之泰阴，祠后土反东之少阳，事与古制殊……甘泉泰畤、河东后土之祠宜，可徙置长安。[1]

匡衡等提出倡议，群臣议论纷纷。右将军王商、博士师丹、议郎翟方进等五十人引古礼附和之，成帝同意了这一动议。匡衡又以尚质为由，尽去原甘泉泰畤紫坛纹饰，泰坛周围的五帝坛、群神坛及仙化祠皆罢不修，雍五畤、陈宝祠也不修。南北郊重建后，成帝开始在南郊祭天。匡衡、张谭再奏，将长安及郡县神祠683所中选出208所应礼者保存外，其余475所神祠一律罢除；又将雍秦旧祠203所仅留15所，余皆罢之。高祖所立梁、晋、秦、荆巫、九天、南山、莱中之属，及文帝之渭阳五帝祠，武帝时薄忌太一、三一、黄帝、冥羊、马行、泰一、皋山山君、武夷、夏后启母石、万里沙、八神、延年之属，及宣帝之参山、蓬山、芝罘、成山、莱山、四时、蚩尤、劳谷、五床、仙人、玉女、径路、黄帝、天神、原水之属，皆罢之。这是一场大刀阔

---

[1] 《汉书·郊祀志》，第1038页。

斧的改革，神仙之属摧毁殆尽，杂祀也多拔除，汉家神坛删繁就简，
清爽多了。

这场宗教改革的首领是儒生匡衡，匡衡扮演巫史角色，虽是罢
祠，但也是神坛主持者，汉儒同神结缘很深了。匡衡迁甘泉泰畤及河
东后土祠的那段太阴少阳之论，在《易纬》里都能找到。《易纬稽览
图》即对太阳太阴、少阳少阴有论，如言"降阳见南，迎阴见北"，
即南阳北阴论。《易河图数》："东方南方，生长之方，故七为少
阳，八为少阴，西方北方，成熟之方，故九为老阳，六为老阴。"[1]
匡衡称东方少阳，北方泰阴，与纬书同声相应，纬书成为儒生干预国
家祀典的工具。

谶纬是儒生们编的神话，它要真正渗透到国家神话中去。武帝
时虽然说是"独尊儒术"，其实儒术并未独尊。武帝不好仁义，好征
伐，虽敬天地，更重仙道，而经济上则专利，行盐铁官营，根本违背
儒家不与民争利之旨，所以宣帝说得好，汉家自有汉家法度，王霸道
杂而用之，因而儒生即使在武帝后也未受重视。西汉末，儒生们想取
得主导地位，抓住灾异及谶纬之术，欲从神话这一角度突破，取得真
正的政治支配权。

匡衡改革神庙，也遭到了多方面的反对，"众庶多言不当变动祭
祀者"。刘向初是旧礼的维护者，他说："古今异制，经无明文，至
尊至重，难以疑说正也"，并引《易大传》言"诬神者殃及三世"，
成帝悔恨不已[2]。此时成帝已无大权，想恢复旧祠而无门，后因无嗣

---

[1] 《古微书》卷十六，《纬书集成》，上海古籍出版社，1994年，第243页。
[2] 《汉书·郊祀志》，第1041页。

故，便令皇太后诏有司，言武帝所兴之神畤如泰畤、后土祠及原雍五畤曾降福汉世，福流至今，今皇帝宽仁孝服，无有大愆，然无子嗣，思其咎错，乃徙南北郊，有违先帝之制，失天地之心，以妨继嗣之福。令复甘泉泰畤、汾阴后土祠，以及雍五畤、陈宝祠等。成帝亲郊如前。接着又将长安、雍及郡国之神祠的一半恢复起来。这是一场宗教神学的复辟，皇家神话以回复旧观来表达对儒学神话的回敬。

成帝晚年特好鬼神，方士儒生上书言祭祀之辈，在长安聚了一大批，消耗大量钱财，重煽鬼神迷雾。成帝好色好酒，且亲近小人。时外戚专权，汉江山落入外戚之手的趋向十分明显。儒生或抨击外戚，或附和外戚，均借谶纬开路，其共同点都是对皇帝不满。

谷永是精于《京氏易》之儒，"善言灾异，前后所上四十余事，略相反覆，专攻上身与后宫而已。党于王氏，上亦知之，不甚亲信也"[1]。起初，谷永以灾异警告成帝无子是因为成帝好色，不遵夫妻之道。建始三年（公元前30年）冬地震日食同时发生，谷永对成帝说："凡灾异之发，各象过失，以类告人。乃十二月朔戊申，日食婺女之分，地震萧墙之内，二者同日俱发，以丁宁陛下，厥咎不远，宜厚求诸身。意岂陛下志在闺门，未恤政事，不慎举错，屡失中与？内宠大盛，女不遵道，嫉妒专上，妨继嗣与？古之王者废五事之中，失夫妇之纪，妻妾得意，谒行于内，势行于外，至覆倾国家，或乱阴阳。昔褒姒用国，宗周以丧；阎妻骄扇，日以不臧，此其效也。"[2]这也是单刀直入，毫不客气。成帝召见了谷永，认为他所说不一定

---

[1] 《汉书·谷永传》，第2579页。

[2] 《汉书·谷永传》，第2559页。

对，又令诸方正对策，谷永深为不满，对皇上说："臣前幸得条对灾异之效，祸乱所极，言关于圣聪。书陈于前，陛下委弃不纳，而更使方正对策，背可惧之大异，问不急之常论，废承天之至言，角无用之虚文，欲末杀灾异，满谰诬天，是故皇天勃然发怒，甲己之间暴风三臻，拔树折木，此天至明不可欺之效也。"[1]谷永大言不惭，说自己所说是"承天之至言"，并特别指出，日食地震是皇后贵戚专宠所致。

此时外戚王凤为大将军，专权，朝臣多议论。谷永对皇上已失信心，转而附王凤，阴欲自托，故又在皇帝面前说"不可归咎诸舅"云云。王凤遂擢谷永为光禄大夫，谷永奏书感激涕零，表示愿做死士以报恩施，儒士与外戚于是结成同盟。儒生欲掌管天下无此能力，外戚欲篡权而又师出无名。两者结盟后一个造舆论，一个去实施，在瓦解西汉统治的过程中，二者配合颇默契。当时，谶纬神话是主要的文化武器，兼以"天下乃天下之天下，非一人之天下"的思想开始深入人心，昭帝以来的匹夫将为天子的预言同各种神秘的灾异故事联系在一起，逐渐成为人们的共识。这样，刘家江山就坐不稳了。

外戚王氏自王凤起，势力日大。王家计出五大司马：王凤、王音、王商、王根、王莽，他们是借助儒生的谶纬神话去弄垮西汉王朝的。

甘泉泰畤与河东汾阴后土祠是武帝所立的具有代表性的皇家神祠，可在后期儒士们看来是"违阴阳之宜"的建筑，匡衡奏撤销之以建南北郊。成帝以无子嗣复之，儒生们还是揪住不放，坚持取缔泰畤

---

[1]《汉书·谷永传》，第2564页。

和后土祠，恢复南北郊。杜邺说大司马王商"复还长安南北郊"，振振有词。成帝至死无子，说明泰畤、后土祠无效，于是南北郊恢复，泰畤、后土祠又废。哀帝即位又复甘泉泰畤、汾阴后土祠，罢南北郊。三年后哀帝崩，平帝立。王莽再奏泰畤不合古制，复南北郊。这次王莽的发言有了根据，因为他发现了一部《周礼》，据说是周公所作，后来失传，秦汉以来一直没有露面，所以祀神礼制都没法跟《周礼》相合。王莽说：

> 谨案《周官》"兆五帝于四郊"，山川各因其方，今五帝兆居在雍五畤，不合于古。……今称天神曰皇天上帝，泰一兆曰泰畤，而称地祇曰后土，与中央黄灵同。……宜令地祇称皇地后祇，兆曰广畤。《易》曰："方以类聚，物以群分。"分群神以类相从为五部，兆天地之别神：中央帝黄灵后土畤及日庙、北辰、北斗、填星、中宿中宫于长安城之未地兆；东方帝太昊青灵勾芒畤及雷公、风伯庙、岁星、东宿东宫于东郊兆；南方炎帝赤灵祝融畤及荧惑星、南宿南宫于南郊兆；西方帝少皞白灵蓐收畤及太白星、西宿西宫于西郊兆；北方帝颛顼黑灵玄冥畤及月庙、雨师庙、辰星、北宿北宫于北郊兆。[1]

后来，王莽又奏立社稷，以夏禹配食官社，以后稷配食官稷。自此，由匡衡发起的宗教整顿已经完成，武帝时建起来的神统已悉数颠

---

[1]《汉书·郊祀志》，第1047页。

覆。汉皇家神坛的这场变故实际意味着汉王朝的覆亡。

王莽幼孤贫，受《礼经》，博学，可谓儒生出身。时刘向父子为大儒。刘向为皇室宗姓，看见外戚专权，极为愤慨，常引田氏代齐、三家分晋警告成帝，言语十分尖锐，直斥外戚的专权行为。昭帝时的泰山卧石自立、僵柳复起的预言神话一直没有停息，刘向不像眭弘据此要汉皇退位，但也提出此兆重现，希望皇上自新自强。可惜成帝太不中用，不能行之。刘向敢于讥刺王氏，对刘家天下忠心耿耿，但他的儿子刘歆就不同了，他不仅不关心汉室，还党与王氏，帮王莽"典文章"，后为"国师"。儒生已向王氏外戚投降了。

王莽上台主要是通过谶纬神话造舆论。本来到王莽时汉为尧后，有传国之运，庶民将为天子的预言已满天飞。王莽再制造一些上台的符命，跟这个大背景很协调，很容易达到目的。平帝年纪轻轻，王莽秉政，群臣奏王莽德比周公，赐号"安汉公"。平帝死后，王莽选了一个只有两岁的宣帝玄孙刘婴为皇帝。这时，有人浚井得白石，上圆下方，有丹书著石，上书"告安汉公莽为皇帝"，这一符命使人们都推王莽如周公行摄皇帝之事，王莽已实为皇帝。刘家人看见王莽这般作为，知道这安汉公没安好心，必危刘氏而夺汉室。有刘崇等人发动了一场武装斗争，没成功。连刘崇族父刘嘉都到王莽那里去认了罪，可见刘氏大势已去。此事过后，群臣觉得有人反叛是王莽权轻，宜尊重以镇海内，太后诏莽为"假皇帝"。东郡太守发难，立刘信为天子，移檄郡国讨王莽，也不成。

王莽要化假皇帝成真皇帝，又制符命，著名者如齐郡新井。关于新井的符命是这样的：刘京上书说齐郡有亭长，一暮数梦天公使者，天公使者说："吾，天公使也。天公使我告亭长曰：摄皇帝当为真。

即不信我，此亭中当有新井。"亭长第二天早晨看见亭中果有新井。还有所谓巴郡石牛、扶风雍石的符命等，拍马屁者纷纷献符[1]。有儒生哀章好为大言，作铜匮为两检，署其一曰"天帝行玺金匮图"，一曰"赤帝行玺某传予黄帝金策书"。某为高祖，书意王莽为真天子，把王莽朝廷的班子都排好了。王莽便做了真皇帝，改正朔，易服色，上黄，定天下号为新[2]。西汉天下就在符命打击下灭亡了。西汉灭于王莽，王莽得势又得益于儒生推波助澜，西汉的儒生是革命者，是西汉王朝的掘墓人。

哀章所作的铜书颇有意思：他尊高祖为赤帝、王莽为黄帝。按说黄统早已为武帝所占有了，新朝还行黄统干什么？这里我们便明白了王莽等竭力否定武帝神统的用意了，只要把武帝的所作所为说成不合制度，那么王莽的尊黄就有办法解释了。为了肯定汉的赤说，刘歆作《世经》[3]，以五行相生之说，从太昊木德始，木生火，炎帝继之，继炎帝者为黄帝土德，继黄帝者为少昊金德，继少昊者为颛顼水德。这是一个轮转，然后从帝喾、唐帝、虞帝、伯禹、成汤再来一个轮转。周武王再从木德始，秦不算，汉高祖伐秦继周，为火德。这样汉与新就是火生土，所以，王莽要行土德，把古史系统都改变了。

在《世经》系统里，对王莽至关重要的就是唐尧为火德，虞舜为土德。而汉为尧后之说已传甚久，王莽则称是虞后，尧之禅舜故事的重演就是高祖授金策于莽传国运。王莽说："予之皇始祖考虞帝受禅于唐，汉氏初祖唐帝，世有传国之象，予复亲受金策于汉高皇帝之

---

[1]《汉书·王莽传》，第2996页。

[2]《汉书·王莽传》，第3007页。

[3]《汉书·律历志》，第869页。

灵。"[1]这场夺权方式不是军事的，而是文化的，严格地说是神话的方式，儒家经学神话的方式。

《春秋》一书也为王莽夺权帮了忙。王莽说："自孔子作《春秋》以为后王法，至于哀之十四而一代毕，协之于今，亦哀之十四也。赤世计尽，终不可强济。皇天明威，黄德当兴，隆显大命，属予以天下。今百姓咸言皇天革汉而立新，废刘而兴王。"[2]这就是孔子为汉立法，鲁运至哀而尽，汉也至哀而亡，新代汉实在是不得已而为之。《书》之禅让，《春秋》之气数，都恰到好处地配合着符命成为王莽得国的工具。神话化的儒家学说第一次真正地在政治生活中显示了它的力量。

客观地讲，王莽得天下也是历史的必然，在当时确为众望所归。王莽之败在于他上台后的经济行为不当，而这经济行为又出于扼制豪族大姓势力的政治目的，如王田不能买卖、五均六筦之制等，豪强失望，当然要奋起反抗，否则，他的垮台不会那么快。

说王莽政权仅仅是被农民起义摧毁是不全面的，王莽面临的主要劲敌是刘氏旧族及其他豪族势力。王莽上台之初因用了高祖赤帝受金策之符应，尊高祖庙为文祖庙，并表示汉帝在京师之庙不罢，还要祭祀如故。但为时不久便去毁了武帝和昭帝的庙。地皇二年（公元21年），王莽说梦见长乐宫铜人五枚起立，莽恶之，念铜人铭有"皇帝初兼天下"字样，即命工匠凿去铭文，又遣虎贲武士入高庙，拔剑四面击刺，以斧斫毁户牖，桃汤赭鞭鞭洒屋壁，然后将高庙改为兵营。[3]王莽

---

[1] 《汉书·王莽传》，第3017页。

[2] 《汉书·王莽传》，第3017页。

[3] 《汉书·王莽传》，第3058页。

此举是欲破坏高庙神性，扫荡刘氏的神灵保障，可见刘氏的势力对王莽的威胁是最大的。

谶纬神话帮助王莽得了天下，可谶纬也能覆灭新莽天下，正所谓"水能载舟，亦能覆舟"。有王况为李焉反造出谶言："荆楚当兴，李氏为辅。"[1]弄得王莽十分惊慌。绿林赤眉起义，刘氏旧族纷纷起兵反新，一场倒王运动掀起来了，而舆论恰恰是王莽使用过的谶纬，可谓以其人之道还治其人之身。

西汉的谶纬弄垮了西汉王朝，也弄垮了新莽政权。

11.3　东汉谶纬拥护皇室

汉宗室刘秀曾受《尚书》，按说也是一儒。造反前，有李通以图谶说之，云"刘氏复起，李氏为辅"。刘李便这样结盟造反了，打的是复汉的旗帜。

刘秀势力渐大，群雄归服。刘秀在长安游学时的同舍老友强华自关中奉《赤伏符》曰："刘秀发兵捕不道，四夷云集龙斗野，四七之际火为主。"群臣于是纷纷推刘秀为天子。刘秀于鄗称帝，燔燎告天，禋于六宗，望于群神，作祝文曰：

> 皇天上帝，后土神祇，眷顾降命，属秀黎元，为人父母，秀不敢当。群下百辟，不谋同辞，咸曰："王莽篡位，秀发愤

---

[1] 《汉书·王莽传》，第3057页。

兴兵，破王寻、王邑于昆阳，诛王郎、铜马于河北，平定天
下，海内蒙恩。上当天地之心，下为元元所归。"谶记曰：
"刘秀发兵捕不道，卯金修德为天子。"秀犹固辞，至于再，
至于三。群下佥曰："皇天大命，不可稽留。"敢不敬承。[1]

　　这套堂皇的祝词的核心是那两句不太高明的谶记。王莽为不道，
故刘氏恢复汉室。刘秀正火德，尚赤。建社稷，立郊兆于城南，为坛
奉五帝，中无太一位。与西汉王朝不同，东汉王朝一开始就有明确的
帝德和祭祀系统，不像西汉王朝摸索着行事。想夺天下的并不仅仅是
刘氏一族，当时豪强并起，欲问鼎者非一二数。公孙述在蜀称"公孙
帝"，他梦见有人语之曰："八厶子系，十二为期"，醒来觉得此符
说他国祚太短，犹豫不决，其妻力促其为帝。公孙述不想只做几天皇
帝，也引谶纬以自壮。《后汉书》本传云：

　　述亦好为符命鬼神瑞应之事，妄引谶记。以为孔子作
《春秋》，为赤制而断十二公，明汉至平帝十二代，历数尽
也，一姓不得再受命。又引《录运法》曰："废昌帝，立公
孙。"《括地象》曰："帝轩辕受命，公孙氏握。"《援神
契》曰："西太守，乙卯金。"谓西方太守而乙绝卯金。五
德之运，黄承赤而白继黄，金据西方为白德，而代王氏，得
其正序。

---

[1]《后汉书·光武帝纪》，"二十四史"（简体字本），中华书局，2000年，
第16页。

公孙述此举令刘秀十分忧虑，对于这一割据势力，刘秀先是跟他论谶，把天意讲清楚，乃与公孙述书云：

> 图谶言"公孙"，即宣帝也。代汉者当涂高，君岂高之身邪？乃复以掌文为瑞，王莽何足效乎？君非吾贼子乱臣，仓卒时人皆欲为君事耳，何足数也。君日月已逝，妻子弱小，当早为定计，可以无忧。天下神器，不可力争，宜留三思。[1]

"公孙氏当王天下"本在西汉昭帝时就有传言，刘秀否认了"公孙"就是公孙述，而认为宣帝就是公孙，又举出一个代汉者的名字叫当涂高，而公孙述不是当涂高，当然就没资格承汉统，便劝他放弃称帝的行为。这是以谶纬对谶纬，谶纬中的矛盾体现出不同集团间的利害冲突。

一开始，谶纬是冲着西汉统治来的。王莽利用这一迷信，击垮了西汉王朝，转而以谶纬巩固自己的统治。光武帝刘秀反以图谶夺回了刘氏江山。可这江山又面临着他人以图谶攻击夺取的可能。这样，光武帝在最终剿灭了公孙述割据势力后，起明堂、灵台、辟雍，"宣布图谶于天下"[2]。这就是他的帝国神话。神话化的儒学在东汉王朝得到了真正的尊崇，成为统治者的宗教。孔子在那里才真正有了政治地位。

---

[1] 《后汉书·公孙述传》，第357—358页。
[2] 《后汉书·光武帝纪》，第57页。

西汉和东汉的谶纬有一明显区别：西汉时反对势力利用谶纬来打击西汉统治；东汉时，王朝利用图谶巩固政权。东汉各帝王多以谶纬自壮，不比西汉时帝王等着臣下以灾异谶语发难。光武帝宣布图谶于天下就是确定谶纬之书的定本，保持其一统地位，不许他人再妄造图谶出来。这些图谶经过挑选，都是有利汉天下的，是孔子为汉立的法：卯金刀为天子不可动摇的律令。

谶纬神话能成为两汉政治斗争的工具的一个关键，是孔子的神化及孔子所作经书的神典化。没有孔子的神话就不会有圣书的神话。这两种神话是同时发生的。孔子是神，据神意而作纬书是纬书神话的前提。《春秋·演孔图》：

> 孔子长十尺，大九围，坐如蹲龙，立如牵牛，就之如昂，望之如斗。
>
> 得麟之后，天下血书鲁端门曰：趋作法，孔圣没。周室亡，慧东出。秦政起，胡破术。书纪散，孔不绝。
>
> 子夏明日往视之，血书飞为赤鸟，化为帛书，署曰《演孔图》，中有作图制法之状。又曰：孔子论经，有鸟化为书，孔子奉以告天，赤爵集书上，化为黄玉，刻曰：孔提命，作应法，为赤制，雀集。[1]

这是一组较为集中的关于孔子出生及受天命制符命的神话，为借用一般的感生神话模式而制成。孔子的神秘出身跟他所处时代的关

---

[1]《古微书》卷八，第190—191页。

系倒不是最要紧的，好像他的使命就是关心汉代的事，为汉立法，制作符运。制《赤雀集》是在强调汉的赤统，似为东汉初的制作。西汉时人们也讲孔子为汉立法，可那时人们是借此来说《春秋》十二公，至哀而尽，汉气数也至哀十二世而竭，纯是为了倒汉而作的。王莽前的赤帝授黄帝的符命都是为王莽建黄统而设的。纬书中大量的孔子为汉立法的神话应是刘秀为掌握汉江山编造出来的。所以，纬书神化孔子，是赋予孔子更大的使命，它的职责就是为汉统的建立作政治预言。《春秋·汉含孳》：

> 孔子曰：丘览史记，援引古图，推集天变，为汉帝制法，陈叙图录。又，丘水精治法，为赤制功。又，黑龙生为赤，必告示象，使知命。有人握卯金刀，在轸北，字季，天下服。卯在东方，阳所立，仁且明，金在西方，阴所立，义成功；刀居右，字成章。刀击秦，枉矢东流，水神哭，祖龙死。[1]

在这些辑录的纬书资料里，知是在西汉末东汉初为纠正汉黑统而作，所谓黑龙生为赤。汉是赤统，以前承奉黑统是错的。刘秀就是在这些纬书尚赤的旗帜下径直建为赤统的。

东汉的纬书里公开地对西汉的灾异说表示不满。王充《论衡》中说："谶书云：董仲舒乱我书。盖孔子言也。"这是在假托孔子之口以表达对董仲舒及其他西汉儒生以《春秋》灾异说对抗西汉政治的不满，东汉与西汉纬书的不同价值取向由此可见一斑。西汉末出现了汉

---

[1]《古微书》卷十二，第217—218页。

赤统说，但其目的不是汉要延续赤统，而是汉气数已尽，代赤者将为黄，而这黄统由王莽来承接。西汉末年几乎没有什么文化势力能为赤统撑腰，赤统将竭是一普遍认同的观念。所以大量张扬孔子为汉立法尤其是卯金刀为天子者，必定在刘秀为天子前后。东汉纬书不仅重视卯金刀，更强调"赤刘之九""帝刘之秀"[1]，纯是刘秀的神话创作班子的作品，是典型的政治神话。西汉儒生方士言汉统将尽，所据并不全是纬书，而是《春秋》本身。托孔子之言而出现的纬书是在拨董仲舒以来《春秋》灾异说之乱而反正，性质与西汉迥异。

11.4　儒教神话的命运

就在孔子被神化的时刻，西方犹太人的宗教导师耶稣也正在传播天国的福音，并创造了许多神迹。此时的巴勒斯坦处于罗马人的统治之下，耶稣的"天国临近"的主题获得了广大民众的拥护，因为在一个崭新的天国里，受难者将获得幸福。"你们贫穷的人有福了，因为上帝的国是你们的。你们饥饿的人有福了，因为你们将要饱足。你们哀哭的人有福了，因为你们将要喜笑。"富人却因此遭殃："你们富足的人有祸了，因为你们受过你们的安慰；你们饱足的人有祸了，因为你们将要饥饿；你们喜笑的人有祸了，因为你们将要哀恸哭泣。"[2]这样的神国谁不向往呢？犹太统治者和罗马当局恨耶稣，把

---

[1] 《后汉书·祭祀上》，第2149页。
[2] 《圣经·路加福音》第六章，中国基督教协会，1995年，第105页。

他钉死在十字架上。然后，耶稣死而复生的消息迅速传播开去，基督教以不可阻拦之势蔓延着，终于成为世界上影响力最大的宗教。

儒学经过神化，教主孔子同耶稣一样充满神性。孔子有许多与耶稣相同的条件，如耶稣有十二门徒，孔门有七十二贤弟子，他们也不同程度被神化。作为圣书，孔子所订《六经》《论语》及众多谶纬之书也足以当之。至于说纬书中有荒诞的神秘预言，《圣经》中何尝不是神秘预言比比皆是？然而，耶稣的信徒创造出了基督教，儒生方士并没能把儒教推向广大人民群众中去，它没有群众基础。基督教面向凡夫俗子，下层信徒有税吏、渔夫、农民等，可儒教没有。儒教看不起民众，是官方和富人的宗教。它为汉立法，要么服务于刘氏皇族，要么服务于豪强大姓，跟老百姓不相干。在这样一个狭窄的渠道中流行，尽管它后来是社会的主流神话，可并没能主宰民众的心灵。

孔子的神话没法在民众中流行，而借助书本在知识分子中传播。中国的知识分子总体上是富有理性精神的，只要他是一个充满正义无意阿谀取宠的人，他都不会附和皇上去宣扬宗教迷信，故而谶纬神学便遭到富有理性精神的知识分子的猛烈抨击，范围日趋狭窄，走向了一条死胡同。东汉时，桓谭、王充等一批杰出的思想家力斥谶纬之虚妄，对于遏制谶纬势力的发展起到重大作用。尽管谶纬迷信作为政治神话不断地被制作传播着，但它的活力却日渐萎缩。汉代儒学神学化，因只是服务于统治者而失去民众基础，与真正的宗教化失之交臂。当它在东汉时真正成为统治者的意识形态后，已不再像在西汉时那样富有革命的因素。它带着虚妄走过了东汉王朝的统治时期。当豪强士族势力日趋凝固，尤其是九品中正制建立后，不再需要儒生援谶纬以饰门面时，谶纬用途已经不大。玄学兴起，谶纬的地盘收缩，神学化的儒学面临危机。

　　谶纬的神话只在汉代流行一时，过后则如风流云散，仅可以从故纸堆里找出遗痕。应急的学术没有生命力，应急的神话同样不传。西汉的谶纬反刘汉，东汉的谶纬拥护刘汉。儒学的谶纬神话于汉代对皇家神话先挑战后皈依，最后，它跟汉王朝一起殉葬了。

第十二章
异端的成长及其神话

12.1　太平道及其神话

汉代在黄老之学为正统思想的统治期间，儒学便是异端。而武帝后，儒学渐为正统，黄老则为异端。故自武帝以后，以儒学神话反皇帝问题不大，但所托非儒，则有殒命之虞。匡衡、谷永论灾异，振振有词，皇帝无可奈何，但有所托非圣典者，便立刻刀斧相加。这种不同的遭遇说明，神学异端是不容许张扬的。

成、哀之际，以《春秋》言灾异纷纷然，言汉运将尽者也纷纷然，一般可保性命。可这时杀出了另一条路子的反叛者，则命运颇惨，他们编造的神话与学说逐渐走了下层路线而产生了重大影响。

成帝时齐人甘忠可造《天官历》、《包元太平经》十二卷，言"汉家逢天地之大终，当更受命于天，天帝使真人赤精子，下教我此道"。这一套神话的来路不是从孔子为汉立法，从《春秋》灾异里推出来的，它依据黄老仙道一路，显然是异端。汉宗室大儒刘向奏甘忠可假鬼神罔上惑众，下狱，未断病死。甘忠可虽没有被杀，但若不是生病自了，也免不了一刀。[1]

甘忠可传了几个弟子，如夏贺良、丁广世、郭昌等。这几个人再私下传授那赤精子之说的《包元太平经》，连好《尚书》灾异的李寻也乐此道，谶纬派系的人开始向仙道渗透。哀帝时，夏贺良又言赤精子之谶，言汉家历运中衰，当再受命，宜改元易号。刘向之子刘歆以为不合五经，不可施行。哀帝因病倒自己改元易号了，称"陈圣刘太平皇帝"，是迎合太平道的趣味，把自己作为"太平盛世"之主，以压制太平道势力。但改号后还是犯病，夏贺良等欲再托赤精子有所动作，欲推李寻等辅政。大臣及哀帝这次起了杀心，把夏贺良等下狱，以"执左道，乱朝政，倾覆国家，诬罔主上，不道"罪伏诛[2]。因为他们是异端。

但《太平经》一路并没因杀戮而遭遏制，它依然在潜滋暗长着。在混乱的现实中，托天帝之口许诺太平盛世，这便是太平道，原始的道教，其经书为《太平经》。到东汉时，《太平经》再次被送到了皇上的案头。《后汉书》云：

> 初，顺帝时，琅玡宫崇诣阙，上其师于吉于曲阳泉水上所得神书百七十卷，皆缥白素朱介青首朱目，号《太平清领书》。其言以阴阳五行为家，而多巫觋杂语。有司奏崇所上妖妄不经，乃收藏之。后张角颇有其书焉。[3]

---

[1]《汉书·李寻传》，第2386页。

[2]《汉书·李寻传》，第2387页。

[3]《后汉书·襄楷传》，第728页。

《太平经》成为民间宗教的经典，它像一把火炬，点燃了向往太平、反对乱世的火焰。东汉时，原始道教所掀起的这股反汉的风潮，与西汉时有很大不同。它是老百姓发起的，不同于西汉时以外戚集团为主导的反叛。原始道教的成功，在于它渗透到百姓的心目中去了。只有得到民众的认同，宗教的神话与教义才真正有了生命力。传扬于皇族和士族间的谶纬神话随着政治势力的瓦解便消散了。当一种宗教有生命力时，其神话的生命力也是强大的。它伴随着超越现世的理想，代代传承。自甘忠可造《包元太平经》至宫崇献《太平清领书》，其间百余年；前者因"左道"下狱，后者上书时被斥为"妖妄不经"，可见这样的迫害不仅没使"左道"消歇，相反却呈愈演愈烈之势。

桓帝时，襄楷又将于吉的神书奏上，强调："前者宫崇所献神书，专以奉天地顺五行为本，亦有兴国广嗣之术。其文易晓，参同经典，而顺帝不行，故国胤不兴，孝冲、孝质频世短祚。"[1]仿佛皇家的不幸，全是没按《太平经》办事造成的。这本"神书"就是原始道教的《太平经》，它自下而上，直冲皇家的宝座。

等到这本《太平经》到了张角的手里，情况就有很大不同了。太平道已不再是小规模的经书传承，企图让皇上接受以行其道的主张了。张角实行了大规模的传教活动，在民间底层传播，建立了较严密的组织体系，进行了有条不紊的夺取天下的活动。《后汉书·皇甫嵩传》云：

---

[1]《后汉书·襄楷传》，第726页。

初，钜鹿张角自称大贤良师，奉事黄老道，畜养弟子，跪拜首过，符水咒说以疗病。病者颇愈，百姓信向之。角因遣弟子八人使于四方，以善道教化天下，转相诳惑。十余年间，众徒数十万，连结郡国，自青、徐、幽、冀、荆、扬、兖、豫八州之人，莫不毕应。遂置三十六方。方，犹将军号也。大方万余人，小方六七千，各立渠帅。讹言"苍天已死，黄天当立。岁在甲子，天下大吉"。以白土书京城寺门，及州郡官府，皆作"甲子"字。中平元年，大方马元义等先收荆、扬数万人，期会发于邺。……角等知事已露，晨夜驰敕诸方，一时俱起。皆著黄巾为标帜，时人谓之"黄巾"，亦名"蛾贼"。杀人以祠天。角称"天公将军"，角弟宝称"地公将军"，宝弟梁称"人公将军"。所在燔烧官府，劫略聚邑，州郡失据，长吏多逃之。旬日之间，天下响应，京师震动。

这种由宗教活动进而发展为武装暴动的事件在中国历史上还是头一次，它为反抗强暴、追求理想社会的武装和文化行为积累了宝贵的经验。其中除了严密的组织外，理想切合民心、崇拜独特的神灵是太平道迅速成长的两个重要因素。

耶稣对待富人是要求他们把财物分给穷人，否则进不了天堂。基督教因此获得了信徒。太平道有"六罪说"，其中一罪便是不肯救穷周急。《太平经》说：

或积财亿万，不肯救穷周急，使人饥寒而死，罪不除也。或身即坐，或流后生。所以然者，乃此中和之财物也，天地所以行仁也，以相推通周足，令人不穷。今反聚而断绝之，使不得遍也，与天地和气为仇。或身即坐，或流后生，会不得久聚也，当相推移。[1]

这显然是穷人的福音。他们渴望在饥寒中得到救助。但《太平经》并不是懒人哲学，它认为，人天生应自食其力。凡因懒惰不自食其力以遭饥寒而仰人供给者，也为六罪之一，罪当死。《太平经》所说的富人系指贪婪的不劳而获的官吏，他们被称为"食中之鼠"。他们拥有的钱财是搜刮而来的，当然在百姓有急的时候就应该周济百姓。这种带有平均色彩、共同富裕的理想图画，其实是最动人的神话，吸引着成千上万的信徒加入太平道的行列。

但我们不能认为《太平经》就是一本纯粹的平民的福音书。它要献于皇上，没有治国安邦之术是不行的。

太平道所信奉的神灵是复杂的。它有一个神灵系列，即：一为神人，二为真人，三为仙人，四为道人，五为圣人，六为贤人。此皆助天治也。神人主天，真人主地，仙人主雨，道人主教化吉凶，圣人主治百姓，贤人辅助圣人。这一神系有两点值得注意：一是儒家圣贤等而下之，处六类之末，神、真、仙、道高居其上，强化了太平道的神权地位；二是神、真、仙、道系统将传统的天地风雨神灵结合在一起，欲将自己的神系取代天地神灵以为治，其用世之心十足。《太平经》的主要内容多托真人与神人的问答以出。真人又称神人为天师。

---

[1] 《太平经》卷六十七，"正统道藏"本，上海古籍出版社影印本，1993年。

但是，神人也好，真人也好，都不是真神，只是神人而已。

太平道的真正主神应是太一。《太平经》卷九十八所述太一，"因为天地神明毕也，不复与于俗治也，乃上从天太一也。朝于中极，受符而行，周流洞达六方八远，无穷时也"。这个太一跟武帝的那个太一不一样。在武帝那里他是最高的上帝，是皇家的保护神，与五帝成搭档，而在太平道中，他与五帝无涉，名称也发生了变化，叫中黄太乙，同符运谶纬相结合，成了取代汉运的神主。《三国志·魏志·武帝纪》注引《魏书》载黄巾移书曹操曰："昔在济南，毁坏神坛，其道乃与中黄太乙同，似若知道，今更迷惑。汉行已尽，黄家当立。天中大运，非君才力所能存也。""汉运将尽，黄家当立"成为一个广为传诵的谶语，而这一谶语又挟带着太乙的声威，所以便更具冲击力。黄巾军所到之处民众多望风归顺的原因就在于此。

不仅乡村广传黄天当立，城里也有类似的神话传扬。《后汉书》载："熹平二年六月，洛阳民讹言虎贲寺东壁中有黄人，形容须眉良是，观者数万，省内悉出，道路断绝。到中平元年二月，张角兄弟起兵冀州，自号黄天，三十六方，四面出和，将帅星布，吏士外属，因其疲饿，牵而胜之。"[1]黄天的神话已铺天盖地，吞没了奄奄一息的后汉王朝。

太平道的主神太一虽没有在道教神系中坐上第一把交椅，但他作为一支重要的力量加入了道教的神话系统。其原因主要在于太平道强烈的反叛色彩遭来残酷的镇压，使本身的势力大减。被统治者所接受的道家派系主要是五斗米道一系，所以，其主神来自五斗米道所崇拜

---

[1] 《后汉书·五行志》，第2277页。

的主神太上老君，太一成为旁支。

　　本来，自汉武帝至王莽时，太一神位已达极致，但到了光武帝继位时，太一便从最高神中被神秘地删除了，这是不是因为甘忠可所献《天官历》《包元太平经》中太重视太一了呢？甘忠可献上神书后称"天帝使真人赤精子，下教我此道"，这"天帝"当就是太一，因为当时他是最高神，甘忠可要托公认的最高神才有力量。甘忠可的天帝也讲汉运已尽，当更受命，同黄巾的中黄太乙一样表现出对汉运的否定。光武帝好谶纬，但对图谶作了整理。他选择并制作的是孔子系列的谶纬之书，这一系列是孔子为汉制赤统；太一赤精子系是说汉要退位，当然要排斥。甘忠可利用太乙曾宣扬汉运将尽，在东汉又故技重演，都是《太平经》的学说，都是太乙所主，所以光武帝便于皇家祀典中剔出太乙，太乙就这样一下子成为在野之神了。

　　关于太一的地位浮沉，顾颉刚、杨向奎曾有论述，他们说："太一由方士之力起家，赖汉武帝的好神仙，渐渐升到了上帝的地位；不幸，自从王莽们给他加冠之后，反把他的本来名字埋没了。后来虽然由隐复显，由整而分，究竟没有回复到原来的身份。然而失于彼者得于此，虽不见容于政治舞台，却还有宗教的出路。"[1]这段话没把握住太一浮沉的根本原因。太一地位的下降，跟王莽没有直接关系。王莽治明堂，光武帝也治明堂，光武不祀太一，显然是跟太一谶摧毁汉室有关，故光武帝取孔子谶而废太一谶，太一自然被逐出最高神位。他之所以不见容于政治舞台，是因为他乃异端势力之神。他在道教中

---

[1] 顾颉刚、杨向奎：《三皇考》，吕思勉、童书业编著：《古史辨》第七册（中），第203页。

依然活力强盛，虽然不入"三清四御"之位，但以"太一"命名之神有数十辈，成为道教神系的重要组成部分。

12.2　五斗米道及其神话

汉代的神学异端，据《三国志·张鲁传》注引《典略》说有三大妖贼：东方有张角，三辅有骆曜，汉中有张鲁。骆行"缅匿法"，不知何术。五斗米道或传为张修所创，其法大抵如太平道，借助符祝治病，并设置静室，使病者处其中思过，巫祝色彩较浓。但其宗教纲领不是《太平经》，而是《老子》五千文。《三国志·张鲁传》又称五斗米道为张陵所创，受道者出五斗米而被称为五斗米道。陵死，传其子衡，衡传其子鲁，张鲁大行其道。而同传又说张鲁杀张修，夺其众，据汉中以鬼道教民，自号师君。就史书记载分析，张修确有其人，先于张鲁传教。张衡、张陵事迹不详。大约是张鲁杀张修，自编张家传道世系而上溯其祖张陵，把张陵说成是创始人。

原始的五斗米道神为"三官"，即天、地、水，为自然神。《三国志·张鲁传》注引《典略》云："为鬼吏，主为病者请祷。请祷之法，书病人姓名，说服罪之意，作三通，其一上之天，著山上，其一埋之地，其一沉之水，谓之三官手书。"这三官在五斗米道中产生了深远的影响，直到唐代唐王朝与南诏盟誓，所面对的神灵还是这三官天地水。但这样一种抽象的自然神的神话却日渐凝固，没能演绎出丰富的故事来。

今所见的五斗米经典是汉末的《老子想尔注》。唐陆德明《经典释文·序录》有《老子想余注》二卷，注："不详何人。一云张鲁，或云刘表。""想余"乃"想尔"之误。任继愈等认为刘表绝无注《老子》的可能，因为他一生活动于荆州，且提倡经学，未见研习道家与道教的记载。《老子想尔注》可能先有众祭酒讲解《老子》文本，最后由张鲁总其成[1]。这部书是五斗米道教义和神话的蓝本。

《老子想尔注》中创造了自己的神。其中最重要的是讲一气化神引出至尊。《老子想尔注》第十章注"载营魄抱一能无离"曰："一散形为气，聚形为太上老君，常治昆仑。"[2]太上老君出现了，道教有了一个不同于太一的主宰，他对凝聚整个教团具有举足轻重的作用。太上老君虽被说成是道的化身，实际上人们都把他视为对老子的神化。《老子想尔注》一面崇奉大道，一面又贬斥孔子。这种方式是通过曲解《老子》原文来实现的。《老子》说"孔德之容，唯道是从"，《老子想尔注》则曰："道甚大，教孔丘为知；后世不信道义，但上孔书，以为无上；道故明之，告后贤。"这样说倒不完全是《老子想尔注》的新创，《史记》里也有过老子请教的说法。但这般曲解《老子》原文来贬低孔子，显然是为了争取正统，提高自身的地位。

张鲁对神话的发展有贡献，他在天、地、水的基础上引出的太上老君，奠定了道教神话发展的新起点，一个庞大的神系建设开始启动了。

---

[1] 任继愈主编：《中国道教史》，上海人民出版社，1990年，第38页。
[2] 饶宗颐：《老子想尔注校证》，上海古籍出版社，1991年，第12页。

后汉的皇帝尊奉孔子的热情明显高于西汉，常亲祠孔子及其弟子。从光武帝开始，明帝、章帝都亲临孔庙祭祀。神学化的孔子学说是后汉文化的主导倾向，但后汉皇宫里有了老子祠。信五斗米道的张鲁虽为异端，但后为曹操招降，五斗米道的命运较太平道为好，故太上老君也因之幸运。

12.3 黄老道与黄老识

除了民间的太平道与五斗米道外，在宫廷里应还有一股原始道教的势力，那就是黄老道。它不能说全是异端。在西汉初年，它是正统，儒学反是异端。但在东汉，黄老却是异端了。关于西汉时的黄老道，大抵以清静无为为尚，敬奉黄帝、老子。这里的黄帝，既不是五德系统里的黄统中的黄帝，也跟先祖黄帝不大一样。他是长生不老的仙人。汉武帝尊儒术，可也尊黄帝，并梦想有一天如黄帝升仙而去。王莽也大尊黄帝。西汉黄老以黄为先，实是求道成仙的产物。崇老子也是为了成仙。《论衡·道虚》："世或以老子之道为可以度世，恬淡无欲，养精爱气。夫人以精神为寿命，精神不伤则寿命长而不死。成事，老子行之，逾百度世，为真人矣。"在这样一个层次上，对黄帝与老子的信仰便合二为一了。黄帝是真人，老子也是真人，都是神仙。黄老道也是有经书的，史称楚王英"诵黄老之微言"，这微言是些什么内容，现在已很难考察了，大抵为《老子》及各种注本，及黄帝之书。汉代所托黄帝为名有多种，《汉书·艺文志》列为道家的就有《黄帝四经》《黄帝铭》《黄帝君臣》《杂黄帝》等四种，阴阳家有《黄帝泰素》二十篇[1]。这些大概就是黄老道的经典之书，所谓"黄老之微言"。这些托黄帝为言的书也是谶纬一类的东西。有一部叫《黄帝始终传》的书，被褚少孙补《史记》时引用，其中有"汉兴百有余年，有人不短不长，出自燕之乡，持天下之政，时有婴儿主，欲行车"。这是关于霍光执政的谶语。《史记索隐》称《黄帝始终传》是"五行谶纬之说"，是为黄帝谶，它与太乙谶一样，都是反刘汉的舆论。

楚王英信黄老，作图谶。这图谶是黄老一家的谶语，不是孔子谶，所以遭到惩处。但黄老道在宫廷里还在发展，据襄楷上书，桓帝时宫中立有黄帝祠。宫廷中的黄老道发展到很高的程度，异端已开始冲击主流文化。史称："桓帝即位十八年，好神仙事。延熹八年，初使中常侍之陈国苦县祠老子。九年，亲祠老子于濯龙。文罽为坛，饰淳金釦器，设华盖之坐，用郊天乐也。"[2]这种仪式的采用把老子差点推上最高神位。《后汉书·西域传》载："后桓帝好神，数祀浮图、老子。百姓稍有奉者，后遂转盛。"老子的信仰深入民间，成为朝野共奉的宗教。

宫廷黄老道跟太平道和五斗米道有较大区别，前者有治国治身的双重功能：无为而治，修道成仙；后者则为祛病驱苦，向往太平。同为异端，原始道教也有在朝在野之分，在朝的黄老道由异端转正统，由于它为统治者内部集团的部分人所崇尚，在不事反叛的前提下，它能与正统学说兼容。两支在野的原始道教一支太平道逐渐被严酷的武

---

[1] 《汉书·艺文志》，第1369—1371页。
[2] 《后汉书·祭祀志》，第2166页。

装扑灭，一支五斗米道被收编。这样，原始道教的神话被保留下来。它有广泛的群众基础，尽管价值取向不同，统治者和民众都面对着共同的神灵，这在中国的神话史上具有非同寻常的意义。

以往的统治者的神话是被统治者垄断的。统治者切断民众跟上帝的直接联系，把自己说成是上帝的代言人。民众所接受的"神意"实际上是统治阶级的意志。这种垄断神权的行为构成了专制统治文化的一个重要内容，神灵崇拜成为礼制的一部分，每个阶层的神崇拜被限制在一个特定的范围里，否则便是越礼。这样，使得民众在神话这一领域里也失去了自由，无法获得精神支撑。垄断神话成为愚民政策的一个重要组成部分。

当一个普通民众可以同皇上一样去面对同一神灵时，这简直就是一场革命。民众追回了图腾时代的那份权利。当年，他们同部落首领一样崇拜共同的图腾。随着图腾制时代的结束，他们与图腾的亲缘关系被剥夺了，这种权利被国王所独占，祖灵取代了图腾。而祖灵为皇族专祀，上帝又只降临皇家的神坛。民众对神的信仰变为对皇上的敬奉，而皇上的无道便使得他们对上帝深为绝望，这样也动摇了上帝的权威。西周末年的诗歌明显地表现了这种普遍的情绪。他们开始了寻找属于自己的神灵的精神历程，于是又回复到一种原始的粗浅的宗教信仰的基础之上，如楚之淫祀、秦之杂鬼神祀、齐之神仙道等，这些神话与神崇拜活动构成了民众精神生活的基本养分。但这些粗浅的神话支撑下的小范围的神灵信仰，无法扩展成普遍的共同追求。只是在太平道、五斗米道出现后，这种状况才发生了根本变革。太平道奉中黄太乙，把皇家的最高神搬到乡村野老的土坛上，这是宗教神话领域里的一场大反叛。黄巾拥有太乙之位还要宣布汉运将尽，同正统国家神话形成对峙，这是来自民间长期发展的异端神话成长的显著标志。而五斗米道所奉的太上老君则跟黄老道之老子为同一神。神话打破了上下界限，是对专制文化的一次真正的冲击，它使得民间神话的发展进入了一个新的时期，也使得统治阶级的神话与民间神话间的冲突更加尖锐。

12.4　外戚专权与西王母信仰的发展

在太平道、五斗米道、黄老道之外，另一神学异端也异常活跃，这就是西王母崇拜以及关于她的神话。西王母崇拜贯穿于整个西汉东汉时期，弥漫朝野。在汉代，它是历时最长、涉及面最广的一个神话系列。尽管西王母的神话有统治者参与宣扬，但总体上还是异端。在今所见的汉典里，除了少量的文人辞赋，并不见有较高统治集团成员奉祀西王母的记载，虽说西王母身上有颇为厚重的仙气，但在上层社会里跟黄帝、老子比地位相去甚远。至于武帝与西王母交往的故事，于史无征，实为后来西王母神话皈依道教后，收编武帝以壮大声势而造出来的。西王母信仰作为一种宗教，它的组织性不如太平道与五斗米道，但情绪较前者更为狂热，而以西王母作为一个崇拜实体，它的神话的影响却更为深远。

在春秋战国时期，西王母的神话已在流传，但影响并不是很大。虽有周穆王拜见西王母，西王母回访周穆王的《穆天子传》的传说，但此书一时湮没无闻，后代才发掘出来。战国时西王母的神话究竟有多大的影响不详。《山海经》有几处记载，主要有：

> 玉山，是西王母所居也。西王母其状如人，豹尾虎齿而
> 善啸，蓬发戴胜……[1]

另，《海内北经》称西王母在昆仑虚北"梯几而戴胜杖，其南有三青鸟为西王母取食"。《大荒西经》增"穴处"一条信息。这是《山海经》中西王母神话的主要内容，与其他神灵比，可谓无足轻重。

在汉代，西王母已经仙化。与西汉的正统神灵比，她只是在野的神仙。《淮南子·览冥训》讲到羿请不死之药于西王母的故事，西王母似为仙都总管，她手中拥有的正是千百万求仙者梦寐以求的东西——长生药，因为求仙者的核心就是为了长生不死。司马相如为迎合武帝求仙而作《大人赋》云："吾乃今日睹西王母皬然白首。戴胜而穴处兮，亦幸有三足乌为之使。必长生若此而不死兮，虽济万世不足以喜。"武帝读罢大悦，"飘飘有凌云之气，似游天地之间"。[2]武帝也陶醉在对西王母的向往之中。可武帝似乎并不太重视西王母，他更钟情黄帝，个中原因恐怕主要是西王母是一种民间信仰，武帝不愿把他的神灵信仰太多地跟普通人搅在一起。

西汉前期，人们把西王母视为神仙而事奉之的具体情节不详。到了后期，我们在河南一带发现了西王母的绘画，显然，西王母信仰在民间已有深厚的基础，只是没有反映到文献中来而已。哀帝时期，关东地区突然爆出了一场西王母崇拜的狂潮。《汉书·哀帝纪》《汉

---

[1] 《山海经·西山经》，第59页。
[2] 《史记·司马相如列传》，第2332页。

书·天文志》《汉书·五行志》记载下了这个疯狂的事件：

> 　　哀帝建平四年正月，民惊走，持藁或棷一枚，传相付
> 与曰：行诏筹。道中相过逢，多至千数。或被发徒践，或夜
> 折关，或逾墙入，或乘车骑奔驰，以置驿传行，经历郡国
> 二十六，至京师。其夏，京师郡国民聚会里巷仟佰，设祭，
> 张博具，歌舞祠西王母。又传书曰："母告百姓，佩此书者
> 不死，不信我言，视门枢下，当有白发。"至秋止。

　　此刻，似乎末日已临，人们疯疯癫癫，惶恐不安。按《天文志》
所说，在这场混乱事件发生之前已有天变，祠西王母后又言"从目人
当来"，此也一谶语，颇令人费解。

　　这样一股潮流绝不会是空穴来风。西王母是女神，跟成、哀时
期的母党专政是否有些关联呢？当时哀帝祖母傅太后骄，参与政事，
太后丁氏气焰甚高。杜邺有这样一段议论，揭露了这场风波的别有
用心。

> 　　《春秋》灾异，以指象为言语。筹，所以纪数。民，
> 阴，水类也。水以东流为顺走，而西行，反类逆上。象数度
> 放溢，妄以相予，违忤民心之应也。西王母，妇人之称。
> 博弈，男子之事。于街巷仟佰，明离阃内，与疆外。临事盘
> 乐，炕阳之意。白发，衰年之象，体尊性弱，难理易乱。
> 门，人之所由；枢，其要也。居人之所由，制持其要也，其
> 明甚著。今外家丁、傅并侍帷幄，布于列位，有罪恶者不坐

辜罚，亡功能者毕受官爵。皇甫、三桓，诗人所刺，《春秋》所讥，亡以甚此。[1]

此事发于关东，民众历二十六郡国西上入京师，所以是逆上。这一拨人直捣京师，显然是有政治目的的。外戚专权，在西汉后期是宫廷政治生活的重要内容。王氏专权，制谶语及符瑞甚多，傅、丁骄纵，也不会放弃使用谶纬符瑞的手段。"视门枢下，当有白发"，门枢为中央，指朝廷无疑，白发当是干预朝政的傅太后。杜邺的分析是不无道理的。颜师古注《哀帝纪》"关东民传行西王母筹"时曰："西王母，元后寿考之象。行筹，又言执国家筹策于天下。"谓西王母为元后王氏，揭示了这一行为的动机。此时傅氏十分骄狂，她与元后同事元帝，然傅氏为哀帝祖母。《汉书》谓"傅太后既尊，后尤骄，与成帝母语，至谓之妪"。傅太后公开称元后为老婆子，已不把元后放在眼里。

京师的祠西王母运动是建平四年的春天闹起来的，历时半年有余，到秋天才停下来。就在京师大街歌舞祠西王母时，哀帝于六月尊傅氏帝太太后为皇太太后，按三皇五帝之序，皇高于帝，傅氏地位已无以复加。这场闹剧没人去镇压，却在秋天停下来了。岂不是傅氏已达目的而鸣锣收兵了？按一般情况，若是民众闹事如此，早该遭到镇压了，但这场西王母崇拜闹得如此沸沸扬扬，背后显然有政治势力的支持。

总之，西汉末年的祠西王母热跟外戚母党政治是有关系的。它同

---

[1]《汉书·五行志》，第1195页。

王氏的谶语及符瑞一样，都是刘氏汉室将倾的神学舆论。

虽然西王母崇拜的勃兴有外戚母党策动的背景，但民间的信奉却有自己的寄托。除了求长生外，他们更注重向西王母祈福去祸，求赐子女。汉焦延寿《易林》有这样的话："稷为尧使，西见王母。拜请百福，赐我善子。引船牵头，虽拘无忧。王母善祷，祸不成灾。"这一神灵形象使西王母在民间大放光彩，故东汉时的西王母崇拜在民间四处播扬。虽然我们从文献上索考不出多少材料，但现已发现的东汉西王母画像（附图14）却遍及四川、山东、河南、陕西等地区，说明西王母崇拜也有很大发展，西王母的神话在民间广为流传。

西王母神话的成分是复杂的。因其配偶情况的变化，她的身份也随之变化，这是阴阳学说渗透其间的结果。

在汉代民间以伏羲女娲为阴阳二神的同时，西王母与东皇公的结合，成为另一对日月神。《吴越春秋》卷九载，文种讲"尊天事鬼"之术，勾践采纳之："立东郊以祭阳，名曰东皇公；立西郊以祭阴，名曰西王母。"此为报吴九术之首，这是文献中较早出现的东皇公名字的记载。文种所献策，《史记》称"七术"，而无具体记载，更无东皇公与西王母对举之言。东皇公、西王母的祀礼为《吴越春秋》所杜撰，它的根据当是流行的神话。这儿值得注意的是这种"尊天事鬼"术与通常的南北郊不同，南北郊变成了东西郊，显然是汉礼南北郊的反动。在汉画像中，日月神既以伏羲女娲为其主，东皇公西王母同时又成第二对日月神。西王母是月神，如陕西汉墓的入口横款上的画面，东王公处有有鸟之日，西王母处有有蟾蜍之月。这种神话在汉以后的神仙道学之书中大加张扬，流行于民间的影响反大于伏羲女娲。这是因为东王公西王母联合的神话加入道教神话的力度较伏羲女娲联合的神话为重，所以能后来居上。

西王母与黄帝的结合则是天地神话的又一变体。《淮南子·览冥训》："西老折胜，黄神啸吟"，"老"为"姥"之借字。西老即西姥，即西王母，高诱就是这样注的，他还称"黄帝神"为"黄帝之神"。这种对举说明西王母是天神，而黄帝是土地神。西王母是宇宙秩序的代表，她头上"胜"被折断，正是社会混乱、宇宙秩序崩坏的象征。[1]这些特征在汉代神话里已不甚明显了。

或许在远古的神话里，西王母曾拥有至高无上的地位，但她有一个中衰的过程，外戚母党给了她一个复兴的机会，使她兴盛于民间，而在道家神话中，她又重现昔日的辉煌，在中国宗教与民俗生活中占据着日益重要的地位。

自东汉出现东王公西王母相会的画面，文献中关于东王公西王母的故事记载渐多，六朝时有托名东方朔的《神异经》出世，上载西王母东王公故事云：

> 昆仑有铜柱焉，其高入天，所谓天柱也，围三千里，圆周如削，下有回屋，仙人九府治。上有大鸟，名曰希有，南向，张左翼覆东王公，右翼覆西王母。背上小处无羽，方九千里。西王母岁登翼上会东王公也……其鸟铭曰：有鸟希有，绿赤煌煌，不鸣不食。东覆东王公，西覆西王母。王母欲东，登之自通。阴阳相须，惟今益工。[2]

---

[1] ［日］小南一郎：《中国的神话传说与古小说》第一章，孙昌武译，中华书局，1993年。

[2] 转引自《水经注》卷一，文渊阁四库全书本，第573册，0025c页。

这个故事中的西王母访东王公的故事，其结构跟牛郎织女的故事有些相像。当然，牛郎织女的故事不是这个故事的演绎。西王母与东王公的神话带着浓厚的神仙气氛，传达着一定的宗教信念。而牛郎织女作为大众神话，寄托着反抗压迫，追求自由与幸福的理想，性质有很大的差异，不能捏合在一起。

东王公后演为木公。《仙传拾遗》载：

> 木公，亦云东王父，亦云东王公，盖青阳之元气，百物
> 之先也。冠三维之冠，服九色云霞之服，亦号玉皇君。居于
> 云房之间，以紫云为盖，青云为城。仙童侍立，玉女散香。
> 真像仙官，巨亿万计，各有所职，皆禀其命，而朝奉翼卫。
> 故男女得道者，名籍所隶焉。

这就是后来玉皇大帝的前身之一，西王母后演为王母，成为天国第一夫人，地位崇高无比。

汉代的西王母信仰是在先秦的西王母信仰的基础上展开的。外戚母党的操纵使西王母崇拜在汉代极为火热，当这个神话渗透了阴阳学说，并入伙道教神话，西王母的影响便日益扩大了，成为可以与观音匹敌的最受民众喜爱的神灵之一。

12.5　佛教的传入与"金人"神话

谈及汉代的异端神话，我们还应该特别提到从西方传来的佛教

神话。

关于佛教传入中国的时间，说法不一。每种关于佛教传入的故事都夹杂着神话，或者说它本身就是一个神话。佛教以神话为先导开路，然后才将其教义传过来。

《广弘明集》引《列子》托孔子语，似孔子已知有佛理，此属无稽之谈。《佛祖统记》言秦始皇时，有西域沙门室利防十八人来传佛教，始皇以其异俗，囚之，夜有丈六金神破户而出，吓坏了秦始皇。此也后人所撰佛教神话，与秦代无涉。但有一事可与佛教传入及佛道神话有重要关系，这就是霍去病讨匈奴获一金人。《魏书·释老志》：

> 汉武元狩中，遣霍去病讨匈奴，至皋兰，过居延，斩首大获。昆邪王杀休屠王，将其众五万来降，获其金人。帝以为大神，列于甘泉宫。金人率长丈余，不祭祀，但烧香礼拜而已。此则佛道流通之渐也。

此事不见于《史记·封禅书》及《史记·武帝本纪》。甘泉宫供神颇杂，立一金人当不足怪。《汉书·匈奴传》云："汉使骠骑将军去病将万骑出陇西，过焉耆山千余里，得胡首虏八千余级，得休屠王祭天金人。"颜师古注曰："作金人以为天神之主而祭之，即今佛像是其遗法。"霍去病获一金人是实，但这金人是不是佛祖呢？班固已明言为祭天金人，则此像非佛可知，颜师古所注乃受《魏书》的影响所致，然而这个西方来的金人无疑为佛教的传入作了心理上的铺垫。

明帝时代佛入说大致是可信的。《后汉书·西域传》《理惑论》《后汉纪》《魏书·释老志》所述明帝夜梦金人事可视为佛教神话传入的最初入口。《后汉书·西域传》云：

> 世传明帝梦见金人，长大，顶有光明，以问群臣。或
> 曰："西方有神，名曰佛，其形长丈六尺而黄金色。"帝于
> 是遣使天竺问佛道法，遂于中国图画形像焉。楚王英始信其
> 术，中国因此颇有奉其道者。

后来的文献也多谓是明帝遣使入天竺求佛法，最早的佛典
《四十二章经》就是那时译过来的。

楚王英被认为是所知的第一个信徒，《后汉书·楚王英传》称其
"学为浮屠斋戒祭祀"。曾自入黄绢白纨三十匹赎罪。明帝诏报曰：
"楚王诵黄老之微言，尚浮屠之仁祠，洁斋三月，与神为誓，何嫌何
疑，当有悔吝？其还赎，以助伊蒲塞桑门之盛馔。"则明帝时，佛教
信徒已多有之。

关于明帝梦金人事，今人多有斥其非者，其间关键涉及牟子《理
惑论》的真伪问题。《理惑论》全文收于梁僧祐编《弘明集》卷一，
题为《汉牟融》，又注曰："一云苍梧太守牟子博传。"此事人们
一直未予理会。至明末胡应麟则开始怀疑此文是假的。近代梁启超
作《牟子理惑论辩伪》，不仅否认牟子实有其人，并认为该书为后
人伪造，说："此书文体，一望而知为两晋六朝乡曲人不善属文者所
作。"[1]一些佛学专家反对此说，包括周叔迦、胡适之、余嘉锡、汤

---

[1] 梁启超：《牟子理惑论辩伪》，《中国佛教研究史》上海三联书店，
　　1988年，附录三。

用彤先生都认为此书是真的。就《后汉书·楚王英传》所载明帝诏看，佛教于后汉初已流行，传扬佛教神话实不稀罕。明帝非有突出地位，若六朝僧侣附会，何不选择光武？明帝有梦为寻常事，臣下附会以佛则也正常，放明帝梦金人事当是后汉故实，臣下以佛对则是借此宣扬佛教神话。所以《后汉书》《魏书》等必定是在前人传说的基础上记载下来的，并非空穴来风。牟子所宣扬的神话代表了早期佛教神话的面貌。

关于佛的神话形象，除了托傅毅之口称佛"飞行虚空，身有日光"外，《理惑论》有答问称佛为：

盖闻佛化之为状也，积累道德数千亿载，不可纪记。然临得佛时，生于天竺假形于白净王夫人，昼寝梦乘白象，身有六牙，欣然悦之，遂感而孕。以四月八日，从母右肋而生，堕地行七步，举右手曰："天上天下靡有逾我者也。"时天地大动，宫中皆明。其日王家青衣复产一儿，厩中白马亦乳白驹。奴字车匿，马曰犍陟，王常使随太子。太子有三十二相，八十种好，身长丈六，体皆金色，顶有肉髻，颊车如师子，舌自覆面，手把千辐轮，顶光照万里，此略说其相。年十七，王为纳妃，邻国女也。太子坐则迁座，寝则异床，天道孔明，阴阳而通，遂怀一男，六年乃生。父王珍伟太子，为兴宫观，妓女宝玩，并列于前。太子不贪世乐，意存道德。年十九，二月八日夜半，呼车匿，勒犍陟跨之，鬼神扶举，飞而出宫。明日廓然，不知所在。王及吏民莫不歔欷，追之及田。王曰："未有尔时，祷请神祇。今既有尔，

如玉如珪。当续禄位，而去何为？”太子曰：“万物无常，
有存当亡。今欲学道，度脱十方。”王知其弥坚，遂起而
还。太子径去。思道六年，遂成佛焉。

　　这个佛的形象虽有人间王子修道的一点史影，而其出生、形貌及
行为均具神话色彩，后世传说的佛教神话的基本框架已成。牟子所述
乃《修行本起经》的一个缩写本，因而把最根本的佛教神话展现在人
们面前。西方神人以他独特的形象加入了中国的神话行列，引起了中
国神话的强烈震荡。

　　佛教神话的传入，首先冲击的是神仙学说。神仙家服药修道，祈
求长生不死，而佛教追求涅槃境界，以人生为苦难，二者可谓格格不
入。所以佛教进入中土，还没有跟主流文化冲突，倒是跟中土的异端
交火了。他们首先要粉碎神仙不死之术，否则便无从立足。牟子开宗
明义地说：“虽读神仙不死之书，抑而不信，以为虚诞。”又云：“神
仙之书，听之则洋洋盈耳，求其效，犹握风而捕影。”然斥神仙家虚
诞，自己宣扬佛教也还得凭神话。牟子希望别人在学佛时说：“尧舜
周孔且犹学之，况佛身相好变化，神力无方，焉能舍而不学乎！”他
把佛说成了一个神通广大的神，而不是一个修行者，这当然是对佛形
象的歪曲，但为了征服大众，以神话开路却是传播的最佳途径。

　　把佛的形象夸张得奇异，也遭“惑人”非难：“云佛有三十二
相，八十种好，何其异于人之甚也？殆富耳之语，非实之云也。”牟
子曰：“谚云，少所见，多所怪，睹骆驼言马肿背。尧眉八彩，舜目
重瞳子，皋陶鸟喙，文王四乳，禹耳三漏，周公背偻，伏羲龙鼻，仲
尼反顀，老子日角月玄，鼻有双柱，手把十文，足蹈二五，此非异于

人乎？佛之相好，奚足疑哉！"牟子面对攻击，只好借助中国传说的神话人物来反击，以将佛祖的怪诞形象合理化。佛教神话初入中土，只得处处依凭着孔老之书的可乘之机以求生存，故牟子口口声声都在列举孔老之言，而实质上都是在为佛教张本。

《理惑论》以三十七篇答问宣扬了佛教神话与粗浅的佛理，对种种非难，尤其是神仙学说展开了批判。在全文结束时这样写道："于是惑人闻之，踧然失色，叉手避席，逡巡俯伏曰：鄙人矇瞽，生于幽仄。敢出愚言，弗虑祸福。今也闻命，霍如汤雪。请得革情，洒心自救。愿受五戒，作优婆塞。"十分自得地宣扬了传道理惑的胜利，使"惑人"得以皈依。其实，"惑人"没有这样简单就接受了佛教，佛教与中国文化的冲突还仅仅是开了个头，尖锐的斗争还在后头。

佛教传入之初，最高统治者并没有反对的意思，所谓秦始皇囚室利妨之说乃后人所伪托。佛教初入跟中国文化呈合作态度，《理惑论》是一个典型的例证。它依托孔老经典，在神仙学说发起攻击后才予以反击。汉家皇帝对此予以宽容，如明帝对楚王英之信佛显然持赞赏态度，桓帝"设华盖以祠浮图、老子"，佛教在汉代皇帝那里得到了崇尚。汉代的佛教，其底牌没有完全摊开。出现在人们面前的佛教可能是跟黄老道有些相似的，所以人们往往把黄老、浮屠连称。如楚王英并好黄老、浮屠，而桓帝时宫中同立黄老、浮屠祠。按照襄楷的理解，是"此道清虚，贵尚无为，好生恶杀，省欲去奢"[1]。这样的佛教可谓无害于统治，不可能像太平道那样刮起强大的反叛风暴，相反，它还有利于社会安定，与太平道、西王母崇拜相比，它要温和得

[1]《后汉书·襄楷传》，第727页。

多，所以统治者接纳了它。

这样，作为一种异端的外来佛教神话，在中国一开始并没有被主流文化所排斥，而且被安然地植入中国文化的母本上。

同样作为异端文化，黄老道对佛教忌讳颇深。摆出老大姿态去凌压佛教，这种表现首先是神话的表现。《后汉书·襄楷传》中襄楷上书有称："或言老子入夷狄为浮屠。"这大概就是所谓"老子化胡"的先声，成为后来道佛两教神话冲突中的一个重要话题。道佛两教神话冲突的序幕于是拉开。

12.6　汉代神话的新陈代谢

汉代的异端神话造就了中国文化中的新神话，它是中国神话的一场大革命，它的出现，标志着以图腾祖先与英雄为核心的旧神话的发展时代的结束，五帝的神话凝固成空壳，而一个新的神话时代到来了。夏、商、周三代的神话以祖先为核心并辅以图腾神话，各自的主神都是独立的，夏之社、商之帝、周之天，虽性质相近，然互不领属，新的王朝对前代神灵虽不能尽废，却往往以新的神逐渐取代前代的神灵，神在主流文化中的生命力显得十分短促。这种状况到汉代时开始改变了。

西汉时，人们从纷繁的先祖中理出了一个头绪，纵向传承的五帝神话一统地位形成了民族的共同历史，而横向的五帝神话则成为中国哲学基本理论的坐标。前者以《史记》为代表，给了不同种族集团向同一民族归化的文化准绳；后者以《吕氏春秋》《礼记·月令》《淮南子》为代表，成为天人合一的标准模式，成为一种上自皇家祀典，下至民间术数的具有广泛影响的神学文化基石，其影响甚为深远。两种五帝神话是古神话的终结。它的时空模式是中国文化的代表。

从时间上讲，五帝的连续统治是一种循环，是天道不变的精神体现，德治传统就是贯串在五帝纵向模式的一条主线，而血缘传统则须臾不离地围绕在德统的周围。血缘的统治总是以掌握仁德的法宝以行天道，而仁德又总是附着于血缘集团以求归宿。五帝是作为一个血缘团体而出现的。从黄帝、颛顼、帝喾到尧、舜，他们具有相同的血统，五帝是一家，这样看来行天道的不同组织都是同一血统。所以五帝神话是中华民族的血缘之本，更是德治文化的范本，故而认同这一谱系以求为其谱系下的一员，不仅在象征性的血缘关系上有一致性，更重要的是认同这一文化，即德治文化。

横向的五帝则使人在空间上每时每刻都受到五帝的统治，从天地东西南北一直统治到耳目手足、心肝脾肺，每一处都有一帝蹲着。在这种情况下，无所不在的五帝已成为左右人们生活的主宰。

两种体系的五帝神话将旧神话推向了极致，所以，它就此停止了发展的脚步，是古神话的终结。它以静制动，张开怀抱迎接着奔入的归化者，是中华民族文化的熔炉。

汉统治者为寻找最高神作出了艰苦努力，但弄出来的主神却是那么脆弱，很轻易地就被否定掉了。不管是黑帝、赤帝、黄帝还是太一，他们都没有在主神的位置上坐稳。东汉时留下的昊天上帝是一个抽象的自然神，其人格形象十分模糊，也许因此他才能长留于最高神位。可这样一个形象模糊的昊天虽然名义上是王朝的保护神，其实仅为一个空壳，没有什么神话内涵，且仅为统治者所拥有，对老百姓的影响十分有限。

作为异端出现的新神灵，一个最显著的特点就是滤去了祖宗特点，老子、佛祖、西王母都不是谁的祖先，所以能畅行于各个朝代获得广泛的拥护，可不受朝代、种族限制地被统治者选择用以作为主导文化。由于这些异端神话不重血缘性，因而获得更大的普遍性，可以超越种族超越时代。

其次，新神话打破贵族统治者的神灵垄断，民众可同皇上一样去面对佛祖与王母，神话也因而带上更多的共性，民间神话就是以新神话为起点发展起来的。

作为新神话，它还有一个重要特点：它往往是主流神话与主流文化最激烈的反叛者，虽然其反抗程度不一，但最具革命因素的火花就是从中迸发出来的，所以说，异端神话往往是革命的神话。

古神话的改造成型与新神话的发展是汉代神话的显著特点，无论是经过汉人总结的前人神话还是后人新创的神话，都是中国神话史上最重要的神话。汉代是中国神话承先启后的时代，是中国神话史上的一个关键环节。

第十三章
道教神话由异端趋向正统

13.1 皇家祀典与"淫祀"禁制

西汉时,《春秋》灾异说等种种动摇王朝的神话不是老百姓兴起来的,它的制造者和首播者主要是异端知识分子和怀有反汉之心的官僚。东汉的反王朝神话则主要来自民间,铺天盖地的太平道教徒多是贫苦民众,他们所信奉的太平谶言判了统治者的死刑。水能覆舟,民间神话便是覆舟的一股巨浪。

两汉的统治者只是到了不可收拾的地步才知道民间宗教与神话的厉害。两汉的最高统治者没有下达禁绝民间崇祀的诏令,但其统治集团的成员有觉察民间宗教与神话之可怕者,乃行禁令禁止。然民间宗教势力甚大,他们编造的神话又令禁祠之官僚胆寒。《汉书·五行志》:"(元帝)建昭五年,兖州刺史浩赏,禁民私所自立社。山阳橐茅乡社有大槐树,吏伐断之。其夜,树复立其故处。"注引臣瓒曰:"旧制二十五家为一社,而民或十家五家共为田社,是私社。"[1]说明西汉时百姓不唯公社是从，私自立社，建立自己的神灵保障体系。古社必有树。《白虎通》："社稷所以有树何？尊而识之也，使民望见即敬之，又所以表功也。故《周官》曰：'司徒班社而树之，各以土地所宜。'《尚书逸篇》曰：'大社唯松，东社唯柏，南社唯梓，西社唯栗，北社唯槐。'"可见社树是社神的象征。浩赏伐了民私社中的槐树，意思很明显是要毁了私社，可这一举动遭到了民众的神话回击：那棵被伐断的槐树又自己站起来，立到原处。也就是说，私社不可毁！其威慑作用不可等闲视之。这事在当时一定产生过较大影响，人们信以为真，而写进了史书。既然私社不可禁，就只能容忍它的发展。东汉兴起的民间宗教与神话，是在西汉以来较为宽松的文化土壤里生长壮大起来的。

东汉时期，反宗教迷信的呼声高起来。王充《论衡》对于谶纬、仙道及种种符瑞灾异的流行神话进行了揭露，显示了高度的理性精神。王充的矛头所向，主要是统治者的神话，他对统治者虚妄的、自我粉饰的神话的批判是强有力的，如《龙虚》《指瑞》《道虚》等篇，把统治者所标榜的符瑞驳斥得不值一钱，在那神话气氛弥漫的岁月，确实表现出众人皆醉我独醒的批判精神。王充对"儒者"的行为表现出极大的不满。这些"儒者"是东汉谶纬学说的鼓吹者，是东汉的主流文化的代表。王充显然代表的是一种异端力量，它不是以异端神话对抗主流神话，而是直指主流神话的虚妄，如《论衡·奇怪》称：

---

[1] 《汉书·五行志》，第1151页。

儒者称圣人之生，不因人气，更禀精于天。禹母吞薏
苡而生禹，故夏姓曰姒。禼母吞燕卵而生禼，故殷姓曰子。
后稷母履大人迹而生后稷，故周姓曰姬。《诗》曰："不坼
不副，是生后稷。"说者又曰：禹、禼逆生，闿母背而生。
后稷顺生，不坼不副，不感动母体，故曰："不坼不副。"
逆生者子孙逆死，顺生者子孙顺之。故桀、纣诛死，赧王夺
邑。言之有头足，故人信其说；明事以验证，故人然其文。
谶书又言：尧母庆都野出，赤龙感己，遂生尧。《高祖本
纪》言：刘媪尝息大泽之陂，梦与神遇。是时，雷电晦冥，
太公往视，见蛟龙于上，己而有身，遂生高祖。其言神验，
文又明著，世儒学者，莫谓不然。如实论之，虚妄言也。

这里连汉朝看家神话都否定掉了，谶纬渐失活力，与这种打击是
密切相关的。

王充的这种连锅端的作风使得正统文人深表焦虑。东汉末年，民
间信仰日起，而皇家神话一蹶不振，于是有人起来正本清源，这人是
应劭。

袁珂先生说："汉代末年，另有一部书，以辨风正俗为宗旨，也
含有反对迷信虚妄的色彩，和《论衡》的性质略相近，只是态度比较
温和，这就是应劭的《风俗通义》。"[1]在反对迷信上，二者有相近
处，但其针对性完全不同。如果说王充针对的是王权神话，应劭的对
象则恰恰是民间的信仰，并为统治者禁绝民间神信仰大造舆论。由此

---

[1] 袁珂：《中国神话史》，第110—111页。

可见，应劭实际上是为日益破败的皇家祀典补漏拾遗，而对民间异端着力攘除，跟《论衡》的性质是不相近的。其序言称：

> 今王室大坏，九州幅裂，乱靡有定，生民无几，私惧后进，益以迷昧，聊以不才，举尔所知，方以类聚，凡一十卷，谓之《风俗通义》，言通于流俗之过谬，而事该之于义理也。风者，天气有寒暖，地形有险易，水泉有美恶，草木有刚柔也；俗者，含血之类，象之而生。故言语歌讴，异声鼓舞，动作殊形，或直或邪，或善或淫也，圣人作而均齐之，咸归于正，圣人废则还其本俗。[1]

其救世之心颇强。就其内容看，应劭以强化传统神话和皇家祀典为核心，而对仙道及"淫祀"大加挞伐。他将三皇五帝之制列于卷首《皇霸》篇的开头，其三皇说引纬书《春秋运斗枢》为正，以伏羲、女娲、神农为三皇，而五帝则称黄帝、颛顼、帝喾、帝尧和帝舜。按他的说法这是根据《易传》《礼记》《春秋》《国语》《太史公记》。这显然是错误的。《易传》里的五帝世系与此根本就不相同。应劭似乎不在意这些，而着力强调其在历史上的源头地位及在道德上的准绳地位。他的这次强化不仅仅为王朝立本，也是对于中华民族的共祖的再次确认，尤其是对《大戴礼记》五帝的认同，连同先于该书的《白虎通义》，把五帝的世系法典化了。在流传下来的不完整的本子里，我们还看到应劭整理出的祀典：先农、社神、稷神、灵星、灶

---

[1] 应劭：《风俗通义》序，文渊阁四库全书本，第0862册，第0351ab页。

神、风伯、雨师、桃梗、苇茭等，以及五岳四渎等山川之神，其中主体为儒典《周礼》《礼记》等所载，这就是他要"归之于正"的地方。而对于王朝的真正迷信，他却予以辩护，如：

> 武帝时迷于鬼神，尤信越巫，董仲舒数以为言。武帝欲验其道，令巫诅仲舒。仲舒朝服南面，诵咏经论，不能伤害，而巫者忽死。[1]

这就不是在破鬼神迷信，相反在宣扬鬼神迷信，只是越巫不正，而董仲舒为正，故正能克制不正，董仲舒战胜了越巫。这样，应劭的反神话迷信实际上是反民间的神话迷信，而不是"正宗"的神话迷信。由此可以看出应劭与王充的根本区别。

应该说，应劭在一定程度上揭露了民间信仰的荒诞，如所谓的李君神乃一农夫把一李核置于空桑中生出的李树，后人见桑中生李，转相告语以为神。有病目痛者息树荫下，言：李君，今我目愈，谢以一豚。其人之目后自愈。众人传得神乎其神，来树下车骑数千百，酒肉堆积如山，后来那农夫知道，大惊，说："此有何神，乃我所种耳！"因此一把把那李树给砍了，[2]一下子戳穿了一场闹剧，这些都是有积极意义的。

应劭的真正目的还是担心这些民间的鬼神信仰所带来的政治上的影响和麻烦，所以为禁绝民间的鬼神信仰大造舆论。"城阳景

---

[1]《风俗通义》卷九，第0406b页。
[2]《风俗通义》卷九，第0405a页。

王祠"条述朱虚侯刘章被文帝封为城阳王，死后立祠，民讴歌纷籍，言有神明，问祸福立应，历时甚久。然乐安太守陈蕃、济南相曹操"一切禁绝，肃然政清"。应劭表扬了他们，并说："安有鬼神能为病者哉？"等到他本人做营陵令，决定禁绝对刘章的祭祀，乃移书为令曰：

> 到闻此俗，旧多淫祀，靡财妨农，长乱积惑，其侈可怨，其愚可愍！昔仲尼不许子路之祷，晋悼不解桑林之祟，死生有命，吉凶由人。哀哉黔黎，渐染迷谬，岂乐也哉？莫之征耳。今条下禁，申约吏民，为陈利害，其有犯者，便收朝廷。[1]

这种对民间迷信禁绝含有多重意图，既有怜惜民财、驱除愚昧的用心，更有防止"长乱积惑"的目的。然而，不管应劭的用意何如，他禁绝民间崇祀的行为，开了用政治手段压制民间宗教的先河，对后代统治者管理民间宗教的政策产生深远影响。

自打东汉末年黄巾以宗教神话发动了一场大的变乱，统治者对民间的神灵信仰再也不敢掉以轻心了。民间的神话从此遭到了严厉的压制。

三国时期，黄巾起义大潮方过，各国统治者对民间信仰心有余悸，大都出台了禁绝民间信仰的诏令。

魏国禁"淫祀"甚有力，曹操在做济南相时便"禁断淫祀，奸

---

[1] 《风俗通义》卷九，第0403d页。

宄逃窜，郡界肃然"[1]。文帝称帝后，也推行禁绝民间祭祀的措施。《三国志·魏志·文帝纪》：

> （黄初五年）十二月，诏曰："先王制礼，所以昭孝事祖，大则郊社，其次宗庙，三辰五行，名山大川，非此族也，不在祀典。叔世衰乱，崇信巫史，至乃官殿之内，户牖之间，无不沃酹，甚矣，其惑也！自今其敢设非祀之祭，巫祝之言，皆以执左道论，著于令典。"

这是最高当权者第一次向民间神灵宣战。文帝高张皇家祀典，而把"非祀之祭，巫祝之言"置于"左道"境地，民间宗教已处于非法状态，在高压之下了。封建皇帝的这一举措，是由黄巾大起义的历史教训造成的，他们想在文化世界里筑起一道屏障，防止异端神学冲垮皇家的神苑。文帝精当地概括了皇家祀典的基本内容：郊社、宗庙、三辰五行、名山大川。这是自原始社会以来，宗教神话积累成的皇家祀典的最后结晶，它经过反复过滤筛选在汉代已凝聚完毕，三国时的皇帝接过了这份遗产，世世代代往下传了，千余年里没有发生结构性的根本变化。皇家一旦有了自己恒定的神权体系，便不遗余力地维护它的权威，因而对异端便大开杀戒。

皇家祀典是儒家神学观的结晶，因为正统的神学实际上是儒家神学，它体现为皇家建立权威的根本目的，故禁绝淫祀就要先树立儒家

---

[1] 《三国志·魏志·武帝纪》，"二十四史"（简体字本），中华书局，1999年，第3页。

祖师爷的地位。汉光武帝、明帝早就对孔子礼拜有加，这一被异端神话冲得奄奄一息的孔圣人的神位在魏王统治期里再度兴起来了。所以魏文帝早在禁淫祀诏令前就先行表彰孔子的大德，称孔子为"命世之大圣，亿载之师表"，并下令修孔子庙。文帝这样做，是为了纠正汉桓帝以来对老子崇祀的作风，他除规范了具体的皇家祀典外，更注重敬仰这一礼制的祖师孔子。尽管文帝说除了郊社、祖宗、三辰五行和名山大川外，余不在祀典者不得祭祀，可孔子总是例外。文帝诏告豫州刺史，不得重老子轻孔子：

> 老聃贤人，未宜先孔子。不知鲁郡为孔子立庙成未？汉桓帝不师圣法正，以婢臣而事老子，欲以求福，良足笑也。此祠（老子祠）之兴由桓帝……恐小人谓此为神，妄往祷祝，违反常禁。宜宣告吏民，咸使知闻。[1]

这就是说，老子不能祭祀。这种前所未有的以政令的形式倡导一种信仰而禁绝另一种信仰的手法表现得如此明朗是前所未有的。

江东孙吴集团对民间宗教神话的压制与曹魏比毫不逊色。当年在顺帝时制《太平经》的术士于吉有一个自己的传承系统，虽然他的道书传播开去发生了惊天动地的事，可于吉道有一支没有直接参加黄巾，在汉末三国之际传入江东，于民间继续传播。其道长还是于吉，这显然不是顺帝时的那个于吉了，他当是袭于吉之号的另一位道长。在江东，于吉道称于君道。《三国志·孙策传》注引《江表传》云：

---

[1] 《续高僧传》卷二十三，文渊阁四库全书本，第2060册，第630页。

　　时有道士琅邪于吉，先寓居东方，往来吴会，立精舍，
烧香读道书，制作符水以治病，吴会人多事之。策尝于郡城
门楼上，集会诸将宾客，吉乃盛服杖小函，漆画之，名为仙
人铧，趋度门下。诸将宾客三分之二下楼迎拜之，掌宾者禁
呵不能止。策即令收之。诸事之者，悉使妇女入见策母，请
救之。母谓策曰："于先生亦助军作福，医护将士，不可杀
之。"策曰："此子妖妄，能幻惑众心，远使诸将不复相顾
君臣之礼，尽委策下楼拜之，不可不除也。"……即催斩
之，悬首于市。诸事之者，尚不谓其死，而云尸解焉，复祭
祀求福。

　　于君道不仅仅为贫苦大众信奉，于吉一出现，孙策部下有三分之
二将领都奔去拜迎了，而把孙策扔在楼上不管。这样，统治者的权威
遭到了极大的挑战，所以他们要迫害于吉。孙策杀于吉，一不是因为
迷信耗了钱财，二不是符水治病害了人命，纯粹是为了铲除其政治统
治的精神威胁，"此子妖妄，能幻惑众心，远使诸将不复相顾君臣之
礼，尽委策下楼拜之，不可不除也"，这是于吉被杀的根本原因。于
君道的力量已足够摧垮君臣之礼，成了危害政权统治的重要力量。孙
策杀于吉，纯粹是一种政治行为。

　　然而，江东不可能凭借武力压制住于君道，孙策的行为大不得人
心。人们以神话来给孙策以反击。于吉不死的神话，与其说是人们对
于吉的怀念，不如说是对孙策的抗议。对教主的迫害往往会激起更大
的宗教风潮。耶稣被钉死在十字架上以后，人们都传说他复活了，这
似乎是蒙难宗教主的共同神话模式。这种神话会推进其宗教的继续发

展。而宗教越是发展，这种神话就越是成长壮大。关于于吉不死的神话，在《洞仙传》里发展成这样了：

　　于吉者，瑯琊人也。……孙策平江东，进袭会稽，见士民皆呼吉为于郎，事之如神。策召吉为客在军中，将士多疫病，请吉水喷漱辄差。策将兵数万人，欲迎献帝讨曹公，使吉占风色，每有神验。将士咸崇仰吉，且先拜吉后朝策。策见将士多在吉所，因怒曰："吾不如于君耶？"乃收吉，责数吉曰："天久旱，水道不通。君不同人忧，安坐船中作鬼态，束吾将士，败吾部曲，今当相除。"即缚吉，暴使请雨，若能感天，令日中大雨者，当相原，不尔加诛。俄而云兴雨注，至中漂没。将士共贺吉。策遂杀之。将士涕泣收葬。明旦往视，失尸。策大怆恨，从此常见吉在其前后。策寻为伏客所伤。照镜，见吉在镜中，因拊镜大叫，胸创裂而死。世中犹有事于君道者。[1]

　　《洞仙传》一书，《旧唐书·经籍志》录为六朝见素子撰，今佚，《云笈七签》中录存有两卷。在《洞仙传》中，关于于吉的故事与《江表传》比又有很大发展，首先是于吉的神通更为广大，能呼风唤雨，感天动地，以至将士要先拜吉，后朝策。于吉死后，孙策遭恶报而死，这是《洞仙传》神话发展最引人入胜的地方。它在警告统治

---

[1] 张君房编：《云笈七签》卷一百十一，文渊阁四库全书本，第1061册，第0278c—0279a页。

者，于君道是不能禁止的，于吉也是杀不得的，在神话里，惩罚于吉的孙策得到了严厉的惩罚。

这是一个有代表性的民间神话，表现出于君道跟统治集团间的尖锐对抗。表面看，这是于君道的胜利，但实际上，在这神话的背后，却是于君道遭到血腥镇压的事实：于吉被杀了，他不能复生。于君道遭到重创，面对政治压迫无可奈何，于是产生出神话的反抗，这是对孙策暴行的控诉，但这些不能从根本上改变统治集团扼杀民间宗教与神话的态度。我们发现，自三国始，民众以宗教和神话向统治者挑战的情况愈来愈多，统治者对民间宗教和神话的压迫也愈来愈重。

西晋时期，统治者对民间宗教也极力压制，而竭尽全力扶植皇家祀典。晋武帝司马炎上台后强化了皇家祀典中的上帝、天地、先祖与山川之位。孔子的地位在祀典中也进一步突出，魏晋时都以太牢礼祠孔子并以颜回配之。魏晋以来，《周礼》中的祀典增加了孔子席位是一重大事件。泰始元年（265年）十二月，武帝诏曰：

> 昔圣帝明王修五岳四渎，名山川泽，各有定制，所以报阴阳之功故也。然以道莅天下者，其鬼不神，其神不伤人，故祝史荐而无愧词，是以其人敬慎幽冥而淫祀不作。末世信道不笃，僭礼渎神，纵欲祈请，曾不敬而远之，徒偷以求幸，妖妄相煽，舍正为邪，故魏朝疾之。其按旧礼具为之制，使功著于人者必有其报，而妖淫之鬼不乱其间。[1]

---

[1]《晋书·礼志》，"二十四史"（简体字本），中华书局，2000年，第387页。

此诏道出了司马炎承袭魏文帝的作风，对淫祀采取决断措施的态度。泰始二年（266年），有司奏春分祠厉殃及禳祠，司马炎以为不在祀典，故除之。又使官员到四方巡省风俗，除去不在祀典的祭礼。司马炎这样关心民间神俗，其意在于防止民间可能出现的反叛情绪，因为反叛情绪在宗教神话中最易表现。

晋朝的官员也紧密配合皇家行动，一齐绞杀异端文化与反抗苗子。晋武帝咸宁二年（276年），"道士陈瑞以左道惑众，自号天师，徒附数千，积有年岁，为益州刺史王濬诛灭"[1]。又太和元年（366年），"彭城道士卢悚自号大道祭酒，以邪术惑众，聚合徒党，向晨攻广汉门，云迎海西公。殿中桓秘等觉知，与战，寻并诛"[2]。由宗教发展成武装反叛，这是西汉以来，异端神话发展的逻辑。流行于民间的宗教要么归附于朝廷，要么作为一种异端必然走向反叛，因而也带来了空前的压制。

南北朝至隋唐，禁淫祀诏令不断，刘宋高祖永初二年（421年）诏：

> 淫祠惑民费财，前典所绝，可并下在所除诸房庙，其先贤及以勋德立祠者，不在此例。[3]

这是一场对民间信仰的大整顿。当年，连蒋子文在内的杂祠皆被毁弃。

---

[1] 《广弘明集》卷十二，文渊阁四库全书本，第1048册，第0396d页。

[2] 《广弘明集》卷十二，文渊阁四库全书本，第1048册，第0396d页。

[3] 《宋书·高祖本纪》，"二十四史"（简体字本），中华书局，2000年，第39页。

鲜卑族建立的北魏政权接受了汉族文化，他们不仅逐渐建立了跟南朝皇家相近的天地祀礼，还接受了魏晋以来所谓禁淫祀的信仰政策。北魏神龟二年（519年）十二月，肃宗发布除淫祀、焚诸杂神之诏令。[1]北魏本有自己的神灵系统，入主中原以来，先是参用华夏古礼，然其旧俗甚重，神系芜杂，到太武帝时才予以整顿，除群小神杂神，而祀典合于中土了。

唐朝一统天下，然忧宗教信仰混乱，对民间宗教也大举压制。武德九年（626年），太宗诏曰："私家不得辄立妖神，妄设淫祀，非礼祠祷，一皆禁绝。"[2]自此，历代皇家统治把正祀典与禁淫祀作为神权统治的两项并行措施。

三国时期开始的淫祀禁制一直贯穿整个封建社会。这说明旧神话时代结束后，统治者的神话也难以统摄民心，统治者欲占有神权，剥夺民众跟神灵的直接联系。这一举动必将引起更大的反抗，使统治者与民众之间的对立加剧，因而"左道惑众"便防不胜防。禁制是如此严酷，淫祀却屡禁不止，这是因为神话是不可能用武力扑灭的。

统治者跟大众在宗教神话中对垒，使自己的神话日趋整一。他们的神话准绳是儒家的神话，这不仅仅因为孔子被列入祀典而被神化，更重要的是，所谓天地、社稷、先祖及日月星辰与山川之祀礼均来自儒家经典，如《周礼》《尚书》《礼记》，所以，几千年来统治社会的主流神话是儒家神话。

---

[1] 《魏书·肃宗纪》，"二十四史"（简体字本），中华书局，2000年，第154页。

[2] 《旧唐书·太宗本纪》，"二十四史"（简体字本），中华书局，2000年，第22页。

　　但这种核心神话却是干瘪的，它依赖政权而推行，凭借制度以生存。儒家神话虽然借此获得能量，但又由于制度化限制而趋于僵化。皇家祀典过分强调其仪式，反使其神话难以奔放，而权威性的崇高地位使其神话失去发展机制。统治者对祀典的专有则进一步使得神话失去了发展的土壤，他们不让民众参与祀典，而对最高神的祭祀往往鬼鬼祟祟，好像上帝在跟皇帝密谈，如历代帝王的封禅之礼。这不仅使大众对上帝彻底失望，也把统治集团中的一般成员当作了局外人。儒家的骨干神话最终还落在自然神的层面上，只作为一个套在皇家政权身上僵硬的外壳，本身没有衍化为活生生的故事传扬于口头。这样，皇家祀典的神话没有能力抵抗活泼有力的民间神话的侵袭，因而只能借助政权力量采取行政和武力的方式对民间信仰与神话进行压制。在过去的岁月里，真正能够对抗神话的同样只能是神话，行政方式的干预只能激起民间神话进一步蔓延发展，民间宗教信仰也日益兴盛。

　　统治者的神话与民间神话在分向发展中出现了一冷一热的现象，皇家的神坛相对冷落，而民间神系日趋丰富。民间神话的壮大，是中国后期神话的一个显著特点，它的强劲力度正是在高压下酝酿而成的。民间神话与皇家神话的对峙，是魏晋南北朝至隋唐神话发展的重要内容。

　　道教的神话是这一时期神话中的重要组成部分，无论在民间还是在宫廷，它的力量都不可低估。但是，受黄巾起义的影响，它一直遭到压制而被置于异端地位，相对于皇家祀典，它明显是在野的神话。道家神话在发展中呈现出如下三个显著特点：一、继续高扬黄巾起义造反旗帜，以神话导入武装斗争；二、以神仙家的神话传说作消极反抗，以蔑视动摇正统的价值观念，取得文化上的胜利；三、投靠皇家势力，力争正统地位，把自家的神话系统建设起来。从魏晋到隋唐，道教神话就走着这样的路程，它们在夹缝里生存。

13.2 李氏神话的冲击力

统治者所严厉禁止的淫祀妖神，固然是针对整个民间宗教，但对道教的压制却更为严酷。尽管佛教"胡神"也多遭斥废，但在整个魏晋南北朝时期，各路道教教派的反抗与统治者对它们的镇压以及道教自身向统治者的叛依等事迹却十分引人注目。在这一过程中成长起来的道教神话在后期中国神话中占有重要地位。

我们前面所述的于君道，其自身并不存在有意地、直接地伤害统治者的行为。它因替人治病灵验、符水灵验而获得民心，其矛头并不是直指统治者。相反，于吉为孙策效力，但这种来自民间的威信本身就是对统治者的伤害，所以作为异端遭到打击是十分自然的。崇祀孔子，贬斥老子，至少在唐以前的统治文化中是主流。

道教究竟在哪些方面妨害了统治者的利益呢？我们这里不想就其教义作广泛的阐述，单就与神话密切相关的部分所产生的影响进行一些分析。

一类是托老君之言为谶，煽起反统治者的武装起义的火焰，或者将当年的斗争史化为神话，成为继续斗争的精神武器，其行为是对黄巾传统的继承。

其间影响最大的是东晋末孙恩、卢循以五斗米道发起的一场大乱。《晋书·孙恩传》载，孙恩为孙秀之族，世奉五斗米道，孙恩叔孙泰师事钱塘杜子恭，有秘术。孙泰颇浮狡有才，百姓敬之如神，四方之人多从求秘术。"泰见天下兵起，以为晋祚将终，乃煽动百姓，私集徒众，三吴士庶多从。"后孙泰事发被诛，众人认为他没死，是"蝉蜕登仙"了。孙恩继起，往来于吴会与海岛间。观孙恩之起兵，固因东晋乱离，民众欲反，而参与造反者多为五斗米道所宣扬的仙道所诱。起义者撤离时，女教徒有婴儿不能带走，便用竹筐盛婴儿投于水，说："贺汝先登仙堂，我寻后就汝。"[1]至于这些仙堂是何种境地，因史载有阙不可确知。然而，民众既然如此狂热，其仙堂的迷人程度可知。孙恩所统民众并不完全是因苦难忍无可忍而揭竿而起的，他们在很大程度上是出于一种宗教的感召而参与造反的。造反者并非都是民众，江南士族也多信五斗米道，孙恩妹夫卢循就来自著名的士族家族。因此，这次造反不能称为纯粹的农民起义。孙恩、卢循起义破坏性很大，东晋因此衰落，而五斗米道也因此遭重创。

道教的另一支影响大且历时久的反抗势力乃是民间绵绵不绝的李家道李弘造反。李氏在民间的影响，最早应从西汉末年新莽当政时算起，那时光武帝刘秀欲复汉室，与宛人李通结盟，编造谶语云"刘氏复兴，李氏为辅"，刘秀以此谶做了天子，可这个谶语强大的能量并未就此消歇。西晋时期，人们还在动这一谶语的脑筋。晋惠帝太安二年（303年），江夏义蛮张昌云"当有圣人出为民主"，他不好意思让张氏作为圣人，于是以山都县吏丘沈充圣人，并易名刘尼称帝，依汉故事行火德，以应"刘氏复兴"。张昌自立为相并易名李辰，以应

---

[1]《晋书·孙恩传》，第1759页。

"李氏为辅"之谶。李氏在民间竟有如此大的感召力！

此"李氏"尚未与道教相涉，至西晋末年，众多号称李氏道教徒的道教徒则据此谶语自壮了。《晋书·周抚传》云：

> 时有道士李脱者，妖术惑众，自言八百岁，故号李八百。自中州至建邺，以鬼道疗病，又署人官位，时人多信事之。弟子李弘养徒灊山，云应谶当王。故（王）敦使庐江太守李桓告（周）札及其诸兄子与脱谋图不轨。时（周）莚为敦谘议参军，即营中杀莚及脱、弘，又遣参军贺鸾就沈充尽掩杀札兄弟子……

这儿明明写着，李弘被杀了，可李弘却如雨后春笋，到处出现。凡道教徒造反者，都自称李弘，李弘成为反叛的一面神话旗帜。

当时有道经将李弘与老君联系起来，李弘就这样成了教主的化身。唐长孺先生指出："'老君应治'和'李弘应出'二者是相互联系的，李弘即老君转世。"[1]有一部《老君变化无极经》这样说："老君变化易身形，出在胡中作经。……胡儿弸伏道气隆，随时转运西汉中，木子为姓讳弓口，居在蜀郡成都宫。"又有《太上洞渊神咒经》则讲得明白："真君者，木子弓口，王治天下，天下大乐。"因为李弘与老君的这种关系，其影响力便十分强大。

此时为晋宋之际，刘裕欲王天下，也用这一颇古老的"刘氏复兴"谶语，而道教徒也抛出"李氏为辅"，欲以为帝王师。这类谶

---

[1] 唐长孺：《魏晋南北朝史论拾遗》，中华书局，1983年，第210页。

语，实为西汉末年谶语的翻版。[1] "刘氏复兴，李氏为辅"的谶语形成了魏晋南北朝至隋时期一股强大的与朝廷相对抗的势力，史书所载托言李弘而反者达十余次，其著名者如：

> 贝丘人李弘因众心之怨，自言姓名应谶，遂连结奸党，署置百寮。事发，诛之，连坐者数千家。[2]

> 太和中，蜀盗李金根、广汉妖贼李弘并聚众为寇，伪称李势子，当以圣道王，年号凤皇。[3]

> 淮上亡命司马黑石推立夏侯方进为王，改姓李名弘，以惑众……[4]

> 十月，巴西人赵续伯又反，有众二万，出广汉，乘佛舆，以五彩裹青石，诳百姓云："天与己玉印，当王蜀。"[5]

> 丁酉，扶风人唐弼举兵反，众十万，推李弘为天子，自称唐王。[6]

---

[1] 任继愈主编：《中国道教史》，第66页。

[2] 《晋书·石季龙载记》，第1852页。

[3] 《晋书·周楚传》，第1048页。

[4] 《宋书·王玄谟传》，第1304—1305页。

[5] 《梁书·刘季连传》，"二十四史"（简体字本），中华书局，2000年，第210页。

[6] 《隋书·炀帝纪》，"二十四史"（简体字本），中华书局，2000年，第60页。

　　自晋至隋，前后数百年，而李弘的形象历久常新。每个造反者总觉得自己的力量不够，需要仰借李弘的力量，可见，李弘是深得民心的，是一笔可贵的神话遗产，它积蓄的能量也为李唐王朝的建立提供了强大的神学支持。

　　李家道的神话要跟朝廷的君权神授神话分庭抗礼，它摆出的姿态是要将朝廷取而代之，而由李弘上台执政。因此，李家道及李家道的神话是这一时期最大的异端势力，在道教中最具反叛精神。

　　关于李弘其人，近年大得学者的关注，人们往往花气力去探讨李弘的真实身份，结果劳而无功，因为历史上曾有过的李弘跟道教徒所奉的李弘两样，李弘实际上已成为一个神话人物，在民间广为流传，道教徒也推波助澜，真李弘已不存在。在道教的经典里，他被说成是老子的化身。《道藏》正乙部满字号《太上三天内解经》说：

　　　　老子帝帝出为国师，伏羲时号为郁华子，祝融时号为广寿子，神农时号为大成子，黄帝时号为广成子，颛顼时号为赤精子，帝喾时号为录图子……变化无常，或姓李名弘，字九阳；或名聃，字伯阳。……或一日九变，或二十四变，千变万化，随世沈浮，不可胜载。

　　又《道藏》洞真部寒字号下《度人上品妙经四注》唐李少微注云："李弘为金阙后圣太平真君，来劫下为人主。"[1]地位是如此之高，几乎就是道教的最高神了。所以，李弘不是历史人物，而是神话

---

[1] 王明：《道家和道教思想研究》，中国社会科学出版社，1984年，第376页。

人物。既然他是老子的化身之一，所以感召力特别强，历代农民起义信奉他也就是很自然的事了。

13.3　张氏神话：第一代天国主宰

除了李姓神话外，张氏的神话也跟道教密切相关。张氏不像李弘在人间夺权，而是要在天国主宰。尽管其身份比李弘高，但对当局者的政治威胁却较李弘为轻，因为李家道的"李氏当起"的号呼起后，随之而来的就是兵刃相见，是暴风雨前的电闪雷鸣，社会舆论与革命行动同时展开，成为统治者食不甘味、睡不安寝的心病，它遭到压制自然是不可避免的。张氏的神话则流为对前辈英雄事迹的缅怀，是黄巾起义失败后的一种不屈精神的流露，它成为人们斗争必胜信念的一种展现。张氏作为天神为张角或张陵的化身，它成为道教一些派系和民间信仰中的主神，宣告着以刘氏为代表的旧天神体系的灭亡，实际上是黄巾大起义反抗刘汉天下的一种神话意识的扩张，是异端势力文化渴望着对所谓正统势力的取代。虽然其神话本身不像李家道神话那样直接带来反叛的行为，但所酝酿的反抗情绪并不亚于"李氏当兴"的预言，且神话形式完备，具有良好的传播功能，因而影响更为深远。

南北朝笔记小说《殷芸小说》叙述了一个名叫周兴的人死后灵魂到了天上，天帝召见他。周兴悄悄地问旁人，这天帝是不是过去的张天帝，旁边的人回答说："张天帝已仙去，现在是曹明帝。"显然，这是曹魏时开始流传的神话了，曹魏编造的这个故事意在说明他们已消除了张氏的黄巾势力。而透过故事本身，我们发现早已有张天帝的故事流传。

这类张天帝的故事到唐代还在流行，不过天帝改名为天翁。段成式《酉阳杂俎》卷十四这样叙述道：

> 天翁姓张名坚，字刺渴，渔阳人。少不羁，无所拘忌。常（尝）张罗，得一白雀，爱而养之。梦刘天翁责怒，每欲杀之，白雀辄以报坚，坚设诸方待之，终莫能害。天翁遂下观之，坚盛设宾主，乃窃骑天翁车，乘白龙，振策登天，天翁乘余龙追之不及。坚既到玄官，易百官，杜塞北门，封白雀为上卿侯，改白雀之胤不产于下土。刘翁失治，徘徊五岳作灾，坚患之，以刘翁为泰山太守，主生死之籍。

这里张天翁与刘天翁的对抗应是张角起义反抗刘汉王朝的一种反映，不过其间的故事变得有些奇异，情节曲折复杂。虽则也表现了取而代之的事实，但较"苍天已死，黄天当立"的剑拔弩张为委婉。由于与汉王朝的血与火的冲突已成过去，加之这个故事又有些改头换面，所以能畅行无阻，在民间长久流行。张坚似乎是中国的最高神中第一个采用人间姓名的天帝，后来玉皇大帝成长为中国第一神，而民间尚有称玉皇张大帝者，足见张氏神话对中国神话影响之大。

张氏神话是第一次表现天国主神的人格神灵的神话，虽然是一反叛性的神话，但又首次展露了天国神貌，是后代天庭神话的基础：天庭不过以朝廷为蓝本而已。

李氏和张氏神话在道教神话中异端色彩最浓，它以直接对抗当局为主旨，最具有反抗精神。

13.4　仙道神话：对王权的蔑视

与道教反叛神话不同的是求仙长生的神话，它是神仙家的传记。但这种传记不是史传，而是神话，这些神话除了能鼓舞修行者外，还有打击统治者的文化功能。它没有武装对抗统治者或取而代之的意图，但它张扬神仙生活的美妙，流露出对皇家生活的蔑视情绪，并以神仙的高尊凌驾于帝王之上，实质上也起着动摇帝王权威的作用。

武帝是一个求仙迷，在他死后，他的故事就被神话化了，关于他与神仙交往的故事广为流传。这个文治武功均十分辉煌的帝王在神仙故事里便立刻失去了威严，成为匍匐于神仙面前的一个虔诚的求道者；否则，他将遭到神仙的冷遇。武帝最有名的故事莫过于见西王母。载此故事的典籍主要见于《汉武帝内传》，而《四库全书提要》认为"殆魏晋间文士所为"，大抵是正确的。书中把汉武帝写成了一个虔诚的仙迷，他在西王母面前，帝王身份已荡然无存。下面试看几个场面。

一、西王母的出现使汉武帝受宠若惊

四月戊辰，帝夜闲居承华殿。东方朔、董仲舒侍，忽见一女子，着青衣，美丽非常。帝愕然问之。女对曰："我墉宫玉女王子登也。向为王母所使，从昆仑山来。"语帝曰："闻子轻四海之禄寻道求生，降帝王之位，而屡祷山岳，勤哉！有似可教者也。从今百日清斋，不闲人事。至七月七日，王母暂来也。"帝下席跪诺。

西王母之使肯定的是轻四海之禄而求仙之举，认为"似可教者"，西王母有收武帝为徒儿的架势，"帝下席跪诺"。这是神仙家们勾画出来的一个在长生道前规规矩矩的臣服形象，仿佛把一头雄狮驯为一只绵羊，这本是神仙家的精神胜利，可帝王的威风也确实遭到了挫伤。

二、西王母欲去时武帝的挽留

> 于是王母言语既毕，啸命灵官使驾龙严车欲去。帝下席叩头请留，殷勤，王母乃止。

西王母的驾临真让世界翻了个个儿，仙道竟把一个帝王变化为奴仆，其神力之强可知。

三、真元之母对武帝的指责

> 夫人谓帝曰："汝好道乎？闻数召方术，祭山岳，祠灵神，祷河水，亦为勤矣。勤而不获，实有由也。汝胎性暴，胎性淫，胎性奢，胎性酷，胎性贼，五者恒舍荣卫之中、五脏之内，虽获锋铦、良针，固难愈也。……写汝五恶，反诸柔善，明务察下，慈务矜宽，惠务济贫，赈务施劳，念务存孤，惜务及爱身，恒为阴德，救济死厄，旦夕孜孜，不泄精液。……"帝下跪谢曰："臣受性凶顽，生长乱浊，面墙不启，无由开达。然贪生畏死，奉灵敬神，今受教，此乃天

也。辄戡圣命，以为身范，是小丑之臣……"

上元夫人指责武帝的劣性，武帝也俯首承认自己的卑鄙恶习，这不仅仅是把武帝的威严悉数剥去，实际上还严厉批评了武帝比一般人更突出的恶劣习气。在神仙面前，帝王尚不如一般民众，只是一个小丑。这样，帝王的神圣权威在神仙世界里便不复存在。

日本学者小南一郎指出："在东晋以后道教这样抛弃了民众的要素，与君权相调和的时候，有些对此不满的人以自古以来民众信仰的幻想为核心，强调神仙存在远远超出现世的权威，编写出《汉武帝内传》。""《汉武帝内传》反复强调，现世的绝对统治者汉武帝，在神女们看来不过是毫无价值的存在。这样的观点，简直是否定现世统治体制的尊严的绝对意义，进而又不能不引起它对于我们自身的现实究竟有什么意义产生疑问。以绝对的重压压迫我们的现实世界的价值体系，当从建筑在不同原理的价值体系之上的另一世界重新审视时，就只能是显得非常丑陋了。"[1]我们应把《汉武帝内传》视为异端势力的神话作品，它跟正统世界是格格不入的。异端势力欲以此来动摇正统价值观念，是粉碎帝王权威的精神武器。

尽管汉武帝是那样地热衷于访神求道，可神仙家们并不视他为同俦，其间的原因首先恐怕是武帝放不下帝王的架子。神仙家们在仙道面前，其尊卑悉由得道之先后而定，与世俗权威无涉。《神仙传·卫叔卿传》这样写道：

---

[1]　[日]小南一郎：《中国的神话传说与古小说》，第377页。

卫叔卿者，中山人也，服云母得仙。汉仪凤（元封）二年八月壬辰，孝武皇帝闲居殿上，忽有一人乘云车，驾白鹿，从天而下，来集殿前。其人年可三十许，色如童子，羽衣星冠。帝乃惊问曰："为谁？"答曰："吾中山卫叔卿也。"帝曰："子若是中山人，乃朕臣也。可前共语。"叔卿本意谒帝，谓帝好道，见之必加优礼，而帝今云是朕臣也，于是大失望，默默不应，忽焉不知所在。[1]

卫叔卿之举，颇有些"沙门不敬王者"的意味，他要维护神仙家的高尊地位，希望帝王"见之必加优礼"，他的拂袖而去，突出地表现了轻万乘、蔑视礼法的神仙家风范。

河上公不答文帝礼也与此同。文帝欲征河上公问道，河上公要求文帝亲来。文帝说："普天之下，莫非王土，率土之滨，莫非王臣。域中四大，王居其一，子虽有道，犹朕民也，不能自屈，何乃高乎？"河上公即于虚空答："余上不至天，中不累人，下不居地，何民臣之有？"文帝下车稽首，才得河上公教授。神仙家的故事是要在这个社会里寻找一片独立的清凉王国，那里跟世俗规范迥异。神仙家的故事摧毁了现实的规范，破坏了统治者确定的尊卑秩序，以我为中心来重塑这个世界，是一种文化制胜的行为。

当神仙生活的优雅自由的永恒境界被渲染得愈来愈迷人时，以帝王之尊的武帝则自惭形秽，对神仙世界充满了渴望，可他总不被神仙国所接纳。现实中的汉武帝的所作所为，在神话里都颠倒过来

---

[1]《太平广记》卷四，中华书局，1961年，第29页。

了。如淮南王因谋反而遭治罪自刭，武帝当是胜利者。但《神仙传》里则说刘安好神仙，与八公白日升天，登天时踏山上，石皆陷，遗迹至今犹在。史家之所以不写刘安得道成仙是"恐后世人主，当废万机而竞求于安道，乃言安得罪后自杀，非得仙也"。后武帝得知刘安成仙去，"帝大懊恨，乃叹曰：'使朕得为淮南王者，视天下如脱屣耳！'"[1]结果是皇帝羡慕这个"罪人"的结局。《史记》里记载，汉武帝羡慕黄帝时曾说过类似的话，但内容有很大不同。汉武帝是这样说的："吾诚得如黄帝，吾视去妻子如脱躧耳。"[2]同样是做神仙，在《史记》中说他要抛弃的只是妻子儿女类的家庭牵扯，而在《神仙传》中，他要抛弃的是天下江山，可尽管如此，仙国还是不对他敞开大门。

　　本来，当年的方士欺骗武帝可谓臭名昭著，但当年的故事在后来的岁月里发生了神奇的变化，那些方士都一个个成仙化去，留下个汉武帝遥望仙宫空叹息。这是为什么呢？《神仙传》中李少君的故事道出了个中原委：

　　　　少君见武帝有故铜器，因识之曰：齐桓公常陈此器于寝座。帝按言观其刻字，果齐之故器也，因知少君是数百岁人矣。视之如五十许人，面色肌肤甚有光泽，口齿如童子。王公贵人闻其能令人不死，莫不仰慕。所遗金钱山积。少君乃密作神丹，丹成，谓帝曰："陛下不能绝骄奢，遣声色，

---

[1]《太平广记》卷八，第53页。
[2]《史记·封禅书》，第1188页。

杀伐不止，喜怒不胜，万里有不归之魂，市曹有流血之刑。
神丹大道，未可得成。"乃以少药方与帝，少君便称疾。是
夜，帝梦与少君俱上嵩高山，半道有使节乘龙持节云中来，
言太乙请少君。帝遂觉，即使人问少君消息，且告近臣曰：
"朕昨梦少君舍朕去。"少君乃病困，帝往视之，并使人
受其方，事未竟而卒。帝曰："少君不死，故化去耳。"及
敛，忽失尸所在，中表衣悉不解，如蝉蜕也。帝犹憎叹，恨
求少君不勤也。[1]

　　武帝又一次眼巴巴地望着人家成仙，却抛下了孤独的他在懊恨，
在羡慕，在无可奈何地哀叹。可这些没有用，礼拜祭祀也好，服药也
好，都成不了仙的。其中的奥秘由少君的一席话说得明明白白：骄奢
淫逸，杀伐不止，喜怒不胜，所以神丹无效。这样，追求仙道便先要
追求人伦大道。求仙道先行人道，宗教活动开始出现了对世俗行为的
制约。后来皇帝求仙者非一二数，武帝这个求仙失败者可为帝王求仙
者戒。这类神话故事在蔑视帝王的同时也给帝王的行为立下了禁制，
无道无德难成仙，它在一定程度上可遏制帝王奢侈无度的行为，限制
帝王的手脚。这是在新时期的神仙故事的功能。
　　汉武帝求仙不成成一话柄流于口谈诗文之中。郭璞《游仙诗》
云："燕昭无灵气，汉武非仙才。"[2]这是就《汉武帝内传》中西王
母的评论而发的。王母称："刘彻好道，然形慢神秽，虽语之以至

[1] 《太平广记》卷九，第59—60页。
[2] 萧统编：《文选》卷二十一，上海书店影印清胡克家刻本，1988年，
　　 第294页。

道，殆恐非仙才。"帝王求仙不成平民成，不外乎说平民德高而帝王德薄，好大喜功者不能成功，而省欲去奢者化去。

淮南王刘安在升仙时并不是那么一帆风顺的，据说并未上天，原因是"少习尊贵，稀为卑下之礼，坐起不恭，语声高亮，或误称寡人，于是仙伯主者奏安云不敬，应斥遣去。八公为之谢过，乃见赦，谪守都厕，三年后为散仙人，不得处职，但不死而已"[1]。这里倒不是批评他的篡逆之罪，而是批评他像武帝那样，不懂"卑下之礼"。神仙家的理想激起了统治者的欲望，但神仙家们并不接纳他们，尤其是神仙故事的编撰者们，他们以不跟统治者并列以显示自我的高尊，又以统治者求仙的失败去警告他们少欲去奢，并作自我精神胜利。他们对武帝的嘲笑，集中体现出跟正统势力的不合作态度。

与李家道那种强烈的进取不同，神仙道则表现出明显的退守情绪。他们以不合作显示自己的力量，不愿求取富贵功名，宁愿享受神仙那份独特的自由与宁静。李家道及形形色色的谶语宣告某当为王的行为，其价值观的本质跟正统的当局者是一样的：他们要夺取最高权力，成为社会的主宰，或许他们的社会理想有所不同，但取万乘之位，居天下之尊，却与统治者无二致。神仙道却完全不同，他们的价值观与帝王对荣华富贵的追求迥异，他们把生命永恒、自由道遥视为最高的理想。这种在野情绪无意去窥伺皇家宝座，当局者可无忧其反叛逆乱，可是，他们把帝王生活说得粪土一般却让统治者遭到了真正的伤害。这些神话故事带来了这样的后果：要么是帝王轻万乘，不爱江山爱神仙，把皇帝和当权者都拉入了神仙道的怀抱；要么是民众蔑

---

[1] 《太平广记》卷八，第53页。

视主上，使王权丧失威望，富贵王权变成一团无人理睬的破烂儿。二者的力量都不可轻视。

《神仙传》里有许多这样的故事，如《玉子传》：

> 玉子者，姓章名震，南郡人也。少学众经，周幽王征之不出，乃叹曰："人生世间，日失一日，去生转远，去死转近。而但贪富贵，不知养性命，命尽气绝则死。位为王侯，金玉如山，何益于灰土乎？独有神仙度世，可以无穷耳！"

把王侯与神仙比，前者轻后者重，前者是灰土，他们的所作所为还有什么价值呢？

左慈的价值观里，则将高官财富归入了将人引向死亡的诱因："高官者危，财多者死，当世荣华，不足贪也。"[1]学道便可免除这种恐怖，如果说玉子把王侯富贵视为灰土仅是一种无益的东西，左慈则把高官财钱当作了致人死命的有害的东西。这些故事流露出的明显蔑视权贵的倾向极大地动摇了既存的价值体系，其破坏性是空前的。

无论是李家道借神话引起的武装斗争还是神仙道对正统价值观的破坏，道教神话的异端倾向是明显的，它们是魏晋南北朝时期的正统势力的主要反对者。对于前者，统治者只能借助武装力量加以扑灭，并宣布其为"左道""邪道"；对于神仙道，他们似乎找不出更好的对付办法。一方面统治者本身大多对神仙道心向往之，另一方面不少神仙家也依附帝王，双方反呈合作状，所以神仙与皇帝间表现出既合

---

[1] 《太平广记》卷十一，第76—77页。

作又对抗的局面，这种矛盾成为神仙神话故事中的主体矛盾。

　　神仙世界跟现实的污浊和丑陋形成了鲜明对比，它寄托了美好的理想，也得到了各阶层人民的欢迎，神仙道的神话故事便显现出顽强的生命力来。尤其是到了后期，神仙故事脱离了神仙家的书本，走入民间，如八仙故事、天仙配等，它们广为流传，为人们追求美好理想、向往自由社会插上了飞翔的翅膀，产生了深远的影响。

13.5　跻身正统之列的道教神话

　　道教如果总是以推翻既存政权为目的，或者宣布王公贵族没有长生的资格，它的生存是艰难的，因为中国社会对于绞杀异端总是不遗余力，于是有些道教徒开始攀附王侯，其中动机一为生存，二为发展。作为在野的势力，不与正统结合，很难产生强大的影响力。

　　想作为社会正统思想的道教首先要把自己的兄弟痛骂一顿，让人觉得他们才是道教的正宗，并且无僭乱倾向，这样才会获得门阀士族和帝王的支持。丹鼎派的代表人物葛洪就是这样一位人物，他对"妖道"的斥责似乎比当权者的态度还要严厉，并对统治者禁淫祀大加赞赏，极力称颂第五公诛除妖道，宋庐江罢绝山祭，文翁破水灵之庙，魏武禁淫祀之俗。在讲到本道中的一些人物时，葛洪愤慨地说：

　　　　曩者有张角、柳根、王歆、李申之徒，或称千岁，假托小术，坐在立亡，变形易貌，诳眩黎庶，纠合群愚，进不以延年益寿为务，退不以消灾治病为业，遂以招集奸党，称合

> 逆乱……威倾邦君，势凌有司，亡命逋逃，因为窟薮。皆由
> 官不纠治，以臻斯患，原其所由，可为叹息。[1]

葛洪站在门阀地主的立场上，一方面努力去维护社会秩序的稳定，另一方面以延年益寿投门阀士族所好，二者都是极得当权者欢心的。

丹鼎派不注重鬼神，他们虽也是神仙家的一支，却不像有些神仙家装神弄鬼，只相信靠勤修苦炼和真正的药剂与正确的服食方法才能成仙。他们追求的生命永恒不是凭空幻想，而是希望通过客观努力以达到目的，所以丹鼎派不可能建立起道教的神灵信仰体系。读葛洪的《抱朴子》，让人觉得仿佛是一个唯物论者在大批鬼神迷信，以《道意》篇为例，读后的感觉有点像王充的《论衡》。此篇列举了大量例子说明鬼神信仰的荒诞，并明确表示自己不信鬼神，他说：

> 余亲见所识者数人，了不奉神明，一生不祈祭，身享遐
> 年，名位巍巍，子孙蕃昌，且富且贵也。唯余亦无事于斯，
> 唯四时祀先人而已。曾所游历水陆万里，道侧房庙，固以百
> 许，而往返经游，一无所过，而车马无倾覆之变，涉水无风
> 波之异。屡值疫疠，当得药方之力，频冒矢石，幸无伤刺之
> 患，益知鬼神之无能为也。[2]

---

[1] 葛洪：《抱朴子·内篇》卷九"道意"，文渊阁四库全书本，第1059册，第0047d—0048a页。

[2] 《抱朴子·内篇》卷九"道意"，第0048b页。

　　基于这样一种认识，他明确提出各种妖道"皆宜在禁绝之列"。

　　这样一个不信鬼神的人为何编出了《神仙传》呢？《晋书》本传载葛洪著有《神仙》一书，《抱朴子·外篇》"自叙"云："又撰俗所不列者，为《神仙传》十卷。"其说人皆信之。其实，有许多迹象说明葛洪对《神仙传》里的故事是不感兴趣的，《神仙传》里的许多东西跟《抱朴子》大异其趣，两者的内容不同，评价也截然不同，我们有理由怀疑《神仙传》并不全是葛洪所作。

　　试以李阿、李八百为例，道藏本《神仙传》里将李阿、李八百一分为二，而《道意》篇云："吴大帝时，蜀中有李阿者，穴居不食，传世见之，号为八百岁公。"显然，《抱朴子》里的李阿与李八百就是一个人。李家道即葛洪斥责的"妖道"，是禁绝的，李阿当然也是妖人，葛洪为什么要把他写进《神仙传》去加以弘扬呢？且李阿并非服食修炼的丹鼎一路，神通广大无比，与葛洪之道相去甚远。又《神仙传》中有班孟"能飞升终日，又能坐空虚之中与人言语，又能入地中"，此等荒唐语，岂葛洪能言？即使葛洪写过《神仙传》，今本《神仙传》也不全是他的作品了，肯定被后人塞进许多"私货"。

　　葛洪对于鬼神说半信半疑，像道书所载鬼神夺人命事，他竟说："吾亦未审此事之有无也，然天道邈远，鬼神难明。"这样一个对鬼神持怀疑态度的人要建立一个鬼神体系似乎是件难事，故《枕中书》也只能是他人伪托其名了。

　　很明显，葛洪是站在门阀士族的立场上发言的，对于其他道教徒系的造反行为，他因为没有权力去处置而感到十分惋惜："吾徒匹

夫，虽见此理，不在其位，末如之何。"[1]要是他在位了，还不知要
把那些"妖道"整出什么样子来呢！令人困惑的是，葛洪一生贫困，
与士族并没有什么深厚的感情，他为什么要那么热心地为士族说话而
大肆攻击在野的造反者呢？一个可能的答案是：他想去做官，只是没
有成功。

如同南方的葛洪一样，北方的寇谦之也在大骂李家道及其种种叛
逆行径。他说："今世人恶，但作死事，修善者少。世间作伪，攻错
经道，惑乱愚民。但言老君当治，李弘应出。天下纵横返（叛）逆者
众，称名李弘，岁岁有之。其中精感鬼神，白日人见，惑乱万民，称
鬼神语，愚民信之，诳诈万端，称官设号，蚁聚人众，坏乱土地。称
刘举者甚多，称李弘者亦复不少。吾大恚怒……。我身宁可入此下俗
臭肉、奴狗魍魉之中，作此恶逆者哉！"[2]可谓义愤填膺。

与葛洪不同的是，寇谦之虽斥责他人妖妄，自己却是抱住神话不
放。他的神话有三方面值得注意：

第一，托言老君授诫改革天师道。《魏书·释老志》云：

> 谦之守志嵩岳，精专不懈，以神瑞二年十月乙卯，忽
> 遇大神，乘云驾龙，导从百灵，仙人玉女，左右侍卫，集止
> 山顶，称太上老君。谓谦之曰："往辛亥年，嵩岳镇灵集仙
> 宫主，表天曹，称自天师张陵去世已来，地上旷诚，修善之
> 人，无所师授。嵩岳道士上谷寇谦之，立身直理，行合自

[1]《抱朴子·内篇》卷九"道意"，第0048a页。
[2] 任继愈主编：《中国道教史》，上海人民出版社，1990年，第204页。

然，才任轨范，首处师位，吾故来观汝，授汝天师之位，赐
汝《云中音诵新科之诫》二十卷。号曰'并进'。"言：
"吾此经诫，自天地开辟以来，不传于世，今运数应出。汝
宣吾《新科》，清整道教，除去三张伪法，租米钱税，及男
女合气之术。大道清虚，岂有斯事。专以礼度为首，而加之
以服食闭练。"

这一神话，体现了神话最基本的特性：自我权威的树立与面向对
立面的攻击。寇谦之为树立自己的地位抬出了太上老君，对"三张伪
法"的清理也是得到了老君的认可的，这个神话便同时具备了肯定与
否定的功能。

在这个老君授法神话外，还有牧土上师李谱文转述老君玄孙令，
授寇谦之统治区与经文。其实，寇谦之成为道长跟李弘应谶为王的
神话的表现形式实在没有什么区别，都是托神灵之言去确立自己的
地位。

第二，托神灵之口将自己置于帝王师的地位。当李谱文宣老君
玄孙旨，并付与《录图真经》后，便要求寇谦之"辅佐北方泰平真
君"。[1]这个"泰平真君"显然是迎合正蓬勃向上的北魏皇帝的口
味而编造的。但寇谦之携带炮制好的《录图真经》去见魏太武帝拓
跋焘，太武帝却不大相信此经有多大的奇妙处。幸得崔浩看中，为
之吹捧云："臣闻圣王受命，则有大应。而《河图》《洛书》，皆寄
言于虫兽之文。未若今日人神接对，手笔粲然，辞旨深妙，自古无

---

[1] 《魏书·释老志》，第2028页。

比。……今清德隐仙，不召自至。斯诚陛下侔迹轩黄，应天之符也。岂可以世俗常谈，而忽上灵之命？"[1]于是世祖大重之，终成帝王师。世祖讨赫连昌，问幽征于寇谦之，谦之说："必克。陛下神武应期，天经下治，当以兵定九州，后文先武，以成太平真君。"[2]这些话真是摸准了世祖的心理，既将世祖推为"太平真君"，那他就是当然的"辅佐者"。他还要太武帝"登道坛，受符箓"，悉用道教礼仪。这些神话的功用明显与李家道大异其趣，一个跟朝廷分庭抗礼，一个则投靠朝廷，跻身于正统文化的行列。

第三，寇谦之对道家神话系统建设有一定贡献。据他托言出于上师李谱文的《录图真经》中有这样的神话世界图画：

> 又言二仪之间有三十六天，中有三十六宫，宫有一主。最高者无极至尊。次日大至真尊。次天覆地载阴阳真尊。次洪正真尊，姓赵名道隐，以殷时得道，牧土之师也。牧土之来，赤松、王乔之伦，及韩终、张安世、刘根、张陵，近世仙者，并为翼从。牧土命谦之为子，与群仙结为徒友。

从这一系统的结构来看，寇谦之似乎为了自己跟道教的高级神灵接脉而编造得十分生硬，除了赤松、王乔及张陵等仙众外，那一至尊、次三"真尊"后来在道教神话体系中不大听人说起了。那二仪三十六天虽有传统特色，实际上是受佛教的天国结构影响所致。为了

---

[1] 《魏书·释老志》，第2029页。
[2] 《魏书·释老志》，第2029页。

表明道教高于佛教，他将佛安置在三十二天，说他是于西胡得道者，为延真宫主。真正对后代道教神话产生巨大影响的还是那位给寇谦之授经传令的太上老君，他是道教神宫里的真正主人，尽管其地位沉浮不定，后来的道教神系都不能舍老君而存在。寇谦之改革后的北方天师道神系在原五斗米道的"三官天地水崇祀"的基础上大大地跨进了一大步。道教徒已成功地跻身帝王师之列，可以较少受干扰地建设自己的神话体系了。

下面，我们来讨论道教神话系统的建设。

只有那些非"妖道"的道教派别才能从容地建构自己的神话，这是因为那些处于异端地位的教派的主要任务是求得生存地位。由于受到武装压制，所以他们也要组织武装，这样其神话必定寻求一种简约而有效的方式来实施抵抗，故李家道的神话主要是谶语式的天授王权说。张氏神话是为张角鸣冤的一种精神胜利。由于失去了深厚的教团的支持，这些神话不能产生恒久的影响，能赖一些典籍保存可谓幸运，它们显示出人们对当年的反叛英雄的追忆和敬仰。急就章式的神话是很难有生命力的，如寇谦之的无极至尊外加三位真尊，在他统治的教派里可以推行，要广行于民间还是困难的。北方道教神话影响最大的还是三官天地水和太上老君，建设道教神话颇有功效的还是南方的正统道教。

南方的道教搜罗各种原始古神和各种民间杂神，开始建立起一个庞大的道教鬼神体系。与北方依然崇奉太上老君不同，南方却将他搁置起来，不予以最高神位。个中缘由与葛洪有很大关系。本来至葛洪时，老子的身份已经被神化了，可葛洪却硬是把他回复到一个普通修行者。《神仙传》云：

老子者，名重耳，字伯阳，楚国苦县曲仁里人也。其母感大流星而有娠，虽受气天然，见于李家，犹以李为姓。或云老子先天地生；或云天之精魄，盖神灵之属；或云母怀之七十、二年乃生，生时剖母左腋而出，生而白首，故谓之老子；或云老子之母适至李树下而生老子，生而能言，指李树曰：以此为我姓；或云上三皇时为玄中法师，下三皇时为金阙帝君，伏羲时为郁华子，神农时为九灵老子，祝融时为广寿子，黄帝时为广成子，颛顼时为赤精子，帝喾时为禄图子，尧时为务成子，舜时为尹寿子，夏禹时为真行子，殷汤时为锡则子，文王时为文邑先生，一云守藏史；或云在越为范蠡，在齐为鸱夷子，在吴为陶朱公。皆见于群书，不出神仙正经，未可据也。

葛稚川云：洪以为老子若是天之精神，当无世不出，俯尊就卑，委逸就劳，背清澄而入臭浊，弃天官而受人爵也。夫有天地则有道术，道术之士，何时暂乏？是以伏羲以来至于三代，显名道术，世世有之，何必常是老子也？皆由晚学之徒好奇尚异。苟欲推崇老子，故有此说。其实论之，老子盖得道之尤精者，非异类也。[1]

此传将老子的各种神话汇为一编以斥其谬，认为是"浅见道士欲以老子为神异，使后代学者从之"，并明确指出老子非异类，不过"得道之尤精者"。葛洪为什么反对神化老子呢？他说："若谓老子

---

[1]《太平广记》卷一，第1页。

是得道者，则人必勉力敬慕，若谓是神灵类，则非可学也。"原来他是为了鼓励更多的人去求仙学道。葛洪把老子树立为一个学道者的榜样，则使得神化老子的企图破产了。

当然，作为道教徒的葛洪不是无神论者，他对流行的老君神话及诸种道法不能悉数排斥。《神仙传》中排斥了各种老子传说，主要因不出"神仙正经"，所以他不承认，在神仙经传中有过的老君，他还是信从之。尤其是一些经图绘各种神灵的怪诞形象以供作法用，其中老君真形，他也大力宣传过。如修知吉凶道之"谛念老君真形"法，其老君真形为"姓李名聃，字伯阳，身长九尺，黄色，鸟喙，隆鼻，秀眉长五寸，耳长七寸，额有三理上下彻，足有八卦，以神龟为床，金楼玉堂，白银为阶，五色云为衣，重叠之冠，锋铤之剑，从黄童百二十人，左有十二青龙，右有二十六白虎，前有二十四朱雀，后有七十二玄武，前道十二穷奇，后从三十六辟邪，雷电在上，晃晃昱昱，此事出于仙经中也"[1]。但这只是一种道法，如存念谛想见此形象，则"年命延长，心如日月，无事不知也"[2]。即便此处是神仙，但也没有改变由人修炼而来的本质。所以真正的主神还得另起炉灶。

既已弃老子，南方的道教就要立刻变得没有主神了，这是需要赶快修补起来的大事。在托名葛洪的《枕中书》中，他们推出了元始天尊作为道教最高主神。关于这位元始天尊的出生情况，《枕中书》中这样写道：

---

[1]　《抱朴子·内篇》卷十五"杂应"，第0047b—0087c页。
[2]　《抱朴子·内篇》卷十五"杂应"，第0047c页。

> 昔二仪未分，溟涬鸿濛，未有成形，天地日月未具，状
> 如鸡子，混沌玄黄，已有盘古真人，天地之精，自号元始天
> 王，游乎其中。

显然，这元始天王已不再是老子，而是盘古的化身，他以开辟神
话的身份成为道教的最高主宰。

梁陶弘景作《真灵位业图》，分道教神为七个层次，各层次的主
神分别是：

第一阶位：上清虚皇道君应号元始天尊；

第二阶位：上清高圣太上玉晨玄皇大道君；

第三阶位：太极金阙帝君姓李；

第四阶位：太清太上老君；

第五阶位：九宫尚书张奉；

第六阶位：右禁郎定录真君中茅君；

第七阶位：酆都北阴大帝。

这一谱系较为严整，从世界未形前的混沌之道到二仪区分，直至
死亡世界的管理，都被神灵世界统治着。该神系的核心突出茅山上清
道派的神灵及其教主，因而也不可能为各教派普遍认同，也不可能在
民间广为流布。但这中间有三个要神值得注意：一是元始天尊，他在
一个相当长的时间里是道教主神而无有改易，但向民间拓展无功；二
是太上老君的地位下降成了一个引人注目的问题，但不可抹杀其存在
成为不可改变的事实；三是酆都北阴大帝的出现使中国神话的地狱世
界得到初步建设，他迅速突破宗教的藩篱而大踏步地走向民间。

尽管还有其他道教的神系存在，但都没有陶弘景的《真灵位业

图》那样严整且影响深远。

南方贬老君的行为显然同北方天师道崇老君的行为形成鲜明对比。南北对峙的结果最终是北方统一了南方，使太上老君的地位更加高尊起来。加上传说老子姓李，跟唐王朝的帝王同姓，便激起了李氏集团以老子为祖的强烈愿望。

隋末的反抗运动，其口号还是多数袭用着古老的李家道的谶语，言"李氏将兴"，李密、李轨等都是扬言应谶为王而造反的，李氏作为一股反抗势力使隋统治者大为恼火。因此，有人建议隋炀帝"尽诛海内凡李姓者"[1]，可谓草木皆兵。李渊也是借助这一民间广泛传诵的"李氏将兴"之谶发难的，这一西汉末年李通所编之谶其影响何等深远！

楼观道道士岐晖依附李渊集团，积极为李渊得天下摇旗呐喊。《混元圣纪》卷八载大业年间，岐晖言："天道将改，吾犹及之，不过数岁矣。或问曰：不知来者若何？曰：当有老君子孙治世。"岐晖曾发道士接应高祖兵，并称高祖为"真主""真君"。《新唐书·高祖本纪》云，武德七年（624年），唐高祖幸终南山，谒楼观老子祠。楼观道得到了皇帝的护爱而于唐前期蓬勃发展。

李渊谒老子祠，并不是真正信教，他是扮出一副信教的模样去制造李氏家族的帝王神话。

"老君子孙"指谁？当然是李渊家族，但岐晖所言并非十分明确，到后来李渊作为老君子孙得天下的神话才明朗化了：

---

[1] 《资治通鉴》卷一百八十二，中华书局，1976年，第5695页。

武德三年五月，晋州人吉善，行于羊角山，见一老叟，乘白马朱鬣，仪容甚伟，曰："谓吾语唐天子，吾汝祖也，今年平贼后，子孙享国千岁。"高祖异之，乃立庙于其地。乾封元年三月二十日，追尊老君为太上元元皇帝，至永昌元年，却称老君，至神龙六年二月四日，依旧号太上元元皇帝，至天宝二年正月十五日，加太上元元皇帝号为大圣祖元元皇帝，八载六月十五日，加号为大圣祖大道元元皇帝，十三载二月七日，加号大圣高上大道金阙元元皇帝。[1]

先是老君认李氏为子孙，继而唐皇认其为"大圣祖"。在一连串的对老君的封号声中，可见出老子在唐王朝的宗教生活中的特殊地位。尽管唐王朝的政治神话不脱君权神授模式，但较之以往之托天神，李氏王朝托宗教教主之口，并自命为其子孙，是把本来已具备一些超验性的上帝天神弄得失去了普通意义。对此，宋儒曾有过尖锐批评。范祖禹曾说道："唐祖老子，由妖人之言，而谄谀者附会之。高祖启其源，高宗、玄宗扇其风，遂用方士之言，而跻之于上帝。卑天诬祖，悖道甚矣。"[2]这种攻击虽有不同集团的利益冲突的意味，较之于抽象化的上帝，拿一个貌似实实在在的先祖去顶替最高神的地位，不能不说是神话的一大退步。它不仅伤害了老子已固有的神话形象，且对宗教神话的发展带来了不利因素，因为这样一个跟王朝命运

---

[1] 王溥：《唐会要》卷五十"尊崇道教"，文渊阁四库全书本，第0606册，第0634a—0634b页。

[2] 朱熹等：《御批资治通鉴纲目》，文渊阁四库全书本，第0691册，第0019a页。

紧紧绑在一起的大神，王朝崩溃了，他是免不了要一起殉葬的。后来老君的地位一落千丈，跟唐朝的几代皇帝妄加拔高是有密切关系的。一个随着政治权力走红的神话，虽然一时间大红大紫，但风潮一过就冷却下来，寿命不长。

然而，道教毕竟因为老子神话而走运了。一个在汉时作为异端的宗教，经过了漫长的世事沧桑终于走上了正统之位，全凭了老子神话与唐祖相合的奇功。武德八年（625年），李渊诏三教中以道教为先，儒教次之，佛教第三。后太宗、玄宗更进一步张大老君神性，道教几乎就成了唐代统治者的主导文化势力。

唐代的道教主神在《真灵位业图》的基础上发生了变化，最突出的一点是所谓老子一气化三清，以老子统一了三清世界。元始天尊与太上老君的身份也得到了调和，以三清共为主神，此三清为玉清元始天尊、上清灵宝天尊、太清太上老君。此为三洞教主，均为道教最高神。这样，南北方道教的最高神得到了融合，太上老君与元始天尊同作最高神。

至此，道教神话发展的基本格局已经确立。它有着游移不定的主神，参照佛教的天堂和地狱神话构建了自己的天堂地狱，并广纳传统古神与诸种民间神于其中，而自编自创神灵的活动也从未止息，尤其是神仙故事编得灿烂迷人。到了唐代，道教的神话已建设为跟儒教神话、佛教神话三足鼎立的一支，是新神话的突出成就。

第十四章
佛教神话的本土化与内部分裂

佛教神话的成长及其神话体系的形成，同样是中国神话发展史上的大事。与传统神话相比，它是一种全新的式样，其内容与价值观念均与传统神话迥异。由于其形式与内容独特，人们称这样的神话为佛话，以强调其跟佛教文化间不可分割的血肉联系，强调其独立性。但它毕竟是中国神话家族中的一个组成部分，不能摒于神话史研究之外。它只是中国神话中的一个门类。俄罗斯汉学家李福清曾经这样总结中国神话："中国神话是中国远古神话、道教神话、佛教神话与近世民间神话体系的总称。"[1]这种看法是符合中国神话发展的客观实际的。

就像道家神话由作为异端的民间道教神话、正统的道家神话体系和神仙家传说三部分组成一样，佛教的神话也分三类。它也有作为异

---

[1] ［苏］李福清：《中国神话故事论集》，中国民间文艺出版社，1988年，第84页。

端势力的带有反叛性质的民间佛话，有严整的神话系统，还有与佛教发展相辅而行的辅教神话与护教神话。这三种类型的神话构成了中国佛教神话的独特式样，使得中国神话的宝库日益丰富。

14.1 佛门辅教神话

辅教神话包括早期的鬼魂神话和后来的护教神话。关于鬼魂神话，有的学者称其为鬼话，以为它是"中国神话形成的中介"[1]，也是将其作为一个独特的属类。在本书中，我们使用鬼魂神话的概念，因为鬼魂神话也是神话，不能独立。传统神话中的祖先神话有许多就是祖先鬼魂的神话，但既然我们都不会把祖先神话称为祖先鬼话，我们又何必把鬼话从神话阵营里分裂出去呢？鲧死而复生是神话，但六朝以来的许多此类故事一般就称为鬼话了，这显然不公平。所以，本书使用鬼魂神话的概念。

中国鬼魂信仰的传统十分古老，早在山顶洞人的葬式里就出现了鬼魂信仰的迹象。在新石器时代的原始葬式中，这种信仰更加比比皆是。可尽管人们大信鬼神，流传下来的关于鬼魂的神话故事却并不多，除了《左传》《墨子》等典籍偶有载述外，不少先秦典籍几乎不见有鬼怪故事，可见上古人"不语怪力乱神"实在不假。先秦的理性精神有力地遏制了鬼神信仰之风的弥漫，这种精神对后来的鬼神风气也有强大的抑制作用。佛教传入中国时，一度小乘占据主导，因而特

---

[1] 徐华龙：《中国鬼文化》，上海文艺出版社，1991年，第19页。

重灵魂不灭与因果报应之说。中土无神论者与佛教徒在这两大问题上产生了尖锐的冲突，这种文字对驳在《弘明集》和《广弘明集》中有集中展示。佛教虽然说得理直气壮，但要真正在理论上论证鬼魂实有和轮回不虚都是十分困难的事，因为鬼神轮回有无不是一个理论问题，而是一个必须找出根据的现实问题。因此，无神论在理论上往往占有上风。佛教徒萧子良招集众僧与范缜进行交锋均遭败绩一事，就充分说明佛教所面临的理论危机。[1]如果不解决灵魂不灭和因果轮回问题，佛教在民间就无法传播，因为老百姓不能直接接受"四谛""十二因缘"的教义；而仅在知识分子中传播的话，佛教的覆盖面必然狭窄而招致失败。

在今天所能见到的无神论者与佛教徒论战的文章中，双方的理论色彩都很薄弱。比喻是一重要武器，把人类世界与无生命之物作机械类比，这本身就没有说服力。如用薪与火、刀与刃来比喻形体与灵魂，都只能是一种肤浅的描述，到头来，还是看谁能举出响当当的例证来。滔滔雄辩不如一则小小故事。佛教徒发现这一秘密后，立刻抛出了连篇的鬼魂神话，这种故事沸沸扬扬，成了魏晋南北朝至隋唐这一漫长历史时期里的文化奇观。佛教教义的传播，直接催发了中国鬼魂神话的勃兴，而无神论者的理论压力使得佛教徒在编造鬼魂神话时变本加厉，他们要在这一领域里挽回败局，拓宽灵魂不灭和因果轮回两大教义的扩散范围，把这两个教义传播到大众的心灵深处去。

南北朝隋唐时期，中土对佛教的压制由理论进攻转为武力摧残，佛教的生存遭到严重威胁，鬼魂的神话又投入了一场护佛保卫战中，

---

[1]《梁书·范缜传》，第462—465页。

这些故事展现出佛教与中国文化交火的烽烟。佛教的鬼魂神话是推行其教义的先头部队，它是为佛教的体系神话开路的，同时也担当护卫佛教的任务。所以，它是我们研究佛教神话首先要关注的第一个门类。

佛教徒在无神论的理论攻势下，借助鬼故事来打击无神论者，使无神论者在故事中遭到真正的失败，这是早期佛门鬼故事的重要特点。往往是那些无神论者甚有辩才，无人能屈，最后鬼亲自出马，但仍然驳之不倒，只好现出原形，以自身确实是鬼来证明鬼魂的存在。这类故事表明佛教徒实在是出于无奈了。《幽明录》中有一个阮瞻的故事：

> 阮瞻素秉无鬼论。有一鬼通姓名，作客诣之。寒温，聊谈名理，客甚有才情，末及鬼神事，反复甚苦，客遂屈之，乃作色曰："鬼神古今圣贤所共传，君何独言无！"即变为异形，须臾而灭。阮嘿然，意色大恶，年余病死。

这个故事同见于《搜神记》。这些著作的编者，并不全是故事的创作者，而主要是搜集者。阮瞻之死显然是佛教徒编造的，其目的是打击无神论者，迫使他们放弃无神论。《搜神记》的作者是要证明鬼神确实是有的，如若不信，请看有这么多鬼神的事实，嘴上无论怎么说没有鬼神都没用。《搜神记》一书在记述了阮瞻的故事后，又讲了一个黑衣鬼惩处无鬼论者的故事。黑衣鬼化装成客人同无鬼论者辩论，辩不过，最后露出本来面目才使对方屈服。大量的鬼惩无鬼论者的故事，也着实把无鬼论者吓唬得够呛。这种胜利，虽仅是佛教徒的精神胜利，而实际上，铺天盖地的鬼魂实有的故事，渲染了一种浓厚的气氛，也真正培植了传播教义的土壤。

除了这些带有明显对抗性的故事外，还有大量的就是所谓的应验记，证明佛教的教义和神话都是千真万确的。《搜神后记》中特多此类故事，如：

> 沙门竺法师，会稽人也。与北中郎王坦之周旋甚厚，每共论死生罪福报应之事，茫昧难明，因便共要，若有先死者当相报语。后经年，王于庙中忽见法师来曰："贫道以某月日命故，罪福皆不虚，应若影响，檀越惟当勤修道德，以升跻神明耳。先与君要，先死者相报，故来相语。"言讫忽然不见。坦之寻亦卒。

这凿凿证据让人不得不相信佛教因果报应那一套全是真的。这一小小故事远比援譬设喻讨论因果轮回的大道理有力量。

佛教进中土后遭到了儒家和道教徒的轮番进攻，佛教徒的抵抗在鬼魂故事中也留下了清晰足印。佛教徒的鬼魂故事安排了儒者最终信奉了佛教，而道教因对抗最后招致失败的结局，体现出他们与这两大文化势力交锋时的不同斗争策略。我们先看王琰的《冥祥记》中的一则故事：

> 宋王淮之，字元曾，琅琊人也。世尚儒业，不信佛法。常谓身神俱灭，宁有三世耶？元嘉中为丹阳令，十年，得病绝气。少时还复暂苏。时建康令贺道力省疾，适会下床，淮

之语道力曰："始知释教不虚，人死神存，信有征矣。"道
力曰："明府生平置论不尔，今何见乃异之耶？"淮之敛眉
答云："神实不尽，佛教不得不信。"语讫而终。

这故事与《搜神后记》里的竺法师故事有很大不同，前者是两人
都信佛，只是对佛教鬼神的教理有些疑惑，死了在阴间得到证实。后
者则不同，王淮之尚儒业，不信佛，死后知道了佛教不虚，醒过来现
身说法，并表示佛教不得不信，算是对他生前不信佛的言行的忏悔，
他的灵魂皈依佛教了。这是一种温和的与儒家文化的较量。

对待道教徒，释氏的态度要坚决得多，这在《弘明集》里可以见
出。在那里，佛教徒对道教徒的攻击针锋相对，语言极为尖刻。道教
徒对待佛教徒也是毫不退让，他们曾联合王权势力，掀起一次次灭佛
的浪潮，成为佛教立足中土最大的文化障碍。所以，佛教徒也援用神
话予以回击。《法苑珠林》引述了如下故事：

宋刘龄，不知何许人，居晋陵东路城村。颇奉法，于
宅中立精舍一间，时设斋集。元嘉九年三月二十七日，父暴
病亡。巫祝并云：家当更有三人丧亡。邻家有道士祭酒，姓
魏名叵，常为章符，诳化村里，语龄曰："君家衰祸未已，
由奉胡神故也。若事大道，必蒙福佑；不改意者，将来灭
门。"龄遂亟延祭酒，罢不奉法。叵云："宜焚去经像，灾
乃当除耳。"遂闭精舍户，放火焚烧。炎炽移日，而所烧者
唯屋而已。经像幡幢，俨然如故。像于中夜又放光赫然。时
诸祭酒有二十许人，亦有惧畏灵验密委去者。叵等师徒犹盛

意不止，被发禹步，执持刀索，云："斥佛还胡国，不得留
中夏为民害也。"龄于其夕，如有人殴打者，顿仆于地。家
人扶起，方余气息，遂瘘躄不能行动。魏岊其时体内发疽，
日出三升，不过一月，受苦便死。自外同伴并皆著癞。

道教徒的毁佛行为遭到了惨重打击，佛像之威慑力竟使毁佛者望
而却步。这类故事是想筑起一道屏障，以护卫佛教，使之处于一个安
全的港湾，以避免遭受灭顶厄运。

魏晋时期，鬼魂神话是主流，它有两个主题：一是回击无神论
者，二是证明灵魂实有，轮回不虚。至南北朝隋唐时期，佛教与本土
文化的冲突不仅局限于理论上，而且还表现在行动上。佛像与佛寺的
建立与毁弃是佛教兴衰的重要标志。佛教兴盛时，寺院林立，"南朝
四百八十寺"，佛像金光闪闪，香火兴旺；一旦禁佛，寺院被捣毁，
佛像被砸得粉碎。围绕佛像的去与留的抉择，成为拥佛与反佛尖锐冲
突的一个象征。佛教徒们以神话来捍卫佛像的至高无上的地位，回击
反佛者的进攻，这样便产生了前面所引的道士魏岊焚毁经像而遭恶报
的这样一类故事。南北朝隋唐时期的这样一种佛教神话，有力地维护
佛教的神圣与不可侵犯。因此，我们把这类神话称为护教神话。

这类专门的护教神话故事集于《隋书·经籍志》子部、史部中
著录九家，除北齐颜之推《冤魂志》尚存外，余书皆亡，有遗文可考
者，南朝宋刘义庆《宣验记》，南朝齐王琰《冥祥记》，北齐颜之推
《集灵记》，侯白《旌异记》，唐代则有《冥报记》《报应记》《宣
室志》等，它们与《搜神记》《幽明录》等书相比，可谓专门的辅教
护教之书。这类护教神话的大量出现，正表现出佛教与中土文化的冲

突日益尖锐。在一定程度上，它体现了佛教徒面对武力毁坏的无可奈何。他们一方面想让毁佛经像者招致重罚，另一方面则对信佛者予以鼓励。尤其是那些曾毁佛而后又转为敬佛的人，他们也能得到福惠，这样便能争取更多的信佛者。

我们来看一些这种类型的故事。

史隽有学识，奉道而慢佛，常语人云："佛是小神，不足事也。"每见尊像，恒轻诮之。后因病脚挛，种种祈福都无效验。其友人赵文谓曰："经道福中第一，可试造观音像。"隽以病急，如言铸像。像成，梦观音，果得差。（《宣验记》）[1]

勾龙义，间州俚人，唐长庆中，于郪县佣力自给。尝以邑人有疾，往省之，见写《金刚经》，龙义无故毁弃而止绝之，归即喑哑，医不能愈。顽嚚无识，亦竟不悟。仅五六年，忽闻邻人有念是经者，惕然自责曰："我前谤真经，得此哑病，今若悔谢，终身敬奉，却能言否？"自后每闻念经，即倚壁专心而听之。月余，疑如念得数日。偶行入寺，逢一老僧，礼之。僧问何事，遂指口中哑，僧遂以刀割舌下，便能语，因与念经，正如邻人之声。久而访僧，都不复见。壁画须菩提，指曰："此是也。"乃写经，画须菩提

---

[1] 《太平广记》卷一百一十一，第766页。

像，终身礼拜。（《报应记》）[1]

以上所引故事的主人都曾轻慢毁坏经像，皆遭报应，最后皈依佛门，顿时得到福报。当时对佛教的毁弃往往是一种至上而下的运动，这些故事不好直接指斥这种行为，因为那是一种不可抗拒的政治势力，便只好很含蓄地表扬了那些执行毁佛政策不力的人。如《纪闻》载唐开元十五年（727年），有敕令小佛寺拆毁，大者关闭。敕令所到之处寺像皆毁，然豫州新息令李虚好酒，平日嗜杀，但敕令到日正醉酒，负气使性，非出于敬佛，却抗令不从，以故一县佛宇皆全。死后因好杀该当重罚，李虚向阎王诉说全一县佛宇之功。阎王听毕大惊，即折去一生罪过，并延年三十，因而死又复生。[2]这类故事大量出现，并不意味着佛教的大发展，相反，它说明佛教面临了大困境，佛教徒们只是想以神话故事来解决一些现实难题。

至于经像的灵验程度则被高度夸张了，如勤诵经卷，勤礼佛像，在受难时会枷锁自落，刀劈不伤。这类故事直接来自佛典，佛教徒将其作为模式大规模复制，让人觉得仿佛就是发生在身边的事。在这些神话故事里，佛经与佛像成了无上法宝，任何艰难困苦只要怀揣一卷佛经皆可安然涉险；任是罪孽深重，但只要造得经像即可除却。故事的恶性发展已严重损伤了佛教的修行之道，不勤加修持、遵守戒律，只靠一些粗浅的方便法门，就那么轻松地了结了重大的是是非非，作为一个具有世界影响的佛教，岂不丧失了它的严肃与神圣？这许许多

---

[1] 《太平广记》卷一百〇七，第729页。
[2] 《太平广记》卷一百〇四，第703—704页。

多的应验记所带来的负面影响，恐怕是佛教徒预先没有想到的。

至唐，佛教的护教神话——鬼魂神话已经完成了它们的使命。因为自魏晋以后，灵魂不灭和轮回属实已成为多数人的共识。而佛教自南北朝至隋唐已发展到极致，它与中国本土文化冲突最尖锐的时代已经过去，儒道佛呈现出明显的融合态势。因此，护教的需求已在减弱，护教的神话便逐渐消失。佛教转而推出了自己的神话系统，亮出了自家的底牌。

14.2 佛教神话的本土化和体系化

中国佛教神话在唐代完成了它的神话体系，一个显著的标志是《法苑珠林》的问世。尽管佛教在印度就有一个自己的系统，但在没有中国化以前，这些东西对中国文化不可能有大的影响，故可置而不论。佛教神话发展到《法苑珠林》时代，我们就不可等闲视之了。

《法苑珠林》，唐道世撰。作为一部佛教类书，它是对传统佛教理论的一个总结，堪称中国佛教知识的百科全书。全书从《劫量》篇始至《传记》篇止，计一百篇，全面地阐述了佛教的基本常识。如果仅仅作为一般类书，它对神话学的影响就非常有限了。但是，《法苑珠林》不是这样的，它是以神话为中心去论证佛教所宣扬的一切都是天经地义、颠扑不破的。从神话学的意义来说，它不仅推出了精密的佛教神话体系，而且把大量的鬼魂神话、应验记以及护教神话熔于一炉，成为中国佛教神话的集大成之作。

《法苑珠林》最显著的特色是它的"感应缘"一项，它是大量的中国民间传说与文献资料的汇编，体现出佛教神话与中国神话的结合。它以中国固有的神话传说或者带有明显中国特色的佛教神话创作去证明佛门的种种教义的千真万确。试以卷五之《六道》篇为例：所论"人道"，有"述意"——阐述人道于佛门中的基本含义，"会名"——对人道名称的诠释，"住处"——佛教所认为的一人的活动区域，"业因"——述因何种因缘得生为人道中的种种不同苦乐，还有"贵贱"等基本概念，其"感应缘"部分则引《春秋演孔图》《吴越春秋》《河图玉版》《洪范五行传》《搜神记》中种种关于人的奇特神话和传说。传统的神话成为佛教教义的注脚。如果说《法苑珠林》的每一款论述的"述意""会名"等是援引佛教的学说的话，那么"感应缘"中则基本是中国的神话，这些神话的主人公和发生的地点都在中国。这已充分说明佛教已于中国大地上生根开花。

我们再以《法苑珠林》卷七之"地狱部"来分析，其"会名"云：

> 问曰：云何名地狱耶？答曰：依《立世阿毗昙论》云："梵名泥犁耶，以无戏乐故，又无喜乐故，又无行出故，又无福德故，又因不除离恶业故，故于中生。"复说："此道于欲界中最为下劣，名曰非道，因是事故，故说地狱名泥犁耶。"

书中还广引诸说以诠释地狱的各种名称的由来，其说无不来自佛典。地狱本为佛"六道"说中的内容之一，在佛教神话体系中占据重要地位。它是佛教因果报应、生死轮回的神话学依据。地狱学说无论在外国还是在中国都有巨大影响。但在佛教传入前，中国尚无明确而系统的地狱神话。

至于说传统神话里也有善恶报应的内容，那也远比佛教神话单纯，不及佛教地狱神话内容复杂生动。《墨子·明鬼》记载着这样一个故事：周时有个诸侯叫杜伯，当时周宣王有个爱妃叫女鸠，女鸠看上了英俊的杜伯，便引诱他。杜伯不从，女鸠怀恨在心，便在宣王前说杜伯对她无礼。宣王不能明察，一怒之下，杀了杜伯。杜伯临死前发誓要报此仇。三年过去，宣王已忘此事。一天，宣王与诸侯大臣们出猎，忽见杜伯穿大红衣冠，持朱弓，挟彤矢，乘白马与素车而来，宣王中了杜伯一箭而死。这是为数不多的传统鬼魂神话之一，所述的报应与佛教的报应完全不同。传统神话里的阴间似乎没有一个管理机构，对人间的善恶行为没有一本清楚的"账簿"，善恶报应处在严重的"无政府状态"下，顶多是谁家仇恨谁家了，就像杜伯一样，受了冤枉还得自己去跟周王结这笔账。在佛家传入前的整个中国神话里，除了《楚辞·招魂》有段"幽都"的描述以及《山海经》中有关于"鬼所"的记载外，对于阴间世界实际上颇为迷茫。

佛教的传入使这种情况大为改观。地狱学说广被华夏吸收。固然佛典中对八大地狱的详细描述是中国地狱神话的直接蓝本，但民间的地狱神话并不直接从阅读佛典而来。以中国人为主人公魂游地狱所描述的地狱世界才是真正的中国化的产物，这些神话才是真正影响老百姓的精神食粮。《法苑珠林》"地狱部"之"感应缘"所引一系列的地狱故事，正是中国佛教的地狱神话的代表。如关于晋赵泰的故事：

　　晋赵泰，字文和，清河县贝丘人也，祖父京兆太守。泰郡举孝廉，公府辟不就，精习典籍，有誉乡里，尚晚乃膺仕，终于中散大夫。泰年三十五时，尝卒心痛，须臾而死。下尸于地，心暖不已，屈伸随人。留尸十日，平旦喉中有声如雨，俄而苏活。说初死之时，梦有一人来近心下。复有二人乘黄马，从者二人，夹扶泰掖，径将东行。不知可几里，至一大城，崔嵬高峻，城色青黑状锡，将泰向城门入，经两重门，有瓦屋可数千间，男女大小亦数千人行列而立。吏著皂衣，有五六人，条疏姓字，云当以科呈府君。泰名在三十，须臾将泰与数千人男女一时俱进。府君西向坐，简视名簿讫，复遣泰南入黑门。有人著绛衣，坐大屋下，以次呼名，问生时所事，作何罪行，何福善，谛汝等辞以实言也。此恒遣六部使者常在人间疏记善恶，具有条状不可得虚。泰答父兄仕宦，皆二千石，我少在家修学而日无所事也，亦不犯恶。乃遣泰为水官监作，使将二千余人运沙裨岸，昼夜勤苦。后转泰水官都督，知诸狱事，给泰马兵，令案行地狱。所至诸狱，楚毒各殊。或针贯其舌，流血竟体；或披头露发，裸形徒跣，相牵而行，有持大杖，从后催促，铁床铜柱，烧之洞然，驱迫此人抱卧其上，赴即焦烂，寻复还生；或炎炉巨镬，焚煮罪人，身首碎坠，随沸翻转，有鬼持叉侍于其侧，有三四百人，立于一面，次当入镬，相抱悲泣；或剑树高不知限量，根茎枝叶皆剑为之，人众相訾，自登自攀，若有欣竟，而身首割截，尺寸离断。泰见祖父母及二弟皆在此狱中，相见涕泣。泰出狱门，见有二人赍文书来语狱

吏，言有三人，其家为其于塔寺中悬幡烧香，救解其罪，可
出福舍。俄见三人自狱而出，已有自然衣服完整在身，南诣
一门云名开光大舍。泰亦随入前，有大殿，珍宝珠饰，金光
耀眼，金玉为床。见一神人姿容伟异，殊好非常，坐此座
上，边有沙门立侍甚众，见府君来，恭敬作礼。泰问此是何
人，府君致敬，吏曰："号名世尊，度人之师，有愿令恶道
中人皆出听经。"时云有百万九千人皆出地狱，入百里城，
在此到者奉法众生也，行虽亏殆，尚当得度，故开经法，七
日之中，随本所作善恶多少差次免脱。泰未出之顷，已见十
人升虚而去。出此舍，复见一城，方二百余里，名为受变形
城，地狱考治已毕者，当于此城更受变报。泰入其城，见有
土瓦屋数千区，各有坊巷，正中有瓦屋，高壮栏槛，采饰有
数百局。吏对校文书云：杀生者当作蜉蝣，朝生暮死；盗者
当作猪羊，受人屠割；淫逸者作鹤鹜獐麋；两舌者作鸱枭鸺
鹠；捍债者为驴骡牛马。泰案行毕，还水官处。主者语泰：
"卿是长者子，以何罪过而来在此？"泰答："祖父兄弟皆
是二千石，我举考公府辟不行，修志念善，不染众恶。"主
者曰："卿无罪过，故相使为水官都督，不尔与地狱中人无
以异也。"泰问主者曰："人有何行，死得乐报？"主者唯
言奉法弟子精进持戒得乐报，无有谪罚也。泰复问曰："人
未事法时所行罪过，事法之后得除以不？"答曰："皆除
也。"语毕主者开藤箧，检泰年纪尚有余算三十年在，乃遣
泰还。临别，主者曰："已见地狱罪报如是，当告世人，皆
令作善。善恶随人，其犹影响，可不慎乎！"时亲表内外候

361

> 视泰五六十人，同闻泰说，泰自书记以示时人。时晋太始五
> 年七月十三日也，乃为祖父母二弟延请僧众大设福会，皆命
> 子孙改意奉法，课劝精进。时人闻泰死而复生，多见罪福，
> 互来访问。时有太中大夫武城孙丰、关内侯常山郝伯平等十
> 人，同集泰舍，款曲寻问，莫不惧然，皆即奉法也。[1]

　　这一故事同出于刘义庆的《幽明录》和王琰的《冥祥记》，《法
苑珠林》引述于此去验证佛教地狱学说，可谓再恰当不过了。赵泰故
事是现有的中国佛教最早的关于地狱的世俗神话。其地狱中的种种酷
刑，皆为传统神话所未见，虽未完备地描述出佛典八大地狱的情状，
但它的意义在于中国人坠入了印度人所设定的地狱格局中。这个故事
的编制，巧妙地利用了"主者"指派赵泰为水官都督，知诸狱事，案
行地狱，以一个中国人的目光，详细地描述了地狱酷刑及各种报应。
赵泰被放回后，"自书记以示时人"。这个故事流传之广，远胜于佛
典中的地狱说教，成为活的佛理教材。

　　《法苑珠林》就是这样以神话经纬起佛门教义，成为佛教神话中
国化的典型代表。且不论"人道"中的种种纬书和传统神怪故事的引
证，即使纯是"舶来品"的地狱也中国化了，如地狱中的职位之"府
君""都督"等称呼，显然是中国式的，其间关押的罪人，也是中国
人，如赵泰的祖父母及二弟等。这样一来，印度传来的地狱仅成一个
架子，其管理者与受罚者也大多是中国人。地狱神话从此在中国神话
中不断发展壮大起来。

---

[1] 《法苑珠林》卷七，文渊阁四库全书本，第2122册，第330—331页。

这些"感应缘"要是没有佛的教义这一系统的统率就是一盘散沙。严格地说，这些"感应缘"类的神话只是正宗的佛教神话系统的派生和衍化，"感应缘"是中国式的佛教神话，是佛教神话的枝叶。它的主干和体系在佛教中是一种固有的存在，它是中国佛教神话的酵母，这些使得《法苑珠林》给我们留下了一个完整的标本。

《劫量》《三界》《日月》等三篇是对佛教的宇宙观的描述，其中的四大部洲、须弥山、诸天在佛教神话中占有重要地位，它们是佛菩萨诸天神活动的重要场所。诸天经过道教的改造为中国神话中的主神设立了栖息之所，诸天王后来也成为中国神话天庭里的重要神灵。

卷五至卷七为"六道"神话，它是佛教人生观、伦理观和鬼神观的集中体现。六道即天道、人道、阿修罗道、饿鬼道、畜生道、地狱道。"六道"也称作"六趣"，是三界众生因行善恶不同而得不同报应所居的处所。其中地狱道、畜生道、饿鬼道为三恶道，是行大恶而招致的严酷报应；阿修罗道、人道与天道则为三善道，须行善方能转生于此。《大智度论》卷三十："分别善恶，故有六道。善有上中下，故有三善道，天、人、阿修罗；恶有上中下，故为地狱、畜生、饿鬼道。"在这里除人之外的五类鬼神里，阿修罗是纯粹的外来神，后来在中国神话里影响不大，诸天神被改造了，饿鬼一道特指鬼魂因在生作恶遭饥饿折磨之一种，因中国佛教为死者设焰口仪轨[1]，流传颇广。人变畜生则在民间传说中广为流布，它是因果报应学说直观的体现。人对畜生的畜养有兴旺与不景之别，多被视为一种"还债"与"讨债"，所以人死变畜生的观念在人们心中根深蒂固。关于"六

---

[1] 佛教的一种仪式，目的是解除地狱口吐火焰的饿鬼之苦。

道"的神话后来几乎成为中国民间善恶伦理神话的基础，影响最为深远。

卷八至卷十七为诸佛与菩萨部。本来原始佛教是不承认佛菩萨为神灵的，小乘佛教认为他们不过是道行高的修行者，是师僧。但大乘佛教却与此完全不同，他们率先在印度煽起了佛菩萨崇拜的热潮，在他们心中，佛菩萨是救星，是神，对佛菩萨的崇拜就是播种福田。佛菩萨从一传入中国开始就是被当作神看待的。傅毅在回答汉明帝"夜梦金人"时便说"西方有神，名佛"。武帝时霍去病所得的西方祭天金人，也被视为大神人而立于甘泉宫奉祀。《法苑珠林》中的佛菩萨自然是被视为佛教的最高神灵的。他们非同寻常的业绩与不可思议的法力足以震撼每个信徒的心。《法苑珠林》主要叙述了释迦牟尼佛、弥陀佛、弥勒佛、普贤菩萨、观音菩萨的事迹。释迦牟尼"八相示现"的神话在书中得到大力阐发。佛菩萨在中国所显的种种神迹，使他们超越了印度狭小的区域，对人类世界产生了广泛的影响。佛菩萨的大慈大悲及赏善罚恶的举动使他们成为中国民间神话的重要角色。

卷十八、十九是关于法和僧的神话，皈依佛、皈依法、皈依僧的种种修行规范及种种神异，其强烈的神话色彩充分体现出神道设教的特色。

《法苑珠林》就是这样一部以佛教的体系神话为经、以辅教神话为纬所形成的一部佛教神话大典。它是佛教神话的本土化，也为中国佛教神话的体系化作出了贡献。因此，它是佛教神话在中国发展的总结。

佛教神话发展至此，作为一种宗教神话可谓已达巅峰。当它越出庙堂，在民间流行，在中国文化的各个领域中穿行时，它要经受剪裁分解的命运便不可避免了，而此后的佛教神话面目已大不同前，便是受到了中国文化进一步分解的缘故。当佛教神话日益中国化的时候，它就逐渐丧失了本来的面目。在《法苑珠林》里，佛教神话还初步保有其本来面目，而中国文化对佛教神话改造的态势已经摆出，这预示着在新一个时期里它将承受新的文化融合势力的更大压迫。

14.3 弥勒与叛逆性的佛教神话

就像道教有李家道这样一类既不见容于正统社会，也被居于正宗地位的道教排斥一样，佛教也有这种异端。佛教异端冲击着传统佛教的教义及修行方式，以灿烂的理想图画和简单易行的方便法门诱引着大众皈依，当人们无法忍受现实的压迫时，对宗教理想的渴望便激起武装反抗的欲望，由宗教追求转为政治斗争。

据佛教三世说，过去为燃灯古佛住持，现世为释迦牟尼佛住持，未来则是弥勒佛住持。这样形成的三世佛，人们是不大去理会燃灯古佛的，因为他跟现实的关系太远。当现实较为完善，人们对释迦牟尼佛会礼拜勤谨，而当现实苦难加重，人们在礼拜释迦牟尼佛的同时，会更多地想到未来佛，他们希望未来世界早一天到来。这样，未来佛更加受到来自底层民众的欢迎。弥勒佛于是成为劳苦大众的救星。

弥勒所主的未来世界名弥勒净土。弥勒净土信仰是大乘佛教的一个教派，它不同于小乘的个人闭门自持，而注重于解救他人苦难，追求美好理想，因而自东汉末传入中国即得广泛传播。西晋至于隋唐，关于弥勒信仰的经书被大量翻译过来，跟与之并行的阿弥陀佛净土相比，弥勒信仰的势力要大得多。就南北朝时的佛菩萨造像分析，释迦牟尼、弥勒、阿弥陀、观音四人的造像在南北朝的几个朝代的一些主要佛教场所的统计数为：释迦一百七十八尊，弥勒一百五十尊，阿弥陀三十三尊，观世音一百七十一尊。[1]弥勒数量远远超过了阿弥陀。

弥勒信仰何以这样吸引人呢？这在很大程度上归因于弥勒净土的灿烂迷人。《佛说观弥勒菩萨下生经》这样描写道：

> 佛告阿难："汝还就坐，听我所说。弥勒出现，国土丰乐……"将来久远，于此国界当有城郭名曰鸡头，东西十二由旬，南北七由旬。土地丰熟，人民炽盛，街巷成行。尔时，城中有龙王名曰水光，夜雨香泽，昼则清和。是时鸡头城中有罗刹鬼名曰叶华，所行顺法，不违正教，每伺人民寝寐之后，除去秽恶不净者，又以香汁而洒其地，极为香净。阿难，当尔之时，阎浮提地东西南北十万由旬，诸山河石壁皆自消灭。四大海水，各据一方，时阎浮地极为严整，如镜清明。举阎浮地内谷食丰贱，人民炽盛，多诸珍宝，诸村聚落，鸡鸣相接。……所谓金银珍宝，砗磲玛瑙，珍珠琥珀，各散在地，无人省录。是时人民手执此宝，自相谓言：昔者之人由此宝故，更相伤害，系闭在狱，受无数苦恼，如今此宝与瓦石同流，无人守护。……尔时弥勒菩萨于兜率天观察

---

[1] 唐长孺：《北朝的弥勒信仰及其衰落》，《魏晋南北朝史论拾遗》，中华书局，1983年，第197页。

父母，不老不少，便降神下，应从右胁生，如我右胁生无

异，弥勒菩萨亦复如是。兜率诸天各各唱令：弥勒菩萨已降

神生……

在一个美妙的未来世界里，弥勒菩萨降生了，成为未来世界之主。因而，弥勒便成为人们翘首以待的未来佛祖，他的出现，是人类的福音。显然，他比主管现时代的释迦牟尼佛更能引起人们的信念。弥勒所主的未来世界比阿弥陀佛的极乐图画显得真实。在《佛说阿弥陀经》及《观无量寿佛经》诸净土经里的佛国，距现实世界极为遥远，如阿弥陀佛净土在"从是西方过十万亿佛土"，那是一个极为遥远的极乐世界，实令人可望而不可即，如镜花水月，把握不住。如那里的七重栏楯与七重罗网，七宝楼台与七宝池水，超越了感性生命所能享受的范围。弥勒净土则不同，它只是现实国度的升华，所强调的是土地丰熟，谷物不可尽食，财物不可胜用，跟现实生活联系密切，似乎是现实中可能发生的奇迹。这世界在人间不在天国，奇迹会在眼前发生，人们不必待死后进入佛国。这种境界若从佛教的角度看是不高的，它以物质引诱为基础，而这些本是佛教所要超越的罗网，但对于生活于苦难之中且热爱生命的大众来说，那就太令人神往了。这就是弥勒佛及其弥勒净土信仰广为传播的原因。

弥勒佛主未来世本为佛说，佛在世时所描绘的这番景象，本在激励人们努力修行，可这些经典传入中国后竟成为一种与正统佛教相对抗的异端，在民间煽起了反抗统治者的火焰，这些是佛教本身所始料未及的。其间的根本原因是现实的苦难深重，修行念佛不足以脱离苦海，打破现存秩序才是根本出路。本来以慈善为本的佛寺竟成为武装

斗争的策源地。两晋南北朝隋唐以来，沙门造反频起，成为一个较为普遍的社会现象，其中托弥勒出世者尤引人注目。

北魏宣武帝延昌四年（515年），沙门法庆反。这支反叛的队伍除了"杀害吏人"外，还"所在屠灭寺舍，斩戮僧民，焚烧经像，云新佛出世，除去旧魔"[1]。法庆造反除反抗当局，还向流行的佛教挑战。所谓"新佛"当是弥勒佛。所谓"除去旧魔"即破坏现存的佛教秩序。这是一支残忍的造反队伍，规定"杀一人为一住菩萨，杀十人为十住菩萨"，如此杀戮为事显然是既不合大乘传统，也与弥勒佛的净土世界的和平境地相左。法庆不久被镇压下去了，但弥勒信仰却在南北朝隋唐这一时期里蓬勃发展，不可阻止。

隋大业六年（610年），"有盗者数十人，皆素冠练衣，焚香持花，自称弥勒佛，入自建国门。监门者皆稽首。既而夺卫士杖，将为乱。齐王暕遇而斩之。于是都下大索，与相连坐者千余家"[2]。这是一次明目张胆地伪托弥勒的造反。监门者见这些"弥勒佛"到来，都慌了手脚，除了叩头之外别无选择。他们夺卫士之杖，显然醉翁之意不在酒，欲进宫刺炀帝的企图十分明显。炀帝昏暴，除大兴土木外，巡游、战争使得民不聊生。人们托弥勒佛降生则意味着一个土地丰熟的社会平安的时代即将到来。这入宫的"盗"数十人只是先头部队去行刺，其后千余家为后盾。可见，这次活动也是有组织的。

事过三年，称弥勒而反的风暴再起。据《隋书·五行志》载，隋大业九年（613年），"唐县人宋子贤，善为幻术。每夜，楼上有光

---

[1] 《魏书·拓跋焘传》，第445页。
[2] 《隋书·炀帝纪》，第51页。

明，能变作佛形，自称弥勒佛"。由于宋子贤精于幻术，其神秘色彩更浓，因而更能激起民众的崇信，使得"远近惑信，日数百千人"。他们举兵的目的是袭击"乘舆"，即袭杀炀帝。但这次努力也归于失败，宋子贤及其党徒千余家坐罪。

称弥勒而反的运动此起彼伏。同年，"有沙门向海明于扶风自称弥勒佛出世，潜谋逆乱。人有归心者，辄获吉梦。由是人皆惑之，三辅之士，翕然称为大圣。因举兵反，众至数万，官兵击破之"[1]。隋时的沙门托弥勒而反的势力逐渐强大起来，它成为后代难以克服的社会问题之一。

道教徒托言李弘造反主要活动在两晋南北朝时期，隋唐时，由于李家道跟李唐同姓，托名李弘的反叛大为减少，宗教反叛势力主要打出弥勒的旗号来。当李家道作为异端势力已近消失时，弥勒信仰便独撑了异端江山。它是唐代打着神话旗号反叛李唐的代表势力。

不仅百姓打着弥勒的旗号反叛，武则天也打着弥勒的旗号夺权。武则天欲篡位，李氏政权遭遇危机，这时有人打出太上老君的名号来反对武则天的统治。据说，老子降显于虢州阌乡县龙台乡，对洪州豫章县民邬元崇说："我是太上老君，汝帝之祖。"并令邬元崇传言武后："国家祚永而享太平，不宜有所僭也。"邬元崇因而上京奏告武后。[2]这一与虎谋皮的举动当然遭到了武则天的迫害，邬元崇被治死了。武则天并不满足于武力征服，面对着人们以太上老君为后盾的攻势，她也组织了反击。武则天主要抓住唐代佛教徒遭压抑的心态，自

---

[1] 《隋书·五行志》，第449页。
[2] 任继愈主编：《中国道教史》，上海人民出版社，1990年，第七章。

称新佛下世，以大造舆论，获取民心。

载初元年（690年），一项旨在神化武则天为弥勒再世的活动拉开了序幕："东魏国寺僧法明等撰《大云经》四卷，表上之，言太后乃弥勒佛下生，当代唐为阎浮提主。制颁于天下。"[1]这《大云经》是典型的伪经，武则天如获至宝，颁行天下，并令各州造大云寺，为其上台鸣锣开道。武则天是弥勒佛下生的神话纯为政治神话，她要借此破解正在流行的太上老君保佑唐天下的神话，明确地宣告要将唐天下取而代之。就在当年，她就改唐国号为周，自称圣神皇帝，并尊周文王为始祖皇帝。唐天下一下子就改变了颜色。

武则天上台后，崇佛运动更为大张旗鼓地展开，大兴佛事，不断举行无遮法会，靡费钱财而浑然不惜。武则天时代的神崇拜表现出以佛神为中心，取代儒道神话的态势。

明堂制载于儒家经典，《礼记·明堂位》有详述，为为政之所。汉明堂则多祭天地神祇，宗教功能得以强化。明堂所祀之神乃昊天上帝后土之类的传统神灵，为传统皇家祀典所必祀的重要角色，体现的是儒家的神话学说。但在武则天时代，明堂里请进了佛爷。史书中这样描写道：

> （万岁通天元年）作无遮会于明堂，凿地为坑，深五丈，结彩为宫殿，佛像皆于坑中引出之，云自地涌出。[2]

---

[1] 《资治通鉴》卷二百四，第6466页。
[2] 《资治通鉴》卷二百五，第6498页。

明堂里举行无遮会，这大概是前无古人的举动，佛像于其中挤占了天神地祇的地位，是中国神话史上的一件大事。因为古明堂除传说中周公等于此行政令外，后代基本上都将此用作祭祀昊天上帝或五帝的场所。西汉时的明堂建制是传说中的黄帝明堂的式样："明堂图中有一殿，四面无壁，以茅盖，通水，环宫垣为复道，上有楼，从西南入，命曰昆仑，天子从之入，以拜祠上帝焉。"[1]以后的明堂以祠上帝为主的功能未变。东汉光武所作汶上明堂宗祀五帝，章帝时以光武配祀。魏明帝太和元年（227年）祀文帝于明堂以配上帝；晋时五帝同称昊天上帝，祀于明堂；宋孝武帝依东汉汶上明堂仪设五帝位，祭昊天上帝；齐高帝建元元年（479年）祭五帝之神于明堂，以有功德之君配；梁祀五帝于明堂；陈也祀昊天上帝、五帝于明堂。北朝历代皇帝议建明堂未果，隋文帝议建明堂因耗费太大也终未成。大唐建立，武德初，定令每季秋祀五方上帝于明堂，后虽多有争论，但于明堂祀上帝以及祖灵配祀之大礼不改。故自汉以来，历代王朝大多营建明堂，于其中祀上帝及祖灵，所奉行的是儒家经书《礼记》和《周礼》中的祀典。[2]这样的传统首先被武则天打破了，这是武则天对传统的以儒家为主导的皇家祀典的一次挑战，昊天上帝与后土受到了真正的蔑视。她所引为正宗的也并不是佛家正典，而是走了样的佛教异端——被她塞进私货的弥勒信仰。武则天为佛所造的明堂遭到了一场大火的劫难，宏伟的明堂化为一片灰烬，这本使武则天感到十分尴尬，但有人为迎合她以弥勒自居的行为，说："弥勒成道时，有天魔

---

[1] 《史记·封禅书》，第1192页。

[2] 详见《文献通考》卷六十八"郊社考"、《通典》卷四十四。

烧宫，七宝台须臾散坏。"[1]这样一来，大火浩劫反不是坏事，只是一种成道的象征。总之，武则天出于私欲而编造的弥勒下生神话再从宫廷推广于民间，对本已炽盛的弥勒信仰有推波助澜的作用。

由于武后非李氏血缘，她的周政权被视为一种僭伪逆乱行为，故她一倒台，弥勒信仰也跟着倒了大霉。唐代朝廷明令禁止弥勒信仰，这种举动，一方面是扫荡破败的武周政权的神话残余，另一方面遏制民间打着"弥勒出世"口号的叛乱。受武则天所颁《大云经》的影响，民间弥勒信仰总把云城视为一个理想国，故新佛出世总与云城联系在一起，云城又称银城，白色之象，故凡弥勒信徒起事则白衣白马，以与云城境界相合。开元初年，有王怀古出谶，再次宣告李唐王朝将终：

> 王怀古，玄宗开元初，谓人曰：释迦牟尼佛末，更有新佛出，李家欲末，刘家欲兴。今冬当有黑雪下贝州，合出银城。[2]

新佛即弥勒，他的出现，将标志着李家王朝末日的来临。"银城"——白亮亮的境界的出现，则将使世界太平。这一谶语，无疑使玄宗感到不安，于是他于开元三年（715年）下了一道措辞严厉的诏书：

---

[1] 《资治通鉴》卷二百五，第6500页。
[2] 《册府元龟》卷九百二十二，凤凰出版社，2007年，第10693页。

> 释氏汲引，本归正法，仁王获持，先去邪道。失其宗
> 旨，乃般若之罪人；成其诡怪，岂涅槃之信士？不存惩革，
> 遂废津梁，养彼愚蒙，将入坑井。比有白衣长发，假托弥勒
> 下生，因为妖讹，广集徒侣，称解禅观，妄说灾祥，另作小
> 经，诈云佛说，或辄云弟子，号为和尚，多不婚娶，眩惑闾
> 阎，触类实繁，蠹政为甚。刺史县令，职在亲人，拙于抚
> 驭，是容奸宄。自令以后，宜严加捉搦，仍令按察使采访，
> 如州县不能察觉，所由长官并从贬降。[1]

这样严厉的禁令已把弥勒信仰置于歪门邪道的境地，弥勒信仰的生存变得艰难起来。

如果说释迦牟尼是从修行者的身份上升到神灵宝座上去的话，弥勒佛就是真正的佛教神话人物。在佛教中，他是佛教理想境界里的一位神主。令人没有想到的是，出现在中国的弥勒下生的神话竟点燃起反叛斗争的火焰来。在皇家和"正宗"佛学看来，弥勒信仰已沦为异端邪说，受到了严厉的禁制。弥勒是从佛教阵营里分裂出来的一位神灵，他成为老百姓的救星，成为革命的火种。唐天子的诏令扑不灭弥勒信仰的火焰，弥勒信仰的火种在宋元以来的社会生活中曾燎原于大江南北与长城内外。佛教的这一异端神话真正成为后代统治者的心病。

佛教的神话牵动着中国社会的神经，它不仅疗救民众的心灵，同时还要疗救社会的病症，因而具有很高的文化价值。佛教神话在唐朝完成了它的体系化过程，也实现了本土化的目的。

---

[1] 《册府元龟》卷一百五十九，第1774页。

第十五章
魏晋南北朝神话的内向认同与民族大融合

魏晋南北朝时期是中国历史上又一次民族大融合时期。在这场空前的民族大融合的历史运动中，神话充当了极为重要的角色。

文化统一的大汉帝国崩溃后，统一的以汉文化为基础的民族文化并没有随之坍台，作为民族神话的核心内容却代代传承，并横向扩散而日趋强大。我们从三国两晋南北朝到隋唐这一时期的皇家祀典的一统性及普遍的孔子神化运动中都能找到这种文化发展的轨迹，至于敬奉以黄帝为首的三皇五帝共祖及将龙作为天子的化身，则已成不可改变的共识。

由于民族文化中心的南移，北方留下的空间由众多的少数民族所占领。当他们进入这片汉文化的故土后，不仅保存了一些固有的传统，还接受了汉文化的精华，共同发展民族文化的大业，最终融入这个民族大家庭之中。在这个民族融合的过程中，神话的认同是一个基本前提。

这个认同过程包括两个方面的内容：一是少数民族成员及其政权

对民族核心神话的主动认同；二是各族所主中央政权抛弃独尊观念而以双方都能认同的神话为前提发展相互关系。前者主要发生于魏晋南北朝时期，后者则在隋唐时期表现明显。

各民族的神话与中华民族核心神话的认同表现在借用共同的神话模式，采用相同的皇家祀典，认同共同的先祖。同时，当道教与佛教渐由异端而上升为主流文化时，广泛的对佛祖与老子的信奉则成为民族凝聚的又一精神纽带。共同的神话使文化多元一体的民族共同体得到了真正的统一，这是中国神话在中华民族共同体的发展壮大过程中所产生的不可替代的巨大历史功用。

15.1　共同的帝王神话模式与母题

北朝时期的主流神话是拥有中央政权的民族统治者的帝王神话，其内容虽与传统的中原神话有异，但性质和结构模式却与传统神话悉同。从性质上讲，它只是秦汉以及先秦帝王符瑞神话的变种，这些神话通过夸张帝王出身的神异以示其非同寻常，帝王系神授天命来接受政权，所以从本质上讲它们是政治神话，对其王朝的存在具有强大的神权支撑作用。就其结构来看，它们与远古图腾神话的模式相同，帝王往往由其母与某神某图腾相交相感而生，而其最近的源头，乃是纬书中的感生神话，北方诸民族政权的帝王神话，均可视为纬书感生神话直接影响的产物。

北汉刘渊为匈奴人冒顿之后。汉初时冒顿与汉和亲，约为兄弟，故子孙姓刘。三国时曹操分匈奴民众为五部加以管理。刘渊父名豹，关于刘渊的出身，有这样的神话：

> 豹妻呼延氏，魏嘉平中祈子于龙门，俄而有一大鱼，顶
> 有二角，轩鬐跃鳞而至祭所，久之乃去。巫觋皆异之，曰：
> "此嘉祥也。"其夜梦旦所见鱼变为人，左手把一物，大
> 如半鸡子，光景非常，授呼延氏曰："此是日精，服之生贵
> 子。"寤而告豹，豹曰："吉征也，吾昔从邯郸张冏母司徒
> 氏相云，云吾当有贵子孙，三世必大昌，仿像相符矣！"自
> 是十三月而生元海，左手文有其名，遂以名焉。[1]

此一故事，脱胎于传统神话及纬书故事迹象甚明。刘渊长而好
《毛诗》《易》《尚书》《春秋左氏传》等经书，《史》、《汉》、
诸子，无所不览，接受汉文化的程度很深，传统神话融于心灵之中。
受《易》这类充满神秘色彩的典籍影响，是他编造神话的源泉。鱼与
日精之瑞，于史书及纬书中多有，它是同一神话的变种。

汉时，司马迁于《史记》载有白鱼赤乌神话，其文曰："九年，
武王上祭于毕，东观兵，至于盟津。……武王渡河，中流，白鱼跃入
王舟，王俯取以祭。既渡，有火自上复于下，至于王屋流为乌，其
色赤，其声魄云。是时，诸侯不期而会盟津者八百诸侯。诸侯皆曰：
'纣可伐矣。'"[2]此事跟五德转移说有关系。《今文尚书》《尚书
大传》之《泰誓》，均有大致相同的说法。白鱼赤乌神话不见于先秦

---

[1] 《晋书·刘元海载记》，第1766页。
[2] 《史记·周本纪》，第87页。

文献，殆汉神话，它在汉时广泛流传。《汉书·董仲舒传》中《贤良对策》云：

> 《书》曰："白鱼入于王舟。有火复于王屋，流为乌。"此盖受命之符也。

若依五德相克说，白鱼指殷之金德，而赤乌为周火德，以火克金，白鱼入舟只是殷亡之征，而赤乌现世才是周的符瑞。然而，在流传中，白鱼也与赤乌并为符瑞了。尤其是在纬书中，这个神话的神秘色彩更重，而内容也更复杂了。《尚书中候·合符后》：

> 周天子发渡于孟津。中流，受文命，待天谋。白鱼跃入王舟，王俯取鱼。鱼长三尺，赤文，有字题目下，名授右，曰："姬发遵昌。"王维退写，成以二十字，鱼文消。
>
> 王燔以告天，有火自天止于王屋，流为乌，其色赤，其声魄，五至，与谷俱来。[1]

此外，《古微书》之《洛书灵准听》也载此事。白鱼由简单地仅仅跃入王舟发展为鱼上有文，并有符运之文显示，且鱼与乌之联系紧密。其中的白鱼似已不仅仅象征殷商金德之亡，它本身也是姬发登王位的符应。此一主题绵延发展，鱼便成为帝王符瑞之一，不管白鱼黑鱼，它的出现都将有非同寻常的吉祥之事发生。所以呼延氏祈子时来

---

[1] 《纬书集成·七纬拾遗》，上海古籍出版社，1994年，第1076页。

了条大鱼，巫觋们都惊讶，说是嘉祥。

白鱼同赤乌的关系在刘渊的神话里可进行合乎逻辑的推衍。赤乌为日的化身，这是中国神话的一个基本命题。鱼变人而献日精，实际上是把鱼与乌的神话合为一体了。刘渊的符瑞神话脱胎于感生神话并取纬书母题以充实发展，是刘渊汉政权承接文化传统的一座桥梁。

事实上，刘渊是否为刘豹之子还有问题，有的学者说他是冒充刘豹之子[1]，那么这个神异的出生故事就更加是子虚乌有的神话了，它基于匈奴传说而又采用汉神话，以期获得汉、匈奴双方人民的认同。

此类神话在北方政权的统治者身上屡屡发生。如刘渊子刘聪，其出生也甚奇特。《晋书·刘聪载记》云："初，聪之在孕也，张氏梦日入怀，寤而以告，元海曰：'此吉征也，慎勿言。'十五月而生聪焉，夜有白光之异。形体非常，左耳有一白毫，长二尺余，甚光泽。"此感日而生之神话乃其父日精所生的变种。匈奴中有拜日习俗，《史记》称其"拜日之始生"，这是匈奴的传说，他们在传统的感生模式里装进了自己的内容，故刘氏匈奴的神话也有自己的独特之处。当然，拜日习俗不为匈奴所独有，周秦以来的祀典都把拜日放在重要位置，所谓郊祀祭天的核心是祭日。《礼记》云："郊之祭也，迎长日之至也，大报天而主日。"匈奴俗之拜日跟华夏传统郊祀存在着很大的相似性，从这共同的崇日风习看，《史记》所谓匈奴为夏后氏之苗裔恐不是空穴来风。

纬书中也有感日而生的神话，如《河图著命》："扶都见白气贯

---

[1] 林幹：《匈奴通史》，人民出版社，1986年。

日，意感生黑帝子汤。"不过，此神话虽然有日，白气似乎更重要些，所以纯粹的感日而生的神话出自刘氏匈奴，他借感生模式融入崇日内涵，在神话史上具有特殊地位。

刘氏匈奴的帝王神话，多仿五帝三王神话，如关于刘曜的传说，史书上载刘曜"年八岁，从元海猎于西山，遇雨，止树下，迅雷震树，旁人莫不颠仆，曜神色自若"。此与"尧使舜入山林川泽，暴风雷雨，舜行不迷"相类，至于刘曜的种种传奇及符瑞，也大都脱胎于汉纬书神话模式，体现出刘氏匈奴与刘汉政权之间不可分割的联系。

我们将北方其他少数民族政权统治者的神话作一排列，可见其共同模式。

石勒，羯人，后赵政权的建立者。"勒生时赤光满室，白气自天属于中庭，见者咸异之。"[1]

苻健，氐人，前秦皇帝。"母姜氏梦大罴而孕之。"[2]苻坚出身也异，"其母苟氏尚游漳水，祈子于西门豹祠，其夜梦与神交，因而有孕，十二月而生坚焉。有神光自天烛其庭。背有赤文，隐起成字，曰'草付臣又土王咸阳'。臂垂过膝，目有紫光"[3]。

李雄，巴氐人，李特第三子，成汉皇帝。"母罗氏，梦双虹自门升天，一虹中断，既而生荡。后罗氏因汲水，忽然如寐，又梦大蛇绕其身，遂有孕，十四月而生雄。"[4]

---

[1] 《晋书·石勒载记》，第1809页。
[2] 《晋书·苻健载记》，第1902页。
[3] 《晋书·苻坚载记》，第1931页。
[4] 《晋书·李雄载记》，第2039页。

慕容德，鲜卑人，南燕皇帝。"母公孙氏梦日入脐中，昼寝而生德。"[1]

拓跋珪，鲜卑人，北魏皇帝。"母曰献明贺皇后，初因迁徙，游于云泽，既而寝室，梦日出室内，寤而见光自牖属天，欻然有感。以建国三十四年七月七日，生太祖于参合陂北，其夜复有光明。"[2]

北方民族的统治者如此热衷于编造帝王符瑞神话，其原因在于这些民族的统治区域内，夷夏交织杂居，他们开始在中原地区建立政权，由于根基尚浅，便不得不以神话强化其地位。一方面，这些汉人已习以为常的模式会使汉人产生亲近感、信赖感；另一方面少数民族本信鬼神，其习较汉民更重，这些神话使他们对其主不得不更加顶礼膜拜，从而使统治者的政权力量得到神话的支持。

神话形式的仿造实际上也是内容的重演，一定的模式是依凭一定的内容而建立起来的，帝王神话袭用了远古先祖与图腾神话的外衣，使帝王本身跟神发生直接的联系。如果说远古先祖与图腾的神话是为树立氏族的宗神而使民众产生向心力的话，帝王的神话便是宣扬君权神授，宣告百姓理所当然要服从统治。北方少数民族政权的神话是对传统统治思想与方略的一种继承，显示出少数民族向共同文化的皈依。

这种广泛地对中原传统神话模式的采用与北方民族政权接受中原文化传统密切相关。这些神话无不取用纬书神话及《史记》《汉书》中的帝王神话模式，而这些著作多为北方诸政权的最高统治者所熟

---

[1] 《晋书·慕容德载记》，第13页。

[2] 《魏书·太祖记》，第2125页。

悉。赵翼于《廿二史札记》一书之"僭伪诸君有文学"章有这样的概括性说明：

> 《晋》载记诸僭伪之君，虽非中国人，亦多有文学。刘渊少好学，习《毛诗》、《京氏易》、《马氏尚书》，尤好《左氏春秋》、《孙吴兵法》、《史》、《汉》、诸子，无不综览。尝鄙隋、陆无武，绛、灌无文。一物不知，以为君子所耻。其子刘和，亦好学，习《毛诗》、《左氏春秋》、《郑氏易》。和弟宣师孙炎，沈精积思，不舍昼夜，尝读《汉书》，至萧何、邓禹传，未尝不反覆咏之。刘聪幼而聪悟，博士朱纪大奇之，年十四，究通经史，兼综百家之言，工草隶，善述文，著述怀诗百余篇，赋颂五十余篇。刘曜读书，志于广览，不精思章句，亦善属文，工草隶。小时避难，从崔岳质通疑滞。既即位，立太学于长乐宫，立小学于未央宫，简民间俊秀千五百人，选朝廷僧儒教之。慕容皝尚经学，善天文，继位后，立东庠于旧宫，赐大臣弟子为官学生，亲自临考，自造《太上章》，以代《急就》，又著《典诫》十五篇，以教胄子。慕容儁亦博观图书，后慕容宝亦善属文，崇儒学。符坚八岁，向其祖洪请师就学。洪曰："汝氐人，乃求学耶？"及长，博学多才艺。既即位，一月三临大学，谓躬自奖励，庶周孔之微言不坠，诸非正道者悉屏之。自永嘉之乱，庠序无闻，至是学校渐兴。符登长而折节，博览书传。姚兴为太子时，与范勖等讲经籍，不以兵难废业。时姜龛、淳于岐等，皆耆儒硕德，门徒各数百人，兴

听政之暇，辄引兑等讲论。姚泓博学善谈论，尤好诗咏。王尚、段章以儒术，胡义周、夏侯稚以文学，皆尚游集。淳于岐疾，兴亲往问疾，拜于床下。李流少好学，李库才兼文武，曾举秀异科。沮渠蒙逊博涉群史，晓天文。赫连勃勃闻刘裕遣使来，预命皇甫徽为答书，默诵之，召裕使至前，口授舍人为书。裕见其文曰："吾不如也。"此皆生子戎羌，以用武为急，而仍兼文学如此，人亦何可轻量哉！[1]

正是这种南北学术的交流使得南北神话日趋统一。关于帝王神话，南朝统治者所抛售的跟北朝统治者所抛售的十分相类，如出身之梦感，以及登基之符瑞，二者如出一辙。看看《南史》《北史》，这种情况便一目了然。

相同的模式生出共同的帝王符瑞，不同民族间的主流文化式样开始趋同。

15.2　共同祀典的选择

统治者的符瑞神话模式仅是外观形式，当北朝统治者同南朝统治者采用相同的祀典时，则是主流社会认同了共同的神话，南北认同了共同的神话内容。尽管这种内容只是皇家的政治神话，然而这个祀典却是商周以来神话与祀典密切结合而被人们广泛认同的一个范本，拥

---

[1] 赵翼：《廿二史札记》，中国书店，1987年，第99—100页。

有它就是拥有对神灵的垄断权和对社会的主导权。当一种祀典与此相矛盾，主流社会将它视为异端，它便被拒斥在这个社会文化之外。天地、社稷、祖先、日月、山川、风伯、雨师之神虽是皇家祀典，但也是整个社会文化统治的象征。北方神话对传统神话的认同的一个核心问题就是面对共同的神灵，尊奉同样的祀典。

北方民族的统治者对传统祀典的遵奉程度不同，过程也不尽一致。但总的趋向却是抛弃了旧有的习俗，而逐渐追随中原传统。北方民族政权的一个突出特点是不仅仅求得自己的一席之地，而是觉得自己是整个天下的主人。他们建立政权起初是同南朝分庭抗礼，最终目的是统一天下，而且统一天下的文化是中原传统文化。所以北方政权大多自称"中国"，而称其他政权为"逆乱"。其征伐的目的是显"中国之威"，追求的是统一大业。正是由于这种境界，认同中原传统是北方的少数民族实行大融合过程中的必然选择，对立并不是民族文化的主流。基于这样一种认识，北方政权均不同程度地奉行着商周以来的皇家祀典和秦汉以来的五帝德运。

刘渊在称帝前有这样的宣言："夫帝王岂有常哉，大禹出于西戎，文王生于东夷，顾惟德所授耳。"[1]这种统治观与种族观比一些褊狭的种族主义者的观点要高明得多，他认识到中国多民族统一的历史并不是种族中心论而是道德决定论，这是周公以来的尊天敬德观念的发展延续。刘渊高举德统的旗帜，历数司马氏父子的罪过，又借助汉室宗亲的身份，以恢复汉室的口号相召，所以这不是一个代表匈奴种族的政权，而是一个以继承整个中华民族传统文化的面目出现的政

---

[1] 《晋书·刘元海载记》，第1769页。

权。《晋书·刘元海载记》云："永兴元年，元海乃为坛于南郊，僭即汉王位，下令曰：'昔我太祖高皇帝以神武应期，廓开大业……'乃赦其境内，年号元熙，追尊刘禅为孝怀皇帝，立汉高祖以下三祖五宗神主而祭之。"《晋书》以"僭"贬之，显示出褊狭的民族观，然而我们从这段记载中看到，刘渊为坛南郊，承《礼记》《周礼》的祭天传统，把握了皇家祀典的核心，而以刘邦为天下祖宗牌位的树立，既表现出皇家祀典中先祖的特殊地位，又将其汉政权自身引入了正统行列之中。

石勒称赵王，"建社稷，立宗庙"是改元后的首要事件，后又禁州郡祠堂之非正典者，而起明堂、辟雍、灵台于襄国城西。[1]石勒堂侄石季龙"依殷周之制，以咸康三年僭称大赵天王，即位于南郊"[2]。这跟南朝皇帝一样，面对着同样的上帝。石季龙有大事告祖宗社稷之制，祠天用五郊，五郊即五天帝。石虎暴虐贪婪，然其遵奉古祀典之制，郊天祀社，告宗庙祈山川，合于《周礼》所记之礼。

鲜卑慕容儁生于幽漠，当臣下大进符瑞而劝其称帝时，他尚有些犹豫，说："吾本幽漠射猎之乡，被发左衽之俗，历数之箓宁有分邪！卿等苟相褒举，以觊非望，实非寡德所宜闻也。"[3]这番谦虚虽是表达信心不足，可他还是做了燕皇帝。他告晋使者说："汝还白汝天子，我承人乏，为中国所推，已为帝矣。"所以，他建立的也是一个"中国"政权，是一个要统一天下的政权，不是割据一隅的独立王国。关于大燕的历数，臣下已这样安排好："大燕受命，上承光纪黑

---

[1] 《晋书·石勒载记》，第1827页。
[2] 《晋书·石季龙载记》，第1848页。
[3] 《晋书·慕容儁载记》，第1895页。

精之君，运历传属，代金行之后，宜行夏之时，服周之冕，旗帜尚黑，牲牡尚玄。"[1]燕承袭的是五德转移学说，以金生水，承晋为水德，与中原五德转移接上了轨，成了正宗的帝王。前秦苻坚是北方政权的最高统治者中对传统文化最为醉心的。他说："帝王历数岂有常哉，惟德之所授耳！"他向往一统天下而封天禅地，他始终以中国正宗之位居之，而称"东西一隅未归王化"，时时计划引兵讨之。当苻坚表达出南征之意时，朱彤一段话让他心潮激荡。朱彤说："陛下应天顺时，恭行天罚，啸咤则五岳摧覆，呼吸则江海绝流，若一举百万，必有征无战。晋主自当衔璧舆榇，启颖军门……然后回驾岱宗，告成封禅，起白云于中坛，受万岁于中岳，尔则终古一时，书契未有。"苻坚听后大悦说："吾之志也。"[2]朱彤勾画的夺取天下后以成功告天地，然后受命于天，成万世之功业的蓝图，使他成为一个自豪的天神之子，所以他对传统的受天大命之典心向往之。朱彤的这通话促成了淝水之战的鲁莽轻率之举的产生，毁灭了这场跟天神交往的美梦。

北魏政权建立后，其祀典起初是一个周秦传统祀典与鲜卑民族传统祀典相结合的产物，其核心是周秦祀典。《魏书·礼志》这样记载：

> 太祖（拓跋珪）登国元年，即代王位于牛川，西向设
> 祭，告天成礼。天兴元年，定都平城，即皇帝位，立坛兆

---

[1] 《晋书·慕容儁载记》，第1895页。
[2] 《晋书·苻坚载记》，第1950—1951页。

告祭天地。祝曰："皇帝臣珪敢用玄牡，昭告于皇天后土之灵。上天降命，乃眷我祖宗世王幽都。珪以不德，纂戎前绪，思宁黎元，恭行天罚。……惟神祇其丕祚于魏室，永绥四方。"事毕，诏有司定行次，正服色。群臣奏以国家继黄帝之后，宜为土德，故神兽如牛，牛土畜，又黄星显曜，其符也。于是始从土德，数用五，服尚黄，牺牲用白。祀天之礼用周典，以夏四月亲祀于西郊，徽帜有加焉。

很明显，拓跋珪一称帝就归入了皇天后土的麾下，这是中原古来天子的共神；而继黄帝之后，不仅仅意味着种族认同，重要的是帝德的传承。从此，中国北部有了一个强大的"正统"政权。

然而我们也发现了拓跋氏对种族传统的眷恋。"西向设祭"与"西郊"显示出他们对种族传统不能忘怀。因为这个民族从遥远的西伯利亚大漠上发展起来，他们的根在西方，祖先神灵自然也在西方，所以"西郊"特受重视。但这种怀旧感迅速改变了。天兴二年（399年），拓跋珪"亲祀上帝于南郊，以始祖神元皇帝配"[1]。西郊转为了南郊，这种选择基于一种更大的获取愿望，故对西郊忍痛割爱了。虽然后来还有西郊复辟，但未成主流。北魏的祀典里，鲜卑杂神还是顽固地充斥其中，它们在周礼的大框架下继续发挥自己的职能。神坛上除五精帝和神元皇帝及日月星辰山川外，从食者一千余神，也远超正神，有喧宾夺主之嫌。

北魏有孔子祀典，而配了颜渊，历代皇帝多亲祀。对孔颜二神的

---

[1] 《魏书·礼志》，第1826页。

祭祀，其祀或于太学，或在鲁孔子故乡，礼以太牢，可谓至诚。北方对儒学的敬奉更加速了文化的融合。儒学的正统色彩重，求遵经典，而攻乎异端。故有司徒崔浩奏议："神祀多不经，案祀典所宜祀，凡五十七所，余复重及小神，请皆罢之。"[1]太宗准奏，但不见有具体措施出台，杂神并未废。到高祖孝文帝延兴二年（472年），有司上奏说"天地五郊、社稷以下及诸神，合一千七十五所"。这个鬼神班底的规模还是太大，以至一年用牲七万五千五百，老百姓都承受不了。皇家不得不对祭礼来一番改革，除郊天地、宗庙、社稷之外，皆不用牲。孝文帝实行汉化政策，祀典据《礼记》费了一番斟酌。他要求其祀典合于古礼，曾召集臣下讨论《礼记·祭法》篇及郑、王注文异同问题，这种严肃的态度表明孝文帝是要在祀神大典之上绝对合于传统。"有文可据，有本可推"是他祀神的基本态度，这"文"这"本"不外是儒家的经典。太和十五年（491年），孝文帝下诏："国家自先朝以来，饷祀诸神，凡有一千二百余处，今欲减省群祀，务从简约。"[2]孝文帝的宗教改革也是汉化政策的一部分。他汰去的小神正是民众普遍亲祀的神灵，而留下的仅是传统祀典的神学骨干。马端临《文献通考》说北魏祀礼多"参夷礼而违旧章"[3]，大致上只能说是道武帝时期，而在孝文帝时期，这种夷礼已悉数捐弃且杂祀也尽力革去。

孝文帝时，有一件重大事情，就是帝德的辩论，这是关系到国家接受怎样的神话传统的问题，实际是承认南北对峙的哪一方是正统的问题。两晋南方统治者说北方是僭伪，北方政权不是合理的。而北方

---

[1]　《魏书·礼志》，第1829页。

[2]　《魏书·礼志》，第1835页。

[3]　马端临：《文献通考》卷七十，文渊阁四库全书本，第0611册，第0592页。

政权处于中原故土，也均袭汉魏德统，说司马氏是篡位逆贼，东晋是
不归王化，当然也是僭伪。这种观念虽然自我中心色彩甚重，且对抗
性强，但双方都把自己列为文化传统的继承者，都向往着一统天下，
这正是民族精神的可贵之处。

北魏政权认为自己得天道正统是没有问题的。关键是他们是承袭
北方政权的德统还是继续南方的德统？这个自汉以来众说纷纭的德统
问题重新提到北魏的朝廷上来了。德统说法不一，在北朝的各政权里
多有争论，而在北魏朝廷上的一场辩论的意义却更为重大。孝文帝太
和十四年（490年）八月，这场辩论由孝文帝主持开场，希望"群官
百辟，可议其所应，必令合衷，以成万代之式"[1]。中书监高闾发出
这样的议论：

> 帝王之作，百代可知，运代相承，书传可验。虽祚命有
> 长短，德政有优劣，至于受终严祖，殷荐上帝，其致一也。
> 故敢述其前载，举其大略。臣闻居尊据极，允应明命者，莫
> 不以中原为正统，神州为帝宅。苟位当名全，化迹流洽，则
> 不专以世数为与夺，善恶为是非。故尧舜禅揖，一身尚异；
> 魏晋相代，少纪运殊。桀纣至虐，不废承历之叙；厉惠至
> 昏，不阙周晋之录。计五德之论，始自汉刘，一时之议，三
> 家致别。故张苍以汉为水德，贾谊、公孙臣以汉为土德，刘
> 向以汉为火德。以为水德者，正以尚有水溢之应，则不推运
> 代相承之数矣。以土德者，则以亡秦继历，相即为次，不推

---

[1] 《魏书·礼志》，第1832页。

逆顺之异也。以为火德者，悬证赤帝斩蛇之符，弃秦之暴，越恶承善，不以世次为正也，故以承周为火德。自兹厥后，乃以为常。魏承汉，火生土，故魏为土德。晋承魏，土生金，故晋为金德。赵承晋，金生水，故赵为水德。燕承赵，水生木，故燕为木德。秦承燕，木生火，故秦为火德。秦之未灭，皇魏未克神州，秦氏既亡，大魏称制玄朔。故平文之庙，始称"太祖"，以明受命之证，如周在岐之阳。若继晋，晋亡已久；若弃（疑"承"字之误，引者）秦，则中原有寄。推此而言，承秦之理，事为明验。故以魏承秦，魏为土德，又五纬表验，黄星曜彩，考氏定实，合德轩辕，承土祖未，事为著矣。又秦赵及燕，虽非明圣，各正号赤县，统有中土，郊天祭地，肆类咸秩，明刑制礼，不失旧章。奄岱蹂河，境被淮汉。非若蠢蝡边方，僭拟之属，远如孙权、刘备，近若刘裕、道成，事系蛮夷，非关中夏。伏惟圣朝，德配天地，道被四海，承乾统历，功侔百王。光格同于唐虞，享祚流于周汉，正位中境，奄有万方。今若并弃三家，远承晋氏，则蔑中原正次之实。存之无损于此，而有成于彼；废之无益于今，而有伤于事。臣愚以为宜从尚黄，定为土德。[1]

这篇滔滔宏论，历叙帝德之变迁，对古今之礼，实烂熟于心。其核心是强化中原正统，认为自赵以后的北方政权统中土，尤其是"郊天祭地，肆类咸秩"是得天之正，而三国之刘、孙，及南朝之刘宋、

---

[1] 《魏书·礼志》，第1832—1833页。

萧齐，则是真正的"事系蛮夷，非关中夏"。夷夏之论的核心是地域和神话礼制，跟种族无关。他的观点，几乎代表了北方政权的普遍看法，要不是孝文帝那样刻意地追求汉化，土德之议当无异议，因为从道武帝建国之时所建统系便是绍黄帝，为土德。可这番为北人所唱的赞歌北人自己不要听，这个动议最后还是被否定了。

秘书臣李彪，著作郎崔光也引经据典，反驳高闾：

> 尚书闾议，继近秦氏。臣职掌国籍，颇览前书。惜此正次，慨彼非绪。辄仰推帝始，远寻百王。魏虽建国君民，兆眹振古，祖黄制朔，绵迹有因。然此帝业，神元为首。案神元、晋武、往来和好。……则是司马祚终于邺郿，而元氏受命于云代。……且秦并天下，革创法度，汉仍其制，少所变易。犹仰推五运，竟踵隆姬。而况刘、石、苻、燕，世业促编，纲纪弗立。魏接其弊，自有彝典，岂可异汉之承木，舍晋而为土耶？夫皇统崇极，承运至重，必当推协天绪，考审王次，不可杂以僭窃，参之强狡。神元既晋武同世，桓、穆与怀、愍接时。晋室之沦，平文始大，庙号太祖，抑亦有由。绍晋定德，孰曰不可，而欲次兹伪僭，岂非惑乎？[1]

李彪等的承晋之说，也是为取正统之位。北朝之赵、秦、燕等政权虽然称帝而有年号，但祚运不长，且薄德害民，未成大业，李彪等称其"世业促编，纲纪弗立"，觉得魏不能与此等政权等伦。

---

[1] 《魏书·礼志》，第1833—1834页。

孝文帝本人有雄才大略，也不愿接轨赵、燕、秦这些短命政权，加上群臣均认为赵、秦、燕虽地据中华但德祚微浅，不得列于五德相承之统，他当然不同意高闾的德统。孝文帝承晋德，恐有更进一步推行汉化政策的意图。因为晋是汉人政权，北魏直接晋统系，使其汉化政策更加深入地进行下去，故下诏将土德改成了水德。这是北魏德统的一个重大变化，而这变化恰恰证明五德转移的政治神话在北魏已被统治者从心灵深处认同。接受汉传统神话，是孝文帝汉化政策的重要组成部分。

北方少数民族采用共同祀典并接受五德转移学说，将南北统一在共同的神祇之下，为中华民族的统一奠定了重要的文化基础。

15.3　皈依同一祖先

北方民族融合的完成是以认同共同的神话先祖为条件的。祖先本为一族的血缘标志，可实质上他仅为一种文化识别，与真实的血缘并无关联。认同同样的天地神祇并不能表明是同一种族，而共奉祖先却毫无疑问是同一家。中华民族的统一并不是种族血缘的统一，而是文化的统一。文化的统一是多方面的，如政治统治、风俗道德、经济生活、宗教信仰等，但这些都不是关键的，还是谢林说得对：一个民族，只有当他们认同了共同的神话时，它才是一个真正的民族。[1]中

---

[1] 参见谢林：《中国——神话哲学》，见［德］夏瑞春编：《德国思想家论中国》，陈爱政等译，江苏人民出版社，1995年。

华民族核心的神话只有两个：龙和黄帝。在中国文化发展后期，后者要比前者更为重要，以黄帝为核心的五帝系统是各种族对这个民族皈依的标尺，它集中体现为司马迁所总结的《史记·五帝本纪》及在此基础上建立的古代先祖谱系。这个谱系既是一座熔炉，也是一个磁场，它敞开胸怀拥抱着投奔者，一旦被接纳，每个成员都打上同样的标记，每个人都会以背叛这伟大的先祖而耻辱，并以处在这样一个大家庭中而自豪。

司马迁《史记·匈奴列传》载："匈奴，其先祖夏后氏之苗裔也，曰淳维。"这句看似无关紧要的话对后代匈奴的发展具有难以估量的影响。夏禹是"黄帝之玄孙而帝颛顼之孙"，是以黄帝为核心的五帝系统的正宗嫡传。司马迁这样去写，虽无确凿的证据，但肯定有一定的传说基础。匈奴后来与汉室通婚，双边关系更进一步密切。汉与匈奴尽管发生过大的军事冲突，但和平的力量始终在起作用。因为有禹后与汉宗亲两个重要历史渊源，汉匈间的融合变得十分自然。从前者看，汉匈是兄弟，从后者看，汉匈是亲家。所以，北朝时匈奴各部与汉融合都是基于以上两个前提，其中一个是事实，另一个则是神话传说。

刘渊是典型的打着汉室宗亲旗号的匈奴贵族。他认为，没有汉人的拥护，尽管实力强大，也是难以称王的。他说："汉有天下世长，恩德结于人心，是以昭烈（刘备）崎岖于一州之地，而能抗衡于天下。吾又汉氏之甥，约为兄弟，兄亡弟绍，不亦可乎？且可称汉，追尊后主，以怀人望。"[1]故不建立匈奴政权，而建汉政权，模糊汉匈

---

[1] 《晋书·刘元海载记》，第1769页。

界限，理直气壮地做了天子。

在当时，汉人也并不把非汉族统治者看作僭伪，如汉人邵续说："周文王生于东夷，大禹出于西羌，帝王之兴，盖惟天命所属，德之所招，当何常邪！"[1]可见，认同共同的德治文化和天命神话，就是同类，原不分什么种族，这在当时成为普遍的趋向。

我国历史上各民族间的融合，并不仅仅是汉族与少数民族间的融合，各少数民族间的融合也是民族融合的重要现象，如石虎便是羯人与匈奴结合的后代。南匈奴一支曾与鲜卑族融合，成为所谓的"铁弗匈奴"。《魏书》卷九五《铁弗刘虎传》：

> 铁弗刘虎，南单于之苗裔，左贤王去卑之孙，北部帅刘猛之从子。居于新兴虑虒之北。北人谓胡父鲜卑母为"铁弗"，因以为号。

这种融合进一步模糊了种族界限，奠定了文化一统的基础。即使他们不跟汉族发生关系，匈奴自认为夏禹之后，鲜卑自认为黄帝之后，则这种融合也被视为中华民族大家庭内部关系的进一步强化。南北朝时期，汉族没有被视为核心，他们只是众多民族中的一支，是中华民族共同文化的拥有者之一。北方的少数民族同样有拥有这份文化遗产的权利。在北方，发生冲突的并不是汉族和少数民族，因为那里不断更迭的政权原本就是少数民族建立起来的，所以少数民族间的冲突与融合同样是引人注目的。他们并不将与汉族结缘当作多大幸福，

---

[1]《晋书·邵续传》，第1128页。

相反，跟五帝神话接轨才是他们的真正荣耀。所以，北方民族的归宗并非仅归汉族之宗，而是归于与汉人相同的远古神话的祖宗——五帝世系。

赫连勃勃为刘氏匈奴之后，也是铁弗匈奴的一支。赫连勃勃虽为刘渊之后，却不以刘渊归于汉族为是，他要绍夏后氏之统，故"自以匈奴夏后氏之苗裔也，国称大夏"[1]。处于秦、魏之际的大夏政权同样也是不甘苟安一隅的，其雄心壮志乃是一统天下。赫连勃勃对部下买德说：

> 朕大禹之后，世居幽朔。祖宗重晖，常与汉魏为敌国。中世不竟，受制于人。逮朕不肖，不能绍隆先构，国破家亡，流离漂虏。今将应运而兴，复大禹之业，卿以为何如？[2]

赫连氏的这番表白，其归宗之心甚明，而一统天下之志也甚坚。由于是绍禹之统，故要摆脱汉姓而重改姓氏。他下诏书称："朕之皇祖，自北迁幽朔，姓改姒氏，音殊中国，故从母氏为刘。子而从母之姓，非礼也。古人氏族无常，或以生为氏，或以王父之名。朕将以义易之。帝王者，系天之子，是为徽赫，实与天连，因改姓曰赫连氏，庶协皇天之意，永享无疆大庆。"[3]与北魏汉姓不同，赫连氏自创姓氏，也别具一格，显然，他比刘氏匈奴有更大的气魄。就赫连氏本人及臣下的一些言论看，大夏政权熟知华夏古史且通儒家德政。勃勃所

---

[1] 《晋书·赫连勃勃载记》，第2154页。
[2] 《晋书·赫连勃勃载记》，第2156页。
[3] 《晋书·赫连勃勃载记》，第2156页。

答刘裕书，使刘裕自叹不如。赫连氏后攻克长安，为坛称帝，其势盛极一时。自此，赫连勃勃口不离大禹，言不舍大夏，仿佛夏王朝的基业在经历夏桀败亡后又复兴于北方。又刻石为颂，赞大禹之堂堂圣功，而自谓"名教内敷，群妖外夷。化光四表，威截九围"。显然，这里已有些自负、自擂的色彩了。

赫连勃勃经营的大夏政权其时间是那么短暂，其所作所为与大禹之德有很大差距，但他的举动却紧密承接夏禹，为文化统一与民族融合作出了重大贡献。他没有狭隘的种族观念，有的是气吞山河的英雄气概，故《晋书》称赞他"器识高爽，风骨魁奇"。他围绕中华民族文化的源头做文章，带领匈奴跨越了褊狭的部落时代的藩篱，走上了遵循共同文化而发展的康庄大道。北魏灭了大夏后，作为独立民族的匈奴已融入整个中华民族的大家庭之中，匈奴尊奉中华神话传统而实现了真正的文化回归。

与匈奴一样，鲜卑在北朝时期完成了归化过程。当窦宪击败北匈奴，北匈奴大举北迁时，鲜卑乘机占据了北匈奴的大片土地。北匈奴遗存者有十余万，亦号鲜卑，鲜卑由是转盛，匈奴与鲜卑两族多有融合。鲜卑为患于边，檀石槐时最强，后趋于分裂，慕容氏、拓跋氏、宇文氏是其中的强者。

至南北朝时，慕容氏起于辽河流域，汉化色彩已经颇浓。《晋书·慕容廆载记》云："其先有熊氏之苗裔，世居北夷。"那么这是自认为黄帝的子孙了。西晋末年，酋长慕容廆受晋爵位，为晋藩属。永嘉之乱后，慕容廆跃跃欲试，说："今天子播越，四海分崩，苍生纷扰，莫知所系。孤思与诸君匡复帝室，翦鲸豕于二京，迎天子于吴会，廓清八表，侔勋古烈，此孤之心也，孤之愿也。……且大禹出于西羌，文王生于东夷，但问志略何如耳，岂以殊俗不可降心乎！"[1]
这时的慕容氏，完全将自己视为天下兴亡而有责的"匹夫"之一，且
对晋王朝尚存一片忠心。对于得天下不以种族为意，可见其志不在
小。至慕容皝扩大势力，迁都于龙城，自称燕王。皝子慕容儁继王
位，告东晋使者已称帝。其时势力渐大，迁都至蓟，后又迁邺，形
成进攻东晋的态势。慕容儁喜符瑞，其臣下附和言："大燕受命，上
承光纪黑精之君，运历传属，代金行之后，宜行夏之时，服周之冕，
旗帜尚黑，牲牡尚玄。"其制多因循魏晋，其礼归附华夏传统迹象甚
明，如黄门郎申胤所言："大燕受命，侔迹虞夏。"他们企图以黄帝
有熊氏的子孙的身份去一统天下，只可惜在慕容儁死后，前燕内部大
分裂，被前秦所灭。

与慕容氏相比，拓跋氏在中国历史舞台上活跃的时期更长，对中
国文化的影响也更大。拓跋氏在北方各族中初为文化后进者，其俗野
蛮。他们统一北方以后，在文化上才取得飞速发展，迅速归于中华民
族文化共同体之中。

关于拓跋氏的族源，《魏书·序纪》云：

> 昔黄帝有子二十五人，或内列诸华，或外分荒服，昌
> 意少子受封北土，国有大鲜卑山，因以为号。其后，世为君
> 长，统幽都之北，广漠之野，畜牧迁徙，射猎为业，淳朴为
> 俗，简易为化，不为文字，刻木纪契而已，世事远近，人相
> 传授，如史官之纪录焉。黄帝以土德王，北俗谓土为托，谓

---

[1]《晋书·慕容廆载记》，第1879页。

后为跋，故以为氏。其裔始均，入仕尧世，逐女魃于弱水之北，民赖其勤，帝舜嘉之，命为田祖。

这段叙述并不是北齐魏收想当然杜撰的，是实实在在的拓跋氏自己的看法。关于它的真实性，学者多不以为然，林惠祥说："魏人自谓黄帝之裔，中国人则谓为李陵之后，前者假托，后者误传，皆不实。魏人自溯其祖当尧时曾入贡，积六十六世未通中国，名亦无考。"[1]这种假托是拓跋氏自己讲出来的。北魏建国时祀典鲜卑中固有神灵较多，但是先祖却是立的黄帝之位。魏政权起初定德统是因为自认为是黄帝之后才确定为土德的。拓跋氏鲜卑族的祖先之庙在乌洛侯国西北，早期拓跋氏凿石室而祀祖。这石室离代京（今山西大同东北）四千余里，可见是遥远的西伯利亚的种族。拓跋氏南下后已把石室的老祖宗忘了。这也不奇怪，一是因为他们已经远离了故土，二是时代已经久远，三是他们跟汉文化已结下了不解之缘，拓跋氏可谓数汉典而忘故祖了。后来在太武帝拓跋焘真君年间，乌洛侯国遣使朝贡，提起这魏祖石室庙，拓跋焘才派中书侍郎李敞去祭祀，祀词没提到黄帝远祖事，可见，拓跋氏远祖与黄帝的亲缘关系实在是件难以说清楚的事。

自力微与晋接触，鲜卑族受到了封建势力的影响，内部改革旧俗的力量日长，汉文化是变革旧俗的重要精神力量。北魏政权建立后，鲜卑民众与汉民杂居，要统治汉人必须使用汉文化，故索性将自己攀上汉的远祖，成为相同的族类。鲜卑贵族中的保守势力很大，他们要

---

[1] 林惠祥：《中国民族史》（上），商务印书馆，1939年，第162页。

保存鲜卑旧俗，所幸拓跋氏数代皇帝颇有眼光，进行坚持不懈的改革。孝文帝不顾保守势力的反抗，毅然决然地实行了汉化政策，从制度到习俗实行了全面改革，将鲜卑族从部落残余的沼泽地里引出来，走向了封建文明的道路。

为对抗鲜卑保守势力，以取信于汉人，撰国史以明统系就显得十分重要。本来，拓跋焘叹"史阙其职，篇籍不著"，要崔浩等撰国史，令其"务从实录"。可这崔浩听信了拓跋焘的要实录的套话，不知太武帝原是要写其祖"泽流苍生，义闻四海"的壮举，因而这部国史看起来便是"尽述国事，备而不典"，把拓跋氏早年的野蛮与落后的习俗写出来了，还刻石立于道路，往来者阅之而相传。太武帝大怒，将他杀了。[1]此事说明，拓跋氏并不是要实录其部落生活的历史，而是要强调跟汉族相同的历史渊源，要通过历史来强化这种关系。

北魏最初的几代皇帝将拓跋氏跟黄帝的关系挂上钩后，经过一系列的活动，拓跋氏为黄帝之后便成为一个难以改变的说法了。先是道武帝继位便听群臣之言，以国家继黄帝之后为土德，后来的北魏皇帝便在五帝中独尊黄帝，并屡往桥山黄帝陵祭奠。明元帝泰常六年（421年），拓跋嗣幸桥山，遣有司祀黄帝、唐尧庙。文成帝和平元年（460年），拓跋濬东巡，历桥山，祀黄帝。[2]北魏皇帝均祀孔子。到孝文帝时，拓跋氏鲜卑族已深受华夏文化浸染，且认黄帝为祖，汉化已成为既成事实。

---

[1] 《魏书·崔浩传》，第556—558页。

[2] 《魏书·礼志》，第1829页。

　　孝文帝厉行汉化制度，其中以认祖归宗为重要前提。他的一系列改革措施的实行，须先从改变族源上下功夫。这样，以黄帝为核心的五帝系统必须得到充分的遵奉。延兴元年（471年）冬十二月壬辰，孝文帝下诏寻访舜后，于东莱得郡民妫苟之，复其家世，"以彰盛德之不朽"。太和十六年（492年），"诏祀唐尧于平阳，虞舜于广宁，夏禹于安邑，周文于洛阳，改谥宣尼曰文圣尼父，告谥孔庙"。后来祀孔子庙，封孔、颜后人为官，又诏令为孔子园柏，修饰坟垅，祭比干墓，对汉历代皇帝恭敬有加。如以太牢祭汉高祖庙，以太牢祀汉光武及明、章三帝陵，又诏汉、魏、晋诸帝陵，各禁方百步不得樵苏践踏。太和二十一年（497年），又以太牢祭夏禹、虞舜，并诏修尧、舜、禹庙。[1]孝文帝并不好鬼神，屡诏禁杂祀，如传统的西郊及杂祀众小神都为其所禁。对于求雨，他是这样认为的："昔成汤遇旱，齐景逢灾，并不由祈山川而致雨，皆至诚发中，澍润千里。万方有罪，在予一人。今普天丧恃，幽显同哀，神若有灵，犹应未忍安飨，何宜四气未周，便欲祀事。唯当考躬责己，以待天谴。"[2]这样一位对鬼神崇拜有如此清醒认识的帝王此时对五帝神灵抱如此热情，其用心是显而易见的。他的认祖归宗活动有力地配合着汉化政策，鲜卑拓跋氏在这场改革运动中从根本上改变了族性，从心理上皈依了汉文化。尽管其血统一时难以完全改造，但对汉祖汉神话的崇奉，已标志着两个民族的融合。当然，完全认同的过程并不能在短期完成，但这一趋势已不可改变。

---

[1]《魏书·高祖纪》，第114页。

[2]《魏书·高祖纪》，第122页。

孝文帝后的北魏出现了衰败迹象，北魏分裂为东魏和西魏，后高氏灭东魏，宇文氏灭西魏，拓跋氏的旧势力已扫荡殆尽。北周宇文氏的掌权，使得宇文氏鲜卑族在历史上发一亮光。宇文泰等人鲜卑种族心理尚重，但这个命名为周的朝廷却有很重的汉文化传统色彩，他们的制度大抵以《周礼》为准，而参以秦汉之法，追从汉文化已成必然。到了周武帝宇文邕时，这位杰出的政治天才也来了番政治改革，如释放奴婢、实行府兵、禁断佛道等措施，使北周社会日益封建化。宇文氏同样也认祖归宗。史称宇文氏其先出自炎帝神农氏，大概为后期宇文氏所假托而流传之。[1]宇文氏后与汉族完全同化，成了真正的炎黄子孙。

以上我们考察了北方匈奴、鲜卑两大民族融合到整个中华民族之中的过程，发现神话的认同与归宗乃是民族融合的关键。撇开带有准宗教性质的孔子崇拜不谈，传统典籍的神话对北方民族神话的主要影响来自三个方面：一是《史记》《汉书》及纬书中的帝王感生神话与五德转移模式，已成为北方各民族的统治者自我神化所遵奉的蓝本，此类神话带来了共同的君权神授的政治神话；二是《尚书》《周礼》《礼记》中所记的祀典，对这套神谱的认同表明北方各族的统治者已跟汉统治者站在同样的神灵庇护所下；三是《大戴礼记》及《史记》所载的以黄帝为中心的民族先祖谱系，认同它便是同种的象征，表示出人们已归入了以黄帝为核心的祖先谱系的民族文化团体之中。

---

[1] 《周书·文帝纪》，"二十四史"（简体字本），中华书局，2000年，第1页。

　　北方民族的文化认同是以传统华夏文化为中心的内向认同，它是中国神话的一次内聚，北方各族相继以中原古神话为准而作精神皈依，形成了中国历史上的一场大规模的民族融合。神话与民族融合的内在联系，在南北朝时北方民族大融合的过程中得到了生动的展示。

第十六章
隋唐神话的外向认同与民族大融合

16.1 民族关系与民族文化的新特点

隋唐时，民族关系发生一系列的新变化。当匈奴、鲜卑主体大体与汉人融合后，中原地区的主人已非原汉人种族了。由于不同种族频频入主中原，且都打出炎黄子孙的旗号，人们对不同种族都可成为华夏正宗已没有质疑。一方面，华夏传统在北方继续绵延发展；另一方面，一批汉人势力南下并与蛮越文化融合，华夏文化获得新发展。前者带着大漠草原上的刚劲强悍的活力，使华夏文化走向阳刚一路；后者带着水乡柔媚明丽的风情，又使华夏文化增添几分阴柔之美。同一文化源头，衍生出两股不同的文化巨流，这就是黄河文明与长江文明的一种分野。隋唐时期，中华民族进入了新的发展阶段。

隋唐王朝的血统并非纯种汉人。隋炀帝有鲜卑血统。李渊母出自拓跋鲜卑的独孤氏，李渊只能说是混血儿。唐太宗、高宗的生母都是鲜卑血统，故隋唐时代的皇室种族是汉、鲜卑结合而成的新汉族，已与传统的汉人不同了[1]，这是北方民族大融合的结果。

北朝时期，北方民族进入中原后，认祖归宗时，要远溯五帝，因为他们希望有一个正宗的华夏血统成为整个中国文化的主人。在他们看来，东晋及南朝诸政权都是僭伪，他们才是正宗。事实正是如此，东晋、南朝不过南下充当了一个文化传播的角色，是旧汉族的代表。中国文化的主流还活跃在中原土地上，这里的新汉族正显示出异常强劲的活力。到隋唐时，汉与五胡的融合已告一段落。汉也好，五胡也好，都是炎黄子孙已成共识。并且这新的汉族所建立起的强大政权，已是任何一个少数民族都无法取代的。那些少数民族没有能力入主中原，于是跟大隋、李唐结亲，以成秦晋之好；或干脆说成是李氏后人，跟隋唐成直系亲属，以成一稳定的藩属。隋唐王朝在对待少数民族的态度上也表现出平等和宽容的态度，他们并没有以大自居，迫使各民族仰承华夏文化传统，反倒为了民族和睦而俯就异族习俗，向异族学习新东西。李唐王朝这样做，并没有损伤唐文化的尊严，反使唐文化呈现出从未有过的博大气度。

隋唐时的中国主流神话，在仅由儒家所主导的原皇家祀典及五帝神系的基础上增添佛、道两翼，二教于朝野大行已成事实。尤其是在少数民族区域内，二教更是大行其道。在这样一个大背景下，隋唐综合了这种文化势力，文化认同不再局限于儒家学说及其神系，佛道也成了中国文化代表的新的标记之一。于是，这个新的文化团体在儒、道、佛的任何一面旗帜甚至在少数民族的某一原始宗教与神话旗帜下都能达成共识。这时，神话依旧是民族关系的纽带，只是内容更加宽

---

[1] 任邱、王桐龄：《中国民族史》，北平文化学社，1934年，第322页。

泛、更加丰富，所认同的对象有了更大的选择余地。

唐统治者以兄弟民族神话为基础作文化认同，以发展相互关系，这种认同是一种外向认同。

16.2　北方的狼

北方狼种诸部是隋唐边境最大的少数民族势力。他们的图腾神话赖史书得以流传。突厥的狼始祖神话是这一时期所保存的最重要的少数民族神话。《周书·突厥传》：

> 突厥者，盖匈奴之别种，姓阿史那氏。别为部落。后为邻国所破，尽灭其族。有一儿，年且十岁，兵人见其小，不忍杀之，乃刖其足，弃草泽中。有牝狼以肉饲之，及长，与狼合，遂有孕焉。彼王闻此儿尚在，重遣杀之。使者见狼在侧，并欲杀狼。狼遂逃于高昌国之北山。山有洞穴，穴内有平壤茂草，周回数百里，四面俱山，狼匿其中，遂生十男。十男长大，外托妻孕，其后各有一姓，阿史那即一也。……
>
> 或云突厥之先出于索国，在匈奴之北。其部落大人曰阿谤步，只弟十七人。其一曰伊质泥师都，狼所生也。谤步等性并愚痴，国遂被灭。……山上仍有阿谤步种类，并多寒露，大儿为出火温养之，咸得全济，遂共奉大儿为主，号为突厥，即讷都六设也。讷都六有十妻，所生子皆以母族为姓，阿史那是其小妻之子也。讷都六死，十母子内欲择立一

人，乃相率于大树下共为约曰："向树跳跃，能最高者，即
推立之。"阿史那子年幼而跳最高者，诸子遂奉以为主，号
阿贤设。此说虽殊，然终狼种也。

突厥狼种的原始习俗色彩颇重，"五月中，多杀羊马以祭天"，
"敬鬼神，信巫觋"。北魏时，突厥与魏关系亲近。北魏分裂后，
北齐、北周争与土门（突厥后期别称）结姻好，倾府藏以事之。时
可汗为佗钵，骄傲异常，说："我在南两儿常孝顺，何患贫也？"有
一次，突厥掠来齐僧惠琳，给突厥人的生活带来了重大影响。惠琳
对佗钵说："齐国富强，为有佛法耳。"因借此宣传因缘果报之事。
佗钵闻而信之，建一伽蓝，遣使聘于齐氏，求《净名》《涅槃》等
经并《十诵律》。佗钵亦躬自斋戒，绕塔行道，恨不生内地。[1]这一
事件使突厥接受了中原的佛教文明，对瓦解其原始习俗具有极其重
要的意义。突厥是以皈依佛祖来接受华夏文化，与华夏文化加强联
系的。

突厥与隋的关系更加密切。隋嫁公主于突厥。沙钵略可汗曾致
书隋帝，称："皇帝是妇父，即是翁；此是女夫，即是儿例。两境虽
殊，情义是一。今重叠亲旧，子子孙孙，乃至万世不断。上天为证，
终不违负。"[2]内附的启民部曾上表："乞依大国服饰法用，一同华
夏。"[3]突厥得隋赏赐，在和平的环境下，于边地发展壮大。

隋末大乱，北方突厥的强大势力令人惮畏，各部军阀竞相臣服

---

[1] 《隋书·突厥传》，第1250页。

[2] 《隋书·突厥传》，第1251页。

[3] 《隋书·突厥传》，第1257页。

之。《通典·边防十三》：

> 此后隋乱，中国人归之者甚众，又更强盛，势陵中夏，
> 迎萧皇后，置于定襄。薛举、窦建德、王世充、刘武周、梁
> 师都、李轨、高开道之徒，虽僭尊号，北面称臣，受其可汗
> 之号。东自契丹，西尽吐谷浑、高昌诸国，皆臣之。控弦
> 百万，戎狄之盛，近代未有也。

突厥的崛起使它的势力向中原扩散，众多割据势力向突厥臣服，一个典型标志是认同突厥的原始图腾，即参与到狼崇拜的行列中去。突厥始毕可汗颇有威风，多予隋割据势力以封号，并赠狼头旗，这是狼文化势力扩张的显著表现。始毕可汗"立刘武周为定扬可汗，遗以狼头纛"[1]。梁师都称帝，建国号梁，"始毕可汗遗以狼头纛，号为大度毗伽可汗"[2]。一时间，北方大地上，狼旗飘扬。突厥气势汹汹，虽远在朔漠而实主中土，册封各部势力，而各部割据为王者又愿受突厥封号，实为民族关系史上前所未有的变局，北方的狼显示出异常强劲的活力。

唐高祖李渊起义时，与突厥有密切交往。突厥势力大，李渊实不得不惮让之。《大唐创业起居注》有这样一段描述：

> 裴寂等乃因太子秦王等入启，请依伊尹放太甲、霍光废

---

[1] 《旧唐书·刘武周传》，第1250页。
[2] 《旧唐书·梁师都传》，第1538页。

昌邑故事，废皇帝而立代王，兴义兵以檄郡县，改旗帜以示突厥，师出有名，以辑夷夏。帝曰："如此所作，可谓掩耳盗钟，事机相迫，不得不尔……"……于是遣使以众议驰报突厥。始毕依旨，即遣其柱国康鞘利、级失、热寒、特勤、达官等，送马千匹，来太原交市，仍许遣兵送帝往西京，多少惟命。

李渊起兵，首先想到的是突厥，而第一件事是改旗帜，其目的是"以辑夷夏"。商量妥当后，首先是"遣使以众议驰报突厥"，显然，当时中原大事须突厥同意。"送帝往西京"也须始毕点头，可见西京实际在突厥的控制之下。这样一种背景，始毕到底是"依旨"还是"恩准"，实际上恐怕只能是后者了。只是作者为唐人，为李氏讳而用此曲笔，"依旨"纯为掩人耳目之语。

重要的是那面旗帜到底改成什么。《大唐创业起居注》说道："康鞘利将至，军司以兵起甲子之日，又符谶尚白，请建武王所置白旗以示突厥。"李渊当时没有同意，认为"诛纣之旗，牧野临时所仗，未入西郊，无容预执，宜兼以绛杂半续之。诸军稍幡皆仿此，营壁城垒，幡旗四合，赤白相若花园"[1]。就这一情况分析，当时的"改旗帜"当不是白旗，否则是盟主号令，连能否进西京都要始毕可汗恩准，难道可以以盟主自居而君临突厥之上？李渊所以不同意向康鞘利示之以白旗，就是考虑到这种举动会带来负面影响。联系到当时普通表示归顺而用"狼旗"的行为，"改旗帜以示突厥"，实际上

---

[1] 温大雅：《大唐创业起居注》卷一，商务印书馆，1936年，第8页。

应是改为狼旗以示臣属，以作权宜之计，"以辑夷夏"的目的方能实现。刘武周、梁师都因有突厥狼旗而得突厥之助，李渊若示以白旗则立刻招致突厥反感，所以改旗帜是对刘武周、梁师都行为的一种模仿，借此获得突厥的支持。李渊遣使"以众议驰报突厥"当含改旗之仪，既然改白旗之仪不可行，当然是改狼旗了。隋唐时的"狼"真正成为号召民众的旗帜。

突厥后为唐破灭，但狼崇拜却在北方民族中历久不衰。回纥也为狼图腾之属，或本非狼属，突厥强大，其文化为突厥所染，狼风甚炽。太宗时，回纥入朝称臣，向唐表白："生荒陋地，归身圣化，天至尊赐官爵，与为百姓，依唐若父母然。请于回纥、突厥部治大涂，号'参天至尊道'，世为唐臣。"[1]唐封其酋首吐迷度为怀化大将军、瀚海都督。"然私自号可汗，署官吏，壹似突厥"[2]，对唐还只是表面依奉。在突厥未灭之前，回纥与突厥文化的联系显然比与唐的联系多。回纥甚至与突厥狼崇拜之俗也相同，后来的回纥举事常着狼旗，这是北方继突厥之后的又一支狼图腾的部族。

唐之胸怀宽广处在于他们能够尊重这种习俗并抑身接受这种崇拜，这跟他们当年与狼旗有缘有关系。安史之乱时，回纥请助战，葛勒可汗以可敦妹为女，妻高宗曾孙敦煌郡王李承寀，肃宗封其女为毗伽公主。大将郭子仪与可汗合讨叛军，大破之，与子仪会呼延谷。这次与郭子仪的会面及后来与肃宗的会面颇有戏剧性，《新唐书·回鹘传》记述了这一场面：

---

[1] 《新唐书·回鹘传》，"二十四史"（简体字本），中华书局，2000年，第4650页。

[2] 《新唐书·回鹘传》，第4650页。

> 可汗恃其强，陈兵引子仪拜狼纛而后见。帝驻彭原，使
> 者葛罗支见，耻班下，帝不欲使鞅鞅，引升殿，慰而遣。俄
> 以大将军多揽等造朝，及太子叶护身将四千骑来，惟所命。
> 帝因册毗伽公主为王妃，擢承采宗正卿；可汗亦封承采为叶
> 护，给四节，令与其叶护共将。帝命广平王见叶护，约为
> 昆弟……

这架势，回纥实际上与唐作分庭抗礼状，只见子仪等拜狼纛，不见有回纥拜龙旗者。这种交往，在文化上是以回纥狼图腾为主导的。华夏的主流神话尚未被回纥所接受，以狼崇拜为主流的文化还是回纥的根本文化。郭子仪拜狼纛的一幕，生动地展示了狼的传人的活力。这也显示了唐人的胸怀，他们以接受异族文化作为文化统一的先决条件，而最终走向了文化统一。这种对狼的接受与尊崇，深得回纥的欢心，在结为姻亲兄弟的过程中，种族在交融。唐、回纥互相学习，文化相互借鉴，处于原始部落状态下的回纥非常自然地选择了唐文化，其神话标志便是弃狼文化，从龙文化。

会昌二年（842年），回鹘大将嗢没斯率其国特勒宰相尚书将军凡十二人，大首领三十七人，骑两千一百六十八人内附。武宗授嗢没斯特进检校工部尚书、左金吾卫大将军，封怀化郡王，并赐李姓。酋师遍加封赏。李德裕为文赞曰："于是穹庐之长，尽识汉仪，左衽之人，咸被王泽矣。"[1]嗢没斯的归化令李德裕兴奋不已，他把这种

---

[1] 李德裕：《异域归忠传序》，《李卫公会昌一品集》卷二，商务印书馆，1936年。

归化归纳成带有神话色彩的一种象征："拔自狼居之山，愿拜龙颜之主。"[1]

此时狼龙势力消长发生了新的变化，回纥遭黠戛斯袭破，势力大衰。然由于回纥还常入边境大掠牛马，故李德裕称其"脱于豺狼"，可见狼崇拜是回纥文化的代表，武宗要发兵剿灭，或招抚归化，跟安史之乱时的情形不一样了。唐廷软硬兼施，诱其归化。会昌三年（843年），唐将合蕃兵攻伐，狼势力即趋于衰亡。

唐时西北冒出了一支唐王朝的本家种族黠戛斯，亦称纥扢斯，又因是古坚昆国，遂又将坚昆讹为结骨。其人皆赤发、皙面、绿瞳[2]，盖白种人，然其中有黑发黑瞳者，传是李陵后裔。这是汉时便有的一个杂种部落，到唐时才公开宣称是李陵后人并与李唐攀亲。贞观时曾与唐通，后因回纥所阻而绝，袭破回纥时再通唐皇。《资治通鉴》卷二百四十六载："黠戛斯既破回鹘，得太和公主；自谓李陵之后，与唐同姓，遣达干十人奉公主归之于唐。"如果说他们祖上真是李陵之后，就是那一代的汉血统，其后的血缘还是赤发皙面为主体。他们曾与突厥通婚，则黄种血统加深了，但李陵汉种当更淡了。此时归宗，不单是血缘认同，更重要的是文化认同和政治依赖。黠戛斯有此心，唐皇就更乐得认这宗亲了。在武宗所致纥扢斯可汗、黠戛斯可汗书中屡屡提及此事。如：

闻可汗受氏之源，与我同族。汉北平太守，才气天下无

---

[1] 李德裕：《异域归忠传序》，《李卫公会昌一品集》卷二，1936年，第10页。

[2] 《新唐书·回鹘传》，第1674页。

双，结发事边，控弦贯石。自后子孙多习武略，代为将门。至嫡孙都尉，提精卒五千，深入大漠，单于举国来敌，莫敢抗威，身虽陷没，名震蛮貊。我国家承北平太守之后，可汗又是都尉苗裔，以此合族，尊卑可知。[1]

李唐是否为李广之后，其谱系恐难排得清楚，就像黠戛斯同李陵究竟有多大关系已道不明白一样，双方都抛出了一个扑朔迷离的彩球，结为兄弟。说穿了，二者都编造了一个宗姓的神话，认了一个以李广为首的李姓宗族，把曾有降敌之嫌的李陵大大美化了一通。狼势力就在李氏宗族的联合打击下溃败了。

狼神话势力的消长，在唐代民族关系中曾占据重要地位。唐人外向认同狼文化，虽是一种权宜之计，但也显露了他们阔大的胸怀，他们就是凭着这样的胸襟创造了灿烂的文化。

16.3　佛祖前的盟誓

唐与吐蕃的关系是战和交织，而以和平为主导。吐蕃本为羌种，松赞干布时已强大，太宗妻以文成公主，吐蕃俗渐慕华风。"遣酋豪子弟，请入国学，以习《诗》《书》，又请中国识文之人典其表疏。"[2]高宗时还入其工匠，双方关系一度十分友好，而吐蕃风习也

---

[1] 李德裕：《与纥扢斯可汗书》，《李卫公会昌一品集》卷六，商务印书馆，1936年，第38页。
[2] 《旧唐书·吐蕃传》，第3553页。

有所变化。其后虽或有战事，和亲却渐成双边的共同愿望。金城公主入蕃，将和平推向了一个新的境地。

唐、吐蕃立碑，表示"舅甥修其旧好，同为一家"。这篇碑文在确立了互不侵犯、相互信任的前提下，双方面对神灵，共立誓言：

> 司慎盟，群祀莫不听命，然后定正朔，宜百福，偕尔命祚，泱泱乎仁寿之风矣！休哉！法尚一正，无二正之极。……铭曰：言念旧好，义不忒兮。道路无壅，烽燧息兮。山河为誓，子孙亿兮。有渝其诚，神明殛兮！[1]

这一盟誓显然应该在共同认定的神灵之下才是有效的，那么，这共同的神明是谁呢？

从以上誓言看，里面提到了群祀，提到了河。神灵并不怎么专一，群祀当指《礼记》等汉典里所载各神，河是山川诸部之显赫者，故特予列出。看起来，此碑是以唐人为主体而兼顾双方所发的誓言。其神明是中原传统的神明，这里可以看出，自金城公主入藏后，唐之宗教神话西渐。碑文中间部分叙述了吐蕃于瓜州之役等背叛行为，强调了遵守盟约的重要性，说："故春秋时，人忘盟誓之典，有如日，有如河。"春秋以前的对日对河发誓的行为是这次盟誓的神本。神是自然之神。

这种对日对河发誓的行为是中原祀神传统，与西藏的宗教传统难以完全相合。吐蕃地区原流行本教，它起源于西藏高原的一种古老

---

[1] 《册府元龟》卷九百七十九，第11334页。

的民间自然崇拜。那时的人都相信万物有灵，将日月星辰甚至牛马都当作神灵来祭祀。吐蕃古老的盟誓当然也是指着日月山川这些自然之神来发。但是，中原祀典与吐蕃本教中的自然崇拜是难以完全认同的，它们之间没有共同祀奉的基础，各为一个体系，差距是颇大的。如本教认为，宇宙分为神、人和魔鬼三个境界。神居天空，有天神六兄弟和他们的眷属。最高的神是"什巴"。人住在中间，人间的统治者"赞普"是天神的儿子，受天神的委托来统治人间，任务完成后便返回天国去享清福。地下和地面有各种精灵与魔鬼居住，人们小心翼翼，对他们不敢有丝毫得罪。人与魔鬼间存在着广泛的联系与矛盾，通鬼神的巫师便是这种矛盾的解决者，因而本教的巫师在社会中的地位极高。[1]吐蕃这种占统治地位的宗教比中原的皇家祀典要原始，故神话色彩要浓厚一些。或许皇家祀典的仪式更加精细，但教义简略，尤其是神话干瘪，不如本教丰富多彩。同时，皇家祀典与王权统治绝对一体化，而本教与王权间存在着矛盾，所以二者间难以通约。

佛教传入吐蕃后，唐与吐蕃便找到了共同的神灵。他们可以面对同一神灵发誓，这种盟誓对双方能起到制约作用。吐蕃与唐在一定程度上可以说是在佛教的旗帜下走到一处来的。

吐蕃佛教之一部是从唐传入的。藏文重要文献《巴协》[2]记载了到内地取经的重大事件。《巴协》中说赤德祖赞派大臣桑喜率四使者来内地取经，甚得汉皇和汉和尚的欢迎。皇帝赐给佛经一千部，皆蓝

---

[1] 覃光广等：《中国少数民族宗教概览》，中央民族学院出版社，1988年。

[2] 《巴协》据传是巴赛囊所作，巴赛囊是赤松德赞名臣，8世纪人。"巴协"意为"巴氏所有文本"。

纸上书以金文。五位求经者回返吐蕃，途中遇到险阻皆被克服，但此时吐蕃赞普已死，吐蕃大兴毁佛之风，佛寺被捣毁，一时难以回去弘传佛法，于是五人到五台山去求取庙宇和佛像蓝图。来到五台山下时，其中一人不知如何爬上去；一人虽爬到山顶，却一无所见；一人虽到佛寺，但找不到佛门；一人虽见寺门，但觉门为网所封拦，不得进入。唯有桑喜畅行无阻地进入寺院，向文殊圣者及所有菩萨及全体罗汉献供敬礼，并与他们交谈，同时将各菩萨形貌默记于心，以为回吐蕃后修庙塑像之蓝图。五使者出寺，山中猛兽皆为行礼，并送至山脚，五使者遂回吐蕃。[1]由此可见，汉藏文化在佛教一域得到真正的交流。尽管吐蕃本教与佛教发生尖锐冲突，但是佛教却在西藏高原顽强地扎下根来，成为西藏占统治地位的宗教势力。

汉文典籍也记载了佛教西传的情况。《册府元龟》载："（建中）二年二月，以万年令崔汉衡为殿中少监持节使西戎。初，吐蕃遣使求沙门之善讲者，至是遣僧良琇、文素，一人行，二岁一更之。"《巴协》所述，正是唐与吐蕃佛教文化交流的真实历史的艺术再现。佛教文化真正成了唐与吐蕃文化统一的中介。

唐穆宗长庆元年（821年），吐蕃请盟。按旧礼，如此大事必告庙，然与吐蕃会盟之事除德宗建中末告庙外，余未告庙。如肃宗、代宗时与吐蕃的会盟均未告庙，这是因为唐祖神难以使吐蕃信奉，故省其礼仪。此次会盟事关重大，先由双方使者在长安盟誓，后双方到吐蕃盟誓。这场具有深远历史意义的会盟主持者是一蕃僧，而面对的却

---

[1] 中央民族学院《藏族文学史》编写组编著：《藏族文学史》第七章，四川民族出版社，1985年。

是佛祖。《册府元龟》卷九百八十一《外臣部·盟誓》中记载了这场非同寻常的典礼：

> 是月（长庆二年），刘元鼎等与论讷罗同赴吐蕃本国就盟，仍敕元鼎到彼，今宰相以下各于盟文后自书名。元鼎至磨容馆之间，与蕃给事中论悉达热拥千余骑议盟事于藏河北川中。时赞普建衙帐于野，以栅枪为垒，每十步攒长槊百支，而中建大斾。次第有三门，相去百步，门有甲士。巫祝鸟冠虎带，击鼓挣箭，入者必搜索而进。内起高台，环以宝盾，曰金帐，其中缘饰，多以金为蛟螭、虎豹之状，至甚精巧。元鼎既见赞普，年可十七八，号可黎可足戋，衣白褐，以朝霞缠头，坐佩金剑。国政蓄僧号钵掣逋，立于座右。侍中宰相，列于台下。翼日，于衙帐西南县馔，馔味酒器，略与汉同。乐工奏《秦王破阵乐》、《凉州》、《绿腰》、《胡渭州》、百戏等，皆中国人也。所筑盟台，阔十步、高二尺。汉使与蕃相及高位者十余人相向列位，酋领百余人坐于坛下。坛上设一榻，高五六尺，使钵掣逋读誓文，则蕃中文字，使人译之。读讫歃血，惟钵掣逋不预，以僧故也。盟毕，于佛像前作礼，使僧讽文，以为誓约，郁金咒水。饮讫，引汉使焚香行道，相贺而退。

这次结盟给唐与吐蕃的友好关系打下坚固的基础，"繇是，太和已来，陇外稍安"，双方不再有大的冲突，会盟成为真正的友好见证。

这是双边关系史上的大事，更是中国宗教神话史上的一件大事。佛教从一个外来宗教，进入中国后逐渐中国化，成了中国人所信奉的宗教。它对传统神话的冲击程度虽不像基督教对希腊罗马神话那样猛烈，但原皇家祀典一统的主宰地位已被打破，中国文化走向多元化，重大盟誓由对天指问转向面对佛祖发誓便是这种文化多向发展的重要标志。唐使到吐蕃在佛像前盟誓，在长安时也是如此，并不是到了吐蕃才入乡随俗。唐时佛教盛行，长庆长安会盟亦是在寺院里举行的。《长庆会盟碑》载："与唐主文武惠德皇帝甥舅商量社稷如一统，结大和盟约于唐之京师西兴唐寺前。"说明这种盟誓礼仪的变化是双方的共同愿望，是唐朝的主动行为。因为佛教在内地流传历史悠久，具有深厚的群众基础。而吐蕃佛教一部是由内地传去的，它融化了地域性、种族性极强的本教，于是双方找到了文化的契合点，以佛为证，更能促进文化的统一与交流。这是双方在盟誓与碑文中反复强调的"商量社稷如一统"的文化基础。佛教的神话成为唐代民族关系的纽带。唐王朝置皇家祀典于一旁，而外从吐蕃主流文化佛教作文化交流，是一种有别于前代的民族文化方略，它奠定了中国文化多元并存的新格局。

16.4　天地水的见证

西南一带的少数民族神话在三国两晋南北朝与隋唐时期，也传闻于中原，后又为中原所变。云贵一带，古来民族众多，他们的神话也各异。秦汉时，中原不闻其神话。晋常璩撰《华阳国志》，始知其神话丰富且奇特。如竹王神话：

> 有竹王者，兴于遯水，有一女子浣于水滨。有三节大竹
> 流入女子足间，推之不肯去，闻有儿声。取持归，破之，得
> 一男儿。长养，有才武，遂雄于夷狄，氏以竹为姓。[1]

这是邛崃一带的图腾神话。三国时，有"鬼教"行于蜀中，则天师道染于此，与古老神话并行。诸葛亮征南蛮，见其地"其俗征巫鬼，好诅盟，投石结草，官常以盟诅要之"[2]，思欲因势利导，并以汉神话正之。"诸葛亮乃为夷作图谱，先画天地日月君长城府，次画神龙，龙生夷及牛马羊，后画主吏乘马幡盖，巡行安卹，又画牵牛负酒赍金宝诣之之象，以赐夷，夷甚重之。"[3]天地日月，这是汉代的一套神话系统，龙生夷，是将夷也置于龙的传人的境地，这样，竹王传说逐渐让位于龙王传说。这是从历史神话和血统上为双方结缘。至于主吏巡行、夷主牵牛负酒则不过是以图画形式表明汉对南中一带的统治。诸葛亮在黔滇各族中的长久影响，使这一带与中原的关系日益加强，诸葛亮本人的故事也成为这一带影响重大的神话。诸葛亮深得各族人民的敬仰，如景颇族称其为人类创世主——孔明老爹；傣族称诸葛亮教人洗澡以抵御瘴气，而有泼水节；佤族呼诸葛亮为"孔明阿

---

[1] 常璩：《华阳国志》卷四"南中志"，文渊阁四库全书本，第0463册，
第0166d页。

[2] 《华阳国志》卷四"南中志"，第0170c页。

[3] 《华阳国志》卷四"南中志"，第0170c页。

公"，并自称是诸葛南征遗民；等等。[1]诸葛亮的巨大影响使得他所画的图谱也为人们奉若神明，永昌哀牢夷的图腾神话显然受图谱影响所致。《华阳国志·南中志》这样记载：

> 永昌郡，古哀牢国。哀牢，山名也。其先有一妇人名曰沙壹，依哀牢山下居，以捕鱼自给，忽于水中触一沉木，遂感而有娠，度十月产子男十人。后沉木化为龙，出谓沙壹曰："君为我生子，今在乎？"而九子惊走，惟一小子不能去，陪龙坐。龙就而舐之。沙壹与言语，以龙与陪坐，因名曰元隆，犹汉言陪坐也。沙壹将元隆居龙山下，元隆长大，才武，后九兄曰："元隆能与龙言，而黠，有智，天所贵也。"共推之为王。时哀牢山下，复有一夫一妇产十女，元隆兄弟妻之。由是始有人民。[2]

与此故事情节相近的神话还见于《后汉书》。《华阳国志·南中志》称诸葛为夷作图谱，显然，那"龙生夷"的图画是这神话的母本。这些神话情节是如此具体而生动，绝非远古传品。西南夷逐渐汉化，与同为龙种是有联系的。

唐时南诏为哀牢夷后人，就其战甲插牦牛尾一事看，这些人大抵以牛为图腾。原先的龙子已汉化了，而这些牛图腾者还拥有些自己的传统。南诏王由于受唐册封，其制度文化深受唐的影响。五斗米

---

[1] 傅光宇：《诸葛亮南征传说及其在缅甸的流播》，载《民族艺术研究》1995年第5期。

[2] 《华阳国志》卷四"南中志"，第175c—175d页

道、佛教在南诏流行，诸葛亮所画天地日月图实为汉祀典，这些在南诏依然有影响，又加上南诏自己的宗教传统，南诏神话便呈多元状。唐王朝对待这样一个呈杂烩状的神话世界也予以尊重，不加排斥，双方的盟誓就是面对着带有南诏特色的五斗米道杂神而建立的。这是唐代的一次早于长庆会盟的重要的民族结盟，它发生在贞元十年（794年）。《蛮书》中这样描述道：

贞元十年，岁次甲戌，正月乙亥，朔，越五月己卯，云南诏异牟寻及清平官、大军将与剑南西川节度使巡官崔佐时，谨诣玷苍山北，上请天地水三官、五岳、四渎及管川谷诸神灵同请降临，永为证据。念异牟寻乃祖乃父忠赤附汉。去天宝九载，被姚州都督张乾陀等离间部落，因此与汉阻绝，经今四十三年。与吐蕃洽和，为兄弟之国。吐蕃赞普册牟寻为日东王，亦无二心，亦无二志。去贞元四年，奉剑南节度使韦皋仆射书，具陈汉皇帝圣明，怀柔好生之德。七年，又蒙遣使段忠义等招谕，兼送皇帝敕书，遂与清平官、大军将、大首领等密图大计，诚矢天地，发于祯祥，所管部落，誓心如一。去年四月十三日，差赵莫罗眉、扬大和眉等赍仆射来书，三路献表，愿归清化，誓为汉臣。启告宗祖明神，鉴照忠款。今再蒙皇帝，蒙剑南西川节度使韦皋仆射，遣巡官崔佐时传语牟寻等契诚，誓无迁变。谨请西洱河、玷苍山神祠监盟，牟寻与清平官洪骠利时、大军将段盛等，请全部落归附汉朝，山河两利。即愿牟寻、清平官、大军将等，福祚无疆，子孙昌盛不绝。管诸赕首领，永无离二。兴兵动众，讨伐吐蕃，无不克捷。如会盟之后发起二心，及与吐蕃私相会合，或辄窥侵汉界内田地，即愿天地神祇共降灾罚，宗祠殄灭，部落不安，灾疾臻凑，人户流散，稼穑产畜，悉皆减耗。如蒙汉与通和之后，有起异心，窥图牟寻所管疆土，侵害百姓，致使部落不安，及有患难，不赐救恤，亦请准此誓文，神祇共罚。如蒙大汉和通之后，更无异意，即愿大汉国祚长久，福盛子孙，天下清平，永保无疆之祚。汉使崔佐时至益州，不为牟寻陈说，及节度使不为奏闻牟寻赤心报国之意，亦愿神祇降之灾。今牟寻率众官具牢醴，到西洱河，奏请山川土地灵祇。请汉使计会，发动兵马，同心勠力，共行讨伐。……谨率群官虔诚盟誓，共克金契，永为誓信。其誓文，一本请剑南节度随表进献，一本藏于神室，一本投西洱河，一本牟寻留诏城内府库，贻诚子孙。伏惟山川神祇，同鉴诚恳。[1]

异牟寻的这番表述及反复所述诸神祇实为唐与南诏两系的混合物。所谓天地水三官乃流于南诏的五斗米道要神，投西洱河则是五斗米道三官手书之一要沉于水。只是这里有四份誓文，较三官手书有所不同。誓书一开头即言上请天、地、水三官，是五斗米道之神[2]，而五岳四渎则为中原皇家祀典的一贯传统，非南诏本神。五斗米道的神

---

[1] 樊绰：《蛮书》卷十，文渊阁四库全书本，第464册，第0039a—0040a页。

[2] 《三国志》裴松之注引《典略》谓五斗米道"作三通：其一上之天，著山上；其一埋之地，其一沉之水，谓之三官手书"。五斗米道汉时行于西南汉中，流布滇中在情理之中。

与皇家祀典的神融汇着成为这次盟誓大典的神主。双方盟誓的主持依然还是神职人员。由西洱河、玷苍山的神祠来监盟，这便是苍山洱海之神的君临。作为南诏文化的代表，如同异牟寻率部加入唐王朝一样，苍山洱海的神灵也成为中华民族的神话系统中的一部分。神话就这样成为民族间联盟的基础。

唐与南诏的结盟，主体是王朝主流文化对南诏文化的认同，而不是以中央神话对南诏神话的改造，这种外向认同丰富了神话内容，为神话联结起多民族的共同体又添一华章！

从魏晋南北朝到隋唐的中华民族，经历了一个由统一趋向分裂而再度走向融合的过程，神话为这种统一奠定了文化基础。南北朝时期，儒家神话文化是核心，认同儒家神话成为北方民族认祖归宗的先决条件，同时，成长中的佛教与道教也渐次成为民族文化的代表。唐代形成了一个多元文化的统一体。唐王朝以宽阔的胸怀认同兄弟民族的神话传统，谱写了唐代恢宏的民族文化交响曲，其中神话是它的主旋律。

第十七章
以多破一的后期新神话

17.1　宋元以来新神话的发展趋势

　　至隋唐时期，中国统治者的正统的皇家宗教已由一变三，皇天上帝的一统地位已经动摇，佛道以正统的身份在皇家的神坛上风光无限。这种主流社会的多元局面更加助长了民间多神势力的滋长。隋唐以后社会生活的巨变已使传统的神灵无法满足民众的精神需求，于是，一场新的神话运动开始了。

　　宋元以来的中国社会出现了与前朝显著不同的特征：

　　第一，少数民族入主中原出现了前所未有的规模与阵势。除了少数民族统治者将华夏传统神话和自身原有的神话相结合进行文化统治外，面对带有民族压迫性质的阶级压迫，民众于神话中作何反应，这是中国神话面临的新问题。一种以反抗民族压迫为动机的神话，这个时期在民间流传，成为社会变革的因素。

　　第二，中国封建社会自中唐以来，特别是在"两税法"实施后，出现了社会转型的契机，原先封闭而僵化的经济格局开始改变。唐德宗建中元年（780年），宰相杨炎主持进行了税制改革。这项新的税制规定，国家按照支出的需要确定征税数额，按照个人资产与田亩的多少定额纳税，这样实际上是废除了人头税，纳的是财产税。这是一次对土地私有化的法律承认，认可了土地兼并这一事实。它的直接后果一方面让农民失去土地的进程加快；另一方面，这种土地集中造成的劳力剩余为城市发展提供了一批生力军，部分农民脱离土地，使一定程度的商品生产有了可能。宋元以来，工商阶层逐渐壮大起来，他们的精神需求又使中国神话阵营再度扩容。手工业者及商人广泛的神灵信仰，极大地丰富了中国神话的内涵。

第三，宋元以后，中国封建社会的专制统治逐渐强化，统治者力图以一统的神话制约民众的举措遭到了民众的抗击，正统神话与异端神话的对峙在新的形势下又以新的形态表现出来。神话领域里的矛盾再度加剧。

以上三个方面是隋唐以后中国神话在主流文化之外所出现的新趋向，它从根本上改变了传统神话的格局。其显著特点就是民间神话以不可阻挡的趋势冲击着皇家神话的独尊地位，无论是工商业者还是普通农民及反抗民族压迫的民众，他们创造的神话所呈现的丰富多彩局面都是前所未有的。尽管面临着种种高压，它们仍以顽强的战斗力抗击着外在的迫害，铸就了中国文化史上的奇观。

民间神话的一大特点是不受任何派系的神话束缚，完全以一种以我为主的姿态去剪裁传统神话，因而任何一种神话体系在民众面前立刻被离散而遭重组，民间神话以强烈的功利性粉碎了传统神话的体系性。民间神话实际上成为一大杂烩，严密的佛教神话及颇有秩序的儒教神话与道教神话均遭分解融汇，往往佛爷、老君及各种天地神灵供奉到同一祭坛上而相安无事。虽然神话世界一时因失去了规范而乱作一团，但重新焕发出了它的活力。

民间神话的另一特点是以世俗性扫荡了宗教神话的神圣性。庄严的神灵遭到奚落戏弄，在民间神话里，他们无法威风八面，反而被民众树立起来的神话英雄所整治。昔日至高无上的神灵跟一个微贱的地方小神并列在一起，对于前者，这是一次大的失落，而对于后者来讲，则是地位的陡然飙升。这一现象从一个侧面说明：尽管统治者在挖空心思强化其专制秩序，但这种一厢情愿的举措并不得人心，人们在努力毁灭这种秩序。如佛教中的主神如来，道教中的大神玉皇大帝，这些在宗教世界里的神灵主宰，在民间神话里往往成为反面角色。这一切都说明中国后期的宗教脱离民众已日益引起大众的不满，由于统治阶级利用佛教、道教作为统治工具，这种宗教已具有很强的正统色彩，跟民众愿望相去甚远。

民间神话的第三个特点是它的强烈异端色彩。随着历史的发展，宗教本身也发生了变化，既有正统的宗教，也有在野的异端宗教。这种异端宗教在新的历史时期里发展成派系众多、规模宏大的民间宗教势力。民间宗教的神话一方面竭力去亵渎正统的神灵，另一方面也为自己的神灵涂脂抹粉。异端色彩成为隋唐以后中国民间神话的一大显著特点。

17.2 反抗压迫的神话

宋元以来的此类神话伴随着武装斗争，是黄巾神话、李家道神话及弥勒下生神话一脉的承续，只是黄巾类及李家道类神话已经消歇，唯弥勒下生神话势头不减，导致白莲教的反抗愈演愈烈。这一时期以宗教形式出现的反抗主要针对民族压迫而发，因而带有强烈的反抗民族压迫的色彩。元、清时的造反者往往要喊着"反元复宋""反清复明"的口号，并不是人们对大宋、大明真正有什么感情，它只是民族情感的象征。假托前朝后人实际上也是一种神话，它的实质是一种现实的取而代之的渴望，而复宋、复明都不过是一种幌子而已。总之，此类神话由于伴随着武装斗争，直接触动统治者的神经，掀起的反抗浪潮是空前的，而遭到的镇压也是空前的。

白莲教成为后代纷繁的民间宗教的总代表，一是许多派系都是白莲教的支流，二是许多门派都被视为白莲教的同类，故而白莲教成为这一时期反叛者最鲜艳的旗帜。白莲教本在宋代就已形成，但当时它的反政府色彩并不重，而在元代、清代则就不一样了。白莲教在元代、明代都有造反的举动，但在两个朝代结果大不相同。对此，近人曾这样论述过：

> 刘福通之乱，应之者众。而徐鸿儒之乱，应之者寡。其故何也？曰：由于种族之故。盖白莲教初立之本意，本在驱逐蒙古。虽借宗教为惑人之具，而其间实含有民族主义也。刘福通反抗异族政府，徐鸿儒反抗同族政府，其根本思想既异，故其结果亦因之而有异。所以自满洲进关以后，白莲之势比于明为炽者，亦即因此之故。[1]

---

[1] 陶成章：《教会源流考》，萧一山编著：《近代秘密社会史料》卷二附录，岳麓书社，1986年，第203页。

这种元、明白莲教造反带来的不同影响说明，白莲教的反叛动机主要是反抗民族压迫，尽管后期纷繁的白莲教支系起义的动机各异，但主体方面却基本没有改变。

元顺帝时期，白莲教掀起了第一场大规模的武装反抗民族压迫的斗争。《元史·顺帝纪》载：

> 〔至正十一年（1351年）〕五月己酉朔，日有食之。辛亥，颍州妖人刘福通为乱，以红巾为号，陷颍州。初，栾城韩山童祖父，以白莲会烧香惑众，谪徙广平永平县。至山童，倡言天下大乱，弥勒佛下生，河南及江淮愚民皆翕然信之。福通与杜遵道、罗文素、盛文郁、王显忠、韩咬儿复鼓妖言，谓山童实宋徽宗八世孙，当为中国主。福通等杀白马、黑牛，誓告天地，欲同起兵为乱。

白莲教前身为白莲社。白莲社本是信奉弥陀净土，念阿弥陀佛与无量寿佛，初与弥勒无涉。《佛祖统纪》记白莲社成员大多念阿弥陀佛，建无量寿阁。宋代茅子元创白莲忏堂，所作《晨朝礼忏文》，所发誓愿依然是："我弟子某甲一心归命极乐世界阿弥陀佛。"红巾以白莲会烧香惑众，又倡言"弥勒下生"，显然已不同于原始的白莲教。它吸收了弥勒下生说，又与香会融合在一起，是一杂烩。在下层民众中，原始的弥陀信仰已不复存在，反是弥勒入主白莲教中，烧香念佛成为重要的宗教礼仪。香会是"流传已久的摩尼教之异名"[1]，

---

[1] 马西沙、韩秉方：《中国民间宗教史》，上海人民出版社，1992年，第154页。

《宋会要辑稿》曰："浙右所谓道民，实吃菜事魔之流，而窃自托于佛、老，以掩物议。……平居暇日，公为结集，曰烧香，曰燃灯，曰设斋，曰诵经，千百为群，倏聚忽散。"这底层的白莲教又融入了摩尼教的组织形式，因而也获得了更为广泛的群众参与。

韩山童之子韩林儿继承父志高举义旗时，部众奉为"小明王"，这个"明王"便是摩尼教教义的体现。摩尼教产生于波斯，该教崇拜光明，崇拜日月，认为世界最初存在光明和黑暗两个国度。光明国之最高神称明父，所属国内至善至美；黑暗国之神为黑暗魔王，其国邪恶充斥其间。起初两国相安无事，后黑暗魔王发动了一场对光明国的战争。战争中，大明父为了救出自己的部属五明子（气、风、明、水、火），创造了今天的这个世界，其物质成分来自众魔的身体。这是摩尼教创世神话的前半部分，后半部分则吸收了耶稣教的创世神话，认为人为亚当、夏娃之子孙。据《唐会要》卷四十九载，摩尼师于贞元十五年（799年）作法祈雨。唐代有摩尼寺，说明摩尼师在唐代传播其教义，且已有一定影响。但唐代朝野除武则天对此兴趣颇浓外，多对摩尼教颇有偏见，曾下令禁断。佛、道也对这新入的宗教异己大加挞伐。摩尼教在唐代主流文化中难以立足，于是从两个方面扩张自己的地盘：一是在我国少数民族政权中传播，如回鹘便因几位摩尼师的努力，举族改宗摩尼教。二是向民间渗透，《佛祖统纪》称大历六年（771年），"回纥请于荆、杨、洪、越等州置大云光明寺，其徒白衣白冠"。摩尼教在东南及西北各地都传播开来。唐武宗灭佛，摩尼教遭到残酷镇压。后回鹘为黠戛斯所败，一个重要的摩尼教基地被捣毁，唐代的摩尼教失势，因而大云寺纷纷被毁，摩尼师或遭杀，或还俗，外国人被遣返，摩尼教于是转入地下活动，与正统文化对抗。五代时有母乙造反的事变。方腊起义纯凭摩尼教发动起来。宋代摩尼教在《夷坚志》一书中有描绘："采《化胡经》乘自然光明道气，飞入西那玉界苏邻国中，降诞为天子，出家称末摩尼，以自表证。其经名'二宗''三际'。二宗者，明与暗也。三际者，过去、未来、现在也。"这些看起来跟原摩尼教还有些相似，但他们开始拜佛，"事佛白衣"。这白衣佛跟"白衣长发"托弥勒下生于外形上是相似的。白莲教与摩尼教在共同的反政府的旗帜下走到一起，大旗号便都成了白莲教，所以本来摩尼信仰很重的"小明王"造反也被视为白莲教造反。

元代红巾起义有一支队伍的首领名彭莹玉，在红巾起义的前一年就开始造反了，其事迹如下：

> 袁州妖僧彭莹玉，徒弟周子旺，以寅年寅月寅日寅时反。反者背心皆书"佛"字，以为有"佛"字者，刀兵不能伤，人皆惑之，从者五千余人。郡兵讨平之，杀其子天生、地生，妻佛母。莹玉逃匿于淮西民家。初，莹玉本南泉山慈化寺东村庄民家子。寺僧有姓彭者，年逾六十岁，善观气色。一夕夜雪，见寺东约二十里，红焰半天。翌日召其庄老，询之曰："昨夜二更时，汝村中得无失火乎？抑有他异事乎？"内有一老曰："村中无事，惟舍下媳妇生一儿子。"僧喜曰："盍与我为徒弟可乎？"老者遂舍为僧，于是遂以谷帛若干酬之。其子年十岁，始送入寺，与群徒嬉，时预言祸福皆验。年十五，南泉山下，忽产一泉甚冽。是时民皆患疾疫，莹玉以泉水施之，疾者皆愈。以故哀民翕然，

事之如神。及事败，逃淮西，淮民闻其风，以故争庇之，虽有司严捕，卒不能获。[1]

这是元代托佛以反的一个重大事件，它是刘福通、韩山童起义的前奏。其中的神话包含两个方面的内容，一是所崇拜的神主"佛"的神话：书一"佛"字即刀兵不能伤；二是关于起义首领的神话：彭莹玉的出身有不同寻常的神异。前者产生皈依的条件，后者则提供可靠的主持者与领路人，这跟红巾的神话模式是一致的：弥勒下世是召唤民众的口号，大明王、小明王则是起义反抗的宗教领袖。一般说来这两类神话是统一的，前者作为最高神往往化生为后者，如弥勒佛作为一个最高的君临现实的主宰往往是通过化身为某一教主来实现的。前者为后者服务，后者须有前者才能征服众人。有些教派首领不直接称是弥勒化生，而往往称某某神之使，传达着神的诏令，其性质跟前者也是一样的。元代的统治者就被这样一种宗教神话掀起的浪潮推翻了。

反元的口号中除了弥勒下生的神话大旗外，韩山童为宋徽宗八世孙传言的感召力也不可低估。宋徽宗虽为昏君，但他被金人所掳，历尽了苦难，深得民众的同情。出于一种怜悯之心，人们对徽宗的昏庸误国未予深究，反而产生了强烈的救助心理。元与金一样，都是非汉族政权，而实施的压迫较金有过之而无不及，所以韩山童为徽宗八世孙的传言很有分量。刘福通让韩林儿称帝，号小明

---

[1] 权衡：《庚申外史》，商务印书馆"丛书集成初编"本，1935年，第4页。

王，建国号大宋，年号龙凤。[1]这个政权之所以打出大宋旗号主要是团结汉族民众来反抗民族压迫，而龙凤年号则是传统的民族与政权的象征，民族色彩更重。元代的红巾起义是在阶级压迫和民族压迫的双重压力下爆发的，因而比之以往的托弥勒下生神话的造反起义有更为深广的社会内容。

朱元璋是打着大宋的旗号逐渐扩张自己势力的，等到他羽翼丰满后便一脚踢开了韩宋政权，建立了明王朝。可这个曾经依靠白莲教、香会发家的朱元璋一上台便发出了对白莲教等民间宗教的严厉禁令。先是中书省奏"白莲社、明尊教、白云宗，巫觋扶鸾祷圣书符咒水诸术，并加禁止。庶几左道不兴，民无惑志"，皇帝当然是"诏从之"了。[2]《大明律》的禁令十分具体：

> 妄称弥勒佛、白莲社、明尊教、白云宗等会，一应左道乱正之术，或隐藏图像，烧香集众，夜聚晓散，佯修善事，煽惑人民，为首者绞，为从者各杖一百，流三千里。[3]

这里禁止的正是红巾发动起义所宣扬的神话及主要组织形式，这种过河拆桥的行为主要是防止明王朝遭到同样的命运。由于朱元璋在推翻元统治后转过头来镇压各路红巾军，白莲教徒转而展开了

---

[1] 《明史·韩林儿传》，"二十四史"（简体字本），中华书局，2000年，第2439页。

[2] 《明实录》洪武三年六月甲子。

[3] 《大明律》卷十一"礼律一"，据光绪戊申重刊《明律集解附例》，第6册，第9页。

对朱明政权的反抗。明初，这种称弥勒佛反抗的运动尚十分踊跃，但这场风潮不久便渐趋平静。其间的原因一方面是明廷严加禁止，白莲教没有喘息机会；另一方面则是生产恢复，社会一度较为安定。明中期以后走向衰败，虽然不少白莲教徒起来参与了反抗，但是推翻明王朝的是李闯王，他的起义主要不是利用宗教发起的，所以明代的白莲教势力不强。这从侧面说明白莲教反抗民族压迫胜于阶级压迫。

作为一种异端，民间白莲教不仅仅是为了武力推翻政权，还努力去瓦解儒道佛的正统国家宗教，在文化上树立自己的地位。元末动乱之际，有白莲教徒明玉珍建立了明夏国，在这个政权里，"废释老，止奉弥勒佛"[1]。这种与正统宗教相悖的行为实际上也是反元的一个组成部分，因为元代统治者对佛道保持着浓厚的兴趣，二者是他们实施统治的精神武器。元朝灭亡后，这个明夏国就向明朝投降了，说明明夏王国的反释老是冲着元统治者而来的。在他们的想象中，推翻了元统治，一切都会好起来，故而既放下了刀枪，也放下了精神武器。明代的白莲教支系为了生存，往往投靠朝廷，如所谓罗教、大乘教、红阳教等，他们的经卷能够印行，他们能公开传教，都与统治者的首肯不无直接关系。明代的异端转向依附当局以求生存，且尽敛白莲教旗号而改头换面。

这种宗教本质上还是跟正统的佛教、道教相去甚远。在一定程度上，民间宗教这样做只是一种权宜之计，是在表面上打着佛祖的旗号

---

[1] 李守孔：《明代白莲教考略》，转引自［美］欧大年：《中国民间宗教教派研究》，刘心勇、严耀中、邢丙彦等译，上海古籍出版社，1993年。

而骨子里还是蕴含着反抗正统文化的精神。有人看出其中的问题，大声呼吁，竭力攘斥此类"邪教"。明时有浙江人袾宏这样说道：

> 有罗姓人，造五部六册，号无为卷，愚者多从之。此讹也。……彼口谈清虚，而心图利养，名无为而实有为耳。人见其杂引佛经，便谓亦是正道，不知假正助邪，诳吓聋瞽。凡我释子，宜力攘之。[1]

显然，像罗教这样一类民间宗教借助朝廷力量，广为传播自己的经典，使正统佛教遭到很大威胁，其间的原因不能简单视为正统佛教在统治者面前争宠。罗教的现世理想对佛门教义产生强烈冲击，并呈瓦解释教的态势。如罗教经典竭力否定僧侣制度，斥责其修行法为"有为之法"，其经有曰：

> 在家儿女欢欢乐，出家庵中齐呱嘟（孤独）。若你还不早改了，死后不免堕沉沦。
> 在家菩萨智非常，闹市丛中有道场。西方净土人人有，高山平地总西方。[2]

反对出家修行，肯定现世欢乐，不要执着修行，这就是无为教，

---

[1] 袾宏：《正讹集》，转引自［美］欧大年：《中国民间宗教教派研究》，刘心勇、严耀中、邢丙彦等译，上海古籍出版社，1993年。

[2] 《破邪显证钥匙经》，转引自马西沙、韩秉方：《中国民间宗教史》，上海人民出版社，1992年，第202—203页。

这样一来，佛教长期形成的修行教规变得毫无价值了。

本来白莲教一直宣扬的弥勒末劫神话就已使正统佛教难以招架，所谓"新佛出世，革除旧佛"虽意在造反，却使佛教神话的格局就此要散架了。明时的白莲教派系更搬出一个无生老母来。无生老母不见于罗祖五经，罗祖嫡传弟子大宁于《明宗孝义达本宝卷》中提出了无生老母为诸佛本源说，但最系统明白地描述无生老母形象的是罗祖的第七代传人明空和尚。作为罗祖教的第八代祖师，他把自己的经典说成是在无生老母的监督下创作的。其经卷《佛说大藏显性了义宝卷》描述了无生老母化身老婆婆，经过明空验摸，发现无生老母乃非男非女的一朵红莲。[1]有部白莲教的经典叫《古佛乾坤品》这样写道："无生母，产阴阳，婴儿姹女起乳名，叫伏羲女娲真身。"这是将无生老母列为最高主宰，把传统神话中的先祖都统摄其中了。无生老母的神功不仅在此，据说他把世界分成三个时期，即青阳时期、红阳时期和白阳时期，分别由燃灯佛、释迦佛和弥勒佛住持度人苦难。燃灯佛和释迦佛都完成不了这项使命，现已派弥勒佛下凡，由弥勒化为人身，开创教派，人们信白莲教，信弥勒佛，就会造就人间乐土。这样，释迦佛实际上被埋葬。弥勒是无生老母在人间的使者，无生老母则成为最高神，这是多神的中国神话史中出现的又一位主神。

白莲教虽具有强烈的民族主义色彩，但并不对阶级压迫熟视无睹。在看到明统治者十分腐败，而新兴的满族集团蓬勃兴旺时，有人

---

[1] 马西沙、韩秉方：《中国民间宗教史》，上海人民出版社，1992年，第五章。

甚至邀皇太极入侵，把希望寄托在满族统治者身上。锦州白莲教一支，大乘教头目崔应时就是这样的人。他作书予和硕豫亲王，称"观音菩萨天内显圣，高呼天聪，将我国玉玺，授之于汝"；又称天聪帝"为弥勒佛所生者"，其拥护者除观音外，且有玉帝，"众神兵及九星、廿八宿、三十六神、四十八神、五十三佛、六菩萨，率关帝之兵助战；七十二贤人、八十一洞真君、三千门弟子、子路、颜回齐出，助天聪克燕京，即皇帝位"[1]。这样，儒、道、佛三家神灵一齐助阵，拍手欢迎皇太极率领清兵打进来。这说明白莲教同样反阶级压迫，只是因为后期民族压迫特别厉害，白莲教才表现出突出的民族主义倾向。

就像明朝皇帝朱元璋借助了白莲教上台一样，清军入关也有白莲教的一份功劳，但清醒的清统治者也明白白莲教之类的宗教组织是正统势力的最大危害，故一旦稳定就为摧残这些民间宗教不遗余力，其过河拆桥的手段比明代有过之而无不及。清代对民间宗教的残酷镇压使得本来难以调和的民族矛盾更加尖锐。于是，诸教派利用宗教与神话反抗满清的斗争此起彼伏，愈演愈烈了。

清代的白莲教起义成为反抗清统治的重大异端力量。如清初的圆顿教、八卦教、一贯道、清茶门等无不跟白莲教有密切关系，或崇拜无生老母，或崇拜弥勒佛，尽管各有特点，但人们大多以白莲教视之。他们都高扬反清旗帜，成为反抗民族压迫的急先锋。

这些"离经叛道"的宗教在粉碎了体系宗教的严密体系后，实

---

[1] 孟森：《汉译老档》，存萃学社编集：《清史论丛》第三集，大东图书公司，1977年。

际上是在向原始宗教回归。人们以粗朴的神话及巫术行为投入反清战斗中。在18、19世纪时期尚采用如此原始古拙的形式令人惊讶。下面我们就八卦教之一支——清水教王伦起义的有关神话及巫术行为作一分析。

所谓清水教也有称为白莲教的，王伦清水教，其徒自称就是白莲教，官吏的上奏也称"王伦等实系白莲邪教"。其入教仪式颇原始。有一教徒名许大勇被俘后曾这样招供：

> 今年〔乾隆三十九年（1774年）〕八月初五日，我去柳林赶集，遇见柳林的王五，买了他四斗米，同到茶铺吃茶，说起闲话来。他说：张四孤庄有个王师父，若到那里学习拳棒入教，也有吃的，也有喝的，将来还有好处。我说，过几日再商量。八月初八日，王五就来叫我，一时没主意，同他到了张四孤庄王圣如那里，叫我给他磕了头，朝南跪着，盟了誓。还有个韩进功，不知是哪里人，教我咒语说："千手挡，万手遮，青龙白虎来护遮，只得禀圣中老爷得知，急急急，杀杀杀，五圣老母在此。"[1]

这段材料有几处值得注意：一、清水教吸引入教的条件是物质利益；二、入教采用了原始的拜师仪；三、入教以学武功为主，实际上是为起义练兵；四、有密咒助力作战，标志着这一教派的层次是低级

---

[1] 中国人民大学历史系、中国第一历史档案馆合编：《清代农民战争史资料选编》第三册，中国人民大学出版社，1991年，第430页。

的民间宗教。

"五圣老母"是指观音、文殊、普贤、白衣、鱼篮五位菩萨，"圣中老爷"指八卦教创教教祖刘佐臣，这样多的神灵保佑是明清时期民间宗教的重要特点，纷繁的神灵具有瓦解独尊神坛的作用，同时也使得神话再次走向无序。

王伦起义的目的是"杀官劫库藏"[1]。其与官府对抗，为着经济利益的目标甚明，反抗进兵时的手段则近乎滑稽，既悲壮也悲凉。他们进攻临清时情境如此：

> 贼之攻城也，皆黑布缠头，衣履黑色，望之若鬼魅，间有服优伶彩服者。器械多劫诸者营讯，或以厨刀、樵斧缚杆上，跳跃呼号，兼挟邪术。城上以劈山炮、佛朗机、过山鸟齐发击之。铅子每丸重二两，其势催山倒壁，当之者无不糜烂，乃自午至酉，贼徒无一中伤；益跳跃呼号，调炮不过火。守城兵民咸皇迫，窃窃私语，谓此何妖术乃尔也。贼中有服绫马褂者，系王伦之弟，伪称四王爷；右手执刀，左手执小旗，坐对城南仅数百步；口中默念，不知何词。众炮丛集，拟之，铅丸将及其身一二尺许即堕地。当事诸君俱惴惴，无可措手。忽一老弁急呼妓女上城，解其亵衣，以阴对之，而后燃炮。群见铅已堕地，忽而跃起，中其腹。一时兵民欢声雷动，贼为之夺气。群知其术可破，益令老弱妓女裸而凭城，兼以鸡狗血粪汁缚帚洒之，由是炮无不发，发无不

---

[1] 俞蛟：《梦厂杂著·临清寇略》，文化艺术出版社，1988年，第208页。

中，贼碎首糜躯，洞胸贯胁，尸枕藉城下以千计。[1]

这时双方实力悬殊，尤其是器械，清兵已开始使用劈山炮、佛朗机等现代化武器，而起义军多是厨刀、樵斧，两相比较，优劣不啻天壤。为了弥补这种差距，如果不是主动更新器械，巫术与神话就成了唯一选择。尽管清兵也采用了妓女裸阴与鸡狗血粪之类的厌胜之术，但他们的胜利却凭借了强大的炮火。走向近世的巫术在现代化生产开始出现时已趋于破产，王伦的巫术性的起义被供上了早期现代化萌芽的祭坛。

巫术是建立在神话的基础之上的，没有神话，法力无从产生，巫术也就破产了。王伦起兵杂巫术与神话为一体的事实在下面这段史料里展现得十分具体：

> 伦自称真紫微星。梵伟复托妖梦为幻惑，……晨则置老妇车上，衣黄衣，以手作法，曰无生老母。以绳伎为前锋，妄称仙女，有神术，不畏枪炮。人各念鄙信咒，咒云："真空家乡儒门弟子某人，千手挡万手遮，青龙白虎来护咱，你看是隔的近，我看比千里还远；启上圣公老爷，圣公是假，兄弟是真，弄假而成真，无生神母。"诡言诸仙女每夜上天，请神母教，旦日下会曰：神母教我如何如何……[2]

---

[1] 俞蛟：《梦厂杂著·临清寇略》，第215—216页。

[2] 潘相：《矕文书屋集略·邪教戒》，中国人民大学历史系、中国第一历史档案馆合编：《清代农民战争史资料选编》第三册，中国人民大学出版社，1991年，第558—559页。

　　这种古老的神话与巫术混为一体的反叛形式已有近两千年了，黄巾起义与王伦起义内容虽有不同，但就本质上讲，似乎看不出明显的进步。就现有的一些清水教经典看，其水准并不比《太平经》高。

　　民间宗教教义长期在低水平上徘徊，反使民间神话膨胀发展，涌现出难以计数的神灵。一般来说，宗教越是水平上升，神话便越是弱化，因为宗教要扼制多神倾向，神话必是走向单一化。后期中国民间宗教较少形而上的教义，与道教佛教比相去甚远，人们只是为着一些极为功利的目的，打着神的幌子以张扬之。当民间神灵泛滥，不仅冲击了佛、道、儒正统的神权地位，也使民间宗教本身面临着瓦解的趋势。没有一个宗教能统摄各支系，一时间群星闪耀，可谓灿烂，也可谓零乱，反而难以成大气候。

　　清朝时，南方出现了一个不同于白莲教的反政府团体，这就是天地会。关于这种北教南会的派系，陶成章有这样的论述：

　　　　中国有反对政府之二大秘密团体，具有左右全国之势力者，是何也？一曰白莲教，即红巾也。一曰天地会，即洪门也。凡所谓闻香教、八卦教（一名天理教）、神拳教、在礼教等，以及种种之诸教，皆为白莲之分系。凡所谓三合会、三点会、哥老会等，以及种种之诸会，亦无一非天地之支派。……南方之人智而巧，少迷信而多政治思想；北方之人直而愚，尚武力而多神权迷信。何以知？曰凡山东、山西、河南一带，无不尊信《封神》之传。凡江浙、闽广一带，无不崇拜《水浒》之书。故白莲之教盛于北，而洪门之会遍于南。[1]

白莲教是元代反元的主力军，于明代多与当局妥协，在清代则又风起云涌，是反种族压迫之主旨胜于反阶级压迫。至于天地会，则纯为反清而诞生。陶成章说："志士仁人，不忍中原之涂炭，又结秘密团体，以求光复祖国，而洪门之会设焉。何谓洪门？因明太祖年号洪武，故取以为名。指天为父，指地为母，故又名天地会。"[2]天地会最响亮的口号是"反清复明"，将"清"写作"泪"，意为清无主，又将"满"写作"沔"，称之为"满无头"。故反抗民族压迫是天地会诞生的根本原因。天地会成员最初跟明遗民有直接联系。孙中山先生指出：

> 洪门者，创设于明朝遗老，起于康熙时代……二三遗
> 老见大势已去，无可挽回，乃欲以民族主义之根苗，流传后
> 代，故以"反清复明"为宗旨，结成团体，以待后有起者可
> 藉为资助也。此殆洪门创设之本意也。[3]

这样一个会党，从本质上讲已不再是宗教组织了，故其神话较白莲教更为粗疏和泛滥。本来白莲教纷繁的神灵已使其教无从形成一统之势，但大体上不舍无生老母与弥勒佛，白莲教还主要是凭借神话的力量产生凝聚力。天地会则不同，它主要的精神纽带是哥们义气，

---

[1] 陶成章：《教会源流考》，第200页。
[2] 陶成章：《教会源流考》，第202页。
[3] 孙中山：《建国方略·心理建设》，民智书局，1922年。

通过拜盟结香以入会党。神话被推向了后台，不过依然在发挥着巨大的能量，因为决定义气强度的还是背后的神灵。与白莲教的杂神化相比，天地会所奉之神的庞杂更加令人惊讶不已，除了具有标志性的天地自然神外，无论什么派系的神，也不管居于何种等级，都杂陈共处在同一神坛之上。请看天地会的一则请神祝文：

> 谨谨焚香拜请祷告：盘古开天，皇天后土，奉六合之道。一片丹心，反汩复明，以顺天意之长流。今晚于□省□府□县地方，承香主□□等合同众兄弟，人人忠心义气，共来投拜天地会。刺血立誓，会盟结义，为兄弟万年同心，永无更改。同心协力，共扶明主。讨复江山，以承正位。今于此处焚香祷告：

> 皇天玉皇大帝、日月三光五星、七星七政五斗、神君天官赐福、太上老君、西方如来、释迦佛祖、阿弥陀佛、大慈大悲观世音菩萨……前来助其证盟。[1]

祝文在不厌其烦地开出长串神单后还要加一句"一切虚空来往众神佛"，似乎要将神界网罗一尽。白莲教之神有主宰，会党的神变成了无主宰，这样实际上使民间宗教自身发生了分化。由于缺少主神使得宗教难以维系，天地会以后的民间宗教教派开始向会党性质转变，中国民间神话又发生了一场新的震荡。

由于重在义气，会党间的关系较白莲教更具民主色彩。陶成章

---

[1] 萧一山编著：《近代秘密社会史料》，岳麓书社，1986年，第231—232页。

指出："白莲借宗教以聚众，故以烧香施符为招徒之不二法门。……教徒之宗旨，全重信仰，以用术愚人为第一要义。政体尚专制，大主教为最尊，主教次之。……洪门借刘、关、张以结义，故曰桃园义气。……凡入会者，纳钱纳票，会员之宗旨专崇义气，取法刘、关、张。既崇义气，力求平等主义，故彼此皆称兄弟。政体主共和，同盟者一体看待，多得与闻秘密之事。……职员之组织法，全系军国民制度，为白莲教之所不能望其项背，其法制固甚美也。"[1]其间虽不乏拔高成分在，但会党较白莲教的进步显而易见。同样是抗清，人们宁可选择天地会之宽松而不愿受白莲教之挤压，基于信义的人情味胜过了立足信仰的神灵。

会党不舍神灵，但对神灵的态度大不一样，其中有两点是白莲教与天地会的重大区别。首先，天地会不主一神。如前所述，他们的神谱无所不包，冲破了宗教中神灵谱系起码的定规，神话世界被冲击得毫无统系。其次，即使面对着神灵，白莲教只有高层次的教职人员能跟神沟通，而天地会则拓宽了会党成员跟天地神灵联系的渠道，可直接与神沟通对话，因而即使是信仰神灵者也宁可选择天地会而不欲选择白莲教。

这样，白莲教的支系会党化便成为近代民间宗教发展的一个突出特点。试以义合拳为例，它是义和团纷繁来源的一支，人们普遍认为它是白莲教支系，其名归于八卦教之下。乾隆三十九年（1774年）十月初四日国泰奏折称："李萃曾以临清人李浩然为师，传授白莲教，改名义合拳。"[2]义合拳实为王伦清水教的遗脉。起初，义合拳的神

[1] 陶成章：《教会源流考》，第209—210页。
[2] 路遥、程歗：《义和团运动史研究》，齐鲁书社，1988年，第141页。

灵和巫术跟传统白莲教有颇多类似之处：

> 其神曰洪钧老祖、骊山老母，来常以夜，燎而祠之，为
> 巫舞欲以下神，神至，能禁枪炮令不燃。又能指画空中，则
> 火起，刀槊不能伤。[1]

这跟王伦辈的义军无大区别，故早期的义合拳乃白莲教遗存。但在走向近代的过程中，义合拳的神话渐渐变得跟以前有很大不同。

降神附体多群众化，使它跟白莲教区别开来，不再只有教主有神附体。美国学者周锡瑞指出：

> 神拳的宗教仪式和以前诸秘密宗教不同的一点，是它降
> 神附体的群众化。不单是教门首领有权躬代神位，所有练拳
> 的师兄，只要心诚，都可以祈求神灵降身，保佑自己不受伤
> 害。这表明了神拳宗教仪式中的平等主义。[2]

这种一定程度的平等色彩吸引了众多的入教者，教中较平等地相处，有似天地会，上神与下民的广泛交流，也削弱了神灵的神秘性，因为无所不在的神将丧失其神性。

由于神灵的无所不在与广泛降附，神灵队伍本身也必须扩大规

---

[1] 中国历史研究社编：《庚子国变记》，上海书店，1982年，第4页。

[2] ［美］周锡瑞：《义和团运动的起源》，张俊义、王栋译，江苏人民出版社，1995年，第258页。

模，当义合拳与义和团融合在一起时，他们已不再独主洪钧老祖与骊山老母，神灵队伍之杂便有如会党，乱而无序。

这种神灵队伍的杂乱除宗教会党化而呈现的民主与平等因素外，更重要的是民族矛盾发生了变化。

由于鸦片战争后帝国主义的侵略，民族矛盾开始由国内民族间的矛盾转为中华民族整体与帝国主义之间的矛盾，中国的民族主义呈现出一种全新的局面。"兄弟阋墙，外御其侮。"经过百余年的统治，满清统治者已建立起以中国传统文化实施统治的格局，满汉对抗呈满汉合作状，且满人汉化倾向明显。当帝国主义的铁蹄践踏中华大地的时候，无论满汉都面临着种族灭亡的危险境界，故而满汉联手正是民族存亡关头的唯一选择。所以，一贯以排满面目出现的白莲教派系悄悄地放下了反清的旗帜，而将矛头一致对外。

事实证明，一个具有几千年传统的伟大民族，武力从来不能完全征服它。帝国主义把文化侵略作为侵略中国的重要手段，而文化的核心则是宗教。虽然一些传教士打着仁爱、四海之内皆兄弟的旗号，也曾有所善举，但其本质不过是为侵略势力鸣锣开道。如德国的天主教圣言会打入山东，安治泰（Johann Baptist Von Anzer）担任着圣言会的主教，他并不是个简单的传教士，而是一个德意志民族主义侵略扩张主义的鼓吹者和拥护者。他在山东安排了一个仪式，迎接一个来访的德国领事，其场面如下：

> 主教的住宅被装扮一新，无数旗帜（当中有一面巨大的德国旗）飘扬在教堂的尖顶和其他建筑物上。钟声齐鸣。房屋的门口悬挂着"热烈欢迎"的标语，阳台上则是"祝愿

德国充满活力、繁荣、强大"的横幅。人们热情高唱《皇帝颂》和其他德国歌曲。[1]

这到底是在传播天国的福音，还是在为侵略战争这一违背起码基督精神的行为唱赞歌呢？1904年继任的主教韩宁镐（Augustine Henninghaus）更是对中国人进行污蔑性攻击，指斥中国的"异教的腐朽和堕落"[2]。很明显，其宗教性的传播并非主旨，而对中国人民的统治才是实质。

天主教徒向政治领域渗透，迅速取得了合法的特权，在中国的土地上耀武扬威。天主教徒能够与省内官员平起平坐，否认中国官员对当地基督徒的管辖权，俨然成为中国大地上的主宰。请看这段材料：

> 主教们作为全省的宗教统治者便采用了中国巡抚的等级制度，并且在他们的帽顶上缀上了一颗显示身份的顶珠。他们每次外出都乘与其身份相符的轿子，都有骑马侍从和步行随员前呼后拥，都有一只体现地位尊崇的大伞为前导，而且每次到达和出发时都鸣放一响礼炮。[3]

---

[1] 舒勒克：《帝国主义与山东的民族主义：德国在山东》（坎布里奇：哈佛大学出版社，1971年），引自［美］周锡瑞：《义和团运动的起源》，第88页。

[2] ［美］周锡瑞：《义和团运动的起源》，第89页。

[3] ［美］周锡瑞：《义和团运动的起源》，第92—93页。

这架势，表现出天主教在中国的不可一世，他们已经背离了基督教爱的宗旨，充当着军事侵略的马前卒。这种宗教必将激起民众的强烈反抗。中华民族与帝国主义文化侵略势力的斗争首先在宗教与神话领域里拉开了序幕。

面对着西方的上帝，这时的民族宗教也结成了统一阵线。无论是民间宗教还是正统的佛教道教，他们不再争论是否有新佛出世革除旧佛，也不管是佛还是道，曾经是高级的主宰还是区区小神，都联合起来，气势雄壮地向洋教宣战。这样，神灵再次呈现出空前的庞大阵营来，义合拳的神坛上不再仅仅高踞洪钧老祖与骊山老母，而是神仙佛爷甚众。有这样一则义和团揭帖：

> 神助拳，义和团，只因鬼子闹中原；劝奉教，乃霸天，不敬神佛忘祖先。……不下雨，地发干，全是教堂止住天；神爷怒，仙爷烦，伊等下山把道传。非是谣，非白莲，口头咒语学真言；升黄表，焚香烟，请来各等众神仙。神出洞，仙下山，扶助人间把拳玩；兵法易，助学拳，要摈鬼子不费难。挑铁道，把线砍，旋再毁坏大轮船；大法国，心胆寒，英吉、俄罗势萧然。一概鬼子全杀尽，大清一统庆升平。[1]

“神出洞，仙下山”，众神仙来扶助学拳杀洋人，显然是在洋

---

[1] 翦伯赞、郑天挺：《中国通史参考资料》“近代部分”下册，中华书局，1985年，第163页。

教冲击下神界形成了统一战线。以往民间宗教的"反清复明"口号悉数捐弃，旗号大书"扶清灭洋，替天行道"的字样，这一转变实因民族矛盾尖锐所致。义和团"扶清"并非对清统治者有多深的感情，在当时的背景下，清政府虽然腐败，但毕竟是一个代表国家的政府。这个政府不管是何等的不称职，在种族面临灭亡的关头，总要把御外侮作为首务，而以扶助政府作为一种爱国与民族主义的象征。所以"扶清灭洋"不是封建口号，而是一个民族主义的口号。尽管对义和团的"灭洋"的后果要作具体分析，但义和团所促成的民族主义的高涨却是一个前所未有的事实。

从神话发展的角度看，义和团虽为坛拜神，以神拳为号，崇拜着数不胜数的神灵，然而它对神话的贡献却十分有限。它还依赖着原始的巫术，其神话本身根本无法与洋教决战，所谓的"灭洋"是武力灭洋，而不是文化灭洋。义和团的拜神只是使得神话更加杂乱无章，使民间神话在更低层次上运转。天地会也一样，它采用原始的结盟方式，崇拜着纷繁的神灵，从事秘密活动，这种帮会组织方式尚同样带有宗教色彩。在即将进入20世纪的年代，这种落后的团体尚不具备现代因素，它们最终为历史所抛弃便在所难免了。

以上我们对白莲教、天地会与义和团三个具有鲜明民族主义色彩的宗教与会党作了一番初步考察。它们是反元、反清、反洋的主流。它们的反抗，引发了民族主义风潮。白莲教和天地会的神话，是以异端对抗正统，以杂乱对抗整一，使得宋元以来民间神话纷繁，难以把握。

白莲教的神话建立起初步规范，大抵以无生老母、弥勒佛为尊，号称弥勒下世，以新佛代替旧佛为基本立足点。但是因为派系纷繁，发展中的白莲教各自为政，使得各自的神话无法定于一尊，于是在分解正统佛教神话的同时也分解了自己。天地会的神灵其实更加原始，起初以拜天地自然神为宗旨，既而又杂取种种神灵为其结盟团体的监护，其杂可谓前所未有。义和团先是承袭白莲教一系的神话与巫术，继而因为排洋，收起了"新佛替代旧佛"的口号，新佛旧佛一同上阵，神仙鬼怪协同努力，扶助拳勇杀洋人。这种宗教冲突是近代中外文化冲突的核心内容。由于放弃了白莲教尚可追寻的神系，义和团的神谱实际上是一团乱麻。

白莲教、天地会与义和团都不能算纯粹的宗教组织，因为反抗民族压迫，实际上是武装团体，因而其神话杂乱便在所难免，但这些神话依然有其特殊的意义。入主中国的民族放弃了自己的神话主干而袭用了中华民族的传统神话，本是汉民族成员的民众，由于遭到异族使用传统神话作为正统所带来文化压迫，所以他们也奋起反抗自己的神话传统。而这种反抗实际上也带有反抗阶级压迫的性质，结果是非汉民族的统治者掌握了文化主导权并成为传统神话的继承者，而文化传统下的成员却又为了反民族压迫、阶级压迫而反正统，起来破坏自己的神话，这样一种变局实际上强化了主流文化的统一性。

而当整个中华民族遭到外来文化的侵袭时，主流文化与异端文化又统一起来，整个中华民族的文化达成了一次上下统一的共识，这就是义和团产生的文化背景。民族文化的冲突最终导致了民族文化的统一，是这一时期神话的突出特点。

17.3　工商业者的神话

传统社会是农业社会，因而社神、稷神是皇家祀典中的主角。当时的社会财富主要是通过土地以农业生产方式创造的，故而江山实际上是社稷，社稷成为皇位的象征。作为一个"行业神"，社、稷这两个神是何等荣耀！

相形之下，在先秦以至隋唐这漫长的日子里，社稷神以外的其他行业神则寥若晨星，其间的原因主要归结于中国封建社会漫长的重农抑商政策。这一政策发端于战国诸国内，而秦行之最得力，至汉代，行崇本抑末之策，几为历代统治者奉行的不二法门。隋唐以后，虽然统治政策依然不变，但随着城市经济的发展，商品经济开始活跃起来。一批工商业者开始成长壮大，成为一支分裂农业社会的重要力量，尽管当时的力量还相当微弱，但其发展势头是不可忽视的。

新兴的市民工商阶层需要自己的精神价值体系，社稷神统显然无法笼罩这一新的群体，市民与工商业者不能祈求社稷农神来庇护自己，因而建立起市民工商业者的神灵体系已刻不容缓。于是，一批新的神话、一批新的神灵出现了，神的队伍骤然壮大。

这些市民工商业者的神话不同于白莲教及天地会的神话，它不与统治者直接对抗，而是冷静地经营自己的神灵天地，不谋求冲突，而实际上却形成了一种与正统势力分庭抗礼的态势。工商业者在自己的神话怀抱中发展自己的精神世界，成为一个自主独立的体系，这是真正的新神话，是一个新的阶层在新的历史时期里构建的新的神灵大厦。

新神话的启动是以财神的出现为标志的，因为市民与工商业阶层的一个显著特点就是财利的追逐，他们需要通过自己的生产与销售来获得利润，这样便打破了传统的"君子喻于义，小人喻于利"的价值观念。当这一切尚没有一个神灵保障时，就意味着财利的追逐尚未被普遍认同，整个社会尚未形成一种新的气候。财神出现了，这是钱财追逐的神灵保障，它有效地推动了社会物质生产的飞速发展。

隋唐前的传统神话里没有专职的财神，只有某些神灵兼管一些商贾的事务，如观世音菩萨。《妙法莲华经·观世音菩萨普门品》里有这样一段经文：

> 若三千大千国土满中怨贼，有一商主将诸商人赍持重宝经过险路，其中一人作是唱言：诸善男子勿得恐怖，汝等应当一心称观世音菩萨名号，是菩萨能以无畏施于众生。汝等若称名者，于此怨贼当得解脱。众商人闻，俱发声言南无观世音菩萨，称其名故，即得解脱。

这里的观世音菩萨作为大慈大悲度一切苦厄的救星，拯救商人危难只是其众多职责中的一款，他不是专职的财神，且他对商人救助的目的是要众生皈依佛门，与一个专门的财神保障民众的财产是有区别的。

宋人笔记里开始记录了专门的财神信仰活动，但尚未出现财神的名字。《东京梦华录·十二月》称：

> 近岁节市井皆印卖门神、钟馗、桃板、桃符及财门钝驴、回头鹿马……

北宋的京城十分繁荣，文化氛围十分浓厚，年节时有大量的年画印售，财门是其中之一，但究竟神门是何形态，神门中有无财神还是一个谜案。但南宋时已出现了财神纸马，据吴自牧《梦粱录》卷六载：

> 岁旦在迩，席铺百货，画门神桃符、迎春牌儿，纸马铺印钟馗、财马、回头马等，馈与主顾。

临安年节传统大约是自汴梁移植过来的，印售的年画大体相似，只是特别强调了"财马"，这就是后世年节时所印制的神像画。相传财神上下于天都要骑神马，故称财马。由于所谓的财马是用纸印制的，故又称纸马。财马的出现说明至少在南宋时期财神已经出现了。

这财神可谓千呼万唤始出来，然而一旦出世，即以强大的再生能量在中国文化的土壤中繁殖起来，衍化成一个强大的财神系列，有所谓文财神比干、范蠡，武财神赵公明、关羽，偏财神五路神、五通神及其他形形色色的财神。中国神话队伍中陡然成长起一个新的神类。[1]

财神的出现，是中国社会经济发展的产物。从神话发生学的角度看，它既是对传统义利观的一大冲击，又是向传统义利观的一种妥协，它是文化由冲突走向和谐的结果。作为财神，它坐上神位本身就是一种对道义独尊的挑战，但是，人们不能放弃道义而将财利

---

[1] 参见吕威：《财神信仰》，学苑出版社，1994年。

置于道义之上，遂形成一种以义取财、和气生财的文化模式。财神系列中手持金元宝者并非一枝独秀，而手捧《春秋》的关公却更受欢迎。所以财神的发展还是受到了传统义利观的制约，见利忘义的行为不能在财神崇拜中生下根来。财神崇拜一方面保障民众的财利，另一方面又规范着财利追逐中的行为，真实地体现了神话的矛盾法则。

尽管财神俯就了传统规范，但依然是中国神话史的一场革命。当财神出现后，一大批影响深远的神灵都归入了财神的阵营，有些是本已盛行的大神，如关羽、观音，他们都进入了财神殿，这是他们在新时期焕发的新功能。神灵保佑财利的生聚，这实际上是对个人财产的一种保障，从中我们能看到社会进步的轨迹。而传统神灵被赋予的忠义、公平与慈悲救难等价值元素又使得聚财走向了一条规范的理性之路。儒、道、佛的观念几乎浸染着民间流行的一切神话，财神染上伦理道德的规范，有效地遏制了贪得无厌行为的泛滥。中国商人中的"儒商"，不仅仅是指读书人经商，还指商人特有的一种道义与公平素质，他的出现与成长，与财神的价值指向是存在着内在联系的。

与财神及众行业神灵相关的神话传说在唐代多已流传，宋代以后，经济因素才大大强化。试以关公为例，我们便能看出这种演进的脉络。

关公的神话在唐代就开始流传了。《北梦琐言》称：

唐咸通乱离后，坊巷讹言关三郎鬼兵入城，家家恐悚，离其患者令人热寒战栗，亦无大苦。弘农杨玭挈家自骆谷路入洋源，行及秦岭，回望京师，乃曰："此处应免关三郎相随也。"语未终，一时股栗。[1]

《云溪友议》云：荆州玉泉祠曰三郎神，即关三郎也。允敬者，则仿佛似睹之；缁侣居者，外户不闭，财帛纵横，莫敢盗者；厨中或先尝食者，顷刻大掌痕出其面，历旬愈明；侮慢者，则长蛇毒兽随其后。所以惧神之灵，如履冰谷。[2]

从这些传说看，敬关羽也有些保障财物的功能了，但核心问题却不在此，即关羽是一可怕的神灵，只有敬之才能避祸。关羽最初的形象是一凶神。

关羽地位的提高出现在宋代。宋真宗大中祥符年间曾饬修关庙。宋哲宗绍圣三年（1096年）赐玉泉祠额曰"显烈王"[3]，这是自后主刘禅封其为"关壮缪"后得到的又一次赐号。在宋代的第一次加封是一则神话所致，其本事出自《宣和遗事·前集》：

崇宁五年夏，解州有蛟，在盐池作祟，布氛十余里。人畜在氛中者，辄皆嚼啮，伤人甚众。诏命嗣汉三十代天师张继先治之。不旬日间，蛟祟已平。继先入见，帝抚劳再三，且问曰："卿此剪除是何妖魅？"继先答曰："昔轩辕斩蚩尤，后人立祠于池侧以祀焉，今其祠宇顿弊，故变为蛟，

[1] 俞樾：《茶香室丛钞》卷十五，中华书局，1995年，第331页。
[2] 俞樾：《茶香室丛钞》卷十五，第331页。
[3] 《古今图书集成·神异典》卷三十七，上海文艺出版社影印中华书局1934年本，第492册，第29页。

以妖是境，欲求祀典。臣赖圣威，幸已除灭。"帝曰："卿
用何神？愿获一见，少劳神麻。"继先曰："神即当起居圣
驾。"忽有二神，现于殿庭。一神绛衣，金甲，青巾，美须
髯；一神乃介胄之士。继先指示金甲者曰："此即蜀将关羽
也。"又指介胄者曰："此乃信上自鸣山神石氏也。"言讫
不见。帝遂褒加封赠。[1]

此次封号为"崇宁真君"，后世关公不间断地被封开始了。[2]就
这次受封的原因看，关羽实际上成为盐业的保护神。因为关公是整治
了盐池妖孽而受封的，所以一开始他就是一个行业神。《解州全志》
载："（宋仁宗天圣）七年，池水渐涸，盐花不生。有司具奏，上
闻，遣使往觇之。报曰蚩尤作祟。召龙虎山张真人，请关圣讨之。池
水如故，盐花复生，命有司修葺祠宇，岁时致祭。"[3]解州的盐业率
先奉关羽为保护神。尽管关羽降妖并为道人所遣很明显为道教徒所编
造，但由于是保护某行业的正义行为，所以关羽便逐渐在诸行业中成
为保护神，为众多行业所供奉。

关公在三个方面受到重视。一是统治者所重在忠孝。自宋徽宗
首封崇宁真君后，明万历十八年（1590年），封协天护国忠义帝[4]，
于是，在皇家眼中关羽的忠义定位已经基本确定，关羽在明代享

---

[1] 《宣和遗事》"前集"，上海商务印书馆，1924年，第9页。

[2] 俞樾：《茶香室丛钞》卷十五引，第332页。

[3] 转引自梅铮铮：《忠义春秋——关公崇拜与民族文化心理》，四川人民
　　出版社，1994年，第69页。

[4] 光绪《解州志》卷八"人物"，第4页。

有殊荣，故神话中有关圣帝不忍助清入关之说。《明季北略》卷一载：

> 康熙三年孟夏四日，先君子曰："予壮年时有华道士云，江右张真人北都建醮，伏坛久之，见天上诸神俱不在，惟关圣一人守天门而已。真人问诸神安在？圣曰：'今新天子出世，诸神下界拥护矣。'真人曰：'圣何不往？'圣曰：'我受明朝厚恩，故不去。'"

这是明天下大势已去的写照，也说明了明代的皇帝确实对关羽的崇拜热情甚高。清代由于有关圣受明朝厚恩而不忍下界拥护之说，故对关帝的崇奉达到无以复加之地步，其核心问题还是他的忠义。顺治封关帝为"忠义神武关圣大帝"，为清代的关帝崇拜定下了极高的基调。

二是道教徒推崇关羽，他们所重在关羽的降魔法力。

三是民间崇拜关羽，人们所重的是关羽的义气。恰恰是这义气一款使他成为财神，这正是独特的东方伦理价值观念所致。传说是乾隆帝将关羽封为财神，民众便在关帝庙额上贴了"汉为文武将，清封福禄神"的对联。关羽本已成为财神，乾隆之封赐强化了这种地位。关羽成为诸多行会及不少地方商会会馆所奉之神。

工商业者崇拜关公虽远不是关公崇拜的全部内容，但他因兼有财神才获得如此大的能量是毫无疑问的。我们可以将关公和孔子在民间的地位进行比较。孔子宣扬忠孝节义，其影响远大于关羽，在朝廷得到礼遇崇拜的历史要比关公早近千年。至唐时，孔子的地位已经非常高了，但到了明、清，他与关公的地位却呈此消彼长的态势。

明代徐文长有如此感慨：

> 蜀前将军关侯之神，与孔子之道，并行于天下。然祠孔子者止郡县而已，而侯则居九州之广，上自都城，下至墟落……虽妇女儿童，犹欢欣踊跃，惟恐或后，以比于事孔子者，殆若过之。[1]

这绝不是在追求忠孝节义，恰恰相反，人们看重的是关公的驱邪能力及生财功能。明清以来，商品经济发展，追逐物质利益成为新的风尚，故而疏远重义轻利的孔子，而亲近重义生财的关公，这是时代风气使然。明清时不少文人弃儒从商，这些儒商不肯完全崇尚赵公元帅的金元宝，但又不肯再去礼拜孔子，因为他们没有勇气直面孔夫子，所以就选择了关公。只是由于财神的缘故，关羽崇拜才有如此大的影响力。

再拿岳飞与关羽作一比较。岳飞之精忠报国，其忠义近乎愚，程度远较关羽为甚，虽然也有统治者追封，但并不曾受到民众像对待关公那样的热情礼遇。同样是忠义，一个冷，一个热，其中的原因我们只能从关公兼有财神一职中去找。

从以上分析中我们可以看出关羽在民间受欢迎跟统治者的提

---

[1] 徐渭：《徐文长逸稿·蜀汉关侯祠记》，中华书局《徐渭集》本，1983年，第1003页。

倡没有完全的对应关系，统治者和民众对关公的崇拜具有不同的价值取向。宋元以来社会经济发展所造成的商品意识，使民众选择了与传统观念完全不同的神灵。归根结底，并不是神本身在变化，而是崇拜者的身份在变化，这是一批新起的市民和工商业者，他们的神话极富创造性，他们创造了中国神话史上崭新的神灵及其队伍。

中国古代有多少个行业没有精确的统计数字，只有概略地称为三百六十行或者三教九流者。行业组织是行业神存在的基础，没有行会组织就没有行业神存在，而行业神又成为行业组织成立的宗教保障，一方面，他是行会成立的根据；另一方面，行业维系的种种规范都因神而立，行业神的崇拜及其禁忌便成为行业组织必须关注的核心问题。从这一角度看，行业组织是在神话的统一下的准宗教组织，它有自己的主神及其在神管束下的种种律令，并有定期的宗教仪式。行会成为宋元以来中国社会的一个特殊群体。

"行"的组织在隋代就有了，但不知其详。唐代已有行业组织的雏形，如肉行、农行、铁行、马行、钉行、丝行等，其中已有工行和商行之分。然而这些组织怎样运作，因史载有阙，我们难以考求。到了宋代，这种"行"的组织发展起来了。吴自牧《梦粱录》卷十三之《团行》章将南宋的行会描绘得十分生动。当时的工商业者组织成行的目的有二，一是应付官府的科差，二是官府把工商业者组织起来便于管理控制与盘剥。[1]工商业者加入组织，即所谓投行，是一种无

---

[1] 参见傅筑夫：《中国经济史论丛》（下），生活·读书·新知三联书店，1980年。

奈，但为了应付官府的科差，工商业者却要主动参加。宋代的行会组织可考知的有这样一些特点：有一行头负责某一行当的组织工作；各行都有较固定的交易场所；各行都有一定的标志，如服装；各行都要组织敬神赛会等活动。

关于敬神赛会，我们从《梦粱录》中的一些记载来看，工商各行对组织迎神赛会兴趣浓厚，但他们所奉之神多是公共神灵，尚不为行业独专。如霍山路神、东岳天齐仁圣帝、北极佑圣真君等，大抵是一些世俗化的佛道神灵及民间神，为某一时期、某一地区的人们所广泛崇拜，他们不是行业神。这说明宋代行业神尚未发育成熟。行业神的不成熟实际上也预示着行业组织不够成熟。

元代是一个特殊的朝代，由于蒙古统治者摧残工商业，元代行会实际上处于停滞状态。明、清时行会和行业神开始真正繁荣起来。纪昀《阅微草堂笔记》称"百工技艺，各祠一神为祖"。除了按行业组织的行会外，地区性商业组织——会馆也建立起来了。明清至近代的行会与会馆组织形式的档案材料显示，神在行会组织中占有举足轻重的地位。现举数例如下：

渝城胰染绸绫布匹头绳红坊众艺师友等公议章程
（嘉庆元年八月初八日）

予等匠艺一业，历来已有章程。今经日久，是以邀集同人等重整行规。染造一切并无其二，红坊手艺，紊乱行规之人，今同众公议成规数条，各宜遵守，以免后日之累。

如有前项无耻之徒不遵公议者，永远革出会外，今将规列于后：

一议造染绸绫、布匹、头绳各色棉线脚带，并无有两行手艺师友。历来每年会期以（已）到，祀神演戏整理行规，凭众公派，每人抽取厘金钱五百文，不得推诿。……

一议我等红坊同行做艺师友，公请各铺老板，至禹王庙公议演戏治酒叙客。……

…………

一议每年祭庙会届之期，原为肃静，敬神演戏，禁止狂言浪语，筋声撒泼。如违者，罚银一两入会。

渝城广扣帮公议章程
（道光二十一年二月初一）

近有射利之徒，伪造假货，冒充我等名色，四乡发售，及使鱼目混珠，碔砆乱玉，非诚信之道。若不议定行规，杜除弊窦，将见欺诈相尚，靡无底止。爰集同人演戏，永定章程，殊不致紊乱。……倘有不遵者，执此行章，鸣出究治。永垂后例，是以为序。集同人之祀祝献神座赐福无量矣。

今将以（已）议规程开列于后：

一议每年二月十五日敬演大戏一部，恭祝太上老君千秋。

一议发货铺栈价要照时（价），不得滥卖，任客投店，毋许登门讨买，查出者罚大戏一部。[1]

以上二例颇具代表性，工商行会厘定行规总是在祀神活动中决定的，而行规大多将祀神列于行规首位，对于违规的处罚一般是罚戏，即通过大戏娱神以向神谢罪。各会所祀神灵不同，重庆胰染绸绫布匹头绳是在禹王庙敬神，而广帮纽扣行则祀太上老君。

《吴门表隐》所记之苏州各行公所的神灵各各不同，一个显著特点是公所行会办公处实际上是个神殿。如该书卷五载：

> 十庙　明初建于东西两营，卫官祀河神之所，非僧道修斋之处。又云，宋时各城门皆有之。系粮船公所，供奉龙神。……
>
> 机圣庙　名轩辕宫，在祥符寺巷。宋元丰初建，甚小。明万历初，里绅章焕、王天爵、顾豫重建，久废。国朝乾隆三十七年，里人孙辅成、王瑞生等重建。……道光二年，纤接同业公建，门庑台房，祀黄帝并祀先蚕圣母西陵氏，东后方累氏（去苎造服），西后彤鱼氏（作丝线磨针刺成章作服），祔以云机仙圣伯余（始作机杼，见《淮南子》）、胡曹（始制衣服，见《吕氏春秋》），见马头圣母，寓氏公主，天驷星君，菀窳夫人，蚕花娘娘，发茧仙姑，佐染仙姑，纺炼仙姑，造织仙姑，助福大姑，滋福二姑，崇福三

---

[1] 以上为重庆工商业行规档案，转引自彭泽益主编：《中国工商行会史料集》，中华书局，1995年，第536—538、548页。

姑，马明菩萨汉（皆蚕丝之神，参礼仪志通考）。染色花缸
仙师葛仙翁，或云即天仙织女。照应局神有驸马称神姓欧
阳。机神褚河南父子，张平之，葵花仙圣，黄道仙婆（始作
振掉综线、挈花、踏棉、弹棉，见《松江府志》），接头方
仙。庙门，相国潘世恩书，为章于天。另祀大桡氏等（始作
甲子，黄帝臣，称时运福圣）。吴郡机业公所，一在玄妙观
内，元元贞元年建；一在花桥阁上，乾隆八年里绅蒋又源等
建，一在田基巷，一在顾亭桥南，一在吴山岭。吴栋录。

卷六有绣祖庙、照应庙等：

绣祖庙　在水仙庙侧，神姓顾名名世（明官明州知
州）。一在周孝子庙侧，神姓顾名宷（按神，国初守庙人，
马卒也。笃孝其母，母死，触柱死，俗称顾太太。民间小儿
迷失，虔告必获显应，能寻），为绣缂之神。俞大猷记。

照应庙　在南北局。神姓欧阳名伦，张士诚婿。北局谓
其府第，架木皆古楠，故称驸马府。公主好畜猫，今案上有
泥猫。为机杼财帛局神机匠崇奉香火。又在黄石桥左，为土
谷神。[1]

该书所记苏州一带的行业神难以计数，将以上案例及其他行业神

---

[1] 转引自彭泽益主编：《中国工商行会史料集》，中华书局，1995年，
第172—173页。

崇拜的历史进行综合考察，我们可以看到以下特征：

一、行业公所与神庙往往是合二为一的，如粮船公所即龙神庙。这种公所与行业神庙合一的现象对于我们理解行会的性质有重要帮助，它说明行会在一定程度上是一个准宗教组织，神是行业的纽带，"商人藉神会以联商团"[1]。行规虽为行业所立，但形式上是行业神的律令，在神前立规是一种神督的行业戒律。违背行规要向神谢罪，而每年有定期的祭神娱神礼仪，这些都说明行会的宗教特性[2]。此一传统一直延续到近现代，所谓公所实际上是一神庙。民国期间的上海各公所仍然保持这种遗风，如：

义德堂面粉公所在吾园路，清同治初建，奉关壮穆侯像；

漆商公所在火神庙东，清光绪十九年（1893年）建，奉关壮穆侯、朱文公、罗大真人神位；

铜锡公所于清光绪三十年（1904年）建，大厅奉关壮穆侯像，民国四年（1915年）改建，并奉老君像，左右奉发起人神龛；

三山会馆供湄州天后像，殿前为戏台；这戏台是多数公所所有的演戏、酬神、敬神、娱神的场地。[3]

这些充分说明行会实为一准宗教组织。

二、行会成为神话的最大制造机构。有多少行会就有多少行业神，而一行又有多神，如机圣庙中的机神就有黄帝及其以下十余神。据李乔的搜集，仅盐神就达二三十个，行业神的名目有五六百种。[4]

---

[1] 张亮采：《中国风俗史》，上海文艺出版社，1988年，序例，第3页。
[2] 李乔：《中国行业神崇拜》，中国华侨出版公司，1990年，第42—44页。
[3] 《民国上海县志》卷六，第2页。
[4] 李乔：《中国行业神崇拜》，第5页。

但要达到完备的程度，这数目恐怕还有较大差距。神与神话被行会大量制造出来。

各地会馆都供奉着不同的神灵，如山西及不少省的会馆供奉关公，闽粤会馆则供天后，湖北会馆供大禹，广东会馆祀六祖慧能，各省各地会馆祀神各有不同。地域性的差异进一步拓展了神话空间，神灵创造进入了一个空前活跃的时期。

行业神的制造既有将大神拥为己有者，如龙神、黄帝、关公、观音、老君等显赫的大神，他们都成为某一行业的总管。同时，一些鲜为人知甚至来路不明的神灵却突然地位飙升，成为某一行业的神灵主宰。如同天地会、义和团一样，传统神话世界的秩序全部打乱了，神界的权力进行了一次再分配。尽管封建专制统治在宋元以后日益强化，但民众中一股强大的民主力量正日益增长。一批名不见经传的在野神灵登上行业神的大堂，与显赫的大神并驾齐驱。神界的尊卑界限被打破，显示出一个巨大的社会变迁正在到来。

农业社会虽然依然还是当时社会的主流，工商业者戴着沉重的"重农抑商"的传统枷锁艰难地跋涉着，但他们却在奋力冲破罗网，走向壮大之路。他们建立起强大的行业神阵营正是他们向农业社会挑战的一项重大举措，它表明工商业者不愿受制于农业社会的传统神灵。近代以来兴起于都市的会馆神灵群像已显露出他们欲与传统社会分庭抗礼的强烈愿望。那么多尊贵的神灵都倾心扶助于工商"末业"，说明传统的价值观念已经破产，一个新的世界正露出曙光。

17.4　玉帝神话及其内在矛盾

白莲教、天地会、义和团是在宗教旗帜下的武装团体，虽然白莲教的成分较复杂，一些教派没有武装反叛的企图，甚至跟当局有妥协倾向，但总的反抗民族压迫的性质不变，或反元复宋，或反清复明，或扶清灭洋，具有强烈的民族主义色彩。但这时的神话由于伴随着武装斗争，具有强烈的现实和功利色彩。由于其目的是武装斗争，故神话的创制甚为粗糙，往往在一时一地有影响，但在另一个时空里就变化了，其杂乱的状态难以构成一个完整的体系。它给人的一个突出印象是对抗性、芜杂性。

工商行会的行业神会直接喊出新佛出世、革除旧佛的口号，那里没有武装斗争的硝烟。他们惨淡经营的庞大的行业神话群像领数百年风骚，在中国神话史上异军突起，给中国社会带来了前所未有的冲击。以德聚财、以义取财，神灵从保障国家基业到为生聚财利效力，这不仅仅是一个神的职能变化问题，而是一个社会分化、社会经济转型的重大问题，它的意义显得更加非同寻常。但这些在野的小神不能主宰神统，力量尚弱。

白莲教、天地会的反抗主要针对实行民族压迫和阶级压迫的国家机器，或者部分地针对统治者的佛教势力，以新佛替代旧佛。但新佛并不能代表统治者的最高神话，而仅仅是其统治神灵系列中的一员。财神、行业神则更难充当主神。

宋元以来，昊天上帝虽然名义上还是最高天神，但由于其厚重抽象的自然神色彩，他不能在神话世界里获得发展，加上统治者对其祭祀权的垄断，所以他很少能影响民间。面对着儒、道、佛三教神话的神统各异及最高神话难以下达，统治者开始着手统一三教神话，于三教中挑一神灵主宰，力求使统治神话定于一尊。他们这样做了，在一定程度上使中国神话重新整理，并且使其下达民间，产生了广泛影响，但同时它也遭到民间神话的抵制与亵渎。亵渎和对抗皇家新神话，成为宋元以来民间神话的又一重要内容。与前者为了武装反抗民族压迫与扩大工商业势力而编造神话不同，对抗皇家新神话的民间神话侧重于文化对垒，其行为本身不直接与武装斗争和阶级势力壮大相联系，它酝酿出一种反抗意识与民主观念，表现出专制主义文化与民主主义文化的激烈冲突。

在传统神话里，一直是儒典所记的昊天上帝为最高主宰，这一切在宋元以后发生了变化，从道教神系中成长的主神逐步成为万神之主。这一转化与唐宋时期狂热的道教崇拜存在着直接联系。

唐代奉老子为其祖，举国上下的道教热潮自不待论。在宋代，道教在朝廷里仍然极得宠爱，到宋真宗时期，道教崇拜逐渐走向高潮。尤其是宋真宗宣称神人托梦与神降天书的把戏，尽管那样拙劣，却让道教的神话沸沸扬扬。

本来，道教的主神当是太上老君。《老子想尔注》称"道"为"一"，"一散形为气，聚形为太上老君"。[1]当元始天尊尚未出世时，太上老君是道教第一神，然而道教的主神处于游移状态，变化颇多，大约在晋葛洪时期，元始天王就出现了。《枕中书》称："昔二仪未分，溟涬鸿蒙，未有成形，天地日月未具，状如鸡子，混沌玄黄，已有盘古真人，天地之精，自号元始天王，游乎其中。"陶弘景

---

[1] 饶宗颐：《老子想尔注校证》，上海古籍出版社，1991年，第12页。

《真灵位业图》将元始天王列在玉清三元宫上第一中位，名曰上合虚皇道君，应号元始天尊，道教的最高神重新树立了。

然而元始天尊的地位并不是恒定的，《道教本始部》：

> 三代天尊者，过去元始天尊，见（现）在太上玉皇天尊，未来金阙玉晨天尊，然太上即是元始天尊。弟子从上皇半劫以来，元始天尊禅位三代天尊，亦有十号，第一曰自然，二曰无极，三曰大道，四曰至真，五曰太上，六曰道君，七曰高皇，八曰天尊，九曰玉帝，十曰陛下。[1]

宋代的道教类书《云笈七签》对道教神话做了整理，将主神间的联系打通：一是太上老君即元始天尊，一直混沌不明的老子与元始天尊的关系现在明了了，二者得到统一；二是元始天尊并非一统主宰，犹如佛祖有三世，天尊也有三世，它也存着新天尊出世，革除旧天尊的问题，当玉皇天尊成为新主宰时，实际上已把玉皇推向第一把交椅，元始天尊事实上已经易位；三是为了不割断元始天尊与玉皇天尊的联系，道教徒通过元始天尊历代的不同尊号，把玉帝跟元始天尊又联系起来，玉帝也就是元始天尊，因而一个新神的出现跟旧体系的矛盾消除了。在《真灵位业图》里排第十一位的玉皇道君和第十九位的高上玉帝这些不起眼的神灵的地位扶摇直上，迅速成为道教第一神。

---

[1] 张君房编：《道教本始部》，《云笈七签》卷三，湖北人民出版社，2017年，第26页。

面对着新起的道教第一神，宋朝的皇帝也要将自己的江山跟这位大神接上关系，如同唐朝皇帝把自己说成是老子的后人一样。《宋书·礼志》：

> 帝（真宗）于大中祥符五年十月，语辅臣曰："朕梦先降神人传玉皇之命云：'先令汝祖赵某授汝天书，令再见汝，如唐朝恭奉玄元皇帝。'翼日，复梦神人传天尊言：'吾坐西，斜设六位以候。'是日，即于延恩殿设道场。五鼓一筹，先闻异香，顷之，黄光满殿，蔽灯烛，睹灵仙仪卫天尊至。命朕前，曰：'吾人皇九人中一人也，是赵之始祖，再降，乃轩辕皇帝，凡世所知少典之子，非也。感电梦天人，生于寿丘。后唐时，奉玉帝命，七月一日下降，总治下方，主赵氏之族，今已百年。皇帝善为抚育苍生，无怠前志。'即离席。乘云而去。"

虽然这个"主赵氏之族"的神人不是玉帝本身，而是奉玉帝之命的僚属，但玉帝是赵宋天下的总后台。就因为真宗这通梦话，玉帝的信仰在宋代的朝廷空前火热起来。大中祥符七年（1014年）九月，于滋福殿设玉皇像。次年，皇帝驾诣玉清昭应宫奉表奏告，上玉皇大帝圣号曰"太上开天执符御历含真体道玉皇大天帝"。

玉皇大帝的出现，使得原先神圣无比的昊天上帝的神坛空前地寂寞起来。宋徽宗时进行了一项大刀阔斧的改革，即将昊天上帝和玉皇大帝进行了合并。徽宗政和六年（1116年）九月朔，上玉帝尊号曰"太上开天执符御历含真体道昊天玉皇上帝"，二者统为一体，这就意味着一贯抽象且带自然色彩的最高神昊天上帝成为一个活生生的人格神。关于最高神的神话从此才真正大量炮制出来，而在此之前，它不过是一个受人膜拜的牌位，只是在郊天礼仪中的一个虚幻无实的影子。由于没有实体和人格化，关于昊天上帝的神话不能发挥出来。

　　玉皇大帝跟昊天上帝的合并是体系宗教与自然宗教的统一，是宗教神话与政治神话的统一，也是民间神话与皇家神话在中国主神上的认同。中国神话史上第一次各派系各阶层都认同了这一主神。玉皇大帝不像以往的昊天上帝为皇家独专，遍满神州的玉皇神庙及流行于穷乡僻壤的玉皇神话一时使得中国神话得到了新的统一，这是自秦汉实现以黄帝为中心的古神话秩序后的又一次大统一。尽管后来统治者将昊天上帝与玉皇大帝剥离，但在神话领域里，玉皇大帝就待在主神位置上不走了。

　　宋元以来，尽管佛教势力不小，但在神话世界里，佛教的神正被收编，纳入了道教神话的系统。当然，所谓道家神话已不是纯正的宗教神话，世俗神话的成分已经很重了。宋徽宗时崇道，曾有以道统佛之举，如宣和二年（1120年）三月，诏改佛号为大觉金仙，称自己为仙人、大士，[1]后来又信道士林灵素之言，认为佛氏之教非我中华之人，乃是西方胡鬼；佛教最为害道，今纵不可遽灭，合与改正，将佛寺改为宫观，释迦改为天尊，菩萨改为大士。这规模盛大的兴道抑佛运动在神话中留下了深深的烙印，佛教的神从此都带上了大士、真人的雅号，如观音大士、普贤真人。这到底是佛教的神还是道教的神？恐怕都不是了，它们进入了世俗神话，成了以玉帝为核心的大神话系

────────────

[1]　《宣和遗事》前集，上海商务印书馆"四部备要"本，1924年，第17页。

统里的一员。

元代统治者兴佛抑道。宪宗时曾令道士削发为僧，明成化年间撤了皇家的玉帝祠，可是这都无法改变玉帝管佛爷的神话现状，在世俗神话里，玉皇大帝高坐天宫第一把交椅，如来佛不过西天一大神，大不了就是一区域性神，受玉帝统治。明清小说中，尤其是《西游记》，把玉皇大帝的主宰地位确定下来，佛祖的从属地位也随之确定。《西游记》中孙悟空搅得玉皇大帝不得安宁，差使请如来前去降伏，二圣向如来说明原委后，书中写道："如来闻诏，即对众菩萨道：'汝等在此稳坐法堂，休得乱了禅位，待我炼魔救驾去来。'"[1]后如来又领众神作一"安天大会"，佛道诸神都成了玉皇大帝的僚臣。

至此，玉皇大帝成为朝野均认同的最高神。崇拜玉皇的习俗在民间影响甚大，如正月初九之"玉皇诞"可谓一狂欢节，人们载歌载舞庆祝玉帝的"诞辰日"。而腊月二十四最令人不安，因为这一天灶神要上天汇报各家的善恶品行，故对灶神特别尊敬，而敬灶神的实质却是畏玉皇。腊月二十五则是玉帝下凡巡察的日子，各家各户要摆香案"接玉皇"，以便来年吉利。腊月二十八、三十都有与玉皇相关的祀礼。[2]可以说，现存的传统节日礼俗中玉帝的信仰居于核心地位，所以，我们应把玉皇定为皇家与民众共同拥有的主神，它是社会的主流神话的主角。

但是，由于民众并不能从对玉帝的祀礼中获得真正的益处，且根

[1] 吴承恩：《西游记》第七回，人民文学出版社，1993年，第75页。
[2] 陈建宪：《玉皇大帝信仰》，学苑出版社，1994年，第101—102页。

本上玉帝还是护着皇家的，于是民众开始了对玉帝的怨恨与攻击。玉帝的形象实际上是皇帝的形象，一般说来，老百姓是喜欢好皇帝的，碰到了坏皇帝就要揭竿而起。皇帝身上具备善恶两重属性，人们把它转移到玉帝身上。玉皇同皇帝一样有至高无上的权力，它可以给民众带来福祉，也可给民众带来灾难，因而民众对他的态度是矛盾的，人们一方面崇拜祭祀玉皇，祈望他能降福人间；另一方面又怨恨玉帝，通过神话故事来奚落他、鞭笞他的丑行，更树立起神话英雄与之对抗，从精神上战胜他。

《西游记》里的孙悟空是反玉帝最勇猛的英雄，在第七回里，他有一段铿锵有力的宣言：

> 常言道：皇帝轮流做，明年到我家。只教他搬出去，将天宫让与我，便罢了；若还不让，定要搅攘，永不清平。

这反天宫的英雄固然可敬，但被另外一种力量征服了，这就是如来的手掌。这不是什么对人类孩提奔放之心的约束，而是历代反抗者悲惨命运的写照；这也不是佛教显示自己的法力无边，因为佛祖五指所化的是道教崇尚的"五行"，而不是佛教世界中的"四大"。如来作为玉帝的臣属，成为正统势力的一部分，这是宋元以来，佛道成为统治思想的组成部分在民间神话中的真实反映，它反映出统治者的势力对异端力量的联合打压。孙悟空由反抗到归顺，也真正体现了民众反抗斗争的最终归宿。

《西游记》并不是富有民主精神的理想主义作品，它是带着神异色彩的真实历史。这种神话是反映型的神话，而不是理想的神话，它是人们反抗过的结论，而不是对反抗的期许。尽管如此，孙悟空却是玉皇大帝所遇到的最勇猛的挑战者，《西游记》神话记录着曾经发生过的文化冲突。

与孙悟空的皈依不同，民间塑造出的土地爷形象则较多理想色彩。郑振铎先生在《中国俗文学史》里为我们记下了这个罕见的《土地宝卷》的主要内容。《土地宝卷》"写的是天与地的斗争；写的是'大地'化身的土地神如何大闹天宫，与诸佛、诸神斗法，他屡困天兵天将，成为齐天大圣孙悟空以来'天'面对的最顽强的敌人"[1]。事实上，民众对齐天大圣孙悟空的归顺投降不满，在人们心中，孙悟空成了帮凶，是变节者，人们通过土地爷的神话否定了《西游记》中的孙悟空形象，土地爷成了一个真正的反抗到底的英雄形象。《土地宝卷》"地摇物动品第十"这样写道：

> 夫却说，天兵大败，齐奏玉帝："那土地神通变化，身化山林，天兵伐树，四面火起，个个着伤，无能可敌。奏上圣定夺。"上帝曰："领我勅旨，传与南极，令群仙拿来土地。"话说旨传南极，领众群仙，通天大圣，齐天大圣，率领群仙，齐来交战。那土地散者成风，聚而成形。天兵到此，不见土地。高声大叫："土地，你在哪里？出来受死！"那土地从地里钻出来。齐天大圣一见土地："就是你撒野。"行者举棒，劈头就打。那土地拐杖相还，练战一处。后有通天大圣来掠阵。土地发威，使开拐杖，把通天

---

[1] 郑振铎：《中国俗文学史》（下），上海书店，1984年，第334页。

大圣一拐戳倒，拐杖一拉，把齐天大圣拉了一跤。南极着
忙，领众群仙，一勇齐来围着。土地将拐戳在地下，手搬拐
杖，晃了两晃，地动山摇，一切神仙，站立不住，平地跌仙
（倒）。众仙着忙，各驾祥云，起在空中。土地将拐望空一
举，晃了几晃，那神仙空中东倒西歪，站立不住。那土地一
拐化了万万根拐，起在虚空，打的那神仙各人散去。[1]

这场精彩的大战中最令人注目的是齐天大圣孙悟空，他原本是个
顶天立地的造反者，现在却充当玉帝的马前卒，镇压起土地爷来，大
有宋江投降打方腊的作风。这充分说明，民众对孙悟空变节的行径深
为不满，他们理想中的英雄是一种血战到底的角色。土地爷反玉帝的
神话是对孙悟空闹天宫神话的拨正，它树立起了一个真正的平民英雄
的神话形象。

后来，土地爷也像孙悟空一样被佛祖收服，掳往灵山，投入炉中
焚毙。但土地爷的肉体虽死，灵魂却永在，佛祖无从压制这不屈的灵
魂，遂遣使者遍游天下，使穷乡僻壤都建起了土地祠和土地神位，土
地爷的结局是死为鬼雄，得到人们的广泛敬仰。

《土地宝卷》是明清间的刊本，它体现出一种真正的文化对
抗。玉帝信仰是文化主体，民众从总体上看是玉帝的信奉者，因为
他是无可替代的第一神，但是这并不意味着盲从。当人们清醒地认
识到自身的地位，百姓与皇帝不能居于同一神灵下，便毅然将最高
神推倒。孙悟空的反抗标志着玉帝一开始就面临着强大的挑战，只

---

[1] 郑振铎：《中国俗文学史》（下），上海书店，1984年，第341页。

可惜他的变节使其"革命"的色彩减弱，土地爷血战到底的气概正表现出永不妥协的斗争精神。它是民众反正统势力的最强大最彻底的异端文化势力。

无论是孙悟空闹天宫还是土地爷大闹天宫，这些神话都不是立即配合武装斗争，而只是一种文化势力，从心理上瓦解一统的信仰，从而动摇专制主义的文化基础。离开了宗教组织的努力，很难树立起一个为人们广为接受的正面神灵，宋元以来的民间宗教势力由于过多的武装斗争，使尚未成熟的宗教与神话在刀光剑影里丧失了生存时机。作为一种非宗教性的神话，是老百姓面临着完整的强加到头上来的神话系统的一种本能抵抗。人们塑造的反抗英雄不是主神，而是要毁掉这神话大厦，以图新建一座理想之宫。然而，在既存神话无从毁灭，并且雄劲挺立着的时期，新的神话体系尚无力建立，人们只是在作一些破坏性的努力。这种努力，实际上强化了主神的结构，稳定了这个系统。

玉帝以其至高无上的权威在神国独占风光，并不依赖其高尚的道德行为，而是集诸大神的威严神力于一身所致。这样，玉帝在神话里的第一把交椅实际上是依赖了外在的力量，而不是本身的基质。民众在抵制这种神话时主要从两个方面入手，第一是创造像孙悟空、土地神那样的直接反抗者，通过反抗者的胜利来抒发被压迫的郁闷；第二则是毁灭玉帝的形象，揭示其丑陋以瓦解信仰的根基。所以，在民间关于玉帝的另一类神话里，玉帝本人成为一个荒淫无耻的角色，而其家族则男盗女娼。这是现实统治网络的真实投影，它毁灭玉帝神话的合理性，为从根本上消除玉帝统治作出努力。

玉帝神话真正体现了中国神话中的悖论：一方面，他是那样一个邪恶角色，处于该打倒的地位；另一方面，他又那样地难以取代，人们在数落他的昏庸时又伏拜在他的殿前。我们可以从中国人的不屈而又怯弱善忍耐的心理素质里去索解，但这种心理不是天生就形成的，而是强权统治下的必然产物。权力统治不以人的意志为转移，它的力量是既定的，并不完全跟公共道德相联系，实际上是谁拥有权力谁就拥有道德解说权，以给自己的行为进行合理的解释。神话里的统治权力也是这样，当一种足以取代旧势力的力量尚未出现时，反抗权力的行为无效，既存权力便依然运行。中国民间神话不能产生足以取代玉皇大帝的神话，说明中国民间文化尚笼罩在统治者的文化之下，尽管有激烈的冲突和反叛，但不足以从根本上动摇以玉帝神话为核心的统治。反抗玉帝的民间神话只是在主流神话的统治下的内部震荡，作为一种异端文化，就像孙悟空逃脱不了如来的掌心一样，它的力量尚有限度。

玉帝的神话就这样成为中国历史后期的主流神话的集中代表，它所存在的内在矛盾，正是中国社会不可调和的社会矛盾的缩影，蕴含着神话矛盾法则的全部内容。

中国封建社会后期，占统治地位的神话是由统治者所把持的儒、道、佛三教的神话，玉帝的出现使三教神话获得统一。统治者将自己的神话列于正统位置，对民众实施政治统治和精神统治。民众制造出的神话是不同于统治神话的新神话，它的突出特点首先是以多破一，即神灵众多。白莲教各支派、各会党的神灵、工商行会的神灵、新生的不与统治者合作的神灵及其他新出神灵数以千计，其阵容已远比皇家神坛浩大，尽管皇家神灵还把持着最高神位，其实神国已经失控，民众可以在自己的神灵庇护所下栖息，一统的神界已危机四伏。其次是新神话攻击正统神话的方式多了起来，或直接打出取而代之的口号，或另立山头，自成一格，向正统神灵泼污水，毁坏其存在根基，表现出功能多样、形式多样的活泼局面。这些新神话虽未完全成熟，但它们是毁灭正统神话的基本力量，是我们研究神话发展史的重要对象。

第十八章
后期民族神话的发展

18.1　后期民族神话的主要走向

　　隋唐以后，中华民族的发展进入了又一次民族大融合的时期，传统意义上的汉族在中华民族的后期发展过程中已不占主导地位。五代有三代的开国皇帝是沙陀人，东北地区的契丹族与西北地区的党项族都建立有自己的政权，压得北宋抬不起头来。至于南宋则更是偏安一隅，在历史舞台上唱主角的渐渐转为北方民族。先是女真族建立的金雄起，相继灭辽、北宋，成为北方的主要统治者，并对南宋虎视眈眈，南宋只有招架之功而无还手之力。12世纪末至13世纪初，蒙古于北方迅速强大起来，蒙古军队的铁骑横穿欧亚，以不可阻遏的气势登上了中国统治的舞台。在经历了近一个世纪的统治后，元朝灭于风起云涌的农民战争风暴之中。继起的明朝是一个汉族的政权，其统治期从1368年到1644年，不足三百年。满族人建立的清政府是中国历史上最后一个封建王朝，也是统治时期最长的一个非汉族政权。如果我们从907年李存勖建立后唐开始算起，到1911年辛亥革命推翻清政权，其间一千年，汉民族的直接统治不足三百年，五代与宋，汉族与其他民族分治三百余年，元统治九十八年，清以1636年皇太极改国号大清始至清亡也近三百年！多元民族是隋唐以后中国历史发展无可争议的统治主流，忽视这一重要现象就不能真正理解后期的中国文化。因此，神话研究若不从民族发展的相互间的巨大影响中去考察，就不可能把握住中国神话发展的真正脉络。

各民族的交融使这一时期的神话发展呈现多元的局面，与南北朝时期南北对峙时的北方民族不一样，中国后期的少数民族的独立性相对较强。由于历史较长，这些民族有了较深的文化积淀，且大多拥有自己的文字，如西夏文，所谓的"蕃书"，辽的契丹文字、金的女真文、元的蒙古文、清的满文，这些文字的创制和采用，对于各民族文化的发展都有不可估量的影响。通过它们记录下来的民族发展历程，是我们研究古代文化的宝贵资料。许多神话就是赖这些文字的记载得以保存的。由于他们有文字保存自己的文化和历史，各族同胞并不像北朝时期的北方民族一样，急于向汉族求血缘正宗正位。一个显著的特点是，北朝时的各族将五帝神话作为文化归宗的心态在这些朝代和民族中不明显，血缘种族色彩的神话已退居第二位，而在整个民族精神生活中占统治地位的民族宗教——儒、道、佛三教的神话已无可争议地坐上了第一把交椅。

这一转变期发生在唐代。李氏唐朝是一个融合了各族文化的新汉族政权，它的出现，是南北朝漫长时期里的民族文化交流的总结。贞观四年（630年），"诸蕃君长诣阙，请太宗为天可汗"（《唐会要》卷一百）。唐代的建立使中华民族真正出现了一个"胡汉一家"的局面。由于李氏明显的鲜卑与原汉族的杂交血统，他们很难跟五帝系统直接发生关联。他们已经统一了神州，无论是何种血统，他们已是政权的主人。中国文化的主流已由独尊儒术演变为儒、道、佛三教鼎立，没有一个朝代完全抛弃儒教，对于道教、佛教或兼崇不偏，或有所选择。总之，将其视为社会的精神统治思想的大趋势不变。李氏统治者选择老子为其祖，这是中国神话史上具有划时代意义的一次巨变。而武则天将佛祖供进明堂，则使传统的神典受到了前所未有的冲击，它标志着佛、道之神已从在野的异端步入了正统的行列。这一过程始自汉，完成于隋唐。自成系统的三教神话已经形成，成为隋唐以后文化统一的蓝本。

儒、道、佛三教文化并不能视为纯汉文化的代表，它是中华民族各族人民共同发展的结晶。佛教发展以北方民族的贡献尤大，而道教离开了北魏统治集团的扶持则很难步入主流社会。正是因为三教文化为不同民族共同创造发展，因而也能为不同民族所接受。三教文化成为适宜于中国文化生态的主流文化。

当三教自成体系的神话系统一形成，一股强大的摧毁原始神话的力量便发生作用了，就像繁荣的希腊罗马神话一遇到基督教的神话便土崩瓦解一样。三教神话使得原来较为原始的各少数民族神话受到影响。体系性宗教神话形成的力量是任何神话都难以比拟的，它不像政治神话那样靠强制宣传，而是水浸气流般渗透到民众的心灵，造成一种心灵的皈依。散漫无主的原始宗教与神话面对体系宗教就显得无能为力。当然，他们在接受三教神话时会作一些改动，但这种改动不会影响宗教神话的基本构架，这就是为什么唐以后那么多的民族，在接受三教神话之前，其传统神话丰富多彩，而一旦跟三教神话接触，便渐失自家本色的原因。

隋唐以后的民族神话发展过程是一个原始神话向三教神话皈依的过程，这种皈依，除部分地保留了一些少数民族神话的元素外，各族统治者和人民以他们对新神话的认同加入了民族共同体。三教神话成了新一轮民族大融合的精神纽带。

下面我们将对隋唐以后诸主要少数民族神话的发展进行分析，以见各族原始神话的基本形态以及它们在三教神话后的瓦解过程。北方民族宗教在民间的残留，主要是北方萨满教。它在三教神话冲击下顽强地生存下来是一大奇迹，因而也在后期民族神话中甚有光彩。

18.2 契丹神话：从青牛白马到白衣观音

契丹族见于北魏、唐、五代之史书，为东胡一系，长期生活于辽河上游的西拉木伦河流域。唐初受册封，赐李姓，有为官于唐者，著名者如李光弼。契丹叛服无常，至五代时强大，助晋灭唐。907年，耶律阿保机被举为可汗，即破坏传统的部落首领选举，霸在可汗的位置上不下来。916年，他用其妻之策，杀害各部首领，即皇帝位，建立契丹国，以皇位世袭取代了可汗选举制。阿保机去世后，耶律德光继位，947年，改国号为辽。

由于辽的统治主要限于东北地区、部分西北地区，南向仅及山西、河北一带，辽政权仅为一地方政权，故其皇家祀典中保留了较多的辽河流域的原始神灵。在辽初尤其明显。

契丹的先祖，相传为骑白马青牛的神人天女。《辽史·地理志》称：

> 相传有神人乘白马，自马盂山浮土河而东，有天女驾青牛车由平地松林泛潢河而下。至木叶山，二水合流，相遇为配偶，生八子。其后族属渐盛，分为八部。每行军及春秋时祭，必用白马青牛，示不忘本云。

关于白马青牛，蔡美彪等认为是不同氏族的象征[1]。辽祭天时常杀青牛白马，二者是否为图腾，人们多有疑问，但以青牛白马祭天的行为作为敬天法祖的象征却毫无疑义，这一风习大抵同于儒家的宗教礼仪。汉史籍谓契丹为炎帝之后，恐为汉人传述，罕见流行于辽人口头。据《辽史·地理志》所载，契丹祖先乃为天神，似与炎帝无涉。辽太祖阿保机将木叶山定为圣地，动辄以青牛白马祀天，则是天神与祖先一同祀之，祖先就是天神。契丹建国初期的最高神为天神与先祖的统一体。阿保机死后，耶律德光尊为太祖，建太祖庙，谒祠甚勤。又建祖陵，常祠之。有辽一代，祠木叶山及各先帝祖庙在皇家宗教生活中占据重要地位。自907年阿保机继汗位到1125年天祚帝为金人所俘，传九帝二百余年，祠木叶山，谒太祖庙的热情始终没有衰绝，而昊天上帝、社稷神位却始终没有建立起来，在皇家祀典里，辽与先秦祀典及秦汉以来的祀典明显不同。

---

[1] 蔡美彪、周清澍、朱瑞熙等：《中国通史》第六册，人民出版社，1979年，第3页。

太宗灭晋以后，稍用汉礼，但天地神灵礼仪民族特色鲜明：

> 设天神、地祇位于木叶山，东向；中立君树，前植群树，以像朝班；又偶植二树，以为神门。[1]

天地神不在南北郊，而置于木叶山这一契丹族的圣地，故虽有天神地祇之位，但与昊天上帝、社稷神位殊科。作为皇家祀典的儒家神系没在辽国建立起来，他们所引进的儒家神话只是关于孔子的仪典，而未涉及儒典中的神系。

在辽统治的宗教活动中，巫术性的行为甚多，较突出的如射柳、射鬼箭，前者为祈雨所行仪式，后者乃为厌禳。终辽一代，射柳频频，可见巫风之重。至于求雨为何定要射柳，则疑而难明。或许柳为女阴象征，射之以祈雨也未可知。

射鬼箭于辽初多有行施。太祖阿保机登汗位，诸弟不服而反。阿保机不思加诛，乃与诸弟登山刑牲，告天地为誓而赦其罪。但诸弟仍存反心，面木叶山射鬼箭厌禳，太祖闻之，"乃执叛人解里向彼，亦以其法厌之"[2]。关于射鬼箭，《辽史》末附《国语解》云："凡帝亲征，服介胄，祭诸先帝，出则取死囚一人，置所向之方，乱矢射之，名射鬼箭，以被不祥。及班师，则射所俘。后为刑法之用。"解里在这里就成了这样一个牺牲品，以对抗诸弟为厌禳。这样，阿保机与诸弟的矛盾起初是以巫术性的"射鬼箭"来展开的。后其养子涅里

---

[1] 《辽史·礼志》，见"二十四史"（简体字本），中华书局，2000年，第501页。

[2] 《辽史·太祖本纪》，第5页。

思附诸弟叛，被阿保机以鬼箭射杀之。太宗耶律德光也有"射鬼箭"
之举。辽代的宗教神话保持着浓厚的地方特色，就其本质看，实是北
方萨满宗教系统，只是那时人们尚未以萨满称之。

辽代祭天地多以青牛白马，但青牛白马并不是唯一的选择，考于
《辽史》诸本纪，祭天地之牲尚有黑白羊、黑兔等物，似乎色彩较牲
畜本身更为重要。白色象征天，黑色象征地，是一种较为原始的自然
崇拜形式，其推动力则是那神人天女结合的祖先神话。自然崇拜、祖
先崇拜的传统在整个辽代都绵延不绝，这就是北方萨满教的神话与礼
仪，它在北方各族长久流传，是在儒、道、佛三教神话之外，加入中
国神话系统的一支新的力量。

但是，这种原始的民族宗教神话并没有成为唯一的宗教神话。
儒、道、佛的神话传入，渐成文化主流。辽太祖神册三年（918年）
五月乙亥，"诏建孔子庙、佛寺、道观"[1]。这是与青牛白马所祭的
天地神完全不同的神统。《辽史·耶律倍传》：

> 太祖问侍臣曰："受命之君，当事天敬神。有大功德
> 者，朕欲祀之，何先？"皆以佛对。太祖曰："佛非中国
> 教。"倍曰："孔子大圣，万世所尊，宜先。"太祖大悦，
> 即建孔子庙，诏皇太子春秋释奠。

这时的孔子在辽是被当作一个神对待的，孔子被列在三教之神
的首位。辽太宗耶律德光时，亲谒孔子庙，而令皇后、皇太子分谒寺

---

[1]《辽史·太祖本纪》，第8页。

观，是三教不废，而独尊孔子。《辽史稿》认为："契丹奴隶主贵族引进儒学，绝不是作为一种学术来引进，而几乎是作为一种宗教来引进的。"[1]他们供奉孔子，也提倡忠孝之道。辽圣宗《诸侄戒》说："汝勿以材能凌物，勿以富贵骄人，惟忠惟孝，保家保身。"其间浸透着儒家伦理，非深乎孔孟之道不能言之如此。圣宗幼喜书翰，十岁能诗，既长，好音乐绘画，是辽代帝王文化水平较高的一位。辽于北方成一文化中心，北方诸部对华夏传统文化的汲取多求之于辽。圣宗开泰元年（1012年），铁骊那沙乞赐佛像、儒书。圣宗即赐护国仁王佛像一尊，《易》《诗》《书》《春秋》《礼》各一本，儒佛之道之大行于辽可知。

辽代虽崇儒，但后来最有影响的宗教神话势力还是佛教，阿保机问祀神以何为先时，"皆以佛对"就是证明。辽太宗时，奉观音为家神，佛教的地位进一步提高。辽代的"拜山仪"即于木叶山祭天神地祇仪，为最高宗教仪式，自太宗将白衣观音像迁于木叶山庙，尊为家神后，便增加"诸菩萨堂仪"，然后拜山，观音之礼已高于天神地祇礼。兴宗继位，先有事于菩萨堂及木叶山辽河神，然后行拜山仪，后因循无变。总之，太宗时，白衣观音已升为众神之首。

耶律德光如此重视观音，是有一定的政治图谋的，他是借助佛教神话的力量来干预中原政治，为西进南下寻找借口。《洛中纪异》记载了一则观音授令的神话：

　　契丹主德光尝昼寝，梦一神人花冠美姿容，辒辌甚盛，

---

[1] 舒焚：《辽史稿》，湖北人民出版社，1984年，第289页。

自天而下，衣白衣，佩金带，执金骨朵，有异兽十二随其后，内一黑色兔入德光怀而失之。神人语德光曰："石郎使人唤汝，汝须去。"觉，告其母，忽之不以为异。后复梦，即前神人也，衣冠仪貌，宛然如故。曰："石郎已使人来唤汝。"即觉而惊，复以告母。母曰："可令筮之。"乃召胡巫筮，言："太祖从西楼来，言中国将立天王，要尔为助，尔须去。"未浃旬，石敬瑭反于河东，为后唐张敬达所败，亟遣赵莹持表重赂，许割燕、云，求兵为援。契丹帝曰："我非为石郎兴师，乃奉天敕使也。"率兵十万，直至太原，唐师遂衄，立石敬瑭为晋帝。后至幽州城中，见大悲菩萨佛相，惊告其母："此即向来神人。冠冕如故，但服色不同耳！"因立祠木叶山，名菩萨堂。德光生于癸卯年，黑色入怀，此其兆也。[1]

　　显然这是军事干预中原的舆论，耶律德光宣称："我非为石郎兴师，乃奉天敕使也。"也就是替天行道。究其实质，不过是他想得到幽云十六州的土地，又要冠冕堂皇罢了。而自称"儿皇帝"的石敬瑭的后晋，不过是辽进入中原的一块跳板。当然，辽进入幽云十六州却使契丹族日益汉化了。

　　在辽的四时节气中，有关佛的纪念日最得关注，如二月八日传为悉达太子生辰。"京府及诸州雕木为像，仪仗百戏导从，循城为

---

[1] 转引自《辽史拾遗》卷二，文渊阁四库全书本，第0289册，第0765b—0765c页。

乐。"[1]这是一特殊礼遇，老子、孔子均不能得此殊荣。辽又有以四月八日为佛生日者。庆祝仪式也十分隆重。《全辽文》中《重修范阳白带山云居寺碑》这样描绘道：

> 风俗以为二月八日共庆佛生，凡水之滨、山之下，不远百里，仅有万家，预馈供粮，号为义食。是时也，香车金马，藻野缛川；灵木神草，艳赫芊绵。从平地至于绝巅，杂沓架肩；自天子达于庶人，皈依福田。

这种盛大场面反映出辽国举国上下的崇佛热潮，正是这种宗教风习，使契丹与中原文化有了更多的心灵相通之处。白衣观音实际成为辽与宋及夏、金文化交流的桥梁。尽管契丹族的木叶山宗教信仰的地方色彩是那样的厚重，可自打白衣观音进入木叶山菩萨堂，整个神话都发生了变化，木叶山、辽河神礼仪及天神地祇沦为一种象征性仪式，而佛教崇拜却是"自天子达于庶人"的实质性的信仰。

辽代的道教势力当时似弱于佛、儒，但据传刘海蟾为辽进士，则辽出一道家大仙，在各族人民的民间神话与习俗中影响很大。据《坚瓠集》引刘海蟾故事云：海蟾姓刘，名嚞，渤海人。十六岁登甲科，仕金，五十至相位。退朝，有二异人坐道旁，延入谈修真之术，二人默然，但索金钱一文，鸡卵一枚，掷于案，以鸡卵累金钱上。嚞傍睨曰："危哉！"二人曰："君身尤危，何啻此卵！"刘嚞因悟，挂印入终南山，学道得仙。《金史》无刘嚞其人位至宰相的记载，故以

---

[1]《辽史·礼志》，第532页。

辽进士说为胜。明都卬《三余赘笔》云：道家有南北二宗。南宗自东华少阳君得老聃之道，以授汉钟离权，权授唐进士吕岩，辽进士刘操，刘操授宋张伯端，伯端授石泰，泰授薛道光，道光授陈相，相授白玉蟾，玉蟾授彭耜。[1]可见刘操在道教的传承谱系里是不可或缺的链环，他是辽代道家神话中的重要人物。全真道封其为"北五祖"之一，元世祖忽必烈封其为"明悟弘道真君"，元武宗时，还加封为帝君。海蟾子不过是刘操（或哲）的道号，后讹为刘海戏蟾的传说。刘海戏蟾作为一种吉祥图案，自明代以来已广行于民间，后金蟾又讹为金钱；则刘海戏金蟾变为刘海戏金钱，刘海成了财神。刘海蟾的神话并不是完成在辽代，但辽进士的传说得到全民族的喜爱，更见出宗教神话在民族文化交流中地位的重要了。至于刘海蟾演为刘海戏金钱则是这一时期普遍的神灵世俗化的体现。

　　辽代神话起初是一种多神多中心的神话，而以青牛白马神话影响最大，三教神话进入契丹后，原始神话的势力在一定程度上被削弱。三教神话中以佛教神话流行最广，白衣观音被奉为家神，成为进兵中原的神话依据所在，是流播朝野的影响最大的神话。儒教虽也为统治者所重视，一度列为群神上首，但很快就被白衣观音取代了。在辽的宗教圣地木叶山上没有孔子的庙堂，似乎孔子还只是被尊为圣人，没有被尊为神，加上儒典中的皇家祀典系统没有植入，所以儒家神话的影响十分有限。道教神话则除刘海蟾外，我们所知甚少。辽代的神话，是契丹族人民生活于北方时期的精神食粮。当契丹族与各族人民共享三教神话时，他们也就加入了共同体，共同来创造民族文化。辽

---

[1] 俞樾：《茶香室丛钞》卷十四，第319页。

亡后，契丹族作为一个独立的民族已不复存在，它的神话则融入中华民族神话之中。

18.3　西夏神话：从白仙鹤、太阳腿姑娘到伦理神话

西夏为我国西北党项族所建立的政权，由于没有专史，故文献记载不如辽、金等政权的事迹详细。近代以来，西夏文书的发现与破译，为研究西夏的历史与社会提供了崭新的材料。

党项自汉时即闻于中国，南北朝时与中原有较多的接触。《北史·党项传》称党项为党项羌，是三苗之后，自称猕猴种，每姓为一部落，尚武力，无法令，养氂牛羊猪以供食，不知稼穑。"其俗淫秽蒸报，于诸夷中为甚。无文字，但候草木以记候，三岁一聚会，杀牛羊以祭天。人年八十以上死者以为令终，亲戚不哭，少死者则云夭枉，共悲哭之。"党项于南北朝时尚明显处于原始部落时期，原始宗教气氛浓烈，神话必当甚为流行。唐时党项附降，因吐蕃所逼而内迁，唐赐李姓，宋时则赐赵姓。唐宋时，党项与内地的关系日趋密切，文化交流更为广泛，而党项也逐渐强大。

1038年，元昊称帝，建都兴庆（今宁夏回族自治区银川市），国号大夏，统治区域大抵在宁夏、陕西、甘肃、内蒙古一带，这也是一个地方民族政权。从元昊称帝到蒙古灭西夏，其间传十代皇帝，共一百九十年。在这一时期，党项族发生了深刻变化，文化上有突飞猛进的发展。

西夏除仿唐宋官制建立了一套行政机构外，更重大的事是文字的

创制，它是党项文化的载体，对于其文化发展与传播具有不可估量的影响。关于西夏文，古史多称为元昊所创。《辽史·西夏传》说元昊晓佛书、通法律，尝观《太乙金鉴诀》《野战歌》，制蕃书十二卷，又制文字符篆。《宋史·夏国传》记载与此同。二史为元时脱脱等所著，早于脱脱的宋人著述里也称蕃书为元昊所制，如北宋沈括的《梦溪笔谈》与曾巩的《隆平集》都有记载。元昊作西夏文大抵为事实。西夏文在西夏得到了广泛运用，许多西夏神话赖西夏文得以保存。西夏灭亡后，西夏文也逐渐失传，幸有埋于地下者得以保存。

自清朝史地学家张澍于19世纪初在西北发现西夏文《重修凉州护国寺感应塔碑》后的一百多年时间里，西夏文重见天日后的破译也取得了长足的进展，经过中外几代学者的辛勤劳动，人们终于能把许多湮没的材料破译后重新公之于世，西夏的神话也得以重现尊容。

在西夏文的类书《文海》里，有许多关于鬼神的条目。鬼主恶，谓之"损害"，神主善，谓之"守护"。鬼有饿鬼、虚鬼、孤鬼、妨害鬼、杀死鬼等。神有天神、地神、富神、战神、守护神、大神、护羊神、山神、水神、龙神、树神等。[1]这本西夏文的类书中如此众多的鬼神名目说明，在西夏建国后相当长的时期内，多神崇拜是宗教活动的主统。

西夏的原始神话十分丰富，汉典所载十分有限，但在西夏文里，那些色彩斑斓的神话故事却十分庞杂地呈现在人们面前，就西夏文典《大诗》《夏圣根赞歌》《圣立义海》等文献进行归纳分析，可得知

---

[1] 史金波：《西夏文化》，吉林教育出版社，1986年，第90—92页。

西夏原始神话的大致内容[1]。

在原始的空虚中生出来一个具有生育能力的石头，它可能生出了一座山，也许是自己变成了一座山，山具有生长壮大的能力，它的顶峰成了神仙居住的地方。后来，不知在哪里冒出了两个分别代表阴极和阳极的生物，接着有了空气、风、鸟、白仙鹤以及同月亮和西方有关的奠定了宇宙开端的面如满月的英雄。白仙鹤是西夏古神话里一个影响很大的神灵，他跟太阳腿姑娘嬉戏，这也是一场阴极和阳极的嬉戏，与创造世界有关。太阳腿姑娘企图制服不知从什么地方冒出来的大象。天穹是白仙鹤创造的，而后来又说是黑头造天，似乎黑白有矛盾，但有文献说白仙鹤头是黑的，这两者就统一起来了。创造大地的则是"红脸"，这红脸恐怕就是那太阳腿姑娘，因为太阳是红脸。由白仙鹤和太阳腿姑娘创造天地的神话转为黑头红脸的神话，于是，始祖的神话也就诞生了。请看《大诗》中的描述：

> 黑头像旋风一样在造天，
>
> 红脸在雾气弥漫的红色土地上大踏步行进，
>
> 红脸在修地，在铺设云道，
>
> 红脸喜欢通宵达旦地嬉戏，
>
> 红脸大白天也在嬉戏，
>
> 大脸盘的子孙们一代代地不请自来，
>
> 大脸盘子孙的队伍络绎不绝！

---

[1] 参见克恰诺夫、李范文、罗矛昆：《圣立义海研究》西夏文汉译本卷十四，宁夏人民出版社，1995年。

他们是人类产生的开端，一支门第高贵的中流砥柱。[1]

黑头与红脸所产的大脸盘的子孙从此繁衍生息。这些神话跟汉族的传统神话很少有相同的地方，只是其中如石头创生及山顶居神与汉神话的模式有些相似。至于白仙鹤与太阳腿姑娘、黑头与红脸，都是奇特新颖的神话。《大诗》的歌唱，大概就是萨满的神歌，它保存着纯粹的西夏党项族人的神话。

这些民族特色和地域特色十分鲜明的神话没有越过西夏的统治区域而主要在本民族范围内流行，西夏灭亡后它们就不传于口头了，幸亏被记录在案而幸存下来，至今日才重见天光。史称西夏人好鬼神，从这些西夏文的遗典里能清楚地看出。

这种多神崇拜因佛教与儒教的传入受到影响，史称西夏开国主元昊"晓浮图学，通蕃汉文"，他于继位后第三年〔宋景祐元年（1034年）〕向宋求赐佛经一藏，这些汉文佛经进入西夏后即被译为西夏文，在党项族中流行，各类佛寺在西夏雨后春笋般地建立起来了。其中，承天寺是当时最大的佛教工程，宋皇所赐的《大藏经》即藏于此。

西夏的佛教，形成了以寺庙为主的几个中心：一、兴庆府中心，这里有著名的承天寺，是西夏佛教的中枢；二、贺兰山中心，贺兰山是西夏的三大神山之一，佛教名刹多建于此；三、凉州中心，有凉州感应塔及护国寺、圣容寺、崇圣寺等建于此；四、甘州中心，有卧佛

---

[1] 克恰诺夫、李范文、罗矛昆：《圣立义海研究》西夏文汉译本卷十四，宁夏人民出版社，1995年。

寺、崇庆寺、诱生寺和十字寺等建于此，甘州还是西夏重要的译经所；五、瓜州和沙州中心，此即敦煌一带，亦西夏的一大佛教中心；六、黑水城中心，这是西夏北部重镇，城内有许多寺庙遗址。[1]这遍布西夏大地的佛寺，将佛教的神话散布到西夏大地，哪里有寺庙，哪里就有佛菩萨，因而哪里就有关于佛菩萨的神话传说。在西夏我们无法找到如辽的以白衣观音为家神的这种神话发展的具体样式，但佛教鬼神信仰普遍模式在西夏传扬已毫无疑问，它成为变革原始西夏宗教神话的重要外来力量。白仙鹤与太阳腿姑娘、黑头与红脸的神话就是在佛教神话的打击下逐步退出神话主流的。

儒学在西夏的地位也很高，尤其是在仁宗时期，人庆元年（1144年）始建学校于国中，立小学于禁中，仁宗"亲为训道"，各地生员达三千人，第二年，建大汉太学。仁宗亲自参加祭奠先圣孔，又"尊孔子为文宣帝"[2]。仁宗时期，儒学在西夏达到了顶峰，有名儒主持内学，行科举制，礼乐文章遂大行于西夏。

夏代的祀典，史载有阙，对孔子的祭祀成为我们所知的最重要的祀神活动。孔子在西夏被尊为"帝"，这是在以往任何朝代都没有得到过的殊荣，《宋史·夏国传》赞颂曰："乾顺建国学，设弟子员三百，立养贤，务仁孝，增至三千，尊孔子为帝。设科取士，又置官学，自为训导，观其陈经立纪，传曰：不有君子，其能国乎？"可见古来对西夏的儒学都有充分肯定。我们把西夏的崇儒与辽的崇儒加以比较，发现夏重学而辽重教，夏的儒学水平高于辽，而辽的宗教崇拜活动

---

[1] 史金波：《西夏文化》，吉林教育出版社，1986，第90—92页。
[2] 《宋史·夏国传》，"二十四史"（简体字本），中华书局，2000年。

则多于学理探索。儒学经典中的天地祀礼部分似未为西夏皇帝所重，他们重视的只是对孔子本人的祭祀。《圣立义海》有时令行事的记载，在这个西夏的"月令"里，除了一处提到黄帝以外。儒经四季神典里的帝与神皆未出现。这说明儒典中的宗教体系未得西夏人的重视。

但是，西夏人却发展了儒学的道德神话。《孝经》是较早传入西夏的一部儒家经典，它被译成西夏文后很快被西夏统治者大力宣传。西夏对于孝道的宣传，并不仅仅实行伦理说教，还采用了神话故事，在这些故事里，天理与孝道融为一体，也就是说，神话与伦理二者是水乳交融的。这些故事不少来自汉典，只是在西夏文里，它们的神话色彩更重一些。

在《圣立义海》中，有很多的篇幅谈论孝道。作者在举出一个孝道的理念后，便引出故事来加以阐述。这种故事的开头总是冠以"往昔"二字，是为了宣传孝道而进行神话创作的作品，试举数例如下：

> 母畏天雷　往昔一人，母在时畏天雷，母亡守陵。夏季，天雷震，孝子抱母坟而哭，天慈雷息。其后帝闻，迎赏赐，天下扬孝名。
>
> 孝女护父　往昔，父女二人相偕行于道，宿山中。恶虎欲伤父，孝女骤骑执耳，求天助。依德伏虎，父莫被伤。
>
> 因孝为帝　往昔，一人至孝，先母亡，后母妒其才艺，欲害。孝子周德，莫能杀戮。行郊，象豕耕地，诸鸟运种贮粮。天荒旱，孝养父母，父瞽□□，帝闻，以二女妻之为后，因德袭位为帝。

> 卖身奉母　往昔一人，奉先父丧，后无财贫。母丧，
> 未能孝顺，卖身为母奉孝。归趋途中，得遇智妇，相偕为
> 夫妻。夫言："织绢五百匹则可回。"智妇半日织绢五百匹
> 足。其妇曰："因汝孝，前来助汝也。今返天宫。"言讫，
> 驾云往天。[1]

这类故事，多不胜举，看上去跟汉民族的传统故事似曾相识，如
"因孝为帝"显然是关于舜的传说的演绎，而"卖身奉母"则是天仙
配故事的改写。传统故事的主题并不完全着眼于孝，而《圣立义海》
却完全是在孝上做文章。并且，这些故事把孝道与天道结合起来，便
成了典型的伦理神话，它不仅在规范社会行为上起到独特的作用，而
且由于神的属性带上厚重的伦理道德色彩，对原始神话也形成瓦解之
势。儒家的伦理神话在西夏广为流行，从文化心理上加深了党项族与
民族文化传统的联系，为民族间的理解与融合奠定了基础。

西夏神话是一种多元构成体，党项族的原始神话在佛教和儒教
尚未传入时占统治地位，即使在佛教和儒教已广泛流行时，西夏原始
神话跟佛儒神话交织成一片，也并未完全消失。西夏建国以后所编撰
的《圣立义海》这部西夏文化百科全书，第一卷至第七卷解释天地日
月四季万物等自然现象，其中多数残缺，在所存的部分内容里，这
些自然神有西夏的民族神，如先祖吴浪住在太阳那里，谷神叫"波
女"，这些都是汉典及汉民族中未曾有过的神话。但同时也有"中央

---

[1] 参见克恰诺夫、李范文、罗矛昆：《圣立义海研究》西夏文汉译本卷十四，
宁夏人民出版社，1995年。

黄帝""十月属亥、五行属水、牧白鹤季、北方寒降""北极黑帝"等说法存乎其间，显然已带有阴阳五行色彩的儒家神系的内涵。第十三、十四两卷保存着丰富的儒家伦理神话，第十卷已缺失，从目录看，是介绍佛法、佛殿、法物、济法、济法殿等内容的篇章，其中必有佛教神话。

西夏原始神话、儒教的伦理神话和佛教神话的三足鼎立是西夏神话的基本结构，儒教神话、佛教神话逐渐上升则是西夏神话发展的趋势。

18.4　金神话：萨满礼仪不敌皇家祀典

金为女真族政权。与契丹和党项相比，女真显然属于后进民族，唐时称黑水靺鞨，居住于混同江南北。居江之南者臣服于契丹，谓之熟女真，居江之北谓之生女真，其中也有臣服于契丹者。[1]起初，女真一直处在辽统治之下。1114年，女真在其首领阿骨打的率领下，以少胜多，击败辽军。第二年，阿骨打称帝，国号金。东北地区原属辽的地盘迅速为金占领。1125年，辽亡。金兵大举南下，于1127年灭北宋，宋政权南迁。一个新的北方民族政权迅速崛起。

金虽为后进，可发展十分迅速，与汉民族的文化交融既深且广。金攻取燕云及中原地区后，曾把大量的汉人迁往东北，以实

---

[1] 宇文懋昭：《钦定重订大金国志》卷首，"初兴本末"，文渊阁四库全书本，第0282册，第0810b页。

"内地"，如太祖天辅六年（1122年），"既定山西诸州，以上京为内地，则移其民而实之"[1]。天辅七年（1123年），取燕京路，"尽徙六州氏族富强工技之民于内地"[2]。同年，"命习古乃、婆卢火监护长胜军，及燕京豪族工匠，由松亭关徙之内地"[3]。太宗天会元年（1123年），"以旧徙润、隰等四州之民于沈州之境"[4]。天会五年（1127年），金兵撤出汴京，"华人男女，驱而北者，无虑十余万"[5]。这些被迫北迁的汉人虽然多数是去做奴隶，但他们带去了工艺技术与农耕技术，也带去了汉文化的传统。大量的豪族多数是有文化的阶层，他们被掳往东北，客观上造成了一次大规模的文化输血，使得东北各族人民的文化更加贴近。

金统治者在建国后出于一种文化饥渴，往往对汉使强行留之，委以官职，对于搜求图籍极为热心，破辽后，"所得礼乐仪仗图书文籍，并先次津发赴阙"[6]。攻克汴京后，"取图籍文书与其镂板偕行"[7]。这些汉典的大量运取，对于金朝文化的建设具有重大影响。

---

[1] 《金史·食货志》，"二十四史"（简体字本），中华书局，2000年，第628页。

[2] 《金史·食货志》，第683页。

[3] 《金史·太祖本纪》，第27页。

[4] 《金史·食货志》，第683页。

[5] 李心传：《建炎以来系年要录》卷四，文渊阁四库全书本，第0325册，第0080c页。

[6] 《金史·太祖本纪》，第24页。

[7] 徐梦莘编：《三朝北盟会编》靖康中帙五十二，文渊阁四库全书本，第0350册，第0616c页。

在大量往"内地"掳掠汉人的同时，大量的女真军人进入中原，并有三百九十余万猛安谋克民众迁往中原屯田，这场空前的南北人口大对流，加深了女真与中原人民的联系。金统治者曾对汉人实行女真化政策，结果女真受汉文化影响更大。一是"金源内地"的汉语广为流行，女真语反被忘却，许多女真人都不会讲女真语了，汉人的风俗习惯在女真文化大本营内扎下了根，女真故地已全盘汉化。至于那些屯田而迁至中原的女真人更是融入汉文化之中了。金世宗看到女真尚武精神及其旧俗日渐忘却，感慨万分，表示："甚欲一至会宁，使子孙得见旧俗，庶几习效之"[1]，并指责子孙的"忘本"。女真的歌曲已无人咏唱，世宗悲哀地亲自开喉而歌。

汉人与女真人实现了真正的文化融合和种族融合，金世宗时唐括安礼这样说："猛安人与汉户，今皆一家；彼耕此种，皆是国人。"[2]汉与女真之间旧的文化界限已经消失。至元统一中国元好问赋诗以表达亡国之痛时把金称为"中国"，而将元称为"夷狄"，充分说明女真人与汉人已经融合为一体。元人也将契丹、高丽、女真等八种人都列为汉人。女真族迅速将其文化融入了整个中华民族集体之中，这是中华民族发展史上的一件大事。

金神话的发展存在着一个由原始萨满神话流行转向与传统神话融合的过程，其中，统治者的神话与传统皇家祀典契合远较西夏与辽为深。比较辽、夏、金三个少数民族政权，金的实力明显强于前二者，它与宋的关系也较前二者复杂，因而其皇家祀典明显是在遵从汉典旧

---

[1] 《金史·世宗本纪》，第103页。
[2] 《金史·唐括安礼传》，第1308页。

制。金政权的皇家宗教对汉典的认同，是女真族成为汉人的重要标志之一。

《金史·礼志》载："金之郊祀，本于其俗有拜天之礼。其后，太宗即位，乃告祀天地，盖设位而祭也。天德以后，始有南北郊之制。大定、明昌其礼寖备。"原先的拜天之礼，乃是北方萨满礼俗，延续自辽。北方久有萨满教流传，只有金人的萨满教才见诸文献记载。徐梦莘《三朝北盟会编》卷三写道："珊蛮者，女真语巫妪也，以其变通如神，粘罕之下皆莫能及。"这种巫术传统为蒙古帝国和后金政权所继承，在北部中国产生了长久的影响。但金政权本身并没有将萨满教及其神话作为占统治地位的神话，而是摆出一统江山之主的身份，以华夏正典为宗，逐渐改变以往的祭天旧俗。金世宗时有保存旧俗的愿望，可汉化已大势所趋，特别是章宗继位，厉行儒道，广集唐宋文集，复兴社稷文宣庙、风伯雨师等民间神庙，提倡儒学，抑制佛道，是金代一个文化发达的重要时期。金统治者在不完全废弃传统神话的基础上接受了儒典的皇家祀典格式。

金世宗大定十一年（1171年），金廷开展了郊祀礼的讨论。左丞石琚据《礼记》"万物本乎天，人本乎祖"的信条阐述了敬天法祖之礼，谓不当以多祖配天，而宜行古礼。世宗表示："本国拜天之礼甚重。今汝等言依古制筑坛，亦宜。我国家绍辽、宋主，据天下之正，郊祀之礼岂可不行！"[1]本来很留恋旧有的祭天之礼，但考虑到行古祀礼乃是江山一统的象征，世宗毫不犹豫地择用了汉典旧礼，标志着金政权对汉神典的全盘袭用。

---

[1] 《金史·礼志》，第452—453页。

在金代的祀典里，从昊天上帝、皇地祇、五方帝、日月山川诸神、高禖以至于孔宣圣庙、历代帝王神位，凡旧典所有，金祀典大都保存下来了，传统的华夏古神罗列于金朝的神殿，这种情况是西夏和辽政权所没有过的。

金代异于汉族政权的祭神礼主要有二：

一是长白山神。长白山如辽之木叶山，是女真族的发祥地，被视为圣地。大定十五年（1175年），金世宗祭长白山，并作文曰：

> 厥惟长白，载我金德，仰止甚高，实惟我旧邦之镇，混同流光，源所从出。……今遣某官某持节备物，册命兹山之神为兴国灵应王，乃勅有司岁时奉祀。於戏！庙食之享，亘万亿年，维金之祯，与山无极，岂不伟欤！[1]

后又册封长白山神为"开天弘圣帝"，长白山成了女真族的神山，大定时期，它被视为金朝的命运所系之处，故在金朝的宗教生活中地位甚高。

二是混同江神。它是女真族的母亲河。《金志》称女真"世居混同江之东，长白山下"。可见长白山、混同江崇拜是有悠久历史了。至世宗时，金统治地域已从长白山扩展到中原地区，但对民族的发祥地还是念念不忘。传说金太祖征辽，混同江显灵助军渡河攻辽，神迹昭著。大定二十五年（1185年），世宗封混同江神为"兴国应圣公"，致祭礼如长白山。

---

[1]《金史·礼志》，第536页。

其他山水之神尚有若干，但不及二者地位尊崇。在这东北地区独特的山水中，还保存了不曾被儒家神话完全吞噬的萨满神话。

金的萨满神话承接了辽的传统。在辽的统治时期，女真族人的文化受契丹文化的影响很深，如其俗"尚巫祝"，喜"射柳祭天"[1]，而这种礼仪正是辽统治者曾狂热为之的重要活动。《金史·礼志》明确地把拜天仪说成是"因辽旧俗"。这种对天的崇尚，在元、清等来自北方民族的政权及其民间长盛不衰，这就是宫廷及民间广泛盛行的萨满祭仪。至于射柳仪则更是辽的射柳习俗的传承，《金史·礼志》载：

> 射柳、击毯之戏，亦辽俗也，金因尚之。凡重五日拜天礼毕，插柳毯场为两行，当射者以尊卑序，各以帕识其枝，去地约数寸，削其皮而白之。先以一人驰马前导，后驰马以无羽横镞箭射之，既断柳，又以手接而驰去者，为上。断而不能接去者，次之。或断其青处，及中而不能断，与不能中者，为负。每射，必伐鼓以助其气。

这种宗教与游戏表现出金人承辽俗对柳枝的特有的情愫，与满人视柳枝为神圣之物存在着内在联系。满人是女真的后人，满人的萨满教源于女真是不争的事实，满人对柳的情感则必然来自女真人。女真人关于柳的神话已难以考察，但满人遗留下来的萨满神歌及东北地区

---

[1] 宇文懋昭：《钦定重订大金国志》卷三十九，"初兴风俗"，文渊阁四库全书本，第0383册，第1047c页。

的民间故事里存在着大量的关于柳树的神话，它的源头当来自辽。金统治者在接受佛教和儒教后渐渐冷淡萨满教，萨满教遂广行于民间，而不具备主流文化性质。

金人对于华夏神话及北方契丹诸民族神话的继承和发展都作出了重要贡献。

18.5　元神话：执三教神话以为神州主宰

13世纪雄起于北方的蒙古族的族源十分复杂。作为游牧民族，他们不定的生活区域给我们的考察带来了困难，加之北方民族众多，相互间交流频繁，种族与文化都在不断发生变化，这种复杂交织的民族关系使我们难以捕捉一个民族单一的发展线索。事实上，我们也没有必要去孤立厘清一个单一民族的源流，因为中国古代民族从来就是在交融中发展的。关于蒙古族源于室韦、靺鞨、突厥等说法都存在一定的合理性，然而都是不全面的。

如同西夏、辽、金等民族一样，元朝的历史除了汉典，还有蒙古语的史籍。其中关于蒙古族的族源神话，主要记载在蒙古文的《元朝秘史》。该书卷一这样记载：

> 当初元朝的人祖，是天生一个苍色的狼，与一个惨白色的鹿相配了，同渡过腾吉思名字的水，来到斡难名字的河源头，不儿罕名字的山前住着，产了一个人，名字唤作巴塔赤罕。

这则神话跟突厥先祖的神话颇多接近处，近人有疑为"恐是蒙古袭突厥唾余以自述先德"[1]。此言无据，元人修史时，突厥已无熏天气势，实已奄奄一息，没有必要奉承巴结。这是真实地记述了先祖来源：他们是7世纪或8世纪时在北方显赫一时的狼种族的后裔。

《新元史》为说明这神话的产生及荒唐时说："乞颜之后有孛儿帖赤那，译文为苍狼，其妻曰豁埃马兰勒，译文为惨白牝鹿，皆取物为名，世俗附会乃谓狼妻牝鹿，诬莫甚矣。"[2]这种指责即使是属实，姓名为苍狼、惨白牝鹿也是图腾崇拜的体现，它标志着一种古老的部落联姻。只是明宋濂等撰《元史》未述此等神话，影响未有大的展开。

苍狼白鹿的神话并不是全蒙古族人民的起源神话，它只是巴塔赤罕部的起源神话，因为在蒙古族的民间文学中，还流传着多种起源神话，如蒙古族的《布里亚特博的起源》，称最初有一只大鹰，受善神的派遣，与布里亚特的女子婚配后生一子，这便是最初的萨满。[3]蒙古族多样性的动物崇拜正是北方萨满的重要特征，也证实了蒙古族族源的多元性。

元代文化虽多从蒙古旧俗，但统一中国广泛接受各族的文化遗产。如乐，起初太祖征用西夏旧乐，太宗又征金太常遗乐于燕市，其制日备，祭祀乐章因而周致，其音乐发达的盛况为史家所赞叹。而礼仪则征儒生周铎、刘允中、尚文等及亡金遗老乌古伦居贞、完颜复

---

[1] 林惠祥：《中国民族史》（下），第53页。

[2] 林惠祥：《中国民族史》（下），第58页。

[3] 马学良、梁庭望、张公瑾主编：《中国少数民族文学史》，中央民族学院出版社，1992年，第66页。

昭、完颜从愈等。"稽诸古典，参以时宜，沿情定制。"[1]故神位各得其所。因而元代的神话也就在吸收金、宋、西夏等国的基础上发展起来，而又保持了自家的传统。

《元史·礼乐志》保存了大量的祭神乐歌，就其内容看，完全遵循了秦、汉以来的传统，所颂昊天上帝、社稷、先农、宣圣及先祖等神，标志着儒教神系在皇家祀典中得到了贯彻。

现引数曲，以见其对儒教神系的认同：

一、酌献祀昊天上帝之《明成之曲》：

于昭昊天，临有下赫。陶匏荐诚，馨闻在德。酌言献之，上灵是格。降福孔偕，时万时亿。

二、酌献皇地祇位词：

至哉坤元，与天同德。函育群生，玄功莫测。合飨圜坛，旧典时式。申锡无疆，聿宁皇国。

三、酌献元太祖词：

礼大报本，郊定天位。皇皇神祖，反始克配。至德难名，玄功宏济。帝典式敷，率育攸墍。

四、迎宣圣孔子词（选一）：

大哉宣圣，道尊德崇。维持王化，斯文是宗。典祀有常，精纯并隆。神其来格，于昭盛容。[2]

---

[1] 《元史·礼乐志》，"二十四史"（简体字本），中华书局，2000年，第1106页。

[2] 《元史·礼乐志》，第1140、1153页。

蒙古民族入主华夏大地后，在皇家宗教里接受了汉典籍中作为统治正宗的宗教礼仪与神话。孔子的灵位在皇家祀礼中占据重要位置，成为天子致祭的三大神灵（社稷、先农、宣圣）之一，这标志着儒教在元统治者的思想文化中依然是占统治地位的思想。就元代的祭典观察，他们的礼祀似乎比前代更合古礼。《元史·祭祀志》：

> 《周礼》所祀天神，正言昊天上帝。郑氏以星经推之，乃谓即天皇天帝。然汉、魏以来，名号亦复不一。汉初曰上帝，曰太一，曰皇天上帝。魏曰皇皇帝天。梁曰天皇大帝。惟西晋曰昊天上帝，与《周礼》合。唐、宋以来，坛上既设昊天上帝，第一等复有天皇大帝，其五天帝与太一、天一等，皆不经见。本朝大德九年，中书圆议，止依《周礼》，祀昊天上帝。至大三年圆议，五帝从享，依前代通祭。

事实上，少数民族建立的政权比汉族政权更注重古礼，如北魏、元等，这说明儒教神典是中华民族的共同财富，不为汉族独专。

但应该看到的是，元统治者对皇家的天地祭祀并不热心，他们只是把这些当作一个政权存在的标志。神权的领域已开拓到佛教和道教方面了，以致造成了皇家祭祀表面礼仪正宗，皇帝却对此较为冷落，其心思全在佛道上。《元史·祭祀志》称：

> 自世祖以来，每难于亲其事。英宗始有意亲郊，而志弗克遂。久之，其礼乃成于文宗。至大间，大臣议立北郊而中辍，遂废不讲。然武宗亲享于庙者三，英宗亲享五。晋王在

帝位四年矣，未尝一庙见。文宗以后，乃复亲享。岂以道释
祷祠荐禳之盛，竭生民之力以营寺宇者，前代所未有，有所
重则有所轻欤。

可见，元朝的统治者思想并非仅儒学专之，佛与道大行于元朝，
它们同儒教一起，构成了统一的民族文化要件。

在早期蒙古族贵族中，成吉思汗和窝阔台信仰萨满教，故而他
们对萨满祭天活动兴趣浓厚，但另外一些人信仰景教，如窝阔台的妻
子、阔端、忽必烈之母等人。阔端是窝阔台的第三子，蒙古灭西夏和
金以后，原西夏及藏族部分地区由阔端统治。阔端于1239年派大将多
达那波进攻西藏，烧了热振寺和杰拉康寺，杀了五百多藏人僧众，但
是有达垅寺和止贡寺等未曾被毁。藏文《青史》及《西藏王臣记》记
载了这样的传说：多达那波的军队到了位于热振寺和杰拉康寺之间的
达垅寺时，达垅寺上笼罩了一层迷雾，所以没能攻打；而多达那波打
到拉萨河上游的止贡寺时，寺主有法术，弄得天空中突然飞来碎石，
蒙古军队遂不能破坏止贡寺[1]。以上传说体现出蒙古族与藏族间的宗
教矛盾。

多达那波第二年停止了对西藏的军事行动，阔端再次派往西藏的
不是军队，而是给西藏佛教领袖之一萨班的热情洋溢的信件和礼物，
邀请萨班到蒙古传教。西藏各部看到西夏与金的灭亡，主动归顺。萨
班出于传教和对藏民生命安全的考虑，不顾高龄从西藏奔往凉州；跟

---

[1] 王辅仁、陈庆英：《蒙藏民族关系史略》，中国社会科学出版社，
1985年。

他一起到凉州的，还有十岁的侄子八思巴和六岁的恰那多吉。萨班以其渊博的佛学知识征服了阔端。阔端原先信奉萨满教，尊奉萨满教巫师，举行祈愿法会时蒙古萨满教的巫师坐在僧众之上，听了萨班的布道，阔端加深了对佛教的理解，以后的祈愿法会，萨满巫师便从上首位退下来了，萨满教遭到了一场重大打击。

阔端优待萨班，一方面是真心对佛教的信奉；另一方面还包含着团结藏族宗教领袖，期望以和平方式统一西藏的意图。阔端和萨班经过商议，由萨班写了一封《萨迦班智达致蕃人书》的公开信，号召西藏各地僧俗领主归附元朝，承认藏地为元属国，接受元朝的管理并承担义务。萨班既将佛教输入蒙古族，又将藏地归入统一的多民族的国家之中，为民族团结作出巨大贡献。

萨班的到来，使佛教替代了萨满教，噶玛拔希的到来，则让蒙哥由信仰景教转为佛教。噶玛拔希是西藏佛教与萨班不同的又一系统的宗教领袖，蒙哥不仅封噶玛拔希为国师，还赐给他金印以及一顶金边黑色僧帽，西藏的佛教被元朝最高统治者广泛敬奉。[1]

长大的八思巴继承了萨班的事业，他在忽必烈那里得到了更高的荣誉，被尊为"国师"，授以玉印，后尊为"帝师"，忽必烈皈依了佛教，于宗教上听从帝师指令。忽必烈又授命八思巴制蒙古新字，八思巴对元朝文化贡献殊大，升号曰"大宝法王"。八思巴死后，赐号"皇天之下一人之上（开教）宣文辅治大圣至德普觉真智佑国如意大宝法王""西天佛子""大元帝师"。至治年间，特诏郡县建庙通

---

[1] 参见王辅仁、陈庆英：《蒙藏民族关系史略》，中国社会科学出版社，1985年。

祀。泰定元年（1324年），又以绘像十一，颁各行省，为之塑像。[1]
八思巴在元的事业，把藏传佛教推行到一个新阶段，藏、蒙古两族因此找到文化交融的联络点。

自忽必烈始，元朝的每位皇帝都封"帝师"，此制直到元朝灭亡，其间帝师计十余位，地位为"皇天之下一人之上"，佛教领袖受此殊荣，使元朝带上了较为浓厚的宗教国家的色彩。到元英宗时，八思巴的殿堂造到各郡，英宗诏各郡建帝师八思巴殿，"其制视孔子庙有加"[2]，元代的佛教实际上已高崇无比。佛教的流行，不仅加强了蒙藏各族人民的联系，同时极大地遏制了萨满教及景教等区域性宗教及外来宗教，成为统一的思想武器。

帝师是全国佛教的领袖，更是统领西藏的宗教与政治首领。《元史·释老传》这样记载：

> 元起朔方，固已崇尚释教。及得西域，世祖以其地广而险远，民犷而好斗，思有以固其俗而柔其人，乃郡县土番之地，设官分职，而领之于帝师。乃立宣政院，其为使位居第二者，必以僧为之，出帝师所辟举，而总其政于内外者，帅臣以下，亦必僧俗并用，而军民通摄。于是帝师之命，与诏敕并行于西土。百年之间，朝廷所以敬礼而尊信之者，无所不用其至。虽帝后妃主，皆因受戒而为之膜拜。

---

[1] 《元史·释老传》，第3021—3022页。
[2] 《元史·英宗本纪》，第412页。

通过佛教行使了对西藏的主权和统治，这是元代政治生活中的一件大事，也是整个中国文化发展中的一件大事。这一统治的成功，显示出宗教在国家统一过程中的巨大作用。

元统治者重视佛教，对于道教也兴趣浓厚。道教徒主动出击，是元统治者与道教联姻的重要原因。杰出的全真教领袖丘处机西游如同萨班东行，同样是元代文化史上的大事。成吉思汗遣使召见丘处机，年迈的丘处机毅然前往。他看到成吉思汗嗜杀成性，"拳拳以止杀为劝"。当成吉思汗再次召见，丘处机翻越雪山，历尽艰辛，见到成吉思汗，成吉思汗大悦，赐食，设庐帐甚饬。成吉思汗正忙于攻杀，丘处机竭力劝止，《元史·释老传》载：

> 处机每言欲一平天下者，必在乎不嗜杀人。及问为治之方，则对以敬天爱民为本。问长生久视之道，则告以清心寡欲为要。太祖深契其言，曰："天赐仙翁，以寤朕志。"命左右书之，且以训子焉。于是锡之虎符，副以玺书，不斥其名，惟曰"神仙"。一日雷震，太祖以问，处机对曰："雷，天威也，人罪莫大于不孝，不孝则不顺乎天，故天威震动以警之。似闻境内不孝者多，陛下应明天威，以道有众。"太祖从之。

这里宣扬的不嗜杀、敬天爱民、孝道，为儒、道、佛共奉的信条，这是其师王嚞所开教派融合三教的传统。丘处机将此以天道统之，这种神话似乎成了儒教的神话。尽管蒙古故有祭天之俗，但那个"天"跟这个"天"的属性有很大不同，丘处机的天是道德之天，它是个有意志的存在，常示警于人，必须顺乎天理，爱民如子，否则将遭惩处。这是周公的"天"的传统。

全真道所行长生久视之道，不热心仙佛神鬼，不贵延年益寿之术，无疑否定了许多不经的神仙神话。全真道抛弃了传统道教的肉体飞升说，倡导证求"真理"，实际上使历代方士宣扬的神仙学说破产，这对于神仙神话无疑是一种致命打击。丘处机以简练的"天威"的神话取代了繁缛的神仙故事，在元朝统治中产生了重大影响。丘处机通过艰苦努力，在一定程度上遏制了成吉思汗嗜杀的野性，曾使数万垂死的人奴得生，深得民众敬仰。全真教也在北方获得了空前的发展，"千年以来，道门开辟，未有如今日之盛"[1]。

忽必烈敬重佛教领袖，也敬重道教领袖，其目的是稳定政治统治。敬重佛教为了西北地区的安宁，敬重道教则为了北方与江南的统治稳定。对于全真道，忽必烈诏封东华帝君、钟离权、吕洞宾、刘海蟾、王嚞五祖为"真君"，这些人物后来成为民间神话的重要角色。对于江南正一道，忽必烈同样很看重。第三十八代传人与材曾以法术治潮患，得成宗召见，授正一教主，主领三山符箓。"武宗即位，来觐，特授金紫光禄大夫，封留国公，锡金印。仁宗即位，特赐宝冠、组织文金之物。"[2]有道士张留孙于朝中为皇后祈祷灵验，也得宠信，并为筑崇真宫。

元代的道、佛矛盾尖锐，世祖至元年间，佛、道间展开了一场论战，论题还是由老子化胡这些老问题引起的，结果道教徒大败，十七

---

[1] 尹志平：《清河真人北游语录》卷一，正统道藏涵芬楼本，第4页。
[2] 《元史·释老传》，第3027页。

道士被迫落发为僧，全真教所占佛寺二百余所不得不交还佛教徒所有。但是三教合一的趋势日渐形成气候。在全真教大盛时，道教徒尊奉老子，但不废儒、佛，明王世贞《弇州续稿》说："丘处机之徒未必尽贤，往往侵占寺刹以为宫观，或改塑三教像，以老子居中，孔子居左，释迦居右，或皆侍立。"尽管抬高了己方教主的地位，但融合儒、佛二教的用心已显露无遗。我们从丘处机向成吉思汗所进的那一番行孝去杀、敬天爱民的言论看，其主要是儒学的信条。全真道多袭用了禅学理论与修持方式，授佛入道，对传统道教进行重大改革，加速了佛道融合的进程。

宋元间，三教的神话融为一体的本子在民间广传，所谓《三教源流搜神大全》，所谓道藏本《搜神记》，都将三教神灵及民间神汇为一编。元秦子晋撰《新编连相搜神广记》以孔、老、释为三尊，并配以神仙画像的木刻，成一图文并茂之作。至元代，三教神话的融合已进入稳定发展阶段。

元代的远祖神话在儒、道、佛三教神话的冲击下色彩十分暗淡，他们一度奉行的萨满教与景教都先后遭到排斥。隋唐以来，发育成熟的儒、道、佛三教神话使得任何原始神话都不能占据社会统治者的主流文化的位置，统治者虽然留恋自己的先祖及本民族的文化传统，但出于一种高度的现实理性精神，他们不得不选择三教文化作为社会的主流文化，因为他们知道，自己一族的文化不可能加于整个中华民族的文化主流之上，所以，他们放弃了自己的宗教传统，只留下些遗痕在民间传扬。对三教文化的皈依，使蒙古族成为中国文化的真正主宰者。

元统治者执三教神话以为神州主宰，成为中国文化的主人，为文化的统一作出巨大贡献。

18.6　清神话：无可奈何地扔下柳枝

明朝是唐以后唯一统一全国的汉族政权。明朝的皇家祀典，群儒集议，沿袭周礼旧章而损益之，成为一统的礼仪模式，与前代没有根本区别，作为一个汉族主体的政权，它的祀典没有什么独特之处，我们存而不论。因为它不像其他民族对这一祀典的采用那样有意义。

隋唐以前，北方民族以纯正的古典祭祀典礼表明他们是中华民族的主脉所在，故而可从文化上与南方对峙。隋唐以后，北方民族也以实施传统的皇家祀典表示对中原的统治权力。西夏偏于一隅，只是名义上臣服于宋，因而皇家祀典未备，辽则未弃木叶山神系，祀典中只有微弱的《周礼》系统的神灵出现。然而，这两大民族并不因此背离中华传统，它同样属于中华民族的文化神话体系，而成为共同体的成员，其间原因是：唐以后，儒家神系已不是代表中国神话唯一传统的神系，佛、道的神灵上升到同样可作为民族神话代表的地位。金向中原挺进较深，故袭用了《周礼》的祀典，于佛、道也多所采用，而弃去了萨满的成分。元则在形式上袭用了《周礼》以来的祀典，但只是当了一个外壳，它的文化统一更借助了佛、道的力量，皇家祀典越来越降为外在形式，这是因为它带着明显的自然宗教色彩，不如佛、道的神系严密且跟民众贴近。所以，后期神话三教并行成为一显著特征。

隋唐北方民族入主中原后的皇家祀典尽管以儒家主干为之，但是自家的私货塞进去不少，这实质上是壮大了皇家神典的内涵，但这些内容有许多都已遗落，只有北方的萨满神话传统顽强地流传下来，成为中国神话的宝贵遗产。

北方萨满传统可远溯到匈奴的祭天。北朝时的突厥祭天、辽代的巫术、女真金政权的巫术均可以萨满称之。女真族进入中原者已经汉化，女真后裔留在东北者还保持着故俗。明时的女真于东北有建州、海西、东海三大部。建州女真发展迅速。1583年，爱新觉罗家族的努尔哈赤被推选为建州首领，逐渐统一女真各部，自称大汗，改国号大金。爱新觉罗氏从此崛起。爱新觉罗氏的起源神话，成为北方萨满教的神话基础。这种神话是对北方悠久历史传统神话的继承。萨满教神话的真实面目一直时隐时现，此时得以见到真面目。爱新觉罗氏的起源神话，是清皇家萨满教与民间萨满教的神学基础，至今还在东北各少数民族中部分存活。

《满洲源流考》称：

> 满之先世，姓爱新觉罗氏，发祥于长白山，山高二百余里，绵亘千余里。山上有潭，周八十里，鸭绿、混同、爱滹三江出焉。山之东曰布库里山，下有池曰布尔湖。相传有三天女浴于池，神鹊衔朱果，置季女衣，季女含口中，忽入腹，遂有孕，寻产一男。及长，因命之曰："汝以爱新觉罗为姓，布库里雍顺为名，天生汝以定乱国，汝宜志之。汝顺流而往，即其地也。"乘以小舠，顺流下，至河滨登岸。折柳枝及蒿为坐具。

> 时其地有三姓，争为雄长，日构兵相仇杀，乱靡定。有取水河滨者，见而异之，归以语众，众往观，诘所自来。答曰："我天女所生，以定汝等之乱。"且告以姓名，众惊曰："此天生圣人也。"交手为舁，迎至家。三姓者议曰：

"我等盍息争，推此人为国主？"以女百里妻之，尊为贝勒，其乱乃定。于是居长白山东俄漠惠之野俄朵里城，国号满洲，是为国基之始。[1]

　　这个神话显然同历史不符，满洲是皇太极称皇改国号为大清才同时改建州女真为满洲的。满人为神化自己的先世，割断了与女真族的渊源，而直接将族源同天神接轨，将北方萨满的天神崇拜与满族祖先崇拜叠合起来，将北方少数民族的图腾崇拜与满族的祖先崇拜结合起来。满族天女生子的神话与辽的天女神话十分近似，显然这一神话与契丹族的起源神话密切相关。

　　清朝的神话一开始就具有强烈的政治色彩。关于天的神话及礼仪与清朝的统一事业息息相关。在努尔哈赤统一女真各部后开始统一战争之际，那时的宗教与神话既无关乎《周礼》之类的皇家祀典，也没有佛、道诸神在那里主宰一切，有的只是萨满教的诸神在为爱新觉罗氏撑腰打气。爱新觉罗氏的远祖既被说成天女所生，天神复又成为爱新觉罗氏统一的神权支柱，萨满之神在清朝统治的初期是统治一切的最大的神权力量。

　　据满文档案记载，在努尔哈赤称汗时，他曾说："因我国没有汗，生活非常困苦，所以天为使国人安居乐业而生汗，应当给抚育

---

[1] 转引自《清鉴纲目·开国纪要》附记。《满洲源流考》为清乾隆时期阿桂等奉旨编纂的清早期历史，也称《钦定满洲源流考》。所传早期神话与《清实录》等文本大同小异，这里引文可见其在后来历史叙事中的应用。

全国贫苦黎民、恩养贤才士、应天命而生的汗上尊号。"[1]这便是君权神授论，许多民族的统治者在其势力发展到一定的程度时都要抛出类似的神话。这些神话都经过精心构思，将本民族通行的神话母题移植到扩张称王的事业中去。努尔哈赤进军明朝，曾以七大恨告天，言明朝统治者有七大不可饶恕之罪，皆背天意，"上拜天毕，焚其书"[2]。这样征伐便得天之允，师出有名。时朝鲜为明盟国，努尔哈赤为断其辅翼，致书朝鲜王："天以非为非，以是为是……天以我为是，以尼堪（汉人）为非……那大国的尼堪皇帝，同样在天的法度下生存。但尼堪皇帝却改变天的法度，违背天理，诸国苦之。"[3]他对明帝的控诉颇同于商汤王周武王对夏桀王商纣王的指斥，都是指责对方违背天意，而自己是在替天行道。《满洲老档秘录》上编论明兵之败时说："（明）自恃国大兵众，违抗天意，欺压良懦，宜其上干天怒，而其二十七万之雄兵不出三日，尽遭夷戮也。至若我军转战三日，人马不疲，将士无损，擒杀明兵至二十万之多，而策勋按籍我士卒仅损二百人而弱。是知天道无亲，常亲善人。以小胜大，以寡胜众，此中盖有天意存焉。不务修德，惟力是逞，其败之不待蓍龟决矣。"[4]这不就跟周王骂商王违背天意一个腔调吗？这种指责有个前提条件：双方得站在同一天神的庇护所下，双方须共认同一个神

---

[1] 转引自乌丙安：《神秘的萨满世界——中国原始文化根基》，上海三联书店，1989年，第11页。

[2] 《清实录·太宗实录》，中华书局，1977年，第2558页。

[3] 参见金梁编译：《满洲老档秘录》上篇，见存萃学社编集：《清史论丛》第二集，大东图书公司，1977年。

[4] 参见金梁编译：《满洲老档秘录》上篇。

灵作为共同的主宰，否则这种指责没有约束力。其实，明的昊天上帝与北方萨满教的天神性质原本有很大不同。努尔哈赤显然把两个天神合在一处了，虽然他是以萨满之天为号，但这个天的实质已经有如昊天上帝的道德之天了。满人在向明朝进攻时先以神话进击，在这一过程中，清朝逐渐接受了明所传下来的祀典，提升了自己的萨满教的等级，将一个原始性的自然神上升为一个普遍的主宰。清朝萨满教档次的提高跟满人的实力上升存在着密切的对应关系。

清初有堂子祭天俗，设杆祭天，此为清朝萨满旧俗，清朝统一全国，已行郊祀大礼，但还是不忍放弃这种祭礼。乾隆十四年（1749年）下诏称："考经训祭天，有郊，有类，有祈谷、祈年，礼本不一。兵戎国之大事，命将先礼堂子，正类祭遗意，礼纛祃也。"[1]这样便把萨满的祭天礼嫁接到传统的皇家祀典里去了，萨满的最高神神话因而得以留存下来。杆子祭今仍流行在东北少数民族中。"杆子"于满语中称"索莫"（somo），祭杆是为了祭天神，同时还为祭乌鹊，因为乌鹊救过努尔哈赤的命。民间没有因为皇家放弃而不用，故萨满杆子祭行于民间。

《满洲源流考》提到的柳枝在北方萨满神话里更是朝野流行，其直接源头来自辽代的射柳仪。清朝对柳枝特别崇拜，从皇宫至于民间，没有不将柳枝视为神圣物的。柳枝称为"佛多妈妈"，"佛多"意为"求福跳神竖立的柳枝"[2]，"佛多妈妈"是满人女神崇拜的体现。"佛多妈妈"又与"鄂谟锡玛玛"并称，二神互通。《清史稿》

---

[1] 《清史稿·礼志四》，第2564页。

[2] 宋和平译注：《满族萨满神歌译注》，社会科学文献出版社，1993年，前言第15页。

称："求福祀神所称佛立佛多鄂谟锡玛玛。"关于"鄂谟锡玛玛"现在多写作"奥莫西妈妈"。满族民间神话称：

> 最早的时候，奥莫西妈妈住在长白山天池旁的一棵大柳树上，那是长白山上最高最粗的一棵，几十个人才能围抱过来。奥莫西妈妈长得不像现在的人，脑袋像柳叶，两头尖尖，中间宽，绿色的脸上，长着如同金鱼眼一样的眼睛。尤其她长着两个大乳房，多少孩子也吃不完她的乳汁。另一位叫乌克伸恩都立的神，每年交给奥莫西妈妈一个石罐。她拿着这石罐，在每一片柳叶上浇一滴水，就在这些柳叶上生长了满族子孙。子孙们就是吃奥莫西妈妈的奶水长大成人。他们都很强壮，上山能打猎，下河能捕鱼。在奥莫西妈妈的后脑勺上长着一个长长的管子，这管子另一头平时插进大柳树上，若子孙们有病，奥莫西妈妈就把管子拔下来，滴几滴水给他们，他们就会好。所以满族人强壮不生病，就是因为有了奥莫西妈妈。[1]

这个奥莫西妈妈也就是佛多妈妈即柳枝妈妈，因为奥莫西妈妈跟柳枝连在一起难以分开。

行祭柳仪时，满洲九家先取棉丝绸片捻索，所取柳枝高九尺，径三寸，置于坤宁宫廊下，宫内悬神像，并于桌上设酒米等物，皆九数。这种对九数的看重可能因于萨满神话认为天有九重，也许是因为合于九

---

[1] 傅英仁讲述，见宋和平译注：《满族萨满神歌译注》，社会科学文献出版社，1993年，前言第15页注2。

家之数。"稍北植神箭，悬线索其上，用三色绸片夹系之，令穿出户，系之柳枝。"[1]皇帝亲临祭祀，如朝祭仪。萨满在乐器伴奏下诵神歌曰："聚九家之彩线，树柳枝以牵绳，举扬神箭，以祈福佑，以致敬诚……"祷毕，司香萨满举线索神箭授司祝萨满，司香搬出香案，列柳枝前，司祝左执神刀，右执神箭，立案前，皇帝立于正中。司祝对柳枝举扬神箭以练麻试其枝，诵祷，然后举箭奉练麻进帝，洒酒于柳枝后，帝与帝后皆跪，司祝以箭上线索二分奉帝、后，然后致辞。[2]

这本是为帝王、帝后祈福的仪式，满族民间萨满也普遍行此祭仪。乾隆年间颁行的《满洲祭神祭天典礼》将满洲萨满教的规范统一起来，成为举国上下的祀典。满族各姓民众都可行如帝王的杆子祭、柳枝祭。这与汉统治者的神权垄断有很大不同，汉典规定的昊天上帝只能由皇家祭祀，泰山只能由皇帝封禅。显然，清朝的原始神话尚没有完全遭到儒教文化的浸染，民族团体的原始平等色彩还难能可贵地保留着。

流传至今的石姓萨满神歌还保留着原始萨满神话的神韵，神歌中唱道：

在家神神坛前，
乞请从长白山山林降临的，
千年英明，
万年神通的，

---

[1]《清史稿·礼志四》，第2564页。
[2]《清史稿·礼志四》，第2564—2565页。

石姓始祖母神灵佛多妈妈，

今已是：

以新柳枝，

更换旧柳枝之季。

石姓……

…………

如木之繁荣。[1]

无论是神话还是仪式，宫廷与民间的萨满都有相通之处。清廷将民众普遍敬奉的萨满神灵引入皇家祀典中，扩大了皇家祀典的阵容，但同时，萨满教也在渐次改变自身。像石姓神能这样流传下来的已属稀罕，但其间也夹杂了道教的神灵，如玉皇帝君、七星北斗星君、五斗星官、二十八宿星官。当然，这可能是晚近的事，因为清廷对道教行抑制政策，玉皇大帝不可能在清朝全盛时进入萨满神话。

满洲俗尚跳神，民间的祭祀颇有"淫祀"之嫌，其神位上供七仙女、长白山神、远祖始祖位。其中舒穆禄氏供昊天上帝、如来菩萨诸像，并有貂神供于其侧[2]。昊天上帝这种原皇家专属的天神民间可以祭祀而不为僭越，佛教神灵进入萨满神系中，长此以往，清朝的传统神话也难以避免同西夏、辽、金、元等民族相似的命运，逐渐为儒、佛或道的神话所吞噬。《满洲祭神祭天典礼》颁行后，在朝廷中很少施行，康熙以后，皇帝很少再行萨满仪，至光绪年间，人们已淡忘堂

---

[1] 宋和平译注：《满族萨满神歌译注》，社会科学文献出版社，1993年，第263页。

[2] 富育光、孟慧英：《满族萨满教研究》，北京大学出版社，1991年，第248页。

子祭，满人贵族已不知堂子祭为何物。[1]天坛与社稷坛才是清统治者的神坛，满族汉化跟这种萨满祭礼的抛弃存在着对应关系。

作为中国历史上最后一个封建王朝，清是一个非汉族政权，它将部分有生命力的满族文化带入了文化传统。中国北方萨满教神话历数百年不至于完全消失，与清统治者对其固有文化传统的坚持与弘扬有密切关系。清统治者在尊奉传统的皇家祀典和信奉佛教方面，继承了隋唐以来各民族入主中原后的传统，只是在引萨满教神话与仪式入皇家祀典方面较元与金做得多些，这是自秦汉以来，作为一个统一政权，皇家祀典中加入地方民族特色最多的一个朝代，因此，大量的萨满神话得以流传，这是清代神话最突出的特征。这种传统神话与清神话的双向对流，丰富了我国的神话宝库。

清政府虽力图保存一些萨满旧仪，但实际上已很难实现，萨满教不可能成为华夏文化的主流，因而未能南渐发展，只是在东北一隅残存于民间。它不单纯是清萨满的遗产，而应视为北方古老的萨满的存留。清统治者无法滋养它，因而也像他们的前任一样，眼巴巴看着自己的传统遗落，虽不情愿，但也是无可奈何的选择。

后期中国各民族的神话，以瓦解自身的原始性而追从儒、道、佛三教神话为主要流向，唯萨满神话一枝独秀而至今尚有活力。作为民族神话，在秦汉时完成了儒教神典，而至唐时完成了佛教神典，宋元时三教神话建立完备。秦汉以后的民族发展都以归向这个神话系统为融合象征。由于秦汉以后的各民族都承认这种主流神话而又丰富之，因而谱写了中华民族神话发展的雄伟乐章。

---

[1] 富育光、孟慧英：《满族萨满教研究》，第59页。

结　语

　　当我们对神话与中国社会的发展作出这样一番考察后，便确立了这样一种判断：神话是树立权威或者毁灭权威的一种充满矛盾的神秘舆论，它依赖一个群体的传扬而存在。神话既制造矛盾，又调和矛盾，是社会历史的一部分，同时又是社会历史的载体。神话多异想天开之作，不少可作文学作品赏读，然其制作宗旨并非出于好奇求新，皆有强烈的功利目的。神话对于民族凝聚、国家统治及民众之精神需求均具特殊价值。

　　本书对神话与中华民族的形成和发展的关系论述用笔颇多，这是因为神话对于中国社会发展至关重要。如今，所谓昊天上帝、社稷、风伯雨师的神话已成明日黄花，而佛爷、老君的神话除了少数的信徒外多不再认为有多少神圣性。唯有五帝的神话因转移为庄严的历史，人们说起来还会肃然起敬。经过漫长的文化和情感积淀，它已成民族之根，是中华民族的文化象征，至今依然有着难以估量的文化能量。

　　那些曾经令人激动不已的传统神话已很难煽起现代人奔放的激情。今日诵读《九歌》，可能会为其优美的意境所陶醉，但绝对没有当年沅、湘间的民众演唱时的那种虔诚；读《山海经》，可能会从那些怪诞的形象里获得趣味，却没有巫者用作"巫书"的那份神圣。失去了信仰基础的神话还能给人们带来什么呢？

　　神话的时代结束了，但还存在着各种迷信。但愿没有政治神话的死灰复燃。从古到今，它都是黑幕政治的后台，在这一领域里，要点燃理性之光，我们不需要任何政治神话与迷信，本书中展现的荒唐的政治神话不能在现代社会中重演。

　　本书是一次历险，企图通过神话去考察中国社会与民族文化的变迁。社会是一个既存秩序和一个维持这个秩序运转的文化系统构成的，神话是这一系统的核心，在传统社会尤其如此。这样，我们从神话中透视社会是完全可能的。一方面，神话直接参与社会运转，它本身就是历史；另一方面，它又记载着历史，或直观，或折射，或逆向，它是一个复杂的历史记录系统。一部神话史就是一部民族关系史、国家政治史和民众的精神发展史，它以独特的视角记载着一个民族的行为历程和心路历程。

　　我眼中的神话与神话史就是本书所描绘的这种样子，它远不是神话与神话史的全部内容，它只是主流神话与社会俯仰的一些重要场面，但我们已足以看到神话的文化价值。

　　我要说的是：研究文化史不能舍神话史，发展社会与民族文化不能忽视神话的正面的或负面的影响。

1997年2月24日

后　记

　　我对神话学有兴趣始于大学期间。研究生专业是中国文学批评史，一日突发奇想，觉得《楚辞·九歌》诸神中有些关系不是像人们惯常所说的样子，遂作一文，竟得《华东师大学报》刊用，更激发了对中国神话的兴趣。然而，研究生期间主要精力是古代文论与美学，神话学仅作业余爱好。

　　读博士生时导师是吴泽先生，起初我怕他嫌神话为"小道"，不足为。及研读吴先生著作，发现他对神话曾经是那么醉心，他在新中国成立前的一本中国原始社会史悉用神话与考古立论，而其《中国历史大系·古代史》则有较大篇幅论原始思维，以至于袁珂先生作《中国神话史》还大段征引过。新中国成立后讨论土地制度与社会变迁，吴先生又有系列论文论土地神与城隍，开拓了神话研究的视野，使神话的文化价值大幅度提高。他的研究表明：通过神话可以透视社会，神话的发展，牵动着社会的神经。

　　于是，我抛弃了追从流行的西方神话学说作比附的简单做法，深入社会历史的深层去揭示神话的发展规律。我不仅仅把神话作为社会生活的反映，而把它看作社会生活本身，神话史本身就是历史。如果说本书有什么可取之处的话，这种认识是取决定因素的。

毕业分配我进入了上海大学文学院的中国文化研究所，我可以自由进入资料室，那儿陈列了数千册古籍，大大方便了我的研究工作。又，上海大学初创期间，茅盾先生在此担任神话学课程，深受欢迎，那是七十余年前的事，茅盾先生的神话研究，是20世纪中国神话研究的开创举动，因而上海大学实际上便成了中国神话研究的策源地。于是，我有了一种步入圣地的庄严感。缅怀前贤，顿觉责任重大，故而不敢怠慢。

本书凝聚了许多人的心血。吴泽先生的耳提面命，使本身不止步于欣赏故事情节。徐中玉先生对我的神话学理论探讨鼓励有加，并将我关于神话史理论的文章刊于《文艺理论研究》，如果说我的历史素养来自吴泽先生的培养，理论素养则是受徐中玉先生的教诲而逐渐提高的。博士论文答辩会上，程得芝、汤志钧先生就兄弟民族神话和谶纬中的神话所提宝贵意见均给我良多启示。邓牛顿教授对我的支持和关心也是本书得以完成的重要因素，他对我的信赖令人难以忘怀。在市场经济大潮面前，出版一本学术著作甚是不易，上海人民出版社以发展学术为己任的崇高精神足以令人感泣。我与胡小静先生素不相识，只知道他在出版界的大名，他不嫌拙稿粗陋，热心鼓励我写好此书，本书能够完成，与他无私的指点与帮助密切相关。责任编辑李涛老师对拙稿字斟句酌，其高度的责任感与事业心深深教育着我，她的心血，使本书增色不少。本书初稿完成后，肖萍、杨姵冰、杨丽璇、蒋磊、王毅、胡恃峰、王永静等同学为我作了许多抄写校正工作。感谢以上各位老师和朋友的支持！

本书之不完备是肯定的，恳请广大读者教正。

作者

1997年11月1日于

上海大学文学院中国文化研究所

主要参考文献

1. 十三经注疏[M]. 北京：中华书局，1980.

2. 二十四史（简体字版）[M]. 北京：中华书局，2000.

3. 资治通鉴[M]. 北京：中华书局，1976.

4. 二十二子[M]. 上海：上海古籍出版社，1986.

5. 清实录[M]. 北京：中华书局，1977.

6. 国语[M]. 上海：上海古籍出版社，1978.

7. 景印文渊阁四库全书[M]. 台北：台湾商务印书馆股份有限公司，1986.

8. 太平经[M]. 明"正统道藏"影印本. 上海：上海古籍出版社，1993.

9. 四书集注[M]. 北京：中华书局，1957.

10. 纬书集成M]. 上海：上海古籍出版社，1994.

11. 天问纂义[M]. 游国恩，主编. 北京：中华书局，1982.

12. 袁珂. 山海经校注[M]. 上海：上海古籍出版社，1980.

13. 周宝宏.《逸周书》考释[M]. 北京：社会科学文献出版社，2001.

14. 严可均. 全上古三代秦汉三国六朝文[M]. 北京：中华书局，1965年。

15. 马非百. 秦集史[M]. 北京：中华书局，1982.

16. 尹志平. 清和真人北游语录[M]. 北京：商务印书馆，1923—1926.

17. 杜佑. 通典[M]. 上海：上海图书集成局，1901（清光绪二十七年）.

18. 温大雅. 大唐创业起居注[M]. 李季平，李锡厚，点校. 上海：上海古籍出版社，1983.

19. 李德裕. 李卫公会昌一品集[M]. 北京：商务印书馆，1936.

20. 王钦若. 册府元龟[M]. 南京：凤凰出版社，2007.

21. 志磐. 佛祖统纪[M]. 扬州：广陵书社，1992.

22. 李昉等. 太平广记[M]. 北京：中华书局，1961.

23. 孟元老. 东京梦华录[M]. 王云五，主编. 北京：商务印书馆，1936.

24. 吴自牧. 梦梁录[M]. 北京：商务印书馆，1960.

25. 刘惟谦，怀效锋点校. 大明律[M]. 北京：法律出版社，1999.

26. 权衡. 庚申外史[M]. 北京：中华书局，1985.

27. 俞樾. 茶香室丛钞[M]. 北京：中华书局，1995.

28. 计六奇. 明季北略[M]. 北京：商务印书馆，1936.

29. 赵翼. 廿二史札记[M]. 北京：中国书店，1987.

30. 胡绍煐. 昭明文选笺证[M]. 扬州：江苏广陵古籍刻印社，1982.

31. 中国历史研究社. 庚子国变记[M]. 上海：上海书店，1982.

32. 孙文. 建国方略[M]. 上海：民智书局，1922.

33. 孟森. 明清史论著集刊[M]. 北京：中华书局，1959.

34. 王国维. 观堂集林（第二册）[M]. 北京：中华书局，1959.

35. 梁启超. 中国佛教研究史[M]. 上海：生活·读书·新知三联书店上海分店，1988.

36. 历史研究所. 清史论丛 [M]. 北京：中华书局，1980.

37. 赵尔巽，等. 清史稿[M]. 北京：清史馆，1928.

38. 任邱，王桐龄. 中国民族史[M]. 北京：北平文化学社，1934.

39. 傅斯年. 夷夏东西说[M]//历史语言研究所研究员外国通信员编辑员助理员. 庆祝蔡元培先生六十五岁论文集. 北京：国立中央研究院，1933.

40. 罗根泽. 古史辨：第4册[M]. 上海：上海古籍出版社，1982.

41. 顾颉刚. 古史辨：第5册[M]. 上海：上海古籍出版社，1982.

42. 吕思勉，童书业. 古史辨：第7册[M]. 上海：上海古籍出版社，1982.

43. 卫聚贤. 古史研究[M]. 上海：上海文艺出版社，1990.

44. 林惠祥. 中国民族史[M]. 北京：商务印书馆，1939.

45. 吴泽. 中国历史大系·古代史[M]. 上海：棠棣出版社，1949.

46. 郭沫若. 中国古代社会研究[M]. 北京：人民出版社，1954.

47. 中共中央马克思恩格斯列宁斯大林著作编译局编译编. 马克思恩格斯选集[M]. 北京：人民出版社，1972年

48. 李延基. 清文总汇[M]. 台北：文馨出版社，1973年.

49. 童恩正. 古代的巴蜀[M]. 成都：四川人民出版社，1979.

50. 尹达. 中国新石器时代[M]. 北京：生活·读书·新知三联书店，1979.

51. 闻一多. 伏羲考[M]//闻一多全集：第1卷. 上海：开明书店，1948.

52. 闻一多. 天问疏证[M]. 北京：生活·读书·新知三联书店，1980.

53. 吴山. 中国新石器时代陶器装饰艺术[M]. 北京：文物出版社，1982.

54. 金景芳. 商文化起源于我国北方说[M]//朱东润. 中华文史论丛：第七辑. 上海：上海古籍出版社，1978.

55. 顾颉刚. 《庄子》和《楚辞》中昆仑和蓬莱两个神话系统的融合[M]//朱东润，李俊民，罗竹风. 中华文史论丛：第二辑. 上海：上海古籍出版社，1979.

56. 朱天顺. 中国古代宗教初探[M]. 上海：上海人民出版社，1982.

57. 郭沫若. 先秦天道观之进展[M]//郭沫若著作编辑出版委员会. 郭沫若全集·历史编：第1卷. 北京：人民出版社，1982.

58. 鲁迅. 中国小说史略[M]. 北京：人民文学出版社，1973.

59. 孟森. 汉译老档[M]//存萃学社编. 清史论丛：第3集. 香港：大东图书公司，1977.

60. 印鸾章. 清鉴纲目[M]. 长沙：岳麓书社，1987.

61. 傅筑夫. 中国经济史论丛[M]. 北京：生活·读书·新知三联书店，1980.

62. 高明. 古文字类编[M]. 北京：中华书局，1980.

63. 何介钧，张维明. 马王堆汉墓[M]. 北京：文物出版社，1982.

64. 袁珂. 神话论文集[M]. 上海：上海古籍出版社，1982.

65. 严汝娴，宋兆麟. 永宁纳西族的母系制[M]. 昆明：云南人民出版社，1983.

66. 宋兆麟，等. 中国原始社会史[M]. 北京：文物出版社，1983.

67. 唐长孺. 魏晋南北朝史论拾遗[M]. 北京：中华书局，1983.

68. 舒焚. 辽史稿[M]. 武汉：湖北人民出版社，1984.

69. 青海省文物管理处考古队，中国社会科学院考古研究所. 青海柳湾（上下）[M]. 北京：文物出版社，1984.

70. 郑振铎. 中国俗文学史[M]. 上海：上海书店，1984.

71. 王明. 道家和道教思想研究[M]. 北京：中国社会科学出版社，1984.

72. 山东省博物馆，山东省文物考古研究所. 邹县野店[M]. 北京：文物出版社，1985.

73. 刘尧汉. 中国文明源头初探——道家与彝族虎宇宙观[M]. 昆明：云南人民出版社，1985.

74. 中央民族学院《藏族文学史》编写组. 藏族文学史[M]. 成都：四川民族出版社，1985.

75. 王辅仁，陈庆英. 蒙藏民族关系史略[M]. 北京：中国社会科学出版社，1985.

76. 郑为. 中国彩陶艺术[M]. 上海：上海人民出版社，1985.

77. 萧一山. 近代秘密社会史料[M]. 长沙：岳麓书社，1986.

78. 陶成章. 教会源流考[M]//近代秘密社会史料：卷二. 长沙：岳麓书社，1986.

79. 林幹. 匈奴通史[M]. 北京：人民出版社，1986.

80. 史金波. 西夏文化[M]. 长春：吉林教育出版社，1986.

81. 张正明. 楚文化史[M]. 上海：上海人民出版社，1987.

82. 刘尧汉. 彝族文化研究丛书总序[M]//刘尧汉，卢央. 文明中国的彝族十月历. 昆明：云南人民出版社，1986.

83. 蒋孔阳. 二十世纪西方美学名著选[M]. 复旦大学出版社，1987.

84. 陈梦家. 殷墟卜辞综述[M]. 北京：中华书局，1988.

85. 朱狄. 原始文化研究：对审美发生问题的思考[M]. 北京：生活·读书·新知三联书店，1988.

86. 路遥，程歗. 义和团运动史研究[M]. 齐鲁书社，1988.

87. 覃光广，等. 中国少数民族宗教概览[M]. 北京：中央民族学院出版社，1988.

88. 蔡俊生. 人类社会的形成和原始社会形态[M]. 北京：中国社会科学出版社，1988.

89. 袁珂. 中国神话史[M]. 上海：上海文艺出版社，1988.

90. 张亮采. 中国风俗史[M]. 上海：上海文艺出版社，1988.

91. 徐中舒. 甲骨文字典[M]. 成都：四川辞书出版社，1989.

92. 乌丙安. 神秘的萨满世界——中国原始文化根基[M]. 北京：生活·读书·新知三联书店，1989.

93. 严文明. 仰韶文化研究[M]. 北京：文物出版社，1989.

94. 中国人民大学历史系，中国第一历史档案馆. 清代农民战争史资料选编[M]. 北京：中国人民大学出版社，1990.

95. 张光直. 中国青铜时代[M]. 北京：生活·读书·新知三联书店，1990.

96. 李乔. 中国行业神崇拜[M]. 北京：中国华侨出版公司，1990.

97. 任继愈. 中国道教史[M]. 上海：上海人民出版社，1990.

98. 赵国华. 生殖崇拜文化论[M]. 北京：中国社会科学出版社，1990.

99. 张朋川. 中国彩陶图谱[M]. 北京：文物出版社，1990.

100. 王从仁. 龙崇拜渊源论析[M]. 陈秋祥，姚申，董淮平，主编. 中国文化源. 上海：百家出版社，1991.

101. 张自修. 骊山女娲风俗及其渊源[M]. 中国民间文艺研究会陕西分会. 陕西民俗学研究资料：第1集. 西安：中国民间文艺研究会陕西分会，1982.

102. 张振犁. 中原古典神话流变论考[M]. 上海：上海文艺出版社，1991.

103. 富育光，孟慧英. 满族萨满教研究[M]. 北京：北京大学出版社，1991.

104. 吴馨，江家嵋. 民国上海县志[M]. 姚文枬，撰. 上海：上海书店，1991.

105. 刘起钎. 古史续辨[M]. 北京：中国社会科学出版社，1991.

106. 徐华龙. 中国鬼文化[M]. 上海：上海文艺出版社，1991.

107. 饶宗颐. 老子想尔注校正[M]. 上海：上海古籍出版社，1991.

108. 钟肇鹏. 谶纬论略[M]. 沈阳：辽宁教育出版社，1991.

109. 马学良，等. 中国少数民族文学史[M]. 北京：中央民族学院出版社，1992.

110. 马西沙，韩秉方．中国民间宗教史[M]．上海：上海人民出版社，1992．

111. 宋和平．满族萨满神歌译注[M]．北京：社会科学文献出版社，1993．

112. 屈小强，等．三星堆文化[M]．成都：巴蜀书社，1993．

113. 梅铮铮．忠义春秋——关公崇拜与民族文化心理[M]．成都：四川人民出版社，1994．

114. 丛书集成续编[M]．上海：上海书店，1994．

115. 许倬云．西周史[M]．北京：生活·读书·新知三联书店，1994．

116. 彭泽益．中国工商行会史料集[M]．北京：中华书局，1995．

117. 克恰诺夫，李范文，罗矛昆．圣立义海研究[M]．银川：宁夏人民出版社，1995．

118. 吕威．财神信仰[M]．北京：学苑出版社，1995．

119. 陈建宪．玉皇大帝信仰[M]．北京：学苑出版社，1995．

120. 钟宗宪．炎帝神农信仰[M]．北京：学苑出版社，1995．

121. 拉法格．思想起源论[M]．王子野，译．北京：生活·读书·新知三联书店，1963．

122. 摩尔根．古代社会[M]．杨东莼，马雍，马巨，译．北京：生活·读书·新知三联书店，1957．

123. 黑格尔．美学[M]．朱光潜，译．北京：商务印书馆，1979年．

124. 恩格斯．家庭，私有制和国家的起源[M]．中共中央马克思恩格斯列宁斯大林著作编译局编，译．北京：人民出版社，1999．

125. 谢苗诺夫．婚姻和家庭的起源[M]．蔡俊生，译．北京：中国社会科学出版社，1983．

126. 弗洛伊德．图腾与禁忌[M]．杨庸一，译．北京：中国民间文艺出版社，1986．

127. 马林诺夫斯基. 两性社会学[M]. 李安宅, 译. 北京: 中国民间文艺出版社, 1986.

128. W. 施密特. 原始宗教与神话[M]. 萧师毅, 陈祥春, 译. 上海: 上海文艺出版社, 1987.

129. 恩斯特·卡西尔. 符号·神话·文化[M]. 李小兵, 译. 北京: 东方出版社, 1988.

130. 弗朗兹·博厄斯. 原始艺术[M]. 金辉, 译. 上海: 上海文艺出版社, 1989.

131. 维柯. 新科学[M]. 朱光潜, 译. 北京: 商务印书馆, 1989.

132. 麦克斯·缪勒. 比较神话学[M]. 金泽, 译. 上海: 上海人民出版社, 1989.

133. 麦克斯·缪勒. 宗教学导论[M]. 陈观胜, 李培茱, 译. 上海: 上海人民出版社, 1989.

134. 列维－斯特劳斯. 野性的思维[M]. 李幼蒸, 译. 北京: 商务印书馆, 1987.

135. 李福清. 中国神话故事论集[M]. 马昌仪, 编. 北京: 中国民间文艺出版社, 1988.

136. 詹姆士·O. 罗伯逊. 美国神话·美国现实[M]. 贾秀东, 等译. 北京: 中国社会科学出版社, 1990.

137. 威廉·H. 麦克尼尔. 真理－神话:真理, 神话, 历史和历史学家[M]//中国美国史研究会. 现代史学的挑战: 美国历史协会主席演说集（1961—1988）. 王建华, 等译. 上海: 上海人民出版社, 1990.

138. 保尔·霍尔巴赫. 袖珍神学[M]. 单志橙, 周以宁, 译. 北京: 商务印书馆, 1991.

139. 爱德华·泰勒. 原始文化[M]. 连树声, 译. 上海: 上海文艺出版社, 1992.

140. M. 艾瑟・哈婷. 月亮神话——女性的神话[M]. 蒙子，龙天，芝子，译. 上海：上海文艺出版社，1992.

141. 帕林德. 非洲传统宗教[M]. 张治强，译. 北京：商务印书馆，1992.

142. 布林・莫利斯. 宗教人类学[M]. 周国黎，译. 北京：今日中国出版社，1992.

143. 恩斯特・卡西尔. 神话思维[M]. 黄龙保，周振选，译. 北京：中国社会科学出版社，1992.

144. 小南一郎. 中国的神话传说与古小说[M]. 孙昌武，译. 北京：中华书局，1993.

145. 佐原笃介，浙西沤隐. 拳匪纪事[M]. 杭州：杭州古旧书店，1981.

146. 阿兰・邓迪斯. 西方神话学论文选[M]. 朝戈金，尹伊，金泽，等译. 上海：上海文艺出版社，1994.

147. 周锡瑞. 义和团运动的起源[M]. 张俊义，王栋，译. 南京：江苏人民出版社，1994.

148. 克恰诺夫，李范文，罗矛昆. 圣立义海研究[M]. 银川：宁夏人民出版社，1995.

149. 欧大年. 中国民间宗教教派研究[M]. 刘心勇，等译. 上海：上海古籍出版社，1993.

150. 摩奴法典[M]. 迭郎善，译；马香雪，转译. 北京：商务印书馆，1996.

151. 谢林. 中国——神话哲学[M]//夏瑞春. 德国思想家论中国. 陈爱政，等译. 南京：江苏人民出版社，1995.

152. 陈梦家. 古文字中之商周祭祀[J]. 燕京学报，1936（19）.

153. 李守孔. 明代白莲教考略[J]. 台湾大学文史哲学报，1952（04）.

154. 安志敏. 我国新石器时代的仰韶文化和龙山文化[J]. 历史教学，1960（08）.

155. 石兴邦. 有关马家窑文化的一些问题[J]. 考古，1962（06）.

156. 陕西周原考古队. 陕西岐山凤雏村发现周初甲骨文[J]. 文物，1979（10）.

157. 郭大顺，张克举. 辽宁省喀左县东山嘴红山文化建筑群址发掘简报[J]. 文物，1984（11）.

158. 吴汝祚. 山东省长岛县砣矶岛大口遗址[J]. 考古，1985（12）.

159. 陶思炎. 鱼考[J]. 民间文学论坛，1985（06）.

160. 吴泽. 两周时代的社神崇拜和社祀制度研究——读王国维《殷卜辞中所见先公先王考》[J]. 华东师范大学学报（哲学社会科学版），1986（04）.

161. 孙守道，郭大顺. 牛河梁红山文化女神头像的发现与研究[J]. 文物，1986（08）.

162. 辽宁省文物考古研究所. 辽宁牛河梁红山文化"女神庙"与积石冢群发掘简报[J]. 文物，1986（08）.

163. 浙江省文物考古研究所. 余杭瑶山良渚文化祭坛遗址发掘简报[J]. 文物，1988（01）.

164. 周世荣. 马王堆汉墓的"神祇图"帛画[J]. 考古，1990（10）.

165. 田兆元. 中国先秦鬼神崇拜的演进大势[J]. 华东师范大学学报（哲学社会科学版），1993（05）.

166. 李零. 考古发现与神话传说[J]. 学人：第5辑，1994.

167. 傅光宇. 诸葛亮南征传说及其在缅甸的流播[J]. 民族艺术研究，1995（05）.

168. 旦其. 崧泽怀古[J]. 上海工艺美术. 1995（03）.